走出困境
周恩来在1960—1965

杨明伟 著

山西出版传媒集团　山西人民出版社

图书在版编目（CIP）数据

走出困境：周恩来在1960—1965 / 杨明伟著. -- 太原：山西人民出版社, 2018.10
ISBN 978-7-203-10385-1

Ⅰ.①走… Ⅱ.①杨… Ⅲ.①周恩来（1898-1976）—生平事迹 Ⅳ.① K827=7

中国版本图书馆CIP数据核字(2018)第079426号

走出困境：周恩来在1960—1965

著　　　者：杨明伟
责任编辑：吕绘元
复　　审：贺　权
终　　审：阎卫斌
装帧设计：今亮后声

出　版　者：山西出版传媒集团·山西人民出版社
地　　　址：太原市建设南路21号
邮　　　编：030012
发行营销：0351-4922220　4955996　4956039　4922127（传真）
天猫官网：http://sxrmcbs.tmall.com　电话：0351-4922159
E - m a i l：sxskcb@163.com　　发行部
　　　　　　sxskcb@126.com　　总编室
网　　　址：www.sxskcb.com

经　销　者：山西出版传媒集团·山西人民出版社
承　印　厂：山东新华印务有限责任公司

开　　　本：710mm×1000mm　1/16
印　　　张：27.25
字　　　数：445千字
印　　　数：1—5000册
版　　　次：2018年10月　第1版
印　　　次：2018年10月　第1次印刷
书　　　号：ISBN 978-7-203-10385-1
定　　　价：68.00元

如有印装质量问题请与本社联系调换

目 录
CONTENTS

导　语 / 001

前奏　一波三折的建设，思路有别的探索 / 003

"不要光看到热火朝天的一面。热火朝天很好，但应小心谨慎。要多和快，还要好和省，要有利于提高劳动效率。现在有点急躁的苗头，这需要注意。社会主义的积极性不可损害，但超过现实可能和没有根据的事，不要乱提，不要乱加快，否则就很危险。"

第一章　从化读书，静下心来思考建设问题 / 028

他告诫说："总不能天天跃进，总有波浪。"发表这样一番讲话，在当时是需要一点勇气的。周恩来的这番理论勇气，自然得益于深入研读马列著作和从化读书生活的静心思考。1960 年二三月间，留下了日理万机的周恩来难得的一份二十多天的读书记录。

第二章　出台八字方针，正式进入调整时期 / 048

"高指标几年了，这次允许我们试一次低指标。如果低错了，我们承认错误就是了。明年减低速度，这绝不是什么消极的措施。这是为了经过调整、巩固、充实、提高之后，使我们的经济工作有更大的改进，是我们主动搞的有计划的马鞍形。"

第三章　调整拉开序幕，先下去搞农村调查 / 063

"是好是坏，要从客观存在出发，不能从主观想象出发。进行调查研究，必须实事求是。……下去调查要敢于正视困难，解决困难。一个困难问题解决了，新的困难问题又来了。共产党人就是为不断克服困难，继续前进而存在的。畏难苟安，不是共产党人的品质。"

第四章　同邻国第一个解决边界问题 / 084

"必须解决得是公道的、合理的，能够给人家一个范例，就是中国现在解决边界问题是合理的，使大家放心，能够和平共处。这是一个现实的态度，也只有这样才能实事求是地处理我们国家的边界问题。方法上只能经过谈判，不能采取别的办法，军事紧张应该把它消除。"

第五章　新侨会议树自己为"活靶子" / 109

"现在有一种不好的风气，就是民主作风不够。我们本来要求解放思想，破除迷信，敢想敢说敢做。现在却有好多人不敢想、不敢说、不敢做。想，总还是想的，主要是不敢说不敢做，少了两个'敢'字。……我首先声明，今天我的讲话允许大家思考、讨论、批判、否定、肯定。"

第六章　七千人大会，亦喜亦忧 / 123

"这几年来，党风不纯，产生了浮夸和说假话的现象。我们要提倡说真话。怎样才能做到这一点呢？要大家讲真话，首先要领导上喜欢听真话，反对说假话。如果你乱压任务，结果像同志们所说的，他就会准备两本账，揣摩一下才讲，看你喜欢听什么再讲什么。这的确是一个党风问题。大家都说假话，看领导的颜色说话，那不就同旧社会的官场习气一样了吗？"

第七章 非常时期东北行 / 145

"'天将降大任于斯人也',孟子是拿自然规律来解释的。拿社会规律解释也是一样:胜利了的、解放了的中国人民,这么大的国家,这么多的人,在世界上,在今天的时代,应当担当大任。则'必先苦其心志',就是要一个人经受各种锻炼,思想、意志必须得到锻炼。……经过这些锻炼,把我们锻炼得有涵养了,不那么急躁了,也能够忍受了,既克服了困难,也增强了自己的本领。"

第八章 对话班禅的"七万言书" / 173

班禅写的"七万言书",报告名上唯一出现了周恩来的名字。仔细看了"七万言书"后,周恩来评价:"七个认识有许多错误,八个问题都是事实,宗教五项原则很好,可以拿过来。"并说:"看法有出入,是思想问题。"

第九章 经济调整与阶级斗争两条线 / 192

"在调整时期,有正确的东西,也有错误的东西。比如,对于形势的认识,在五月会议的时候,把困难说多了一些,说过了一点,这对干部起了一定的影响。但是,尽管如此,那个时候,工作的方向还是鼓足干劲,同困难作斗争,所以取得了很大的成绩。"

第十章 主持调查巨轮沉没事件 / 209

"对于这样的大事,我当总理的要抓;你们这些当司令、当政委的,也要亲临第一线,不能只交给第二把手、第三把手!""官僚主义是领导机关最容易犯的一种政治病症。……如果我们对官僚主义不提起足够的注意,不论干部,不论群众,都会慢慢地蜕化下去。官僚主义最严重的就是革命的意志衰退。"

第十一章　首访非洲，十万八千里探路 / 228

"前后共经历了72天，行程十万八千里。我们这一次去访问，可以说是走马观花，去做探路的工作。这个探路的工作可以为以后的政府的、民间的、从各方面去的人打开一个关系，所以，这个影响会跟着以后的工作越来越发展。"

第十二章　亲自抓大型音乐舞蹈史诗《东方红》/ 277

"'百花齐放，推陈出新，百家争鸣，厚今薄古'，要成为我们文艺工作的座右铭，成为我们的方针。中国的艺术必定要以六万万五千万人为出发点……以他们的喜闻乐见为主要方面。"文艺工作者感叹："周总理是《东方红》的总导演。"

第十三章　统帅尖端科技，先抓原子弹 / 303

"现在是原子时代，原子能不论用在和平或者用于战争，都必须懂得才行。我们必须要掌握原子能。……从积极方面来说，我们要公开地进行教育，认真地进行工作，积极促进原子能的和平利用。从消极方面来说，要号召人民起来反对使用原子武器，反对进行原子战争。"

第十四章　最后一次访问苏联 / 331

"我们这次来除了参加庆祝活动外，还希望进行接触，交换意见。我们希望，这会为今后打下一个好的开端。我已经有三年没有来了。"苏联新领导人辩称国防部部长马利诺夫斯基"酒后失言"。周恩来一语道破天机：他是"酒后吐真言"，这不是简单的偶然的个人行为，而是反映了苏联领导层中仍有人继续搞赫鲁晓夫那一套。

第十五章　率中国民航专机飞出国门 / 350

专机顺利地跨越喀喇昆仑山,在朝阳的照耀下冲出了国门。为了活跃气氛,减轻机组人员的心理压力,周恩来起了个头,领着全机人员引吭高歌《红梅赞》:"红岩上红梅开,千里冰霜脚下踩。三九严寒何所惧,一片丹心向阳开。……"

第十六章　安排李宗仁叶落归根 / 365

"爱国一家,爱国不分先后,相见以诚,我们赞成中国的一句古话,'和为贵';欢迎李宗仁在方便的时候回来看看;也欢迎国民党军政负责人来大陆探亲、访友、观光,我们将给以各种方便和协助,并保证他们来去自由。"周恩来告诫试图介入中美关系的李宗仁:"归国万事足,无累一身轻。"对分裂中国的谬论,周恩来断然表示:"绝无商量的余地。""如果台湾当局觉悟了,下了决心,只要发表一份声明:'台湾是中国的,中国的事中国人自己解决。'我们一定立即维护和支持他们。"

第十七章　主持制订第三个五年计划 / 388

"我们的经验,国民经济的安排,农轻重的顺序不是偏废的一面,要同时搞。但重点是农业,其次是轻工业,有原料也要搞重工业。社会主义国家建设搞得不错,经济上也有一定的力量,但有一个弱点,农业没有搞好。""备战、备荒、落实到为人民,要依靠人民,首先要为人民,为人民是最基本观念,任何事情要想到为人民,人民是力量的源泉。"

后　记 / 424

导 语

中华人民共和国的历史，自进入20世纪60年代后，便跨进了一个特殊的时期。从政治和经济的角度看，在整个20世纪60年代，它的前半段和后半段给后人留下了两种截然不同的印象：前半段给人印象最深的是纠正冒进及"大跃进"以来的"左"的错误，是下大力气搞经济建设，抓国民经济调整的时期；而后半段给人印象最深的却是"左"的错误再次不断膨胀，进入了以"文化大革命"为名的全面内乱时期。历史的复杂性，给人留下了许多疑惑。

然而，历史的演变，并不是全然无章可循的，它的每一个时期或阶段，都有其自身起承转合的内在逻辑。

当我深入、细致地去研读20世纪60年代的中国历史时，目光一下子被锁定在它的前半段——1961年至1965年，在当代中国的历史长河中，人们称它为"国民经济调整时期"，它既处在"开始全面建设社会主义的十年"中，又是一个承上启下、继往开来的特殊阶段。这段特殊的时期，既高奏凯歌又充满艰辛，给上至党和国家领导人、下至普通群众提供的，都是一个复杂多变的历史舞台。

梳理这个舞台上唱政治、经济、外交等"重头戏"的人物，周恩来，显然是一个不可或缺的"主角"。

让我们翻开中共十一届六中全会通过的《关于建国以来党的若干历史问题的决议》（以下简称《历史决议》），来看看历史给我们留下的一部分结论：

> 社会主义改造基本完成以后，我们领导全国各族人民开始转入全面的大规模的社会主义建设。直到"文化大革命"前夕的十年中，我们虽然遭到过严重挫折，仍然取得了很大的成就。……

主要由于"大跃进"和"反右倾"的错误，加上当时的自然灾害和苏联政府背信弃义地撕毁合同，我们国民经济在1959年到1961年发生严重困难，国家和人民遭到重大损失。

1960年冬，党中央和毛泽东同志开始纠正农村工作中的"左"倾错误，并且决定对国民经济实行"调整、巩固、充实、提高"的方针，随即在刘少奇、周恩来、陈云、邓小平等同志的主持下，制定和执行了一系列正确的政策和果断的措施，这是这个历史阶段中的重要转变。……

由于这些经济和政治的措施，从1962年到1966年国民经济得到了比较顺利的恢复和发展。

但是，"左"倾错误在经济工作的指导思想上并未得到彻底纠正，而在政治和思想文化方面还有发展。……

《历史决议》从一个侧面告诉我们，这一时期，中国共产党人走过的，是一条顺境与逆境并存、成就与挫折同在、主线与副线纠缠、清醒与困惑交织的不平坦的道路。

对共和国总理周恩来而言，在这条不平坦的道路上，他勇于担当、披荆斩棘、鞠躬尽瘁，坚定地践行着早年立下的"为了中华之崛起"的誓言；在这条曲折发展的道路上，他疲于奔忙、殚精竭虑、化险为夷，与其他领导人一起充满信心地引领党和国家走出困境。

为了更好地理解《历史决议》的上述结论、进入这段历史，也进入周恩来的世界，让我们首先从倾听它的"前奏曲"开始……

前奏
一波三折的建设，思路有别的探索

要搞清 20 世纪 60 年代中国历史为何风云变幻，仅仅看它本身的一些篇章是不够的。会找门道的人，总要先去摸摸 20 世纪 50 年代中后期中国共产党如何领导全国人民建设新中国的历史。

在中共中央《历史决议》中，我们找到了这样一些耐人寻味的话：

> 在 1955 年夏季以后，农业合作化以及对手工业和个体商业的改造要求过急，工作过粗，改变过快，形式也过于简单划一，以致在长期间遗留了一些问题。……
>
> 1956 年 9 月党的第八次代表大会开得很成功。……大会坚持了 1956 年 5 月党中央提出的既反保守又反冒进，即在综合平衡中稳步前进的经济建设方针。……

值得人们深思的是，《历史决议》中的这段话，还隐含了这样一层意思：在 1956 年前后，由于冒进与反冒进的不同做法，在建设社会主义问题上，中共中央领导层中出现了两种思路。最终，大冒进战胜了反冒进。所以《历史决议》中还说了这样的话：

> 由于对社会主义建设经验不足，对经济发展规律和中国经济基本情况认识不足，更由于毛泽东同志、中央和地方不少领导同志在胜利

面前滋长了骄傲自满情绪，急于求成，夸大了主观意志和主观努力的作用，没有经过认真的调查研究和试点，就在总路线提出后轻率地发动了"大跃进"运动和农村人民公社化运动，使得以高指标、瞎指挥、浮夸风和共产风为主要标志的"左"倾错误严重地泛滥开来。

1955年秋季以后，在大好的形势面前，毛泽东和党内一些领导干部头脑开始热了起来。在政治局的扩大会议上，毛泽东的讲话表明了对中国建设速度的一种着急。他试图打破思想落后于实际的状况。对毛泽东的提法，周恩来最初也没有不同意见，但是，在高指标上来以后，主持政府经济工作的周恩来、陈云等人，开始感觉到局势发展的严峻性。

自1953年开始国民经济第一个五年计划以来，大规模的有计划的社会主义建设使新中国发生了巨大的变化。到1955年，人们在正常而健康地发展着的国民经济形势面前，开始对社会发展产生过高的期望值。这种期望值，由人民群众中延伸到领导层。

1955年10月，中共中央在北京召开七届六中全会。会议根据毛泽东7月31日所作的《关于农业合作化问题的报告》，通过了《关于农业合作化问题的决议》。会议讨论的主题虽然是农业合作化问题，但它所折射的矛盾，却不仅仅是农业问题。

这份决议的一些提法，让人闻到了尖锐批评的味道：

面临着农村合作化运动日益高涨的形势，党的任务就是要大胆地和有计划地领导运动前进，而不应该缩手缩脚。……事实已经表明：如果农业合作化的发展跟不上去，粮食和工业原料作物的增长跟不上去，我国的社会主义工业化就会遭到极大的困难。

情况根本变化了，但是我们有些同志对于农民问题的看法却还停留在老阶段上，看不见现在农村中的两条道路的尖锐斗争，看不见大多数农民群众愿意走社会主义道路的积极性。……

决议严厉地批评了在农业合作化发展问题上"采取特别迟缓的速度"的做法,批判了以"坚决收缩"观点为代表的右倾机会主义和在对待群众积极性方面的悲观主义。

这种把党内在合作化速度问题上的不同意见,当作右倾机会主义来批判的做法,无疑将助长农业社会主义改造中的急躁冒进情绪。

在大好的形势面前,党的主要领导人头脑开始热了起来。

1955年11月,毛泽东主持召开中共中央政治局扩大会议,进一步讨论加快各项工作的速度,提前实现社会主义工业化和社会主义改造问题。

毛泽东想通过批判党内在农业合作化速度问题上的右倾机会主义来达到加快社会主义建设速度的目的。他设想,到1956年,既可"达到80%到90%的农户入社";农业合作化后,又"可以迅速发展农业","在其初建的一两年内,一般可以增产20%至30%,往后还可以保持一定的增产比例,比互助组高,比小农经济的增产率更高出很多"。农业生产"估计七八年后可以增产1倍"。

从农业合作化入手促使社会主义改造和社会主义建设的速度进一步加快,这是当时毛泽东领导建设工作的一个主要战略意图。

在他的讲话中,表露了对党内思想落后于实际、对建设速度缓慢的一种着急。他说:

> 在我们党内,特别是领导机关的思想,总是落后于实际。这种落后情况是相当严重的。反对右倾保守思想,这在中央各部门、地方各级党委都是值得注意的。制定全面规划,接近人民群众,可以使我们打破这个思想落后于实际的状况。

12月27日,毛泽东在为《中国农村的社会主义高潮》作序时,也充分表达了这种想法。他认为,现在提到全党和全国人民面前的问题,已经不是批判在农业、手工业、资本主义工商业的社会主义改造速度方面的右倾保守思想的问题,而是要不断地批判在农业的生产,工业(包括国营、公私合营和合作社经营)和手工业的生产,工业和交通运输的基本建设的规模和速度,商业同其他经济部门的配合,科学、文化、教育、卫生等多项工作同各种经济事业的配合等方面的右倾保守思想，使之适应整个情况的发展。

毛泽东认定：

> 现在的问题是经过努力本来可以做到的事情，却有很多人认为做不到。因此，不断地批判那些确实存在的右倾保守思想，就有完全的必要了。

毛泽东在建设问题上的这种"急于求成"的思想趋向，并不是凭空产生的，它是与我国大规模的社会主义建设开展起来后所取得的伟大成就相联系的，也是与国际形势的发展相关联的。当然，毛泽东的这一认识，并不是他个人的，在一定程度上，也代表了党中央的共同认识。最初，周恩来等人也是同意这种认识的。

中共中央根据毛泽东的意见，正式确定："把反对右倾保守思想作为党的第八次全国代表大会的中心问题。"

人们是在一片反对右倾保守思想的情绪中进入1956年的，从这年1月开始，中国人民迅速建成社会主义的热情进一步高涨。

1956年1月1日，经过中共中央政治局审定的《人民日报》社论《为全面地提早完成和超额完成五年计划而奋斗》指出：我国第一个五年计划和在1953年所规定的过渡时期总任务都将被提早完成。社论预言：随着农业合作化运动的突飞猛进的发展，只要到1956年秋天，我国就可以在全国范围内基本上实现半社会主义性质的农业合作化，并且在那时以后的不多几年，基本上实现全社会主义性质的农业合作化。

社论用"高山也要低头，河水也要让路"这类豪迈的语言，来赞扬全国人民急于想建成社会主义的心情。

当月，在全国农业合作化的高潮蓬勃发展的形势下，中共中央政治局提出了《1956年到1967年全国农业发展纲要（草案）》（以下简称《农业四十条》）。《农业四十条》要求，到1967年，粮食、棉花产量分别要由1955年的预计数3652亿斤、3007万担增加到10000亿斤、10000万担。这就是说，每年要分别以8.8%、10.5%的速度递增。

应该说，在当时的情况下，12年内是无法实现这些高指标的。

周恩来和陈云

农业远景计划中的高指标，迅速波及工业、交通、文教等部门，催逼着它们必须相应地修改1955年夏国务院在北戴河所确定的比较接近实际的各项指标，并据此编制整个发展国民经济的远景计划。

这股风一吹，1955年9月22日中央各部委经中共中央政治局会议批准的1956年国民经济计划的控制数字，一下子被突破了，正在编制的各项指标被不断加码。

到这个时候，主持政府经济工作的周恩来和陈云等人，开始感觉到局势发展的严峻性。为慎重起见，他们进一步冷静思考、周密计算，结果却是非常不尽如人意。1956年国民经济计划中的各项指标都过高，这将给经济工作带来极大的危害。

周恩来和陈云是党内较早地察觉到急躁冒进倾向的领导人，他们预感到，一个盲目冒进的局面正在形成。

在党内,逐渐形成了"促进"和"促退"的两种思路。

周恩来的风格,是既反右倾保守,又反盲目冒进。这种风格在国务院工作中表现得更为明显。

1956年2月8日,周恩来主持国务院第24次全体会议,讨论《关于目前私营工商业和手工业的社会主义改造中若干事项的决定(草案)》,他给与会者一个强烈的感觉——经济工作必须实事求是。

会上,周恩来以稳妥的想法给国务院组成人员解释了毛泽东的提法:

> 毛主席说:"大约再有三年的时间,社会主义革命就可以在全国范围内基本上完成。"这只是讲大体上完成,如少数民族地区,农业、手工业、私营工商业的改造都可能拖长一些。

他进一步告诫大家:

> 不要光看到热火朝天的一面。热火朝天很好,但应小心谨慎。要多和快,还要好和省,要有利于提高劳动效率。现在有点急躁的苗头,这需要注意。社会主义的积极性不可损害,但超过现实可能和没有根据的事,不要乱提,不要乱加快,否则就很危险。

他接着强调了社会主义建设中"条件"的重要性:

> 条件不成熟的等一下不要紧,因为政权在我们手中,这是很大的保证。我们要使条件成熟,做到"瓜熟蒂落,水到渠成"。
>
> 绝不要提出提早完成工业化的口号。冷静地算一算,确实不能提。工业建设可以加快,但不能说工业化提早完成。晚一点儿宣布建成社会主义社会有什么不好,这还能鞭策我们更好地努力。

苦口婆心地劝说之后,他针对一些领导干部的头脑发热,狠狠地说了几句话:

1956年,周恩来在杭州传达《论十大关系》讲话的精神

> 各部门定计划,不管是十二年远景计划,还是今明两年的年度计划,都要实事求是。对群众的积极性不能泼冷水,但领导者的头脑发热了的,用冷水洗洗,可能会清醒些。

周恩来等人的冷静思考以及用"冷水"给"头脑发热"的领导人"洗头"的做法,应该说是符合毛泽东的实事求是和辩证思考精神的;但是,从另一种意义上说,毛泽东未必完全同意这样做。

1956年4月下旬,毛泽东在中共中央会议上听取李富春汇报关于第二个五年计划和十五年远景计划的设想时,多次就正确处理重工业与轻工业、沿海与内地、国防建设和行政开支与经济建设和文教建设、中央与地方、汉族与少数民族关系等问题讲话。

应该说,毛泽东一方面处在一种"促进"的思路下,一方面也关注对社会主义建设经验的系统总结。

4月25日至28日，毛泽东在中共中央政治局扩大会议上就社会主义建设的经验问题讲了话，进一步阐述了十种关系（即后来发表的《论十大关系》）。

但是，既然是处在"促进"的总思路下，这种总结的求实精神和辩论思考就不可能完全贯彻到底，仍然是建立在对建设速度的过高期望之上的。所以，毛泽东在精辟地阐述十大关系的同时，又在政治局会议上提出了再追加一笔大数额的基本建设投资的要求。这一点引起了周恩来等国务院领导的不安。

周恩来在政治局会议上直言相劝。他说：

> 我召开国务院会议研究过，如果还要追加建设投资，经济秩序就要搞乱了，将会继续加重物资供应的紧张程度，增加城市人口，还会带来其他的一些困难。

毛泽东"促进"的思路却是坚定的，仍坚持意见。会后，周恩来继续利用机会向毛泽东耐心说明不能再追加基本建设投资的理由。遗憾的是，毛泽东这时候对在建设问题上的"保守"思路，已经不能接受。

当时列席会议的胡乔木是这样回忆的：

> 4月下旬，毛主席在颐年堂政治局会议上提出追加1956年的基建预算20个亿，受到与会同志的反对……会上，尤以周恩来同志发言最多，认为追加基建预算将造成物资供应紧张，增加城市人口，更会带来一系列困难，等等。毛主席最后仍坚持自己的意见，就宣布散会。会后周恩来同志又亲自去找毛主席，说我作为总理从良心上不能同意这个决定。这句话使毛主席非常生气，不久，毛主席就离开了北京。

在建设速度和思路上出现这样大的分歧，这在新中国成立以来几乎是没有过的。对毛泽东，周恩来开始感到思想上跟不上；对周恩来等人，毛泽东也很难理解，人民群众已经产生了热火朝天的建设社会主义的热情，你们为何不去促使这种热情进一步高涨，反而给予降温？

还没等周恩来说服毛泽东，毛泽东便离京到外地去了。毛泽东走后，周恩来等国务院领导开始按照自己的思路，从实际出发抑制冒进。

国务院方面的意见，得到了刘少奇的支持。在刘少奇的授意下，中共中央宣传部起草了《要反对保守主义，也要反对急躁情绪》一文，该文以《人民日报》社论形式于6月20日发表。社论强调：

> 右倾保守思想对我们的事业是有害的，急躁冒进对我们的事业也是有害的，所以两种倾向都要加以反对。
> 在反对右倾保守思想的时候，我们也不应当忽略或放松了对急躁冒进倾向的反对。

社论侧重指出：

> 在最近一个时期中在有些工作中又发生了急躁冒进的偏向，有些事情做得太急了，有些计划定得太高了，没有充分考虑到实际的可能性。这是在反保守主义之后所发生的一种新情况。这种情况是值得我们严重注意的。

社论直言不讳地批评党内许多同志在去年开展反保守主义之后，特别是中央提出"又多、又快、又好、又省"的方针和发布《1956年到1967年全国农业发展纲要（草案）》之后，在其头脑中产生的片面性和盲目冒进的思想。批评这些人"一切工作，不分缓急轻重，也不问客观条件是否可能，一律求多求快，百废俱兴，齐头并进，企图在一个早晨就把一切事情办好"。

社论还有所指地说：

> 急躁情绪之所以成为严重的问题，是因为它不但是存在在下面的干部中，而且首先存在在上面各系统的领导干部中，下面的急躁冒进有很多就是上面逼出来的。

这种坦诚地承担责任和反冒进的态度，体现了马克思主义的真理观和实事求是的精神，在很大程度上也反映了周恩来、陈云等人的正确主张。

1956年9月,中国共产党第八次全国代表大会在北京召开,周恩来作《关于发展国民经济的第二个五年计划的建议的报告》

社论从辩证唯物主义的认识角度提出:"在反对保守主义和急躁冒进的问题上,要采取实事求是的态度","应当根据事实下判断,有什么偏向就反对什么偏向,有多大错误,就纠正多大错误,万万不可一股风,扩大化,把什么都反成保守主义,或者都反成急躁冒进。"

但是,反冒进的矛头,直指"上面",直指"领导干部",也是针对党的领导集体中有关加快建设步伐、反对保守主义的要求。这是毛泽东不能同意的,他后来是这样评价这篇社论的:

> 庸俗马克思主义,庸俗辩证法。文章好像既反"左"又反右,但实际上并没有反右,而是专门反"左",而且是尖锐地针对我。

在反冒进的经济工作方针指导下,从1956年下半年起,我国经济建设又开始逐步走向健康发展的道路,为下一步的工作创造了有利的条件。

经过反复磋商、修改,1956年8月间,《关于发展国民经济的第二个五年计划（1958—1962）的建议（草案）》和《关于发展国民经济的第二个五年计划的建议的报告（修正稿）》已具雏形。

值得注意的是，周恩来在修改建议草案时，注意到了"多、快、好、省"这个口号存在的问题。他针对人们在冒进情绪下只看重和追求"多"与"快"，忽视和忘记"好"和"省"的实际情况，在一些重要的地方，将原有的"以多、快、好、省的精神"一语删除。

然而，周恩来没有想到的是，毛泽东欣赏的是"多、快、好、省"，他的基本思路是要"促进"，而这一时期周恩来等人是在"促退"。"促退"的人多了，毛泽东不便马上表明自己的不满。

这一时期，毛泽东反复强调：

> 要保护干部同人民的积极性，不要在他们头上泼冷水。我们曾经泼过冷水，在农业的社会主义改造问题上泼过冷水，不也是促退吗？那个时候我们有个促退委员会。后头我们说不应该泼冷水，就来了一个促进会。本来安排的是18年，一促进就很快，四十条上写的是1958年完成高级化，现在看样子是今冬明春。毛病不少，但是比那个促退会好一点，农民高兴，增产……

毛泽东对反冒进、对促退委员会，显然是不满的。

1957年秋天以后，毛泽东早就搁置在心中的对周恩来等促退委员会人员反冒进思路的不满，开始大面积地释放出来。毛泽东严厉地说："去年这一年扫掉了几个东西。一个是扫掉了'多、快、好、省'。不要'多'了，不要'快'了，至于'好''省'，也附带扫掉了。""共产党的中央委员会，各级党委会，还有国务院，各级人民委员会……应当是促进委员会。"

1957年秋天以后，在党内有一批急于"促进"的领导人，一种急于迅速改变中国一穷二白落后面貌的想法强烈地重现开来。

要想加快建设速度，在全国迅速形成"大跃进"的局面，就必须在全党统一思想。首先要统一的，就是领导层中的认识问题。

在毛泽东看来，要统一认识，前一段反冒进的思路是一个大的障碍，必须彻底解决反冒进的问题。

因此，毛泽东早就搁置在心中的对周恩来等促退委员会人员反冒进思路的不满，开始大面积地释放出来。

这年10月9日，利用中共八届三中全会的时机，毛泽东再次亮出了他在社会主义建设方面"促进"的思想。中央委员们在听毛泽东讲话时，感觉动人心魄，毛泽东讲的题目就是：《做革命的促进派》。

毛泽东从整风讲起，提出了"要大胆地放，彻底地放，坚决地放；要大胆地改，彻底地改，坚决地改"几个响亮的口号，并总结和肯定了"大鸣、大放、大辩论、大字报"的群众斗争形式。这一思想，顿时为求实、慎重的人们猛敲了一下警钟。

这时的周恩来，仍在八届三中全会上表明这样的主张："既要反对在改革突出不合理的制度上缩手缩脚的保守倾向，又要反对不顾职工觉悟程度和实际困难、冒昧从事的急躁情绪。"他所坚持的，仍然是"既反保守，又反冒进"的观点。周恩来这时候的着眼点，仍在反对急躁冒进。这是毛泽东很不满意的。

毛泽东在讲话中严厉地说：

> 去年这一年扫掉了几个东西。一个是扫掉了"多、快、好、省"。不要"多"了，不要"快"了，至于"好""省"，也附带扫掉了。"好""省"我看没有哪个人反对，就是一个"多"、一个"快"，大家不喜欢，有些同志叫"冒"了。……
>
> 我们总是要尽可能争取多一点，争取快一点，只是反对主观主义的所谓"多""快"。去年下半年一股风把这个口号扫掉了，我还想恢复。

毛泽东认定，必须恢复"多、快、好、省"的口号，但能不能恢复，能不能把反冒进的风向扭转过来，也许毛泽东心中也没底。所以他试探性地问了一句：

有没有可能？请大家研究一下。

在总方针上，是"促进"还是"促退"，毛泽东的意见是不容置疑的。他对去年扫掉了促进委员会和"促进"性质的农业发展纲要四十条很不满意，在讲话中他把这件事的严重性提得很高：

> 还扫掉了农业发展纲要四十条。这个"四十条"去年以来不吃香了，现在又"复辟"了。
>
> 还扫掉了促进委员会。我曾经谈过，共产党的中央委员会，各级党委会，还有国务院，各级人民委员会，总而言之，"会"多得很，其中主要是党委会，它的性质究竟是促进委员会，还是促退委员会？应当是促进委员会。

会上，从毛泽东反复说的话中，周恩来听出了党的最高领导人所带有的情绪：

> 去年那股风扫掉的促进委员会，现在可不可以恢复？如果大家不赞成恢复，一定要组织促退委员会，你们那么多人促退，我也没有办法。

毛泽东又把这件事与反右派联系起来，说：

> 要促退我们的，是那个右派章罗同盟。……但是，我们总的方针，总是要促进的。

此言一出，谁还想继续"促退"，谁还敢说"促进"是冒进？况且一些人以为，只要人有胆量、有意志，没有办不到的事情。就在中共八届三中全会召开期间，苏联成功地发射了人类历史上第一颗人造地球卫星。宇宙都能探索，何况地球上的事？

毛泽东讲完话后，八届三中全会便闭幕了。人们陷入了沉思，而周恩来则陷入了苦闷——一种探索社会主义建设道路的深深苦闷。

从几十年的革命生涯来看，周恩来深知，毛泽东在许多时候都是高瞻远瞩的，其正确的一面远远多于错误的一面。他与毛泽东是多年密切合作的伙伴，是志同道合的同志和感情深厚的战友。然而，自从反冒进以后，在探索社会主义建设道路的问题上，周恩来总感到在一些方面自己与毛泽东的思路有一些距离，或者说跟不上毛泽东的节拍。

八届三中全会以后，反冒进的呼声在党内已经基本上失去了市场，取而代之的是反反冒进。自会上通过仍然具有冒进色彩的《1956年到1967年全国农业发展纲要（草案）》即《农业四十条》后，高指标又重新摆在了人们的工作日程上。

会后，毛泽东于11月2日率中国代表团赴莫斯科参加十月革命40周年庆典，并出席社会主义国家共产党和工人党代表会议。

在莫斯科期间，毛泽东亲自审改、批发了两篇《人民日报》社论，论点直指反冒进。

11月13日的《人民日报》社论《发动全民，讨论四十条纲要，掀起农业生产高潮》，对1956年的反冒进进行了公开批评，说这些人"像蜗牛一样爬行"：

> 1956年公布全国农业发展纲要草案以后，曾经鼓舞起广大农民的生产热情，掀起了全国农业生产高潮，但是，有些人却把这种跃进看成冒进，他们害了右倾保守的毛病，像蜗牛一样爬行得很慢，不了解在农业合作化以后，我们就有条件也有必要在生产战线上来一个大跃进。

这篇社论要求人们在批判右倾保守思想的同时，"在生产战线上来一个大跃进"。

12月12日的《人民日报》社论《必须坚持多快好省的建设方针》，对反冒进的人进行了更严厉的批评：在反冒进期间"刮起了一股风，居然把多、快、好、省的方针刮掉了"。"有的人竟说，宁可犯保守的错误，也不要犯冒进的错误"，"于是，本来应该和可以多办、快办的事情，也少办、慢办甚至不办了。这种做法，对社会主义建设事业当然不能起积极的促进的作用，相反地起了消极的促退的作用"。这些人的"思想仍然停留在三大改造高潮以前的阶段，而没有认识三大改造基本完成后的新形势，没有充分估计新条件下大大增长了的生产潜力，结果就背离了多、快、好、省的方针，变成了经济战线的懒汉"。

反冒进的人，又被归入了"懒汉"行列。

在莫斯科期间，毛泽东听到赫鲁晓夫的豪言"我们15年后可以超过美国"后，也以同样豪迈的语言回应："我们15年后可能赶上或超过英国。"苏联老大哥的一些做法，无形中对毛泽东是一种巨大的压力。毛泽东的情绪也又一次被调动了起来，他觉得在社会主义制度下，中国可以进一步加快建设速度，把群众充分发动起来，生产就会出现"大跃进"。他在从莫斯科打回北京的一个电话中说，1956年的反冒进是不对的，以后不要再提反冒进了。

毛泽东从莫斯科回到北京后，便进一步着手在全党遏制反冒进之风，掀起全民生产"大跃进"的高潮。

> 进入1958年，中国的社会主义建设，像一艘迷航的巨轮，"乘风破浪"，势不可当。主持经济工作的周恩来，一度陷入被批评的境地。南宁会议上，毛泽东批评周恩来：1956年的反冒进使6亿人民泄了气，是方针性的错误。面对毛泽东的严厉批评，周恩来不得不做检讨。"大跃进"，使中国社会陷入了前所未有的困境中。

1958年1月1日，这天《人民日报》发表的元旦社论，从题目上就让人感到有些特别：《乘风破浪》。它的内容，完全体现了毛泽东的想法：

> 人们的思想常常落后于实际，对于客观形势发展之快估计不足。……
>
> 苏联两颗人造卫星发射成功，各国共产党和工人党的莫斯科会议，在几十天中间，把整个世界的面貌改变了……
>
> 目前全国农业已经掀起了空前的生产高潮。各地党委必须积极地妥善地领导这个高潮，争取1958年农业生产的"大跃进"和大丰收。……

让我们乘风前进！让我们乘压倒西风的东风前进！乘压倒右派、压倒官僚主义、压倒保守思想的共产主义风前进！

1958年1月2日至4日，周恩来在杭州出席毛泽东召集的部分省、市委书记会议。借谈1958年国民经济计划草案的报告和第二个五年计划的修改问题，毛泽东对周恩来等主张反冒进的人的批评，是直截了当的：

你们那个时候，不仅脱离了各省，而且脱离了多数的部！

随后，毛泽东在召集一系列更大范围的会议时，继续批评周恩来等人。

1月11日至22日，毛泽东在广西南宁主持召开了有部分中共中央领导人和华东、中南等地区九省二市领导人参加的工作会议。

南宁会议一开始，与会者就更为清楚地感觉到毛泽东对反冒进的不满，他在八届三中全会上想说的话还没有说完。

会议第一天的晚上，毛泽东单刀直入地说：

不要提反冒进这个名词，这是政治问题。首先是没有把指头认清楚，十个指头只有一个长了疮，多用了一些人（工人、学生），多花了一些钱，这些东西要反。当时不提反冒进，就不会搞成一股风，一吹，吹掉了三条：一为多、快、好、省，二为四十条纲要，三为促进委员会。这是属于政治，不是业务。一个指头有毛病，整一下就好了。原来"库空如洗""市场紧张"，过个半年就好了，变过来了。没有搞清楚6亿人口的问题，成绩主要，还是错误主要？是保护热情，鼓励干劲，乘风破浪，还是泼冷水泄气？

12日上午，毛泽东进一步从"政治问题"上来严批反冒进问题：

1955年夏季，北戴河会议冒进，想把钢搞到1500万吨（第二个五年计划），1956年夏季北戴河开会反冒进。人心总是不齐。……右派的进攻，把一些同志抛到和右派差不多的边缘，只剩了50米，慌起来了，什么"今不如昔""冒进的损失比保守的损失大"。政治局要研究为什么写反冒进的那篇社论，我批了"不看"二字，那是管我的，所以我不看。那篇东西，格子没有画好，一个指头有毛病，九与一之比，不弄清楚这个比例关系，就是资产阶级的方法论……

攻击一点，不及其余。

在南宁会议期间，毛泽东严厉地指责：1956年的反冒进使6亿人民泄了气，是方针性的错误。

16日上午，毛泽东公开地在会上点了周恩来的名，他拿着中共上海市委第一书记柯庆施写的一篇鼓动"大跃进"的文章——《乘风破浪，建设社会主义的新上海》，严肃地对周恩来说：

恩来，你是总理，这篇文章，你写得出来写不出来？！

在毛泽东的直接追问下，周恩来只好答复："我写不出来。"

毛泽东继续往下说：

老柯这篇文章把我们都比下去了。上海有100万无产阶级，又是资产阶级最集中的地方，工业总产值占全国五分之一，资本主义从上海产生，历史最久，阶级斗争最尖锐。这样的地方才能产生这样一篇文章。

毛泽东借柯庆施的文章来批评周恩来，其中的意思，敏感的周恩来已经察觉。

与毛泽东相呼应，康生、柯庆施等人在会上也大批周恩来等人的反冒进。参加会议的薄一波后来这样回忆：

这次会议，毛主席对总理批评得很厉害。毛主席说："你不是反冒进吗，我是反反冒进的。"

会上，康生是得彩的，柯庆施、李井泉是很积极了，对总理的批评其态度很是使人难堪的。

会议整整开了十几天，大会小会，非常紧张。

既然是"方针性错误"，是与右派"只剩了50米"的错误，周恩来只得当面向毛泽东和中央工作会议的代表们做检讨。

南宁会议以后，党内反冒进的呼声被压了下去，实事求是、积极稳妥地搞建设的思路被搁置起来，取而代之的，是全局性的倒向"左"的思路，是"大跃进"的建设方针。

为掀起"大跃进"的高潮，毛泽东并没有放松对反冒进的批评。

2月23日，在北京召开的中共中央政治局扩大会议上，反冒进又一次成为会议的主题。按毛泽东的说法，谁要是再反冒进，谁就会搬起石头砸自己的脚。

1958年3月8日至26日，毛泽东在成都召开中共中央工作会议。当着与会的中央有关部门领导人和西南、西北、东北地区各省、市委书记的面，毛泽东再一次直截了当地批评周恩来。

毛泽东把周恩来1956年11月在党的八届二中全会上发言的基本观点概括成两句话："成绩是有的，肯定是冒了。"

由此毛泽东给冒进和反冒进问题定了性："其实冒进是马克思主义的，反冒进是非马克思主义的。究竟采取哪种？我看应该是冒进。我们没有预料到会发生打击群众积极性的反冒进事件，它给右派猖狂进攻以相当的影响。今后还要注意有人要反冒进。"

周恩来在会上再一次对反冒进的"错误"做检讨。

经过一番反反冒进，达到预期的效果后，毛泽东认为召开中共八大二次会议的时机已经成熟。

而这时的周恩来，心情则是极其苦闷的。

周恩来的秘书范若愚后来回忆：

1958年4月间，总理在准备八大二次会议的发言稿时，有一天对我说，他这次发言，主要是做检讨，因为犯了"反冒进的错误"，所以这次发言稿不能像过去那样由别人起草，只能是我讲一句，你给我记一句,再由你在文字连接上,做一点工作。总理在讲了这些情况后,就开始起草发言稿的开头部分,他说一句,我记一句。就在这个时候,陈云同志给他打来电话。打完电话之后,他就说得很慢了,有时甚至五六分钟说不出一句来。这时,我意识到在反冒进这个问题上,他的内心有矛盾,因而找不到恰当的词句表达他想说的话。

周恩来不用秘书起草发言稿,除了考虑到这次检讨的重要性以外,恐怕还有一层因素——毛泽东刚刚在《工作方法六十条(草案)》中列了这样一条:"一切依赖秘书,这是革命意志衰退的表现。"

5月5日,中共八大二次会议在北京开幕。按毛泽东的安排,会议开幕的头一天,由刘少奇代表党中央作工作报告。

这份报告,是按毛泽东的思路作的,在许多重大问题上发人深思:

报告从"我国现在有两个剥削阶级和两个劳动阶级"出发,断言"在社会主义社会建成以前,无产阶级同资产阶级的斗争,社会主义道路同资本主义道路的斗争,始终是我国内部的主要矛盾",改变了八大一次会议关于国内主要矛盾的提法。

报告肯定:"毛泽东同志提出的15年赶上和超过英国的口号,鼓足干劲、力争上游、多快好省地建设社会主义的口号,要当促进派、不要当促退派的口号","迅速地被几亿人口组成的劳动大军所掌握,成为极其伟大的物质力量。"

报告以毛泽东的语言再次号召:"全党同志在建设事业中要做促进派,而不要做促退派。"

报告以党内正式文件的形式确认:1956年跃进中只是个别缺点,反冒进是错误的,"其结果是损害了群众的积极性"。

报告认为:由于反冒进,1956年到1958年间中国社会主义建设出现了一个马鞍形。

报告把反冒进放在反面教材的位置上进行批判:

一个马鞍形,两头高,中间低,1956年—1957年—1958年,在生产战线上所表现出来的高潮—低潮—更大的高潮,亦即跃进—保守—大跃进,不是大家都看得很清楚了吗?

马鞍形教训了党，教训了群众。现在全国的广大群众对于生产的跃进充满信心，而且决心把社会主义建设的速度继续提高。

报告以不容置疑的语言指出：

那些反对提高建设速度、反对多快好省这个方针的批评，都是站不住脚的。

党的全国代表大会正式对反冒进定论，这就把主张反冒进的周恩来、陈云等人推到了极为难堪的位置上。他们在党的全国代表会议上再度做检讨。周恩来在检讨中说：

这次会议，是一个思想解放的大会，也是一个充满共产主义风格的大会。大会的发言丰富多彩，生动地反映了人民在生产大跃进、思想大解放中的建设奇迹和革命气概。真是一天等于20年，半年超过几千年。处在这个伟大的时代，只要是一个真正革命者，就不能不为这种共产主义的豪情壮举所激动，也就不能不衷心地承认党中央和毛主席的建设路线的正确，同时，也就会更加认识反冒进错误的严重。

反冒进的错误，不是偶然发生的。这个错误的思想根源是主观主义和形而上学。在多数问题上表现为经验主义，在某些问题上则表现为两者的混合。思想方法上的这些错误，结果造成了建设工作中的右倾保守的错误。这样，就违背了毛主席一贯主张的社会主义建设的总路线、总方针。

我是这个错误的主要负责人，应该从这个错误中得到更多的教训。
……

中共八大二次会议以后，周恩来被"反冒进是方针性的错误"压得内心异常的痛苦和矛盾：从组织原则出发，他必须彻底认错；但从唯物主义原则出发，他又必须实事求是。矛盾的心态促使他处在一种痛苦的抉择中——甚至有了是

1959年4月,第二届全国人大第一次会议在北京举行,周恩来连任国务院总理

否辞职的想法。

到目前为止,我们尚未看到周恩来亲笔写的书面辞职报告,也未看到别人直接录下他辞职的口头报告。

但在文献资料中却留下了中共中央讨论这一问题的简要记录。

1958年6月9日,中共中央就周恩来提出"继续担任国务院总理是否适当"等问题专门召开政治局常委扩大会议。出席会议的有毛泽东、刘少奇、周恩来、朱德、陈云、林彪、邓小平、彭真、彭德怀、贺龙、罗荣桓、陈毅、李先念、陈伯达、叶剑英、黄克诚。会上讨论了周恩来等人的工作安排,与会者一致认为:周恩来"应该继续担任现任的工作,没有必要加以改变"。

会后,毛泽东嘱咐中共中央总书记邓小平起草一个会议记录。6月22日,邓小平将写好的会议记录报送毛泽东。毛泽东当即批示:"退(杨)尚昆存。"

的确,无论在建设思路上毛泽东和周恩来有多大的分歧,终究他们在半个多世纪的合作共事中,建立了深厚的友谊和密切的合作关系。不仅如此,在当时的情况下,论才华、智慧、能力等综合性的素质,还没有人能取代周恩来的职位。

周恩来在中华人民共和国政府总理的岗位上前后26个年头,即便有他这次提出辞职和后来林彪、"四人帮"的阴谋篡位,但直到周恩来去世,他在党和国家事业中的威望和地位从未动摇过。

尽管职务没有变,但八大二次会议后,面对中国"大跃进"的风潮,周恩来等一批主张反冒进的领导人,却对中国经济建设的走向失去了主要的发言权。

1958年夏天,跟着毛泽东等人的头脑发热,全党全国的"大跃进"热潮一浪高过一浪,浮夸风和共产风在各地迅速滋长起来了。周恩来等人已经无法再明确表示反对了。正如邓小平后来所说:搞"大跃进","毛泽东同志头脑发热,我们不发热?刘少奇同志、周恩来同志和我,没有反对,陈云同志没有说话"。

中国进入了一个不顾客观经济规律,任凭主观臆断,甚至假、大、空满天飞的年代。

当时的报道中,各地争先恐后放生产卫星。有记者甚至拍摄了一张照片——一颗比成人还大的玉米像火箭一样飞驰在天空。《人民日报》也曾发表一张照片,一个小孩能坐在卫星田的稻穗上而不掉下来。尽管有人不相信这样的夸大宣传,但是因为怕戴"右倾保守"的帽子而不敢公开讲话。

各级干部的浮夸风、弄虚作假风不断增长,达到惊人的地步。到处充斥着脱离实际的唯意志论。到处飘着"人有多大胆,地有多大产","只怕想不到,不怕做不到"等口号。

在大放生产卫星的形势下,8月间,中共中央政治局在北戴河召开会议,确定了根本达不到的生产指标,掀起了全民炼钢和人民公社化运动的高潮。

当然,自"大跃进"运动开始以后,毛泽东也一再提醒人们要"留有余地",他自己也在运动中不断发现并纠正"大跃进"中的一些偏向。但是,毛泽东真正发觉并纠正"大跃进"的"左"倾错误,是在1958年11月郑州会议以后。经过实地调查研究后,毛泽东发现,原来在赶英超美的指导思想下提出来的一系列指标,尤其是钢的指标,在实际生产中远远达不到,很难完成。11月2日至10日,毛泽东在郑州召集部分中央领导人、大区负责人和部分省、市委书记开会,开始冷静地思考建设问题。他在党内发出了认真阅读斯大林《苏联社会主义经济问题》和《马恩列斯论共产主义社会》两本书的建议。

11月下旬,毛泽东又召集部分中央领导人和省、市、自治区党委第一书记,在武昌召开中共中央政治局扩大会议。会上，他主动表达了要"把空气压缩一下"的思想：

> 我们在这一次唱个低调，把空气压缩一下，变成固体空气。先少搞一点，如果行，还有余力，情况顺利，再加一点。胡琴不要拉得太紧，拉得太紧，就有断弦的危险。这有点泼冷水的味道，右倾机会主义了。

由批判右倾机会主义，发动"大跃进"，到发现问题后主动"泼冷水"，主动犯实事求是的右倾机会主义。毛泽东的这种思想转变体现了实事求是的基本风格，也是作为一个伟大的马克思主义者应有的胆识。

毛泽东还对前一段缺乏科学精神，只凭革命热情和冲天干劲的做法进行了反省并提出了批评。尽管毛泽东并不赞成打击广大干部群众建设社会主义的冲天干劲和高涨热情，也还没有从根本上改变"大跃进"的思路，但毛泽东在思想上这一重要的转变，为周恩来等求实的经济工作领导者摆脱"大跃进"的矛盾心理和艰难处境以及纠正"大跃进"的错误，提供了良好的契机。

毛泽东毕竟是一位有胆识的马克思主义者，虽然也有犯错误（甚至是严重的错误）的时候，但是，他一旦发现错了，便主动承担责任，并主动去纠正。尽管有的错误他不能够及时发现，甚至由于理论指导上的错误和党内民主生活的不正常，使得他不可能意识到自己有错，但是，历史证明，新中国成立以来中国共产党对自己所犯的许多错误的纠正，都是与毛泽东最早有所察觉有关的。

党内对错误的纠正往往又是以毛泽东的思想转变为先导的。直到1959年7月庐山会议前期，全党范围内的纠"左"，已成气候。但这却是一条艰难的纠"左"路。

尽管毛泽东这一时期头脑依然发热，但他仍是一位唯物主义者。在庐山会议前期，毛泽东说起1958年"大跃进"的失误时，提到正在养病的国务院副总理陈云，他说了一句耐人寻味的话："国难思良将，家贫思贤妻。"同时他再三提议由周恩来负责编制1959年的国民经济计划。

1959年夏天的庐山会议，本来目的是要纠正"大跃进"以来"左"的错误，但由于特殊的原因，使得中共中央领导集体在总体思路上出现了扭曲：一方面认为"现在右倾思想已经成为工作中的主要危险"，全党必须开展一场反右倾斗争，从而打乱了纠"左"的进程；另一方面，根据毛泽东提出的要搞好综合平衡，以农轻重为序安排国民经济计划的精神，在周恩来等人"算细账"的基础上，调整降低了国民经济计划指标，规定钢产量为1200万吨，粮食产量为5500亿斤。

庐山会议后，党内外在一片反右倾气氛的笼罩下，人们在建设中的急躁冒进情绪再一次抬头，计划指标不仅没有降下来，反而出现了新的一轮跃进风潮。到1960年1月，中共中央政治局扩大会议批准了国家计委提交的《关于1960年国民经济计划的报告》，再次提出赶上英国的口号，甚至把赶上的时间确定为五年，还提出用八年的时间基本实现四个现代化。

主观臆断的赶超和不切实际的高指标，只能带来客观上的惨痛结局。一年下来，摆在人们面前的是这样一些可怕的数字和问题：

据1961年统计，1960年粮食产量只有2870亿斤，比1957年下降了26.4%；棉花产量2126万担，比1957年（3280万担）减少了35.2%，已经滑至1950年（2062万担）的水平；油料作物3405万担，比1957年（7542万担）减少了54%……

农业生产的全面滑坡，使得人民生活受到严重的影响，吃、穿、用紧缺，市场供应相当紧张，而国库里除了少量的仓底外，几乎无粮可调。大面积的严重饥荒摆在人们面前，许多省、区还出现了饿死人的严峻情况。

历史是无情的！由于天灾和人祸的合力作用，中国大地演化了一场政治的、经济的、思想的……综合性的"暴风雨"。

然而，主观的和客观的诸多因素，又在孕育着雨过天晴……

1960年6月18日，毛泽东在上海召开中共中央政治局扩大会议，写了一篇名为《十年总结》的文章。在讲到人民公社化运动和大办钢铁中出现的"乱子"时，毛泽东讲了这样几句话：

> 看来，错误不可能不犯。如列宁所说，不犯错误的人从来没有。郑重的党在于重视错误，找出错误的原因，分析所以犯错误的客观原因，公开改正。……

哪里有完全不犯错误，一次就完成了真理的所谓圣人呢？真理不是一次完成的，而是逐步完成的。

这是毛泽东的一种特殊的承认错误的方式。

更有意思的是，毛泽东还为周恩来在反冒进中受到的严厉批评婉转地平了反：

1956年周恩来同志主持制订的第二个五年计划，大部分指标，如钢等，替我们留了三年余地，多么好啊！

第一章
从化读书,静下心来思考建设问题

1960年二三月间,在北京中南海的人们,有二十多天没有看到周恩来总理。只有少数一些人知道他的去处……

进入1960年,中国国民经济严重困难的现实,进一步摆在人们面前。在如何建设社会主义的问题上,包括党和国家的领导人在内,一时间产生了许多的困惑。

这年春暖花开的时候,周恩来来到广东从化,组织了一个专门阅读苏联《政治经济学(教科书)》的读书小组,以期从理论上解决社会主义建设中遇到的一些问题。对一个日理万机的政府总理来说,这是一次极为难得的静心读书的机会,也留下了一份珍贵的历史档案。

经过"大跃进"的震荡以后,毛泽东向全党干部提出了一个独特的建议:为使我们获得一个清醒的头脑,以利指导伟大的经济工作,建议大家读斯大林的《苏联社会主义经济问题》和《马恩列斯论共产主义社会》。这两本书读完以后,下一步要读苏联《政治经济学(教科书)》。每人每本用心读三遍,随读随想。"大跃进"和人民公社时期,读这类书最有兴趣。不久,在周恩来的台历中,留下了许多深夜读书的记录。

周恩来政治生涯中的这次极为特别的读书活动,源于20世纪50年代末、60年代初毛泽东的倡导。它也有着复杂的历史背景……

中华人民共和国成立后，作为全国政务尤其是经济建设的"总管家"，周恩来很少有时间坐下来集中读书，尽管他始终有着一个马克思主义者对理论指导实践的渴望和对新知的渴求，然而日理万机的客观条件决定了他不可能静下心来长时间去读书。

当热热闹闹的"大跃进"和人民公社化运动造成了国民经济严重失调以后，人们在思想认识上对社会主义建设的难题开始产生重重疑虑。历史，迫使从毛泽东、周恩来这样的党和国家领导人到普通的领导干部，都不得不重新思考社会主义的建设问题和建设规律。

思考，是需要冷静的。在这种"冷静"中，坐下来读点理论著作的愿望，油然生成。

1958年11月9日，头脑由热逐渐变冷的毛泽东，给中央、省市自治区、地、县四级党委委员写了这样一封信——

同志们：

此信送给中央、省市自治区、地、县这四级党的委员会的委员同志们。

不为别的，单为一件事——向同志们建议读两本书。一本，斯大林著《苏联社会主义经济问题》；一本，《马恩列斯论共产主义社会》。每人每本用心读三遍，随读随想，加以分析，哪些是正确的（我以为这是主要的）；哪些说得不正确，或者不大正确，或者模糊影响，作者对于所要说的问题，在某些点上，自己并不甚清楚。读时，三五个人为一组，逐章逐节加以讨论，有两至三个月，也就可能读通了。要联系中国社会主义经济革命和经济建设去读这两本书，使自己获得一个清醒的头脑，以利指导我们伟大的经济工作。现在很多人有一大堆混乱思想，读这两本书就有可能给以澄清。有些号称马克思主义经济学家的同志，在最近几个月内，就是如此。他们在读马克思主义政治经济学的时候是马克思主义者，一临到目前的经济实践中某些具体问题，他们的马克思主义就打了折扣了。现在需要读书和辩论，以期对一切同志有益。

为此目的，我建议你们读这两本书。将来有时间，可以再读一本，就是苏联同志们编的那本《政治经济学（教科书）》。乡级同志如有兴趣，也可以读。"大跃进"和人民公社时期，读这类书最有兴趣，同志们觉得如何呢？

毛泽东
1958年11月9日于郑州

毛泽东的目的，是要干部们理论联系实际，并解决"经济实践中某些具体问题"，他对"有些号称马克思主义经济学家的同志"是反感的，主张亲自去马克思主义的书本中找答案。所以他的建议很明确，对斯大林的《苏联社会主义经济问题》和《马恩列斯论共产主义社会》，"要联系中国社会主义经济革命和经济建设去读这两本书，使自己获得一个清醒的头脑，以利指导我们伟大的经济工作"。

这时的毛泽东，对读书一事非常重视，他甚至明确了读书的方式——"三五个人为一组，逐章逐节加以讨论"；读书的时间——"有两至三个月，也就可能读通了"；还有读书的步骤——前两本书读完以后，下一步要读的就是苏联《政治经济学（教科书）》。

毛泽东坚信，从马克思主义著作中，可以找到智慧和办法，他从自己的经验中坚定地认为："大跃进和人民公社时期，读这类书最有兴趣。"

从内心而言，周恩来对毛泽东的这一建议是非常赞同和重视的。对冒进、大冒进——"大跃进"以来的建设阵痛，周恩来心有余悸，他历来主张对那些头脑发热的人要"用冷水洗洗"。

在某种程度上说，周恩来早就急切地希望全党冷静下来，认真研究社会主义建设中的理论问题。这一希望，也反映在周恩来的家庭生活中。毛泽东的信，是在有部分中央领导人，大区负责人和部分省、市委第一书记参加的郑州中央工作会议期间写的。会议结束后，中共中央决定：11月21日至27日在武昌召开政治局扩大会议。这时，周恩来于11月17日抽空给邓颖超写了一封信，信中说：

> 连日下午中央在开会讨论郑州会议的文件，现在还没结束，内中关于两个过渡、两个阶段，都有所探讨，望你加以注意研究，以便见面时与你一谈。

对于社会过渡、社会阶段、所有制以及商品生产等社会主义建设中的重大问题，如何正确认识和处理，周恩来提醒邓颖超注意研究，并将其定为两人之间见面时探讨的重点。

11月下旬，中共中央宣传部在其内部刊物上登载了中国科学院经济研究所整理的有关苏联《政治经济学（教科书）》第三版的重要修改和补充材料。毛泽东极感兴趣，他立即提议参加武昌会议的同志阅读，并指示给每人发一本《政治经济学（教科书）》。

周恩来就是在这个时候开始详细阅看苏联《政治经济学（教科书）》的。

武昌会议期间，周恩来经常深夜抽出一定时间读书。在留下来的周恩来台历中，我们可以看到许多他深夜读书的记录。

1959年1月，苏联《政治经济学（教科书）》修订第三版正式出版发行。不久，毛泽东认为，全党各级干部读这本书的时机已经成熟。是年7月，中共中央政治局在江西庐山召开扩大会议。毛泽东在会议开幕那天的讲话中亮明了他的想法：

> 有鉴于去年许多领导同志对于社会主义经济问题还不大了解，不懂得经济发展规律，有鉴于现在工作中还有事务主义，应当好好读书。中央、省、市、地委一级委员，包括县委书记，要读《政治经济学（教科书）》第三版。时间三至五六个月，或一年。
>
> 现在有些人是热锅上的蚂蚁，要让他们冷一下。去年有一年的实践，再读书更好。学习苏联经验，读苏联《政治经济学（教科书）》是比较好的办法。这本书缺点有，但比较完整。……他们的缺点我们不要去学，但在去年，把苏联一些好的经验也丢了。

在毛泽东拟定的关于庐山会议所要讨论的18个问题中，第一个议题就是"读书"，他是这样写的：

（一）读书。高级干部读《政治经济学（教科书）》第三版下册。读者范围，由中央委员到县委书记，都要读。县级主要干部首先是第一书记，另读三本书："好人好事"一本、"坏人坏事"一本、中央的政策和工作方法的文件一本。三本书不超过十万字，七天能够读完。然后讨论三个星期，共学一个月。

......

毛泽东认为，读书可以澄清一些人头脑中存在的有关建设社会主义的混乱思想。"应当好好读书"，才能了解社会主义经济问题，懂得经济发展规律，摆脱事务主义。

根据这一要求，在庐山会议前期周恩来又对《政治经济学（教科书）》进行了一些研读。

不幸的是，庐山会议后期，毛泽东错误地发动了对彭德怀的批判，扭转了会议的原定方向，同时也冲击了原先有关读书的安排。

1960年2月13日，继刘少奇、毛泽东之后，周恩来到广东从化，召集国务院、书记处、部分部委和中南局的有关领导人正式组成了《政治经济学（教科书）》读书小组。这是中共中央核心领导层中组织的第三个学习苏联《政治经济学（教科书）》的读书小组。这次读书前后用了20多天时间，把《政治经济学（教科书）》的社会主义部分近27万字的内容通读了一遍。在读书小组的研讨会上，周恩来共做了三次系统发言。

庐山会议后不久，读书的事被再次列入党内学习的日程中。中共中央领导人于当年冬季重新落实毛泽东早就提出的读《政治经济学（教科书）》计划。

11月初，刘少奇来到风景如画的海南岛，率先与广东省委的负责人组成了一个学习苏联《政治经济学（教科书）》的读书小组。组织读书小组的办法，得到了毛泽东的肯定。

1960年1月，毛泽东在上海中央工作会议上讨论国民经济计划时，再次号召领导干部要学习苏联《政治经济学（教科书）》。同时他根据刘少奇读书的经验建议：

中央各部门的党组，各省、市、自治区党委，应组织起来读《政治经济学（教科书）》，先读下半部（社会主义部分）。现在1月差不多还有半个月，还有2月、3月、4月，以第一书记挂帅，组织个读书小组，把它读一遍。至于上半部（资本主义部分），也要定个期限。今年主要精力恐怕是读经济学。国庆节以前，把苏联经济学教科书读完。读的方法是用批判的方法，不是用教条主义的方法。这么个建议，如果可行，就这么做。

毛泽东自己也于1959年12月10日至1960年2月9日组织了一个专门学习《政治经济学（教科书）》的读书小组，先后在杭州、上海和广州，逐章逐节地集中研讨。在边读边议中，毛泽东发表了许多意见，反映了他对中国社会主义经济建设问题的认识成果。

毛泽东在读书小组中的谈话，当时就被整理成《读〈政治经济学〉下册的笔记》等记录稿。

从刘少奇和毛泽东的读书形式中，周恩来受到启发。1月，周恩来在上海出席中央工作会议时，赞同毛泽东提出的"中央各部门的党组，各省、市、自治区党委，应组织起来读《政治经济学（教科书）》，先读下半部（社会主义部分）"的建议。

1月31日和2月11日，周恩来先后两次到广州见毛泽东，2月11日还在广州见了邓小平，向他们谈了组织《政治经济学（教科书）》读书小组的事。

1960年2月13日，周恩来到广东从化，召集李富春、李雪峰、陶铸、宋任穷、吴芝圃、许涤新、薛暮桥、王鹤寿、吕正操、陈正人等国务院、书记处、部分部委和中南局的有关领导同志正式组成了《政治经济学（教科书）》读书小组。

这是中共中央核心领导层中组织的第三个学习苏联《政治经济学（教科书）》的读书小组。在中外历史上，为了从理论上静心思考社会主义的建设问题，以一本外国的经济学教科书为蓝本而发起的这样的读书活动，在今天看来，不敢说是绝后，但至少是空前的。

周恩来的读书小组前后用了20多天时间，把《政治经济学（教科书）》的社会主义部分近27万字的内容通读、研讨了一遍。在这个读书小组中，每人一方面自己研读，另一方面还要参加组里的研讨会，互相交流。

从2月13日到3月2日，周恩来在从化《政治经济学（教科书）》读书小组的研讨会上共做过三次系统发言。这些发言的内容，都是他在读书中的心得。对这样的会上交流，周恩来非常重视。每次发言之前，他都先写出比较详细的提纲，发言之后，再由参加学习的人做记录。

从周恩来三次发言的内容来看，第一次（2月23日）着重讲了过渡问题，阐述我国过渡时期的五条基本方针；第二次（2月25日）主要阐述上层建筑，尤其是思想意识与经济基础的关系及其前者的先导作用；第三次（3月2日）主要讲学习《政治经济学（教科书）》的方法，并对整个学习做了总结。

2月23日，周恩来在读书小组做第一次系统发言，主要阐述"过渡"问题。

过渡问题，是周恩来读书小组学习、讨论的重点问题，也是苏联《政治经济学（教科书）》社会主义部分所阐发的一个主要问题。

在苏联《政治经济学（教科书）》的社会主义部分中，开篇就提出了资本主义向社会主义过渡的问题，它的原文是这样说的："社会主义经济不可能在资产阶级社会的范围内，在资本占统治地位的情况下产生，因此，为了用社会主义制度代替资本主义制度，在每一个国家中都需要有一个特殊的过渡时期，这个过渡时期开始于无产阶级政权的建立，完成于社会主义革命任务的实现——建成社会主义即建成共产主义社会的第一阶段。在资本主义社会和社会主义社会之间有一个前者变为后者的革命转变时期。与这个时期相适应的是一个政治上的过渡时期，这个时期的国家不能是别的任何东西，只能是无产阶级的革命专政。"（引自马克思《哥达纲领批判》）

周恩来发言首先从《政治经济学（教科书）》讲起：

> 《政治经济学（教科书）》引用了马克思的话："在资本主义和共产主义之间有一个前者变为后者的革命转变时期。与这个时期相适应的是一个政治上的过渡时期，这个时期的国家不能是别的任何东西，只能是无产阶级的革命专政。"

对过渡时期的国家是不是只能是"无产阶级的革命专政"，这一点周恩来与读书小组的同志进行了认真研讨。从一个侧面看，他们的认识明显地带有时代的印迹。但是，对过渡时期的长期性，周恩来却有着充分的认识，他说：

我国十年的历史证明，这个过渡要贯穿从资本主义到共产主义的整个时期，是一个比较长的过渡时期。

采取什么样的措施促进和实现这一过渡呢？

周恩来的意思是，必须根据中国自己的特定条件而定。

他干脆认为，实现这一过渡，必须完成两大任务。"整个过渡时期的任务是两句话：第一句话是把革命进行到底"，"第二句话是生产力不断提高"。

他讲的这两句话，实际上就是如何解决生产力和生产关系的辩证关系问题。他认为：第一句话的含义就是生产关系的变革，第二句话的内容就是在第一句话的基础上发展生产力。这两句话实现了，自然就解决了生产力和生产关系的辩证关系问题，过渡时期的任务也就得以完成。这就是他所说的："革命主要是生产关系方面，生产关系解放了，生产力才能更好地发展。"

在周恩来看来，鉴于中国的特定条件，实现过渡时期总任务的关键是搞好生产关系的变革，这对提高生产力有着决定性的反作用。

他指出：

一般地说，生产力、经济基础起主要的、主导的作用，但是，在一定条件下生产关系、上层建筑能够起决定的作用。我们中国有自己的特定条件。

这一认识，无疑是受毛泽东在《矛盾论》中阐述的生产关系在一定条件下有决定性作用的思想的影响。

从周恩来所说的"过渡时期的任务"和当时的历史条件来看，"革命"的含义主要是指在社会主义条件下为发展生产力而进行的各种变革。因此，过渡时期的任务主要是指实现整个社会主义建设的目标。所以，在指出了过渡时期的任务以后，周恩来阐述了中国为了保证实现这一任务所必须采取的五条方针。

他讲的第一条方针是"社会主义时期总路线"。

他在解释总路线时，揭示了"鼓足干劲，力争上游"蕴含的主客观关系，认为"上游是客观存在，上游是无止境的。如何争，要鼓足干劲，发挥最大限度的主观能动性"。

从"最大限度"地发挥主观能动性和"无止境"地力争上游这一意思来看，在周恩来心目中，对社会主义建设的复杂性和长期性是有充分认识的。

发言中，周恩来还指出了资本主义国家的计划经济与社会主义国家的计划经济的区别，他认为这种区别主要表现在处理整体和局部、宏观和微观的关系问题上。从发言来看，他并没有否定资本主义的经济手段，只是做了实事求是的客观评述。

他讲的第二条方针是"两条腿走路"。

这一方针，实际上是由毛泽东在《矛盾论》中所提出的对立统一的思想发展而来的。周恩来在1959年5月3日曾对文艺界人士解释过"两条腿走路"的方针，他说："两条腿走路，就是对立面的统一。这个问题毛主席在《矛盾论》中早已解决了。对立统一本身就是两条腿，既要有机地结合，也要有主导方面（也就是矛盾的主要方面）。这是我们的哲学思想，也是我们重要的工作方法。"

重提这一问题，主要是因为在实践中往往出现背离这一马克思主义辩证法的问题。尤其在"大跃进"和人民公社化运动中，走极端、狂热的"左"倾错误造成了严重的损失。周恩来为了纠正"左"的错误，极力提醒人们注意学习毛泽东的《矛盾论》，把对立统一规律运用在实际工作中。

在读苏联《政治经济学（教科书）》时，周恩来进一步阐述了"两条腿走路"的思想。他发现《政治经济学（教科书）》并没有注意到对立统一的矛盾内涵后，不客气地说，在这一点上，"教科书就是片面性"。

他讲的第三条方针是"五大革命"。

"五大革命"的提法，显然受到毛泽东前一时期提出的"不断革命""继续革命"思想的影响。在1958年1月召开的杭州会议上毛泽东曾说过：

> 我说的继续革命和托洛茨基讲的不同，是两种不断革命论，我们的革命步骤是：
>
> （一）争取政权，把敌人打倒。这在1949年完成了。
>
> （二）土地革命。1950年至1952年三年内基本完成了。
>
> （三）再一次土地革命，社会主义的，现在讲主要是生产资料集体所有制，1955年也基本完成，1956年有些尾巴。这三件事是紧

跟着的，两个三年当中解决了。趁热打铁，这是策略性的，不能隔得太久，不能断气，不能去建立"新民主主义秩序"，如果建立了，就得再花力气去破坏。

（四）思想战线上、政治战线上的社会主义革命——整风运动，这一次今年上半年就可完成，有问题还可以搞。

（五）还有技术革命。

虽然周恩来所说的"五大革命"与毛泽东所讲的"革命"是有所不同的，但毛泽东的一些观点，他显然是接受了的。客观地说，这一时期人们对"革命"的认识，还主要指向上层建筑和生产关系领域。因而周恩来所说的"革命"，主要还是指上层建筑和生产关系的变革。他讲的"五大革命"，包括经济方面的三大改造，政治思想方面的"百花齐放、百家争鸣"，以及科学技术、文化教育和所有制等方面。这五大变革，从社会发展战略方面来说，应该是正确的。但是，限于当时的认识水平和客观条件，关于这些"革命"的内容上的提法，有很多欠妥当的地方。

在周恩来的提法中，也存在着明显的局限。比如，在所有制革命方面，周恩来提出："从集体所有制进到社会主义单一全民所有制，以至过渡到共产主义单一全民所有制，也还要革命。"对所有制问题的认识和所有制改革的步骤和方向，由于受到苏联模式和苏联《政治经济学（教科书）》提法的影响，这一时期周恩来的认识，与中国的具体实际显然是不相符合的。从这点可以看出，在读《政治经济学（教科书）》的过程中，对社会主义建设认识上仍有模糊状态，认识上的清醒并不是一下子就能解决的。

他讲的第四条方针是"四个现代化"。

这是周恩来此次读书的一个重要的收获。读《政治经济学（教科书）》过程中的理论思考，对周恩来完善四个现代化的思想是有帮助的。

他在发言中提出，四个现代化的内容是："工业、农业、科学、国防四个现代化。"并扼要地提出了实现这一社会发展总体战略目标的两个步骤："第一阶段要实现这四个现代化，第二阶段要实现得更好。"他还对未来10年到13年的社会发展指标提出了设想。

这一提法，显然比1954年9月一届人大时提出的工业、农业、交通运输业、

1963年1月,周恩来在上海市科学技术工作会议上讲话,指出实现四个现代化"关键在于实现科学技术的现代化"

国防四个现代化的提法前进了一步。在次年9月周恩来主持起草的中共中央《关于当前工业问题的决定》中,这一提法被吸收进去。到1963年1月,周恩来在上海科学技术工作会议上,最终把我国四个现代化的提法完善为:"我们要实现农业现代化、工业现代化、国防现代化和科学技术现代化,把我们祖国建设成为一个社会主义强国。"后来在1964年年底和1975年年初的三届人大和四届人大《政府工作报告》中,周恩来两次强调了完整意义上的四个现代化及其战略步骤:

> 今后发展国民经济的主要任务,总的说来,就是要在不太长的历史时期内,把我国建设成为一个具有现代农业、现代工业、现代国防和现代科学技术的社会主义强国,赶上和超过世界先进水平。为了实现这个伟大的历史任务,从第三个五年计划开始,我国的国民经济发展,可以按两步来考虑:第一步,建立一个独立的比较完整的工业体系和国民经济体系;第二步,全面实现农业、工业、国防和科学技术的现代化,使我国经济走在世界的前列。

由读书而引发的思考,无疑深化了周恩来对社会主义建设目标和步骤的再认识。

他讲的最后一条方针是"逐步消灭三大差别"。

苏联的《政治经济学（教科书）》主要讲了城市和乡村、脑力劳动和体力劳动的两大差别，并认为这些差别会自然消失。周恩来明确地提出，过渡时期的一个主要方针是"逐步消灭三大差别——工农差别、城乡差别、脑体差别"。同时他指出，《政治经济学（教科书）》中关于到了共产主义社会"差别自然消失"的说法是模糊的，"究竟怎样才能自然消失，没有说清楚"。

周恩来的看法是，"我们总要在过渡时期使三个本质差别逐步消灭"。他强调了在消灭三大差别方面人的主观能动作用。

在周恩来当时的认识中，上述五条方针是解决生产力和生产关系、经济基础和上层建筑矛盾的关键。

周恩来说：

> 在整个过渡时期，这五条方针都是关键性的。用这五条方针，把革命进行到底，不断发展生产力，不断地解决社会主义社会的两个基本矛盾——生产力和生产关系的矛盾、上层建筑和经济基础的矛盾。

在解决了方针问题过后，周恩来认为过渡不必急于求成，而且要分阶段进行，他说：

> 革命的转变时期还是分两个阶段比较好。从资本主义过渡到社会主义，社会主义建成之日就是开始向共产主义过渡之日。我们是不断革命论者，又是革命发展阶段论者。前一阶段长一点，后一阶段就可能快一点。要解决生产力和生产关系、经济基础和上层建筑两个基本矛盾，首先要不断进行三个方面，即所有制、人与人的关系和分配制度的革命。

这五条方针的内容，按照今天的认识来看，不一定完全正确，提法上也有许多欠妥之处。但是，它代表了当时中国共产党领导层对社会主义建设的一种认识，也表明了中国共产党力图摆脱苏联模式的影响，独立思考建设问题，走中国自己的社会主义建设道路的一种胆识。

2月25日下午,周恩来做了第二次系统发言。

这次发言是对23日发言的补充。他认为,在了解过渡问题即生产关系、经济基础的改革问题后,还必须搞清楚上层建筑和思想意识的革命问题。

他发言的开始,便提醒大家辩证地理解毛泽东所讲的思想认识的变革问题:

> 思想意识的革命常常是居先的,只有思想先变革了,才能变革所有制。主席又说,思想认识又常常落后于客观现实。先驱者作用,就是在事物还处在萌芽状态,甚至还在胚胎中就能认识它,并推动人们去认识它、实现它。马克思、列宁的作用就在于此。所以,我们要认识思想认识的居先和落后两个侧面。有时思想就是认识了,但事物在不断发展,一时认识了,一时又不认识,这个问题认识了,那个问题又落后了。……因此,要不断认识、不断实践。我们几十年来的经验极其丰富。苏联的经验也丰富,只是后来它没有总结。正因为这样,每个人的思想革新要居先。

这段话,反映了周恩来对马克思列宁主义革命辩证法深刻和透彻的理解。既尊重唯物主义的客观性原则,又实事求是地处理主客观的辩证关系,在实践中贯穿马克思主义辩证法的原则,最大限度地发挥人的主观能动性。

在中国这块土地上搞社会主义,应该说毛泽东、周恩来、刘少奇等人充分地贯彻了马克思主义原理,特别是对恩格斯晚年阐述的社会意识决定性地反作用于经济基础的原理,无论在理论上还是在实践上,都做了重要的补充和发展。

当然,真理越过"雷池"一步,就会变成谬误。思想意识革命性的先导作用必须建立在经济基础的最终决定性之上。周恩来早就注意到了这一点。1950年6月8日,他在全国高等教育会议上就说过:"文化教育一方面是政治的先导,另一方面它的改造又要在经济、政治变革之后才能完成。所以文化教育既是'先锋',又是'殿军'。"1952年,周恩来又在政务院第156次政务会议上强调:"我们不应该把文化建设看作是将来的事,不能等待,现在就应着手。经济建设和文化建设,好像一辆车子的两个轮子,相辅而行。我们要建设,干部、人才就成为一个决定性的因素。"

马克思主义对历史长河中经济因素与上层建筑各因素交互作用的关注，被周恩来深刻地领会到了。

在2月25日的发言中，周恩来阐述了上层建筑、思想意识变革的问题后，又单独提出了如何理解、学习毛泽东思想的问题。他引导大家这样去认识：

毛泽东思想的时代意义——

> 如果说，马克思主义是产生在资本主义时代，列宁主义是产生在帝国主义时代，那么毛泽东思想就是产生在社会主义和帝国主义两大体系决战的时代。毛泽东思想要贯穿下去，一直到共产主义建成。

毛泽东思想的哲学基础——

> 《矛盾论》《实践论》是毛泽东思想的哲学基础，它创造性地运用和发展了马克思主义，它不仅仅是马克思主义和中国革命实践相结合，而且进一步发展了马克思主义的辩证法，发展了辩证法的核心——对立统一的学说，并把它用之于各方面。

毛泽东思想在形成方式上的特点——

> 马克思几乎一生、列宁一半时间都在从事理论工作，而毛泽东则一直是处在革命的风暴中，没有多少时间专门从事理论工作，只能在很忙的情况下进行写作，主席的学说，是在革命的风暴中生长的。

如何学习和整理毛泽东思想——

> 我们在学习毛泽东思想的时候，要把毛主席的著作前后贯穿起来看。至于整理毛泽东思想，要靠秀才，更重要的是要靠少奇、小平同志这样的党的领导人来总结。

周恩来的发言中，在有些问题上也存在矛盾、模糊、费解之处，但毕竟是经过一番思考后的认识结晶。这些看似枯燥的阐述，却反映出周恩来在社会主义建设出现挫折后的一些思想状况。

> 最后一次发言，周恩来重申了贯穿始终的一个问题——读《政治经济学（教科书）》应该采取什么样的态度和方法。周恩来的态度毫不含糊："必须批判地学习。"他明确地说："中苏两国情况不同，经验不能照抄。斯大林有有利于中国革命的意见，也有不利于中国革命的意见。斯大林有他成功的一面……但有很大的片面性。……我们要学习列宁时代，不要学斯大林后期。"他一语惊人："'毛泽东主义'，最好不提。"

3月2日，周恩来读书小组召开了学习《政治经济学（教科书）》的结束会。周恩来在会上做了最后一次系统的发言。

虽说是最后一次发言，但他重申了贯穿始终的一个问题——读《政治经济学（教科书）》的态度和方法。

在读书会上或会下，对读《政治经济学（教科书）》的态度、方式、方法，周恩来都反复地做过强调。读书小组刚组成，他就明确提出："必须批判地学习。"

采取批判的态度和方法，在刘少奇和毛泽东的读书小组中，同样如此。正像毛泽东在1月上海工作会议上提倡组织学习小组时就专门说过的："国庆节以前，把苏联经济学教科书读完。读的方法是用批判的方法，不是用教条主义的方法。"

毛泽东和周恩来所强调的"批判"之意，讲的是学术领域求真求实的方法，而非政治上的含义。"批判"，不是全盘否定，而是通过实事求是的分析、研究、评论，对正确的东西加以肯定、学习、借鉴，对错误的东西加以否定、舍弃。这是一种马克思主义的学习态度和方法。它是与不加分析、盲目接受的教条主义做法截然相反的。

采取批判的态度和方法，使中共中央的几大学习小组充满了学术研究的味道。

批判的态度，符合周恩来历来坚持的学习态度和思考风格。早在青年时期他就是以"审慎求真"的批判性态度接受马克思主义的。周恩来与中国其他马克思主义者一样，在革命时期就饱尝了教条主义的危害，历经了千辛万苦，才探索出一条适合中国社会发展的革命道路。进入建设新中国的初期，由于或多或少地存在主观上的"左"倾思想和客观上的苏联模式及苏共"老子党"做法，教条主义的东西始终时隐时现地干扰中国共产党。"大跃进"和人民公社化运动中存在的严重问题，再次向中国共产党提出了进一步清理教条主义的客观要求。因此，借学习苏联《政治经济学（教科书）》的机会，从理论上批判教条主义，重新思考建设问题，这是读书小组首先要解决的课题。

在2月23日发言时，周恩来就开宗明义地提出过："我们这次学习是运用毛泽东思想批判地学习《政治经济学（教科书）》。"

在2月25日发言讲到思想意识、上层建筑变革问题时，周恩来又引发了对苏联《政治经济学（教科书）》的态度和方法问题：

> 苏联当时只是一个社会主义国家，为了避免与资产阶级形式上的对立，在法律、司法方面，有许多形式上与资本主义国家相同，甚至在某些原则问题上妥协，这是错误的，我们批判了这些，批判了《政治经济学（教科书）》。但是，我们的人民大学还在用《政治经济学（教科书）》当教本，这也是矛盾的。我们中央负责同志都到北大、清华去作报告，就是没有去人大，吴（玉章）老说过好几次。我们的马列主义教科书和教员都是从那里出来的。

他对中国人民大学仍在沿用苏联《政治经济学（教科书）》当教材的做法提出了批评。他所担心的，正是人民大学不加分析、缺乏批判地使用《政治经济学（教科书）》，这样会误导一部分教员和学生。当然，他并不否定大家学习这本《政治经济学（教科书）》。在他看来，只有掌握了批判的武器，解决好理论与实际的矛盾，才能达到教书育人的目的，也才能有利于中国的社会主义建设。

在这天的发言中，他对中央社会主义学院、中央党校、国际关系学院等学校使用教科书的情况也提出了看法，认为："我们的实际和理论有矛盾。"

到了 3 月 2 日下午的结束会上，周恩来除了做总结外，又一次讲到了学习的方法问题：

> 毛泽东同志告诉我们要批判地学习《政治经济学（教科书）》。怎样批判地学习呢？这次学了 20 天，仅仅是学习的开始。精读一下，20 天是不够的，参考资料那么多；如果要把各个问题研究一下，不是两个月，时间要更长。学习是长期的问题。要分析这本书，哪些是对的，哪些是错的，好的加以肯定、发展，错的加以否定、批判；批判要有武器，就是要以马列主义、毛泽东思想做武器来批判，这样才完全。……
>
> 在我们的学习中，掌握和运用这个武器，本身也就是学习。运用这个武器，要有个实践过程，需要有个时间，不能说我们就马上会用了，顺手拈来就行了，不要看得太容易，还要有个长期的过程，要看作是个不断学习、实践、发展的过程。这次学习是需要的，通过这次学习，基本上是提高了一步，还要继续学习下去。

这一总结性的发言，既明确了批判的态度和方法即是马列主义的科学态度和方法，也提出了如何进一步贯彻实事求是原则的问题。对待《政治经济学（教科书）》如此，对待一切学习和理论思考亦然。

讲完了学习《政治经济学（教科书）》的态度和方法，周恩来开始提出如何对待苏联经验的问题。既然对苏联的《政治经济学（教科书）》必须批判地学习，那么对苏联的经验更不能照抄照搬。周恩来从斯大林片面性的角度说：

> 中苏两国情况不同，经验不能照抄。斯大林对中国革命有有利于中国革命的意见，也有不利于中国革命的意见。斯大林有他成功的一面，就是在一国建成社会主义，但弄得农业长期不能发展。斯大林第二个问题是肃清党内派别问题，分了很多阶段，才战胜了反对派，统一了党的组织。但他将人民内部矛盾当作敌我矛盾处理，于是肃反扩大化了。斯大林第三个问题，是领导卫国战争胜利的问题，斯大林有失去警惕性忽略防御的一面，但是敌人深入了，他还是坚决抵抗。斯

大林三大成绩之下，都有他的片面性：一国胜利以后没有将革命继续下去；党内斗争极端化了；战争胜利后骄傲了，发展了大国主义。

之后，周恩来又将列宁时代、斯大林时代和赫鲁晓夫时代做了比较：

> 前两个时代比较起来，列宁是继承和发展了马克思主义。斯大林的成绩不可忽视，但有很大的片面性。赫鲁晓夫反斯大林，没有找到正确的道路，走到另一个方面去了。我们要学习列宁时代，不要学斯大林后期。赫鲁晓夫时期，原则上说，他做了些好事，但也做了些错事。

接着，周恩来又由如何理解、宣传毛泽东思想出发，引出了毛泽东思想与马克思列宁主义的关系问题。

讲毛泽东思想，周恩来表明了三点意思：

（一）毛泽东创造性地发展了马列主义——

> 马列主义在斯大林后期停滞了，但在中国革命中找到了代表人物。马克思、恩格斯、列宁的革命理论是在不同的时代背景、不同的革命斗争实践中发展的，而毛泽东同志则是运用马列主义指导中国革命实践，在中国革命实践中又发展了马列主义。毛泽东同志创造性地发展了马列主义，是有他的历史条件的，有他的发展背景的。

（二）毛泽东思想是有"根"的——

> 这个根当然首先是中国人民革命运动，理论基础还是马列主义，是马列主义理论与中国革命实践的结合。不能把毛泽东思想与马列主义割裂开来。

（三）毛泽东思想不是毛泽东个人的——

> 不能把毛泽东思想说成是毛泽东个人的,"毛泽东主义",最好不提。尽管中国人民群众是会拥护的,但会使兄弟党发生误会,感到中国党骄傲了,特别是毛泽东同志还在世的时候,最好不提;列宁死以前也不叫列宁主义,列宁主义是列宁死后斯大林提的。不要先把名字叫出去。这一点很重要,希望大家采取谨慎的态度。

此语惊人!有人要提出"毛泽东主义",周恩来态度明确:"最好不提。"在周恩来看来,"毛泽东主义"的提法,既不符合马列主义发展史的惯例,也不符合毛泽东本人的意图;把毛泽东思想说过头了反倒会损害这一思想,也会使兄弟党产生误会。

他告诫大家:"这不仅仅是个谦虚问题","现在还是宣传学习马列主义和毛泽东思想,这个提法比较好。"

周恩来的这一意见,无疑是维护了毛泽东思想的科学性和严肃性。在以后的宣传中,"毛泽东主义"的确未曾正式提出来。

就在当月24日,周恩来到天津,参加毛泽东召集的中共中央政治局常委会。在会上,他赞同邓小平对报刊上把毛泽东思想宣传庸俗化的批评。会上出现了这样一段有意思的对话:

> 邓小平:"一定要使我们的报刊的宣传不要把马列主义这几个字丢掉了,最近的偏向就是只讲毛泽东思想。"
>
> 毛泽东:"这就不正确了。"
>
> 邓小平:"这就不利。始终在国际上拿出马列主义的旗帜,这样作战才有利,否则庸俗化了。"
>
> 周恩来:"一个是对立起来了,还有一个庸俗起来了,什么都说成毛泽东思想。"
>
> 刘少奇:"不能把马列主义和毛泽东思想搞成两个东西。"

天津会议的提法,显然是各《政治经济学(教科书)》学习小组学习思考的一种延续。

应该说,周恩来的许多想法,是领会了毛泽东的意图的。他所组织的学习小组，曾邀请《红旗》杂志社副总编辑胡绳到组内做辅导。胡绳参加过毛泽东组织的读书小组，并整理了毛泽东在谈《政治经济学（教科书）》时边谈边议的谈话记录。这一以笔记形式整理的谈话记录，胡绳在周恩来的读书小组内做了宣读，后来又留在周恩来手中。周恩来对毛泽东的谈话内容做过仔细的研究和深入的思考。

周恩来读书小组，成立于1960年2月中旬，当时离庐山会议闭幕只不过半年时间，人们对庐山会议后期的阴影还心有余悸，因此，对总路线、"大跃进"、人民公社这"三面红旗"中存在的"左"倾错误，自然避而不谈。值得注意的是，周恩来在2月25日读书小组会议上的一番话中，直截了当地讲："党的总路线，按比例、高速度怎么好，总还是会出点漏子。不要把话说满了，盲目自满了就会失去警惕。自然现象如此，社会现象也是如此。"他告诫说："总不能天天跃进，总有波浪。"发表这样一番讲话，在当时是需要一点勇气的。周恩来的这番理论勇气，自然得益于深入研读马列著作和从化读书生活的静心思考。

3月6日，周恩来回到北京。次日，他把胡绳留下的两本笔记送给毛泽东看，并附言："我们已告诉参加学习的同志，只能在省、市委书记处和各部委党组中学习使用，不下传。"

周恩来的发言记录，在4月份他出国访问时，经李富春、薛暮桥等人商议，也以"从化读书会学习笔记"形式印发国家计委、经委、建委等部委的读书小组和党组，作为学习材料，对这些部委的领导干部学习《政治经济学（教科书）》起了一定的借鉴甚至指导作用。

读书的作用，在于反思，在于总结经验教训。几十年前中共中央领导层的这次读书活动，起到了这一作用。毛泽东、刘少奇、周恩来等人带头组织读书小组，促进了党的领导者深层次地思考社会主义建设问题，为中国共产党进一步领导中国的社会主义建设，做了很好的理论储备。

然而，对社会主义建设的反思，仅靠读一两本书或者一两次读书活动是远远不够的。历史的复杂与曲折，并没有因几次静心读书而改变它的扑朔迷离。周恩来深知，在中国这样一个大国搞建设，前面的路，依然是极为艰难的。

就在组织读书小组的时候，周恩来正式嘱咐经济学家、国家工商局局长许涤新：编写一部中国资本主义发展史。许涤新明白，周总理是想告诉人们：不要只知道社会主义，还要了解了解资本主义是如何发展经济的……

第二章
出台八字方针，正式进入调整时期

就在中共中央高级领导层静下心来认真读书和进一步思考建设规律的时候，中国国民经济的恶化和各行各业、各个领域的严重困难局面进一步凸现开来。刚刚进入20世纪60年代，人们就预感，到1960年年底，生产计划完不成的危险越来越明显，重工业、轻工业、农业生产大幅度下降，农轻重的比例关系更加失调已是必然之势。

一个极为严重的局面摆在全党全国人民面前。人们都渴望着党中央和国家领导人能够拿出一个从总体上解决问题的良方。正是在这个时候，一个对中国国民经济"动大手术"的重大决策，在党的领导层内酝酿开来。

> 1960年春天，周恩来接到一封署名"一位不愿署名的政协委员"的来信，反映安徽农村粮荒严重，曾发生饿死人事件，有些农民逃亡在外，有的抛弃儿女。接到同类信件的毛泽东严肃地说："农业方面则犯了错误……要下决心改，在今年7月的党大会上一定要改过来。"

1960年3月，结束从化读书活动回到北京的周恩来，抽出一段时间，把主要的精力放在了国际事务中，首先是向全国政协三届二次会议和全国人大二届二次会议作《目前国际形势和我国对外关系》的报告；其次是准备《中印两国总理关于边界问题会谈的方案》等文件，为出国访问做准备；他还接见了多

1960年5月,周恩来在贵阳视察时向基层干部了解情况

位外国客人……

国际事务说到底是为国内工作服务的,国家的经济状况、困难局面和如何采取切实措施等问题,始终萦绕在周恩来心中。

就在人大和政协会议召开前夕,周恩来接到一封署名"一位不愿署名的政协委员"的来信,信中反映,安徽和县铜城闸与无为县粮荒严重,曾发生饿死人事件,有些农民逃亡在外,有的抛弃儿女,干部作风恶劣。

看罢信的周恩来非常焦急,对饿死人一事,他早有所闻。一个星期前,他也曾接到毛泽东批来的一份文件,那份文件也反映,目前农村缺粮严重,以

1960年4月,周恩来总理在贵阳花溪人民公社试验田里观看小麦的生长情况

至有农民非正常死亡,毛泽东当时的批示是:"此件请各同志看看。这些问题,各省、市、区都有,如不注意处理,一定会要脱离群众。山东正在开一万二千人的大会,每个公社到六个人,这种办法似较好。"严重缺粮和饿死人,这种事对于一个党、一个国家及其领导人来说,非同小可。接到信的周恩来立即批给中共安徽省委第一书记曾希圣,请他阅后派人前往两县一查,他强调说:"这类个别现象各省都有,尤其去年遭灾省份,更值得注意。"

而工业方面,到1960年第二季度,就工业产品的生产而言,不仅有17种主要产品没有完成原定的任务,而且已完成任务的产品质量急剧下降,事故也增多,生产严重下滑。

农业上严重缺粮,工业上原定的指标根本就完不成,农村和城市居民的生活已经越来越难以维系……在第一线工作的一些领导人意识到:1960年,将成为新中国成立以来财政赤字数量最高的一年,整个国民经济和人民生活陷入严重困难的境地,已成定局。

新中国,已经进入了一个本来不该进入的严重的困难时期。

6月初,当周恩来结束对缅甸、印度、尼泊尔、柬埔寨、越南和蒙古六国的访问回到国内时,中共中央政治局旨在讨论国际形势和第二个五年计划后三年(1960年至1962年)补充计划的扩大会议,于6月8日至18日在上海召开。

自1960年再次提倡"大跃进"所带来的更严重的损失,迫使毛泽东和中共中央领导人再次冷静下来,进一步思考如何建设社会主义的问题。在上海会议上,毛泽东坦率地说:"建设时间还太短,认识不足,要经常总结,使我们的认识更加全面一点。不要隐讳我们犯的错误,只有抓总结,才能及时指导。"

为此,上海会议的最后一天即6月18日,毛泽东将他总结和思考的结果,写成了《十年总结》一文。文中除了说"1956年周恩来同志主持制订的第二个五年计划,大部分指标,如钢等,替我们留了三年余地,多么好啊"之外,毛泽东还感慨地说:

> 乱子出得不少,与秋冬大办钢铁同时并举,乱子就更多了。……1958年8月北戴河会议提出了3000万吨钢在1959年完成的问题。1958年12月武昌会议降至2000万吨钢。1959年1月北京会议是为了想再减一批而召开的。我和陈云同志对此都感到不安,但会

议仍有很大的压力，不肯改。我也提不出一个恰当的指标来。……

1960年6月上海会议，规定后三年指标，我感到仍然存在一个极大的危险，就是对于留余地，对于藏一手，对于实际可能性还要打一个大大的折扣，当事人还不懂得。

当然，毛泽东在表扬周恩来的同时，也严肃地说：

农业方面则犯了错误，指标高了，以致不可能完成。要下决心改，在今年7月的党大会上一定要改过来。从此就完全主动了。同志们，主动权是一个极端重要的事情。

毛泽东还直言不讳地讲到自己的错误：

我本人也有过许多错误。有些是和当事人一同犯的。例如我在北戴河同意1959年完成3000万吨钢，12月又在武昌同意了可以完成2000万吨，又在上海会议同意了1650万吨。例如1959年3月第二次郑州会议，主张对一平二调问题的账可以不算。到了4月，因浙江和湖北同志的启发，才坚决主张一定要算。如此类推。

毛泽东又以一个马克思主义者的认识态度指出：

我们是辩证唯物论的认识论者，不是形而上学的认识论者。自由是对必然的认识和世界的改造。由必然王国到自由王国的飞跃，是在一个长期认识过程中逐步地完成的。对于我国的社会主义革命和建设，我们已经有了十年的经验了，已经获得了不少的东西了。但是我们对于社会主义时期的革命和建设，还有一个很大的盲目性，还有一个很大的未被认识的必然王国。我们还不深刻地认识它。我们要以第二个十年时间去调查它，去研究它，从其中找出它的固有的规律，以便利用这些规律为社会主义的革命和建设服务。

尽管毛泽东在《十年总结》中仍然充分肯定了总路线和"大跃进"的成绩，并肯定了庐山会议后反右倾的斗争，也尽管毛泽东在《十年总结》中婉转地为周恩来在反冒进中受到的严厉批评"平反"时还留了一点尾巴，仍批评周恩来主持制订的"二五计划"在农业问题上犯了指标过高的错误，但是，毛泽东的冷静总结，却为周恩来等人提出对国民经济进行大幅度的调整提供了思想前提和理论思路。

1960年夏天的中共中央北戴河会议，将整顿国民经济的基本方针和措施提到了桌面上。秋天，周恩来在听取国家计委汇报后，在六字方针中增加了"充实"二字，并将"整顿"改为"调整"。至9月5日，调整国民经济的八字方针有了完整的意义，当月底便正式出台。

按照毛泽东在《十年总结》中有关"今年7月的党大会上一定要改过来"的要求，7月5日至8月15日，中共中央在北戴河召开中央工作会议。会议除研究国际问题外，主要研究了国内经济的调整问题。国务院系统向这个会议提交了两份报告：一份是李富春、薄一波联名的《1960年第三季度工业交通生产中的主要措施》，一份是国家经委党组的《关于1960年上半年工业生产情况和对第三季度工作意见的汇报提纲》，它们都提出了调整生产、缩短战线、集中兵力保证重点的思路。会议制定了《关于全党动手，大办农业，大办粮食的指示》《关于开展以保粮保钢为中心的增产节约运动的指示》等文件，确定压缩基本建设战线，保证钢铁等工业生产；认真清理劳动力，加强农业第一线，保证农业生产等措施；并决定以后计划不再搞两本账，只搞一本账，不搞计划外的东西，不留缺口。

这次会议，实际上已经将整顿或调整国民经济的基本方针和措施，提到了桌面上。应该说，这时候，调整国民经济的重大方针和措施的出台，已经在酝酿之中了。

在北戴河会议通过并由中共中央8月10日发出的文件《关于全党动手，大办农业，大办粮食的指示》中，明确写着：由于粮食生产指标偏高，估产不实，粮食消费安排不好，管理不善等原因，1958年和1959年连续两年，在青黄不接时期，都出现了粮食紧张的局面。1960年麦收之后，收购不快，库存减少，调拨不灵，某些城市粮食供应仍然紧张，粮食和农副产品的出口计划也完成得很不好。

为改变这种严重情况，指示指出，农业是国民经济的基础，粮食是基础的基础，加强农业战线是全党的长期的首要的任务，必须全党动手，全民动手，大办农业，大办粮食。为此，指示向全党提出了八大要求：

（一）坚决从各方面挤出一切可能挤出的劳动力充实农业战线，首先是粮食生产战线。

（二）坚决压缩水利等农村基本建设。当年冬季和1961年春季参加水利建设的民工，要从原来的7000万人压缩到1000万人，只搞续建工程和配套工程，新建项目一概不上马。

（三）搞好秋田管理，力争秋季丰收，特别是粮食丰收。

（四）在大力增产粮食的同时，棉花、油料等经济作物也必须重视。

（五）全党全民，各行各业共同保证粮食生产，都必须把支援农业的任务放在头等重要的地位。

（六）管好、用好粮食，安排好人民生活。

（七）把运粮放在运输的第一位，保证城市工矿区和必须出口的粮食按时供应。

（八）坚决肃清官僚主义，反对大吃大喝、铺张浪费。

在北戴河会议通过的另一份文件《关于全党大搞对外贸易收购和出口运动的紧急指示》中，对外贸问题做了严格的规定。指示写明：中央决定以周恩来为首，由周恩来、李富春、李先念组成三人小组，并且建立对外贸易指挥部，全权指挥全国的收购、出口和调运，并且严格控制进口。没有经过中央三人小组批准，今年一律不准增加新的进口。明年的对外贸易方案，也由三人小组拟定。

从北戴河回京以后，周恩来要求国家计委根据北戴河会议的精神，迅速起草《关于1961年国民经济计划控制数字的报告》。这份报告的中心意思，是建议对1961年的国民经济计划进行整顿和压缩，它提出：1961年国民经济计划的方针应以整顿、巩固、提高为主，增加新的生产能力为辅；压缩重工业生产指标，缩短基本建设战线，加强农业和轻工业的生产建设，改善人民生活。

8月30日至9月5日，国务院集中审议了国家计委提出的上述报告。在审议之前，周恩来已经与薄一波、习仲勋、程子华、姚依林等人仔细研究过1961年的国民经济计划。审议的第一天，周恩来等国务院领导听取了国家计委的汇报。听完汇报后，周恩来经过一番思索，然后提出：报告中所提的1961年国民经济实行"整顿、巩固、提高"的方针是对的，但还不够，还应增加"充实"的内容。他在报告稿上亲自增写"充实"两字。经过几天的审议、讨论，周恩来感到"整顿"一词不够明确，用"调整"一词更恰当，9月5日，他又将"整顿"改为"调整"。至此，调整国民经济的八字方针便有了完整的意义。

八字方针的正式出台，是在9月底。

9月30日，周恩来签发了中共中央批转国家计委《1961年国民经济计划控制数字的报告》，在周恩来亲自修改过的这份报告中明确提出：1961年要把"农业放在首要地位，使各项生产、建设事业在发展中得到调整、巩固、充实和提高"。

对中国经济建设以至对整个中国社会发展产生重大影响力的八字方针，通过中共中央批转国家计委文件的形式，开始推向国民经济的各部门。

国家计委《1961年国民经济计划控制数字的报告》下达以后，国民经济各有关部门开始依此进行紧张的工作。然而，要想真正达到调整的目的，切实扭转已经严重失衡的国民经济状况，还必须在全党范围内取得共识。

为此，周恩来开始在国务院内部酝酿如何将调整国民经济的方针提交中央全会审议通过。中共中央决定八届九中全会将于1961年1月在北京召开，会议的主题之一，是审议1960年国民经济计划的执行情况和讨论1961年国民经济计划的主要指标。

会前，周恩来从理论、政策、文件以及舆论等方面做了一系列的努力。

10月份，他主持起草了中共中央《关于农村人民公社当前政策问题的紧急指示信》，该信共十二条，因此又称《十二条紧急指示信》。10月20日，该信被提交中共中央书记处会议讨论，29日，再次提交中共中央政治局扩大会议讨论。《十二条紧急指示信》着重强调："要加强农业生产第一线，农村人口出来太多，农忙时应当把80%的劳动力用在农业生产第一线，今冬明春应大抓生活，大搞生产。"

在10月29日的政治局扩大会议上，周恩来结合国内经济形势讲了《十二条紧急指示信》，他特别点到了我们党在政策和作风等方面存在的问题，以及解决问题的办法。他说：

去年成绩伟大，但存在困难，一是政策，一是作风，还有一个成分问题。

关于《紧急指示信》，已是第二稿了，应当把各尽所能、按劳分配两句话平行地提出来，还要讲透，才能鼓励大家各尽所能。要加强农业生产第一线，农村人口出来太多，农忙时应当把80%的劳动力用在农业生产第一线，今冬明春应大抓生活，大搞生产。

讲到国民经济计划，他说：

关于国民经济计划，今年的钢产量不可能超过1900万吨。要把品种慢慢赶上去，这是方向；留有余地，缩小缺口，这是方法，今后两年必须这样做。希望今年定计划时，请大区各中央局和各省照顾到这个布局，既要照顾今天，还要看到明天。

会上，周恩来一再强调："现在农业第一""无论如何城市建设不要再挤农村""三五年内不从农村中调劳力出来，相反，还要动员一些人回农村"。

11月3日，中共中央向全党发出了《十二条紧急指示信》。

12月12日至14日，周恩来又召集各副总理和各口负责人开国务院常务会议，重点讨论如何对国民经济进行调整的问题。会上，周恩来开门见山地对"大跃进"以来经济工作中出现的问题做了剖析。在强调总结经验和重新做出决策的重要性时，他说：

我们做了错事，看来有一半是由于经验不足。今后必须慎重，要很好地总结经验，吸取教训。

改变目前的状况，关键在于领导，在于决策，在于我们这些人。高指标几年了，这次允许我们试一次低指标。如果低错了，我们承认错误就是了。明年减低速度，这绝不是什么消极的措施。这是为了经过调整、巩固、充实、提高之后，使我们的经济工作有更大的改进，是我们主动搞的有计划的马鞍形。许多错事中，人为的因素占三分之一以上。既然这样下去不行了，就不得不主动地搞马鞍形。

对调整八字方针的含义，他这样说：

调整的目的，是为了更好地扩大再生产；巩固是为了再前进；充实是为了搞好配套，使生产能力得到充分发挥。执行这八字方针的任务是很紧张的，绝不是轻松的，问题是我们要主动的有秩序的有计划的紧张。

搞了几年的"大跃进"，又要被迫进行调整，这是许多不在生产第一线的人很难理解的事。说白了，这样做无非就是由"促进"再次回到"促退"上去。要走一条扎实的路，不解决大部分人的思想问题，调整方针必然不易被全党接受，更难贯彻下去。

如何理解调整八字方针？

这期间，周恩来有过多次的阐释。

简而言之，周恩来有这样的说法："调整、巩固、充实、提高"这八个字，可以用十六个字来代替——"调整关系、巩固成果、充实内容、提高质量"。

进一步阐发，周恩来有这样的意思：调整国民经济各部门之间严重失调的比例关系，巩固生产建设中已经取得的成就，充实新兴产业和短缺产品项目，提高产品的质量和经济效益。

国务院常务会议后不久，中共中央于1960年12月24日至1961年1月13日在北京召开了中央工作会议。会议讨论的重点，也是1961年的国民经济计划，并总结了近两个月来各地区农村整风整社试点的经验。整风整社，也是贯彻农业调整的一项重要措施，因此，会议通过了《关于农村整风整社和若干政策问题的讨论纪要》，确定1961年所有社队都必须以贯彻执行中央《十二条紧急指示信》为纲，进行整风整社，彻底检查和纠正共产风、浮夸风、瞎指挥风、干部特殊风、强迫命令风，彻底清算平调账，坚决退赔。

中央工作会议通过的这份纪要，还在《十二条紧急指示信》的基础上，又确定了农村工作的若干具体政策，主要是：

（一）提高农副产品收购价格和退赔平调账，都要分两步走。1961年除了继续实行超额交售余粮的奖励办法外，准备再拿出十亿元专门用于提高粮食收购价格，同时适当提高油料、生猪和禽、蛋的收购价格；棉花和其他农产品的收购价格1962年再提。国家准备拿出25亿元作为退赔补贴。

（二）社员家庭副业和手工业，是社会主义经济的必要补充，是大集体下的小自由，允许有适当发展。社员自留地占当地每人平均占有耕地的比例，要从《十二条紧急指示信》规定的5%提高到7%。

（三）对农村集市采取活而不乱，管而不死的方针。目前要放手活跃农村集市，不要过多限制。

这次会议，也谈到了对国民经济实行调整的总方针问题。1月3日，李富春在会上就计划问题讲话时就说：经过三年的连续"大跃进"，各部门之间再次出现了新的不平衡，特别是工业与农业之间的不平衡，这就需要从1961年起，对国民经济实行"调整、巩固、充实、提高"的方针。

毛泽东则在会上号召要大兴调查研究之风，1961年要成为实事求是年。

这次中央工作会议，为紧接着召开的中共八届九中全会做了思想准备。

八届九中全会，最后将调整国民经济的八字方针在全党确定下来。周恩来呼吁："我们在座的各位同志，都应该下决心摸清情况，摸几个典型；把情况弄明后再下决心，不能瞎搞。"也就是在这一年，周恩来感叹地说："我国建国11年来，每年都出口，从未进口过粮食，今年被迫进口粮食了。"

就在这次中央工作会议期间，周恩来由于早有安排，将率400人的友好代表团出访缅甸，去出席中缅两国互换边界条约批准书仪式和缅甸独立节庆典，所以他于12月30日离开了北京。但是，他是带着对国内经济的困难形势和粮食极度紧缺的忧虑而走的。

正如他回国后在中共中央书记处会议上所说："现在粮食库存挖空了，因此各方面紧张。"

尽管提出了加强农业、加紧生产来解决问题，但是，农村生产的恢复却不是一时半会的事。唯一能够解决燃眉之急的办法，便是进口粮食。为做这件事，周恩来和陈云等人伤透了脑筋，他们甚至密商：不惜与封锁我国的头号敌人美国做生意，与美方谈判进口粮食的合同问题。

的确，库存都挖空了，人民没有饭吃，无论是他这个总理还是他手下的几个副总理，几乎天天都坐卧不安，他们每天都在想尽一切办法去解决这个问题。凡碰在一起，他们几乎都要研究如何进口粮食的问题。这一着棋，是不得已而为之的。

对迫不得已进口粮食的原因，后来周恩来在1961年1月31日接见越南副总理阮维祯时，讲了大实话：

> 我国建国11年来，每年都出口，从未进口过粮食，今年被迫进口粮食了。主要原因是去年和前年受灾大。但是也还有第二条原因，就是我们工业搞多了。从人民公社到中央都办工业，把很多劳动力搞到城市来，农村的劳动力就少了。

就在1960年年底，鉴于粮食紧张情况加剧，周恩来与国务院其他领导人反复研究后，采纳陈云的建议，决定挤出一部分外汇进口粮食。中央不得不同意这一举措，决定拿出仅有的外汇中的大部分来进口粮食。

至于进口多少才能解决问题，一开始，周恩来心中没底，提出这一建议的陈云心中也没有底。

12月30日，当周恩来出访缅甸，临上飞机时，他还与陈云、叶季壮等人商量粮食进口问题，最初进口的数量，就是在登机前商定的：先进口150万吨（1961年3月，中共中央召开的广州会议决定，增加粮食进口。1961年至1965年，每年进口500万吨左右）。

周恩来在八届九中全会上

访缅刚结束,周恩来于 1 月 8 日派随同出访的中国外贸部副部长雷任民直接前往香港,了解能不能买到粮食,能不能解决粮食运输以及中国银行能不能解决外汇支付等问题。

雷任民深知,进口粮食,对人民政府来说是从未有过的事,若不是万不得已,中共中央是绝不会做出这一决策的。他遵照总理的指示,前往香港,与有关部门进行了细致的研究,最后认定,上述问题是可以解决的。

当周恩来回到国内的时候,进口粮食的问题基本已经落实。

1961 年 1 月 14 日,中国共产党第八届中央委员会第九次全体会议在北京开幕。这次会议除了其他几个有关事项外,关键的一项内容,是听取和讨论李富春代表国务院系统提交的《关于 1960 年国民经济计划执行情况和 1961 年国民经济计划主要指标的报告》。党内进行了近五天的讨论,终在调整国民经济的问题上取得了共识。

这次会议明确提出:"把农业放在首要地位,使各项生产、建设事业在发展中得到调整、巩固、充实和提高。"

八届九中全会正式通过了对国民经济实行"调整、巩固、充实、提高"的八字方针,强调 1961 年全国必须适当缩小基本建设的规模,降低重工业发展速度，集中力量加强农业战线，贯彻执行国民经济以农业为基础，全党全民大办农业、大办粮食的方针，并决定在农村深入贯彻《十二条紧急指示信》，进行整风整社。

这次会议还批准了上年9月中央政治局会议关于成立六个中央局的决定。

毛泽东在全会上的讲话，句句掷地有声："全党要大兴调查研究之风，一切从实际出发。"

出席会议的周恩来意识到，随着"调整、巩固、充实、提高"八字方针在全党的正式确定，党和国家已经进入了一个走出"大跃进"阴影的重要时期。

会议期间和会后，周恩来的心情是舒畅的，因为"大跃进"中出现的错误和所造成的损失，终于可以理直气壮地去纠正和恢复了，再也不用担心犯所谓右倾的问题了。

八届九中全会正式将调整国民经济的方针确定下来以后，调整国民经济的其他一系列措施也相继出台：压缩城乡口粮标准，精简机构，精减城市人口下乡……

作为一国之总理，周恩来开始全面主持起国民经济的调整工作。

然而，"大跃进"所造成的损失和破坏，却不是那么容易恢复的；国民经济结构由于遭受摧残而带来的不平衡，更不是那么容易矫正的。

方针制定以后，如何落到实处？周恩来主意拿定：先摸情况。

八届九中全会闭幕的第二天，周恩来在中共中央召开的工作会议上，再次讲了自己的一番肺腑之言：

在困难面前，希望我们大家能够同呼吸，共命运，同心协力，把工作搞好。我们不能怨天，也不能尤人，主要应求之于自己。

针对调查研究问题，他提出：

我们在座的各位同志，都应该下决心摸清情况，摸几个典型。只有情况明，才能决心大，才能把工作搞好。还要谦虚谨慎，把情况弄明后再下决心，不能瞎搞。

对目前情况不明的状况，周恩来主动地承担了责任："情况不明，不能只责难地方或各部，我们也有责任。"

在困难面前，无论是做内政工作还是做外交工作，党的领导人都体现了一种实事求是的态度。

为摸清粮食方面的情况，周恩来在会后多次约李先念、陈国栋、姚依林等有关负责人研究粮食工作。

进入国民经济调整时期以后，周恩来要求粮食部门按时送阅粮食购销调存表。由于周恩来要求制作的这份购销调存表项目、数字非常详细，表拉得很长，极似藏族人民用来表示祝福的哈达，因此被人戏称为"哈达表"。而周恩来不厌其烦地审阅、修改这些"哈达表"，精心计算粮食的安排，解决人民的吃饭问题。这份表中所包含的心血，正是周恩来献给人民的心中"哈达"。

在周恩来的总理生涯中，曾经经历过政治上、经济上、文化上以及外交上的各种艰难的时期，而1961年开始的国民经济调整时期，是他又一个艰辛的人生旅程。

周恩来以他的智慧、胆略、才能和人格的魅力，与他的战友们一起，临难不乱、临危不惧，为解决各种经济、社会难题，为中华民族的前途和命运，从而为实现中国的强大和民族的振兴，坚定地踏上了一条既充满坎坷又充满希望的路程。

第三章
调整拉开序幕,先下去搞农村调查

新中国成立十多年来,人们无论如何也没有想到,共和国总理的语言是如此凝重:

> 虽然情况已经比前两年大有好转,但是由于工作上缺点错误的影响和连续两年灾荒的影响,我国国民经济仍然处在困难时期,尤其是粮食情况陷于被动,库存已经减到最低限度……
>
> 解决粮食问题的根本办法,是从城市压缩人口下乡。人从哪里来,回到哪里去。
>
> 三个人的饭三个人吃,不要五个人吃。
>
> ……

这是1960年年底、1961年年初周恩来经常讲的几句话。在国务院系统,当人们听到主持经济工作的周恩来总理说出这番话时,深深地感觉到,这些话,一点儿都不是危言耸听!

1961年,是中国经济形势极其严峻的一年。

进入1961年,人们明显地感觉到:一个"实事求是年""调查研究年"开始了。然而在这个时候,领导干部们对中国的基本国情,却越来越陌生了。周恩来肯定地提出:"只要讲清楚真实情况,只

要情况明了，大家下决心就大，办法就会对了。"

当1961年来临的时候，人们明显地感觉到，中国的经济建设已经到了不得不"动大手术"的时候了。

这一年，也正是扭转国民经济严重困难形势的一个开端，无论是党内还是党外，从事实际工作的人都有一个共同的感受：肩上的担子变得更加沉重。这是共和国经济艰难的一年！

而在中国共产党内，进入1961年，人们还有一个更为明显的感觉：一个"实事求是年""调查研究年"开始了。

年初召开的中共八届九中全会表明：国民经济的调整，首先要从农业着手。

会前，毛泽东郑重地向全党提出："搞一个实事求是年。"就在这次全体中央委员参加的会议上，毛泽东又掷地有声地向全党发出了一个响亮的号召：希望1961年成为一个"调查年"，大兴调查研究之风，一切从实际出发。

会后，由中共中央主要领导人率领的调查组陆续前往各地基层（主要是农村）进行调查研究活动。毛泽东亲自带领三个调查组，南下浙江、湖南、广东农村进行调查研究，起了表率作用；刘少奇率调查组回乡，到湖南长沙、宁乡农村开展深入的调查；朱德西去四川、陕西等地，对农村情况做了调查……而周恩来则决定，为不影响内政、外交工作，找一个离京近一点儿的农村进行调查研究。周恩来最后选定了河北省邯郸地区。

对于主持全国国民经济调整工作的周恩来来说，要率领调查组长时间深入农村做调查研究，并非易事。1961年年初的工作，是千头万绪的，而这一年又是调整工作起步的一年，因此，在下农村之前，内政、外交许多事情都需要做出周密的安排和谨慎的部署。

2月份以后，为贯彻国民经济调整的方针，周恩来侧重抓了调整基本建设、压缩基建规模等问题。他在审改《中央关于安排1961年第一季度基本建设计划的紧急通知》时，赞同这样的分析：今年1、2月份工业生产指标，比年初预计的要低，许多产品没有完成计划。主要原因是农业连续两年遭受严重自然灾害，部分原因是经济工作中还有不少缺点。而基本建设战线仍然拉得过长，分散使用了人力、物力、财力，也是重要原因之一。为此他同意采取如下措施：

"必须继续坚决地迅速地缩短基本建设战线，把有限的财力、物力用到最急需的方面去，以争取扭转目前生产上的被动局面，转入主动。"

为解决1月份以来工业生产出现的严重问题，扭转东北进而扭转全国的工业生产状况，2月23日，周恩来动身前往沈阳，亲自解决东北的困难。东北之行，拉开了周恩来在"实事求是年"中外出调查研究的一个序幕。

行前，周恩来仍担心人们对粮食问题的严重性缺乏足够的认识，在2月22日晚召开的中共中央政治局常委会上，他与中央常委们研究了1961年的基本建设计划安排，还专门就当年的粮食情况指出：粮食问题是对灾荒的估计问题，去年以来对灾荒的估计是不足的，因此一下子不易恢复，今年的粮食进口量需要由原来的400万吨增加到500万吨。

一个星期后，他在写给毛泽东的一封信中报告了粮食进口的情况：

> 截至2月22日的计算，今年二、三季度的粮食尚差74亿多斤。因此，决定今年进口粮食100亿斤（合500万吨）。现已签好合同52.4亿斤，正在谈判中的还有50亿斤。

到沈阳后，周恩来做了仔细的调查研究，全面了解了东北的工业生产情况，并与东北局和东北三省的领导人共同研究解决问题的办法。东北是我国的老工业基地，东北的工业问题解决了，全国的问题才好解决。经过几天的工作，周恩来对东北的调整工作有了进一步的感性认识。2月26日，他回到北京。

抵京的当天，周恩来在中共中央统战部召开的各民主党派负责人、党外市长座谈会上介绍国际国内形势。会上他提出了四句话：

> 认清形势，增强信心，战胜困难，继续前进。

他还解释了我们在困难面前为什么要肯定成绩的问题，认为：我们肯定成绩是为了增强战胜困难的信心，而不致畏难苟安，不致泄气松劲。今明两年需要很好调整，这是前进中的困难和新事物发展中需要做的工作。

周恩来坚信，只要情况明、决心大，就会找到克服困难的办法。他特别指出：

> 只要讲清楚真实情况,只要情况明了,大家下决心就大,办法就会对了。

这期间,毛泽东在2月6日至12日分别听取了江华、霍士廉、林乎加、田家英、胡乔木等人在调查研究基础上所做的关于农村人民公社问题和农村整风整社工作的汇报。毛泽东做了一些重要讲话或插话,其中谈道:公社太大,是出现平均主义、瞎指挥的原因;生产和核算单位不宜大;准备搞一个人民公社工作条例,规定其职责和权力,生产小队的权必须增加;政策不宜多变,要固定下来,以解除农民的顾虑;要使干部懂得不能剥夺农民、等价交换、按劳付酬等原则;办食堂一定要适合群众的要求,否则势必要垮台;政社合一后党委不能什么都管,党和社要有明确的分工;干部一定要接受群众监督。

毛泽东关于人民公社体制和一些政策问题的这些谈话的纪要,周恩来是3月2日看到的,当天他批示:"提议将这个谈话纪要印给三北会议到会同志。"

三北会议,即中共中央将在北京举行的东北、西北、华北三大区工作会议。为开好这次会议并向毛泽东汇报其他一系列的问题,周恩来于3月4日飞赴广州。在广州,他出席了中共中央政治局常委扩大会议,在会上对国内的一些情况做了说明。在谈到压缩城市人口的措施时,周恩来提出:首先要解决"盲流问题"。在谈到钢、煤的产量时,他又提出:今年后三个季度钢、煤产量的计划指标将比第一季度有所增长。他还认为,在调整时期,必须提倡厉行节约。中央政治局还讨论了人民公社的体制及起草一个农村人民公社工作条例等问题,拟将人民公社及其核算单位划小。三天以后,周恩来返回北京。

> 就在调查研究变得必要而紧迫的时候,人们新发现了毛泽东1930年写的一篇文章——《调查工作》。周恩来读后感慨:这篇文章讲的是世界观,也是方法论。现在读起来,还是对症下药。他还说:"是好是坏,要从客观存在出发,不能从主观想象出发。进行调查研究,必须实事求是。"这时,周恩来主持起草了一系列对国民经济"动大手术"的文件。而毛泽东则亲自为党内拟定了11个重点调查的题目。

1961年3月11日,周恩来和刘少奇在北京主持召开了东北、西北、华北三大区工作会议。会上，听取了各省第一书记汇报当前农村公社的组织规模和体制变动情况，还听取了粮食部门的负责人陈国栋、姚依林汇报粮食的调拨、市场供应及进出口情况。会议期间，周恩来就解决粮食进口问题专门约参加会议的有关负责人谈话。为集中决策，周恩来、刘少奇等人作出决定：三北会议合并到广州，与毛泽东召集的三南（中南、西南、华东）会议一起开。

3月14日，周恩来等人来到广州。

在周恩来到达广州的前一天，毛泽东就认真调查公社内部的两个平均主义的问题，给刘少奇、周恩来、陈云、邓小平、彭真及正在参加三北会议的中央各同志写了一封信。这封信，提出了调查研究的主题。信中有恳切的期望，有批评、质问，也有自责，他说：

> 大队内部生产队与生产队之间的平均主义问题，生产队（过去小队）内部人与人之间的平均主义问题，是两个极端严重的大问题，希望在北京会议上讨论一下，以便各人回去后，自己并指导各级第一书记认真切实调查一下。不亲身调查是不会懂得的，是不能解决这两个重大问题的（别的重大问题也一样），是不能真正地全部地调动群众的积极性的。也希望小平、彭真同志在会后抽出一点时间（例如十天左右），去密云、顺义、怀柔等处同社员、小队级、大队级、公社级、县级分开（不要各级集合）调查研究一下，使自己心中有数，好做指导工作。

毛泽东不客气地批评道：

> 我看你们对于上述两个平均主义问题，至今还是不甚了了，不是吗？我说错了吗？省、地、县、社的第一书记大都忙于事务工作，不做亲身的典型调查，满足于大会议上听地、县两级的报告，满足于看地、县的书面报告，或者满足于走马看花的调查。这些毛病，中央同志一般也是同样犯了的。

毛泽东提醒并自我反省地说了两句话：

> 我希望同志们从此改正。我自己的毛病当然要坚决改正。

他在信中还要求大家认真研究他早在1930年写的《调查工作》一文。这篇重要的文章,虽然是30年前写的,却恰恰透出了解决当前问题的思路和办法,因此,毛泽东的语气,带着对党内忘却调查研究方法的批评。不过这种批评,却讲到周恩来和刘少奇、陈云、邓小平等人心里去了,他说:

> 我的那篇《调查工作》的文章也请同志们研究一下,那里提出的问题是做系统的亲身出马的调查,而不是老爷式的调查,因此建议同志们研究一下。可以提出反对意见,但不要置之不理。

毛泽东讲的这篇文章,是不久前发现的。后来收入《毛泽东著作选读》时,它的题目改成了《反对本本主义》。

三南会议和三北会议合并后,15日至23日,中共中央在广州举行了工作会议。会议期间,在工作内容上,周恩来最关心的还是粮食、经济作物和对外贸易等问题;但在思想方法和工作方法上,他强调得最多的仍是如何真正做到实事求是、搞好调查研究的问题。

3月19日,周恩来到中南、华北小组参加讨论,并发表了一番很有针对性的讲话,着重谈的是调查研究、实事求是和民主集中制。他毫不掩饰地指出:

> 进城以后,特别是这几年来,我们调查研究较少,实事求是也差,因而"五风"(指共产风、浮夸风、命令风、干部特殊风和对生产瞎指挥风)刮起来就不容易一下子得到纠正。

对新发现的毛泽东1930年论述调查研究的文章《调查工作》,周恩来谈了自己读后的感受:

> 讲的是世界观,也是方法论。我们要以辩证唯物主义和历史唯物主义的观点来读它。这篇文章现在读起来,还是对症下药。
> 一切要从客观实际出发,不能从主观愿望出发。

他将实事求是与调查研究联系起来，刻意强调：

  是好是坏，要从客观存在出发，不能从主观想象出发。进行调查研究，必须实事求是。我们下去调查，必须对事物进行分析、综合和比较。事物总存在内在的矛盾，要分别主次；总有几个侧面，要进行解剖。各人所处的环境总有局限性，要从多方面观察问题；一个人的认识总是有限的，要多听不同的意见，这样才利于综合。事物总是发展的，有进步和落后，有一般和特殊，有真和假，要进行比较，才能看透。下去调查要敢于正视困难，解决困难。一个困难问题解决了，新的困难问题又来了。共产党人就是为不断克服困难，继续前进而存在的。畏难苟安，不是共产党人的品质。

最后，他直言相告，毫不护短：

  目前的毛病，还是我们发号施令太多，走群众路线太少。

应该说，这番讲话，是周恩来对调查研究和实事求是问题的基本观点和态度，也是他在即将下去搞调研之前所表明和遵循的一个基本原则和方法。

在这次会议上，周恩来还坦诚地做了自我批评，主动承担了责任：

  如讲责任，不少是从中央，主要是从政府方面搞下去的。如生产高指标，瞎指挥，两本账，基本建设搞多了，职工招多了，学校办多了，现场会议开多了，许多事情没有经过试点试行就普遍推广，报纸宣传有浮夸毛病，1958、1959两年粮棉钢煤四大生产指标没有经过核实就发表了，等等，不少是从政府方面向中央提出来的，或者直接搞下去的，我负有一定的责任。

在调查研究的态度和方法问题基本解决以后，这次中央工作会议讨论和通过了《农村人民公社工作条例（草案）》（以下简称《农业六十条》）。对摆脱粮食困境一事，会议作出决定：同意周恩来和陈云等人的意见，增加粮食进口；1961年至1965年，每年进口500万吨左右。

这就是说，在我国国民经济调整期间，每年需要从国外进口500万吨左右的粮食，才能渡过难关。天灾和人祸，给中国的领导人带来了巨大的难题。

广州会议提出了解决问题的思路，但并没有完全找到彻底解决难题的办法。为此毛泽东和周恩来的心情并不轻松。

中国是一个农业大国，要真正解决上述难题，必须从农业着手。

而要解决大国的难题，必须改变领导干部以往脱离实际的形而上学的思想方法和工作方法。

会议结束的当天，中共中央发出了《关于认真进行调查工作问题给各中央局，各省、市、区党委的一封信》，同时印发了毛泽东的《调查工作》一文。信中提出：中央要求县级以上党委领导，首先是第一书记，要认真学习毛泽东注重调查研究的思想方法和工作方法，把深入基层，蹲下来亲自进行系统的典型调查，当作领导工作的首要任务。

中央确定了"首要任务"以后，为带头落实，周恩来回京后便召集自己办公室的工作人员开会，商谈如何做好调查研究工作的问题。他决定：暂时放下手中的工作，先深入农村搞调查研究。

4月初，周恩来派办公室副主任许明打前站，先带领一个工作组，到河北邯郸地区农村做本次调研的前期工作。

此后，周恩来主持起草了一系列对国民经济"动大手术"的文件。其中包括：

《关于基本建设问题的报告》提纲，这份提纲的核心意思：（一）三年来基本建设取得了很大成绩，但战线拉长了，需要进行调整、巩固、充实、提高；（二）基本建设既要集中力量打歼灭战，又要留有余地，缩小缺口；（三）基建和生产，都应照着农轻重的方针安排；（四）基建不仅决定于投资，更重要的决定于设备、材料的生产和技术条件的不断提高。

中共中央对国家计委党组《关于安排1961年基本建设计划的报告》的批转意见，其调整的精神是显而易见的：各地方、各部门在接到这一计划方案后，应当立即进行安排；不论施工单位、维持单位或者停建单位都应当在群众中进行充分动员，说明道理，以利集中力量，缩短战线，打歼灭战。

《关于调整农村劳动力和精简下放职工问题的报告》，内容包括：为了支援目前的煤炭、森工、金属和非金属矿山、运输部门劳动力不足和一小部分职工离职回乡的情况，基本建设部门继续精减下放的二百多万人，可以先行安排到以上这些部门参加生产，作为回乡职工的顶替。

……

调整就要调查研究，调整就必须从实际出发。在这点上，周恩来的态度是极为明确的。他在这一时期的讲话中，着重强调了从实际出发和调查研究的问题，正像他在4月3日召开的全国人大常委会第37次扩大会议上所强调的：我们的工作要更加切合实际，1961年、1962年我国经济建设的方针打算放在调整关系、巩固成果、充实内容、提高质量上面。他还表示："过农业第一关，使每人每年达到800斤粮食"和"加强调查研究工作"是我们经济建设的主要任务。

许明等人离京赴邯郸不久，周恩来利用去广西与越南领导人会谈和去云南会见缅甸总理吴努的机会，沿途对武汉、南宁、成都、昆明、西双版纳等地的农村工作进行调查。在这些地方，他了解到，各地在试行农村整社和《农业六十条》中，存在着分配制度上的问题。

回到北京，周恩来就所掌握的情况，于4月19日写信给毛泽东，表明了自己的看法：

> 我这次在武汉、南宁、云南、成都与省委和云南五个县委书记谈（农村）整社和《农业六十条》时，均接触到"三包一奖"和"三七开"这两个问题。广州会议和六十条中对"以产定分"没有深入讨论，所以在分配上没有做出明确规定（当然，生产收入低的不一定非实行"三七开"不可，还可"二八开"或更少于"二八开"）。现在看起来，这一问题是具有普遍性的。不仅西南、中南各省如此，回京后听小平、彭真同志谈，北京各县也是要求"以产定分"，而黑龙江则早已实行"以产定分"。其他按劳动等级或按工作定额定工分的，都为群众所不赞成。

他同时将四川省委有关这一问题给中央的一个会议简报和省委批转的南充地区关于一个公社和生产大队贯彻执行"三包一奖"办法和决算分配经验的两个报告推荐给毛泽东。

周恩来在京期间，毛泽东于4月25日致信主持中央书记处工作的邓小平：

请你起草一个召开中央工作会议的通知，各中央局，各省、市、区党委的负责同志于5月15日到达北京，农村人民公社工作条例起草委员会的委员们（列举名单，照广州原样）则于5月9日到达北京。

毛泽东动议的这次北京中央工作会议，是为了解决广州中央工作会议没有解决的问题。他在给邓小平的信中明确规定：

此次会议的任务是继续广州会议尚未完成的工作：收集农民和干部的意见，修改工作条例六十条和继续整"五风"。

离正式开会还有二十来天时间，毛泽东在信中要求到会各同志："应利用目前这一段时间，对农村中的若干关键问题进行重点调查，下10天至15天苦功夫，向群众寻求真理，以便5月会议能比较彻底地完成上述任务。"

毛泽东在信中列举了11个亟待进行重点调查的关键问题：

食堂问题
粮食问题
供给制问题
自留山问题
山林分级管理问题
耕牛、农具大队有好还是小队有好问题
一、二类县、社、队全面整风和坚决退赔问题
反对恩赐观点、坚决走群众路线问题
向群众请教、大兴调查研究之风问题
恢复手工业问题
恢复供销合作社问题

当天，邓小平等人起草的中共中央会议通知下发，把上述关键问题作为

1961年四五月间，周恩来到河北邯郸地区调查研究。这是他在当地农村召开座谈会

调查题目向所有与会者公布。

  周恩来赴河北邯郸蹲点，出发时是午夜，到达时已是第二天清晨。顾不得休息，他便听取了当地干部汇报的情况。他选的点，是武安县伯延公社。调研的结果，使他彻底地否定了公社办集体食堂的办法。他对毛泽东直言相告：食堂要散伙，"全体社员，包括妇女和单身汉在内，都愿意回家做饭"。

  带着毛泽东拟定的一些题目，4月28日午夜，周恩来安排好各项事务后，前往火车站，正式赴邯郸进行调查研究工作。这次调研，从4月28日午夜第一次赴邯郸，到5月14日上午最后一次离开，前后共半个月。中途为解决中国代表团出席扩大的日内瓦会议等重大问题，周恩来曾两次回京，每次返回邯郸的时间都是午夜。这期间，日理万机的周恩来更是忙上加忙。

  周恩来到达邯郸时，已是4月29日清晨。当天，他找来中共邯郸地委书记庞均等人，听取他们汇报邯郸地区的有关情况。以后几日，他每天听取以总理办公室副主任许明为首的先遣工作组汇报情况，并同时召集河北省省长刘子厚等人开会。

此次下邯郸，周恩来本来是打算专心搞调研，不受任何其他事务干扰的。

正当周恩来进行调查研究的时候，国际局势发生了一些重要的变化。5月2日，周恩来获悉：由于老挝国王西萨旺·瓦达纳在美国总统特使进行阻挠性活动后，反对召开任何国际会议讨论老挝问题，使得西哈努克于5月1日在万象宣布撤回他在年初提出的关于召开14国会议（即扩大的日内瓦会议）的建议，并决定取消日内瓦之行。

这一变化，是原先没有想到的。中国是扩大的日内瓦会议的主要参加国，当西哈努克1月1日提出召开由14个国家参加的扩大的日内瓦会议的建议时，正在缅甸访问的周恩来立即表示："如联合国对老挝进行干涉，会像在刚果一样造成恶劣的后果。解决老挝问题最好的办法是召开日内瓦会议，并吸收老挝的邻国参加。如果老挝执行和平中立政策，对于亚洲和平很有好处。"他还说："我们认为西哈努克在1月1日所提出的召开由14个国家参加的日内瓦扩大会议的建议很好。"当初就这一建议，西哈努克还专门写信向周恩来征求意见，周恩来于1月14日复信西哈努克，表示支持他的建议。2月11日，当周恩来获悉西哈努克提出的召开扩大的日内瓦会议的建议得到更多国家的支持时，他又一次致信西哈努克，表示："中国政府认为，不干涉老挝内政，尊重老挝统一、领土完整等原则如果得到有关国家的认真遵守，这无疑将有利于有关国家的国际会议的召开和老挝问题的和平解决。"之后，周恩来多次表示过：召开西哈努克亲王所建议的由14国参加的扩大的日内瓦会议，是和平解决老挝问题的唯一有效途径。这就是西哈努克关于召开扩大的日内瓦会议建议的前后经过。

而现在，风云突变。这一突如其来的重要变化，对于在党内主管外事工作和政府工作的周恩来来说，日内瓦会议问题，暂时打乱了原先在邯郸蹲点调研的安排。

5月2日，周恩来不得不返回北京。下火车后，他立即主持中央有关部门负责人会议，研究中国政府代表团出席日内瓦会议的方案问题。

事情基本谈妥以后，周恩来决定返回邯郸。当晚，他利用在京仅有的一点儿时间，接见了参加中缅边界联合委员会第六次会议的缅甸代表团，对中缅关系，他乐观而欣慰地说了这样几句话：1961年是中缅友好继续发展的一年，

国民经济困难时期,周恩来在河北武安县伯延公社向老农了解情况

两国之间的来往"就像走亲戚一样",并且两国人民后一代之间的亲戚关系也建立了起来。

5月3日,周恩来又踏上了去邯郸的专列。两天来,他几乎没有合眼。

再次到邯郸后,为进一步了解农村情况,周恩来除了继续听取地委书记和许明等人的汇报外,还亲自选择了一个最基层的调查点。3日,他带人前往武安县伯延公社进行定点调查。

在伯延的日子里,周恩来忙得不亦乐乎:他与公社、大队和小队干部座谈,了解人民公社的基本情况和社员对党的农村政策的反映;他走访了几十户贫下中农家庭,了解群众的生产、生活和身体情况;他视察生产队的集体食堂,查看社员的伙食,并与群众同吃一锅玉米面糊糊;他参观公社百货商店和农机站,了解商品价格、销售和农业机械等情况……在伯延公社,周恩来待了四天。

在伯延公社,无论是走在路上还是挨家挨户地了解情况,周恩来总是问这样一个问题:大家为什么吃不饱,为什么大锅饭不好,调动不起农民的积极性?他走了许多家,处处都是一样的情景:农民兄弟们太穷了,饭吃不饱。

一天，他走进伯延公社先锋街第六食堂。进去时社员们已经吃过饭了。食堂的司务长和炊事员见总理进来，忙迎上前去。他们之间开始了拉家常式的聊天……聊着聊着，周恩来走向灶台，想看看群众吃的都是些什么。揭开锅一看，里面只有一些吃剩下的玉米面糊糊。

一阵心酸之后，周恩来向炊事员提出："我在你们这儿吃点饭行吗？"

炊事员一听总理说要吃饭，恨不得做最好吃的东西给总理吃，可此时真是巧妇难为无米之炊，食堂里仅剩的就是锅里的这点玉米面糊糊了。他很为难，不知说什么好："这，这……"

周恩来为了安慰他，接过话去说："这就可以嘛！群众能吃的我就能吃。"

炊事员看总理真的要吃，拦是拦不住了，只好找了一个碗，为难地准备给总理盛饭。农村用的碗，由于条件所限，再加上习惯问题等原因，看起来里面有些脏。随同周恩来前来的人把碗接了过去，从口袋里掏出手绢准备擦一下再给总理用，周恩来立即说："这没关系。"说完又把碗接了过去，递给炊事员。炊事员给周总理盛了一碗玉米面糊糊。

接过玉米面糊糊的周恩来，几口就喝了下去。他安慰地笑着对司务长和炊事员说："这饭不错。"

但食堂是不是还要办下去，周恩来越来越怀疑。为了征求群众的意见，他除了挨家挨户地了解外，还召集一些群众开座谈会。

在最初的一次座谈会上，人们不敢讲真话。启发了一阵，一位年近五旬、衣着俭朴的老农站了起来。一开口，就知道他是一位说话直爽、性格开朗的人。他冲着周恩来，带着怨气说："如果再吃大锅饭，再过两年，恐怕你们也会饿死。……"

此话一出，语惊四座。在场的人都为他捏了一把汗。这个人叫张二廷。坐在周恩来身边的地委干部悄声说："这是个落后分子。"

周恩来表情严肃地表明了自己的态度："他的话是真理，只有把我们看作自己人，才会说这样的话。"

……

座谈会结束后，周恩来提出要亲自登门拜访张二廷。这是随行的地委领导没有想到的。

来到张二廷家，一进门，周恩来就十分亲切地招呼："二廷，二廷，在哪屋住？"张二廷也没有想到总理会上门来，急忙迎到院子当中，激动地说："周总理，快到屋里坐。"周恩来说："以后不要叫我总理，叫我老周就行。"他一边说，一边热情地拉着张二廷的手，一同走进屋内，像久别重逢的亲人一样，拉起了家常。从张二廷这里，周恩来得到了不少农民的心里话。

第二天上午，周恩来一个人又步行走到了张二廷家中，进了门就招呼："二廷，二廷……"声调又亲热又熟悉。可是没人应声。周恩来见门开着，就走进屋内，这才发现张二廷因劳累在炕上和衣睡着了。被惊醒的张二廷睁开眼睛，周恩来坐在炕上，轻轻地用手拍拍他的腿说："二廷，累了吧，你先休息。今天下午咱还开会，你准备参加。"张二廷急忙起身，要挽留总理再坐会儿时，周恩来已经走出了屋门。在门口，他又回过身关切地说："我不多打搅你了，休息吧。"

后来，周恩来了解到张二廷头年失去了妻子，一个人带四个孩子，要料理家务，又要参加集体生产劳动，生活确实有许多难处。周恩来主动跟张二廷商量："四个孩子你照管有困难，如果你愿意，我帮你抚养两个，长大了再让他们回来，你看行不行？"张二廷打心眼里高兴，但想到总理日夜为国家大事操劳，他不忍心再给总理增添麻烦，便谢绝了周恩来的好意。

伯延之行，周恩来与张二廷交上了朋友。当周恩来就要离开伯延，最后一次跟张二廷交谈时，张二廷依依惜别地对周恩来说："以后抽空再回伯延看看。"周恩来微笑着说："有机会一定来，如果我不来，也一定派人来看你。"后来，在国民经济调整时期的五年中，周恩来每年都派人来看望张二廷。周恩来曾对人说过：张二廷的话对我教育很大，这是我在调查中听到的最生动的话。

深入伯延期间，由于内政、外交诸事缠身，周恩来把一些工作也带到了伯延，利用调研之余的时间插空处理。5月4日，他审批了我国政府《关于老挝停火和召开扩大的日内瓦会议的声明》。这份声明指出：中国政府支持召开日内瓦国际会议，为维护老挝的和平、中立和独立，为老挝解决自己的问题创造条件。中国政府理解西哈努克亲王5月1日在万象记者招待会上所表达的心情，并希望他继续为和平解决老挝问题而努力。5月6日，周恩来致信西哈努克亲王，指出某些国家一直在阻挠和破坏扩大的日内瓦会议的召开，我们不能让这种阴谋得逞，希望西哈努克重新考虑不参加日内瓦会议的决定。5月8日，西哈努克复信表示感谢，并说明了他对日内瓦会议的积极态度和目前不参加会议的原因。经过各方努力,最终西哈努克亲王改变了主意。5月12日,西哈努克致电周恩来,决定将率柬埔寨代表团参加会议。

5月6日早上,几乎在周恩来致信西哈努克的同时,他看到了毛泽东的一封信。毛泽东的这封信是写给中共中央西南局第一书记兼中共四川省委书记李井泉和正在四川简阳县(今简阳市)做调查研究的农业机械部部长陈正人的,讲的全是调查研究的问题,反映了毛泽东对发起此次大规模的调研活动的严肃态度及其急迫心理。信的全文是这样的:

> 陈正人同志5月1日给我的信收到,很高兴。再去简阳做一星期,最好是两星期的调查,极为有益。井泉同志:你为什么不给我写信呢?我渴望你的信。你去调查了没有?中央列举了一批调查题目,是4月25日通知你们的。5月4日又发了一个通知,将会期推迟到5月20号,以便有充分调查研究的时间,将那批问题搞深搞透,到北京会议时,比起广州会议来,能够大进一步。我在这里还有一个要求,各中央局,各省、市、区党委第一书记同志,请你们在这半个月内,下苦功去农村认真做一回调查研究工作,并和我随时通信。信随便写,不拘形式。这半个月希望得到你们一封信。如果你们发善心,给我写信,我准给你们写回信。此信并告中央。
>
> 　　　　　　　　　　　　　　　　　　毛泽东
> 　　　　　　　　　　　　　　1961年5月6日于上海

末了,毛泽东又加上一句话:

> 你们来信,用保密电话直达我的住地及火车上,勿误为要。

毛泽东的这封信,虽然是用"渴望"的心理要求大家"发善心"给他写信,但明眼人一看便知,毛泽东一方面对调查研究工作极端地重视,另一方面对不给他反映情况表示了一定程度的不满。

此信一发出,毛泽东的保密电话不断地传来领导同志赴各地调研得到的情况——这其中也有周恩来的声音。

5月6日夜，很难停下工作的周恩来又是通宵未眠。凌晨3点，他按毛泽东的要求，就几天来的调查情况，向在上海的毛泽东做了电话汇报，记录如下：

主席给李井泉和陈正人同志的信6日早上我就看到了。我到邯郸后，听了三天汇报，就到武安县伯延公社，现在已经有五天了。五天中，我找了公社、大队、生产队的干部和社员群众谈了话，开了座谈会。现在有下面四个问题简要地向主席汇报一下。

（一）食堂问题。绝大多数甚至于全体社员，包括妇女和单身汉在内，都愿意回家做饭。我正在一个食堂搞试点，解决如何把食堂散好和如何安排好社员回家吃饭的问题。

（二）社员不赞成供给制，只赞成把"五保户"包下来和照顾困难户的办法。现在社员正在展开讨论。

（三）社员群众迫切要求恢复到高级社时评工记分的办法，但是已有发展。办法是：包产到生产队，以产定分，包活到组。这样才能真正实现多劳多得的原则。因此，这个办法势在必行。只有这样，才能提高群众的生产积极性。

（四）邯郸专区旱灾严重，看来麦子产量很低，甚至有的颗粒不收，棉花和秋季作物还有希望。目前最主要的问题是恢复社员的体力和恢复畜力问题。

我明天还要看一个食堂，8日返回北京，帮助陈总解决出席日内瓦会议的一些问题。以后再给主席写报告。问题解决了之后，我还要返回邯郸。

我到邯郸之前，已经派许明同志带领一个工作组在这里工作了20天。

接到电话的毛泽东，在高兴之余非常重视。对周恩来的汇报记录，毛泽东郑重地批示："发给各中央局，各省、市、区党委参考。"

当天中午，周恩来又到另一个县——涉县继续做调查研究，晚上回到邯郸。

为解决中国政府代表团出席日内瓦会议的有关问题，5月8日，周恩来再次返回北京，当天就与中国政府出席日内瓦会议代表团团长陈毅等人商议有关方案。同一天,周恩来在欢迎越南、老挝两国政府赴日内瓦会议代表团的宴会上,就召开扩大的日内瓦会议问题发表讲话,谴责由于美国的破坏和挑拨行为使老挝三方面的政治会谈至今未能举行,甚至使西哈努克亲王倡议的扩大的日内瓦会议的召开遭到威胁。他重申我国政府坚决支持扩大的日内瓦会议的召开,并愿意同具有和平解决老挝问题的真诚愿望的与会国代表团一道,为争取这次会议的成功而做出努力。

9日,陈毅作为出席日内瓦会议的全权代表率领中国政府代表团离京赴日内瓦。

临时回京的周恩来赶紧处理完几件大事后,于5月10日午夜又一次踏上了去邯郸的专列。

此后,从5月11日至13日,周恩来继续在邯郸进行调查研究。他把刘子厚和工作组汇报的情况做了汇总,并与邯郸地委书记核算了粮食账。为进一步了解情况,他还到成安公社社员家中做了详细的访问。

这些工作做完以后,周恩来于5月14日最后返回北京。至此,周恩来长达半个月的邯郸农村调查活动告一段落。

从邯郸回京后,除继续关注日内瓦会议的有关情况外,周恩来主要关心的还是粮食问题,他多次约有关方面人士商谈解决粮食问题的办法。为解决粮食困难,他还于5月18日专程去了一趟天津,听取河北省委负责人汇报河北的粮食情况。

至5月20日,赴各地调研的中央领导和各地前来参加中央工作会议的代表云集北京。

1961年5月21日至6月12日,历时23天的中共中央工作会议在北京举行。

周恩来在会上作了两次报告。

一次讲的是实际问题——5月31日,他在大会上作关于粮食问题及压缩城市人口的报告。周恩来对1960年至1961年度粮食的形势做了初步估计和总结,对1961年至1962年度粮食尤其是1961年第三季度的粮食情况做了说明,提出了解决粮食问题的办法。报告指出:虽然今年农业形势已有好转,但是粮食形势还在继续紧张,库存已经减到最低限度。1961年至1962年度粮食形势将继续紧张。解决粮食问题的根本办法,是从城市压缩人口下乡。人如何压?最重要的方针,就是人从哪里来,回到哪里去。我们的职工人数还可以压低,压低并不影响我们的建设,反而可以节约劳动力,提高劳动生产率。"三个人的饭三个人吃,不要五个人吃。"

另一次,周恩来讲的是理论问题——会议期间,他就有关总结十年建设经验等问题讲话,侧重谈到了思想方法。周恩来向全党提出,必须解决六个方面的认识问题:

(一)不断革命论与革命发展阶段论相结合,不能只要不断革命,从而超越了革命发展阶段。

(二)主观能动性与客观可能性相统一,如果过分强调主观能动性,对客观可能性估计不足,结果必定要破坏生产力。

(三)革命热情与科学精神相结合,有了创造性、预见性,还要有科学性,不能以感想代替政策。

(四)正视困难与克服困难是一致的,承认矛盾,就要允许讲困难,只有发现矛盾,解决矛盾,矛盾才能统一。

(五)理论与思想不应脱节,在具体执行中,不能把理论问题歪曲了。

(六)必须认识经济发展的规律性,违背客观规律,必然要碰壁。

周恩来还说:"为了解决上述六个方面的认识问题,就要按主席指示的三句话办事——一是从实际出发,一是从六亿五千万人民着想,一是群众路线。要实现这三句话,就要调查研究,就要实事求是,实行民主集中制,坚持真理,修正错误,发扬党内民主。"

会议期间,为了说明尊重实际、尊重客观规律、尊重群众的道理,周恩来向大家讲了张二廷的故事:

我在邯郸伯延公社听到了最生动的一句话。经过工作组做了两个多礼拜的工作以后,我下去跟农民谈话,有一个社员(他劳动很好,老婆死了,家里还有四个孩子都不进学校,全部在家劳动),告诉我:"这两年,生活一年不如一年。"还指着我说:"如果再这样下去两年,连你也会没饭吃的。"他解释说,为什么会这样呢?因为我们当然首

> 先要顾自己，你们征购不到，还不是没有吃的！这句话对我教育很大，我很受感动。当时在场的地委干部听了以后，说这个人是个落后分子。我跟他们解释，这样看不对，这个社员说的是真理。一个农民把我们看作他自己的人，才会说这样的话，这是最一针见血的话。

周恩来的这个亲历的故事，令出席会议的领导人们感到震惊：再不认真地进行国民经济的调整，我们共产党就会失去群众基础，就会没饭吃了！

会议在中央和各地负责人调查研究的基础上取得了如下成果：

讨论和修改了《农村人民公社工作条例（草案）》，成为《农村人民公社工作条例（修正草案）》。修改后的条例取消了供给制，对公共食堂问题则规定：办食堂"完全由社员讨论决定"，"实行自愿参加、自由结合、自己管理、自负开销和自由退出的原则"。

制定了《关于减少城镇人口和压缩城镇粮食销量的九条办法》，规定3年内减少城镇人口2000万以上，本年内减少1000万。

决定本年钢产量由原定的1800万吨降为1100万吨。

……

与会的人都明显地感觉到，这次会议通过的文件和决定，比较符合实际，体现了实事求是的精神。一个"实事求是年"，的确带来了新的气象。要不是毛泽东发起这次大规模的调查研究活动，这些成果的取得几乎是难以想象的；而要不是在调研当中中央领导同志鼓励农民们说真话，实际情况的获得几乎是不可能的。

仅就周恩来来说，通过这次调研，他对中国的粮食问题和农业问题又有了进一步的了解，此后他在提出解决问题的办法时，心中更有底了。正如会议期间他所说的：

> 农业上的问题，是组织生产问题，小农经济反映的是小资产阶级的东西，不管是进行土地改革、组织互助组、成立合作社，都要经过许多步骤和时间，把小资产阶级个体经济组织起来，要有个过程。要根据农民需要，因地制宜，不能强制，要引导他们。命令方式和强求一致，反而效果不大。

> 建设社会主义是个复杂困难的事情，而且无先例可循。虽然苏联的经验可以学习，但各国情况不同，还是得靠自己摸索经验。自己走出来的道路是最可靠的。

走一条中国式的社会主义建设道路的思路，在周恩来等人心中更加明朗化了。

会议期间和会后，周恩来在解决粮食问题方面，办法也更加明确。他在与各大区负责人讨论的基础上，主持起草了《关于粮食问题的九条办法》，其主要内容是：城镇减人必须各级党委亲自领导，进行充分的政治动员，迅速造成声势；全国城镇只许减人，不许加人；中央和地方共同核实城镇人口，严禁虚报冒领；1961年至1962年度城镇口粮标准不能提高；1961年7月到1962年6月粮食产、购、销、调、存的数字，待8月以后再作最后决定；职工的升级、转正和工资的调整，推迟到今年下半年城镇人口减到一定程度以后再进行；中央各部门在会后应即提出中央各部直属企业、事业、学校、机关单位的精减计划；城市征兵；中央和地方应在整风整社和贯彻十二条、六十条、中央指示信以及其他文件的同时，拟定工业和商业支援农业的计划。

在中央工作会议闭幕会上，周恩来说了这样一句话：

> 增加农村劳动力、发展农村经济的事情，只许办好，不许搞乱。

我们从留下的周恩来工作台历中可以看出，这一年，他约人谈话中谈得最多的内容是：粮食、外贸、基建和农村工作。

从1961年起，通过调查研究，从中国的实际情况出发去寻找解决中国难题的办法，以退为进地将中国的经济建设逐渐纳入稳妥发展的轨道，可以说，周恩来的工作，进入了又一个艰难而辉煌的时期……

第四章
同邻国第一个解决边界问题

跨入国民经济调整时期，无论是在国内问题还是在国际问题上，一开始中国人便有亦忧亦喜的感觉。

对国内，忧的是由于前几年持续的所谓"大跃进"，使本来就很脆弱的新中国经济出现了极大的滑坡，国民经济的困难局面已经极为明显地凸现在全中国人民面前；喜的是中国领导层已经找到了解决困难问题的根本办法——对国民经济的调整已经摆在了全党工作的台面上……

对国际，忧的是由于殖民主义者和帝国主义者的本性作祟，亚非独立不久的许多国家在自己管理自己事务的过程中不断地受到他们的破坏和捣乱；喜的是经过艰辛的努力，中国的和平共处外交政策逐渐在国际舞台上取得成效……

周恩来也是在这种喜忧参半中迎来1961年的。

一开年，周恩来便踏上了出访的旅程。所访的，是一个特殊的邻国——缅甸。在纷繁复杂的国际形势下，缅甸第一个与中国顺利地解决了历史上遗留下来的边界问题。

自1月2日到达缅甸首都仰光（今迁都至内比都）以来，周恩来和他所率领的一个规模庞大的代表团受到了缅甸方面极为热情友好的接待。1月4日，是缅甸独立节13周年的日子，周恩来出席了中缅两国互换边界条约批准书仪式。此时的周恩来，感慨万千……

缅甸领导人曾与周恩来共同倡导了和平共处五项原则，在成功

1954年4月24日，周恩来率领中国代表团抵达日内瓦，出席日内瓦会议

地解决中国与邻国的关系问题上功不可没。然而，历史上却给中缅两国遗留下了极为复杂的边界问题。周恩来首先提出了解决问题的一个指导性原则："互让互谅。"并说："我们的目的都是要把两国的关系搞好。中国不会多占一块土地。"

20世纪60年代的亚非地区，正处在民族独立运动风起云涌的时期，亚非国家在饱受殖民主义压迫之苦后，纷纷摆脱殖民主义的枷锁，走上独立自主地发展的道路。"哪里有压迫，哪里就有反抗！"这一响亮的口号，曾经极大地鼓舞了全世界受尽压迫而向往自由的人们。

取得独立的国家，几乎都热心于与其他国家尤其是邻国建立和平友好的国际关系。周恩来正是在这种前提下，提出和平共处五项原则并将其运用到与邻国的外交关系上去的。

在与邻国的关系中，最重要的一条便是互相尊重主权和领土完整。早在1954年，在日内瓦会议休会期间，周恩来访问印度和缅甸，在同两国领导人尼赫鲁和吴努分别签署的《联合声明》中共同倡导了"互相尊重领土主权、互不侵犯、互不干涉内政、平等互惠和和平共处的原则"（后来发展成为"互相尊重主权和领土完整、互不侵犯、互不干涉内政、平等互利和和平共处"五项原则）。

缅甸领导人，与周恩来共同倡导了和平共处五项原则，在成功地解决中国与邻国的关系问题上功不可没。

有了总的原则，并不等于边界问题就可以迎刃而解了。

自古以来，缅甸与我国西南部接壤，两国人民和睦相处，成为友好邻邦。然而，历史上遗留下来的中缅边界问题，却极为复杂。

中国与缅甸接壤的部分主要在西南边陲的云南省，边界线大都在地形复杂的山地，呈南北走向，蜿蜒曲折，总长2700多公里。虽然在新中国成立之时中缅边界的大部分已经划定，但有一些地段仍存在争议。

首先在南段，在大片复杂的山区中，主要居住着勤劳的佤族人，他们长期过着部落生活。早在19世纪，中国的管辖就到达了这个地区的班洪部落和班佬部落。中国政府曾经动员民工去开采过班佬地方的银矿。而19世纪后期英国占领缅甸后，它的军队也从未到达过这些地方。1894年和1897年，中英两国先后签订了两个条约，对这一段边界都有一些规定，但由于有关条文自相矛盾，这一段边界长期没有确定下来。英帝国主义为了造成既成事实，于1934年初派军队进攻班洪和班佬地区，遭到当地佤族人民的英勇抗击，没有得逞。七年后的1941年，英国又乘中国面临抗日战争的时机，借封闭滇缅公路来施加压力，强迫中国政府用换文的方式，在佤佤地区划定一条边界，把班洪和班佬辖区的一块划入英国占领地。考虑到滇缅公路是当时连接中国和外国的主要通道，中国政府不得不做出让步。这就形成了通常所说的"1941年线"。但不久爆发的太平洋战争，使双方都没有来得及在这条线上竖立界桩。缅甸独立后，班洪和班佬在"1941年线"以西的土地被划入缅甸的自治邦——掸邦。

其次在南畹河和瑞丽江汇合处的勐卯三角地，即南畹三角地。这片地区自古是中国的领土，面积约有250平方公里。在过去英国签订的条约中也明文承认这一点。但是，在1894年中英两国签订第一个中缅边界条约以前，英国不经中国同意，强行通过这个地区修建了由八莫到南坎的公路。到1897年，中英两国签订第二个中缅边界条约时，英国又以"永租"的名义取得了对中国这块领土的管辖权。缅甸独立后，继承了这个地区的"永租"关系。

再次是尖高山以北的一段。这段边界过去始终没有划定。清朝时，有一些地方两国都没有管辖过，由一些部落在这里散居着。英国在这个地区曾不断制造纠纷，借机扩大殖民领域。最严重的是，1911年年初英国武装侵占片马。这个事件激起中国人民的强烈义愤，抗议运动风起云涌。在中国人民的强大压力下，英国政府不得不在1911年4月10日照会中国政府，正式承认片马、岗房、古浪三处各寨属于中国。但是，事实上，英国仍一直侵占着这个地区。缅甸独立后，继承了英国的统治。

因此，在中缅两国之间，既有已定的边界，又有长期以来未定的边界；既有多年形成的传统习惯线，又有帝国主义者为了实现其扩张政策制造出来的人为混乱局面。在边界上，还有同一民族居民的骑线寨和犬牙交错的过耕地。

对中缅边界问题，中华人民共和国成立后就采取了审慎的态度，考虑在恰当的时候有准备、有步骤地寻求解决的办法。到了20世纪50年代中期，在中缅边境上由于一些复杂的原因，一度出现了一些紧张的局面。

为妥善处理两国的边界问题，周恩来与当时的缅甸总理吴奈温商定：由双方组成解决边界问题的委员会，首先对中缅边界进行全线勘察，然后再根据实际情况协商谈判划界的方案。

在两国都有解决边界问题的诚意这一前提下，周恩来提出了一个指导性的原则："互让互谅"，照顾双方的具体困难和实际需要，从全线来考虑进行必要的调整，做到各有得失的平衡。这一原则提出后，像一把开启历史锈锁的钥匙，使人们找到了解决中缅边界问题的出发点和途径。

由于中缅边界问题由来已久，因而解决起来也绝非易事，不是一朝一夕能办到的。为此，1956年6月22日，周恩来接见缅甸驻华大使吴拉茂时，谈到吴努总理关于华侨双重国籍问题和中缅边界问题的信，周恩来表示了中国政府解决这两大问题的诚意，他说：

> 双方可以就此问题先行接触，讨论程序问题。目前处理边界问题的首要的也是最好的原则是维持现状，然后设法解决。但这个原则在实行时还会有许多问题。就中缅边界的现状而言，是可以以缅甸独立、新中国成立那时的现状来做根据的。中缅间南段有未定界。北段也有未定界，但那里双方的关系处理得比较好。因此我们看到

南段的问题,也要看到北段关系好的原因。关于设(中缅边界)联合委员会的事将加以研究。

经过商定,双方组建了中缅边界联合委员会,并确定了各自的首席代表——中方首席代表姚仲明(中国驻缅甸大使),缅方首席代表昂季准将。

尽管双方在边界上还有一些争议较大的问题,但两方都表示将根据各段的具体情况,公平合理地解决。中缅边界联合委员会成立以后,便开始了协商如何解决划定两国边界的程序及其他一系列问题。

为贯彻和平共处五项原则和互谅互让的精神,发展双方的友谊,周恩来在1956年8月27日接见途经中国回国的缅甸驻苏大使吴旺和驻华大使吴拉茂时诚恳地说:

在中缅边界南北两段的紧张局势应该缓和下来,双方对立是不好的,是不利于增进我们的友谊的。

在南段,即使我们承认"1941年线"是有困难的,但是,我们还是愿意考虑把中国军队撤离"1941年线"以南的地区。我们同时要求,在北段,缅甸军队也从片马、岗房、古浪这几个地方同样由英国文件承认是中国的地方撤走。我们还要求缅甸军队撤出今年在北段所占的五个地方。

周恩来主张,只有在双方紧张对立的地区将军队隔离开来,才能由联合边界委员会找到一个恰当的解决办法。

他还强调:"南北两段应该同时解决,这才符合两国总理所发表的公报精神。"并明确表示:"尽管我们在许多问题上还有不同的意见,但是我们的目的都是要把两国的关系搞好。中国不会多占一块土地。"

随后,周恩来又提出,只要根据和平共处五项原则,中缅边界问题是不难解决的,为此两国领导人应该坐在一起,面对面地谈判解决边界问题。他还热情地邀请缅甸领导人来中国访问,并表示自己也将应邀前往缅甸访问。

周恩来向吴努提出一揽子解决中缅边界问题的三点原则性建议,

周恩来和缅甸联邦总统巴宇（右二）、总理吴努（右一）交谈

吴努表示："我们认为周总理的建议是合理的。"周恩来坦言："我们愿意从缅甸开始，来解决我们同邻国的边界问题。使它在亚洲起一个示范作用。"为此，周恩来亲自来到中缅边境，在云南芒市参加了中缅边民大联欢。

1956年10月下旬至11月初，周恩来在北京接待了来访的缅甸联邦反法西斯人民自由同盟主席吴努。在与吴努交换关于中缅边界问题的意见时他说："只要根据中缅两国倡导的五项原则来解决这个历史遗留下来的问题，那么这个问题本身并不复杂。这需要时间来调查，弄清情况。经过我和吴巴瑞总理的通信，已经找到了一个可以解决问题的途径。"

在会谈中，周恩来向吴努提出一揽子解决中缅边界问题的三点原则性建议：

第一，关于南段未定界。"我们承认，缅甸有权用纯法律的理由来提出这个问题，因为缅甸承继了英国的统治。国际法上有一个原则，新的政府可以承袭过去政府的既成事实，不管过去政府是被交替的或者是被推翻的。但是，我们过去都是被压迫的民族,现在独立起来了,我们应该既考虑本国的愿望,也考虑对方的愿望。我们承认缅甸有权在法律上提出这个问题。我们要求缅甸方面也承认,中国人民承认'1941年线'在情感上的困难。"尽管如此,周恩来仍表示:"我们准备把驻在'1941年线'以西地区的军队撤出。我们愿意得到缅甸政府的保证:缅甸军队不进驻我军过去驻扎的地区。"

第二,关于勐卯三角地区。"中国人民认为,这块土地最好由中国收回,但是因为缅甸有公路通过,我们愿意提出这个问题来商量,究竟应该如何收回。"

第三,关于北段未定界。"自尖高山以北边界没有划定,我们愿意看到缅甸政府定出时限,把缅军从片马、岗房、古浪三地撤出,中国军队保证不进入这一地区,以待划定界线。"

周恩来还强调:"以上三点要联系起来解决,才能改变我在前边所说过的情况。这个方式比较好,缅甸的要求可以得到满足,也照顾了中国人民的感情,便于我们进行解释。"

这三点建议充分地考虑和体谅了缅甸方面的难处,也照顾到了双方的利益。吴努深受感动,他说:"你说不会容许边界问题来破坏中缅友谊,我非常感激。中缅友谊正是我们设法在五项原则的基础上建立起来的,友谊非常有价值。"他们一致认为:"在解决边界问题的时候,要向前看,而不要向后看。"

在会谈中,周恩来和中国政府始终采取了互谅互让的态度。吴努后来告诉周恩来:"我和缅甸政府的一些人都感到满意,内阁的外交小组也认为周总理的建议是合理的。"

由于建议中的一些内容涉及缅甸克钦族的切身利益,与吴努同来的克钦邦首领吴赞塔信等三位少数民族首领也一起参加了会谈。11月3日,周恩来在会谈中向克钦邦首领耐心解释了中国方面提出上述建议的原因以及对缅方的照顾。吴赞塔信十分感动,他说:"对周总理这样耐心的解释非常感谢。能这样讨论问题,就不会有不能解决的问题。"吴努在一旁也表示:"现在中国是一个强大的国家,缅甸是一个弱小的国家,中国能提出这样合理的方案,我非常满意。"

对这次商谈的意见,与吴努同来的克钦族的三位领袖表示还要回去和地方领袖商量、解释,他们说:"少数民族很自然会看到本身的利益,我们还没有和少数民族的领袖接触,我想我们的困难不会比你们少。"既然如此,周恩来以慎重的态度表示：可以从两方面的困难出发，再等一等，经过解释后再解决。他还强调说："你们回去解释时，要注意把双方的情况都解释清楚，但时间不可拖得太长。12月我到缅甸时可与吴巴瑞及诸位再继续商谈。"

北京会谈结束后，双方根据一致意见发表了新闻公报，其中宣布："从1956年11月底到1956年年底，中国军队撤出'1941年线'以西地区，缅甸军队撤出片马、岗房、古浪。"双方约定，在1956年年底以前分别完成撤军工作，为边界问题的解决创造良好的气氛。

周恩来对吴努说："只要我们都采取友好态度，问题就可以迎刃而解。""我们要真正友好、永远友好，我们要使边界问题一劳永逸地得到解决，并且使确定的边界永远维持下去。"他表示：解决边界问题双方都要有法律根据。我们以这样的原则来对待中缅边界问题，也用同样的原则来对待我们同亚洲其他邻国的边界问题。"我们愿意从缅甸开始，来解决我们同邻国的边界问题"，使它"在亚洲起一个示范作用"。

选择中缅边界问题的解决作为解决中国与周边国家解决边界问题的范例，周恩来自有他的深谋远虑，正如他对姚仲明说的："边界问题是帝国主义侵入东方后遗留下来的，很复杂，无论是勘界、竖桩，还是绘制地图，我们都没有好经验，需要认真研究一下，选择一个对象来试之。缅甸与我们关系好，是和平共处五项原则的倡议者，这是我们相互之间可以谈问题的政治基础。缅甸代表了一些小国的想法，如果我们同缅甸的边界问题解决得好，对于消除缅甸对我们的恐惧心理、安定其他周边国家都会产生很好的影响。更深一层的意义是，还可以推动中国和其他国家的边界问题解决得好。"

送走吴努之后，周恩来很快利用1956年11月中旬至1957年2月上旬出访亚欧11国的机会，专程对缅甸进行了回访，其主要目的，就是与缅方友好协商，解决两国边界问题。

1956年12月10日，周恩来由印度最大的城市加尔各答起飞，前往缅甸首都仰光。当天便在仰光同巴宇总统共进了午餐，又反法西斯人民自由同盟主席吴努共进了晚餐，并拜会了吴巴瑞总理，双方的会谈气氛非常友好。鉴于仰光市遭受了一次大的火灾，在仰光期间，周恩来特意答应向缅方捐款4万缅元，用以救济灾民。他还对巴宇总统等缅甸朋友说：这次访问同老朋友所进行的亲切交谈和两国领导人过去所进行的几次互访，加强了这样一种信念，即在

1956年12月，周恩来访问缅甸时，同吴巴瑞总理在游艇上

五项原则的基础上，可以在各国间建立友谊和信任，国与国之间悬而未决的问题可以逐步得到合理解决。

  为友好商谈边界问题创造条件，中国军队在周恩来访缅期间，根据中缅双方就边界问题达成的协议，于12月12日完成了全部撤出"1941年线"以西地区的任务。第二天，周恩来开始前往与中国接壤的缅甸少数民族地区访问。他在缅甸克钦邦首府密支那见到了上个月陪同吴努访华的吴赞塔信邦长，借出席邦长举行的宴会之机，周恩来在致答词中说："以吴赞塔信为首的克钦族领袖最近对中国的访问，加深了两国间的友谊和了解。希望有更多的克钦朋友去中国访问，他们将受到'亲戚一样'的热情的招待。"在宴会上观看舞蹈表演时，周恩来还兴致勃勃地加入克钦族人群中与他们共同跳舞。他把自己的个人魅力，融入中缅两国人民的交往中。周恩来还到了缅甸掸族首府东枝，再次向缅甸副总理兼掸邦邦长藻昆卓表示，希望"两国之间像亲戚般的关系将在后代中得到保持和发展"。从中国总理亲切友好的言行中，缅甸少数民族人民看到了中国政府和人民对解决中缅边界问题的诚意。

12月15日，周恩来与缅甸政府和少数民族领导人一道，乘车抵达我国云南德宏傣族景颇族自治州首府芒市。此行的目的，一是出席中缅边境人民联欢大会，二是出席中缅边境各族领袖座谈会。这两次聚会，都将有利于中缅两国边民的友好和边界问题的解决。

身临现场，周恩来深深感受到，在中缅边境上，两国人民原本就是一家，两边在生产、生活和交往等各方面都有着深远的历史和现实的密切联系。他被两国人民渴望合理解决边界问题以便长期友好相处的精神所感动，在聚会上深情地说：

> 中缅两国的民族是如此亲近，以至难分彼此。
>
> 举行这样的边民联欢大会，让中缅两国边民之间建立更广泛和密切的直接接触，对于促进中缅两国人民的友好、团结是具有重大的意义的。
>
> 只要我们两国政府和人民坚决信守和平共处的五项原则，彼此以诚相见，我们的相互了解和信任就会日益增进，我们之间的一切问题就都可以逐步求得公平合理的解决。
>
> 我们两国的确是山连山，水连水，地理上把我们连在一起，边界不能够把我们的友谊分开。

结束在中缅边境的活动后，周恩来又回到缅甸首都仰光与缅甸领导人继续会谈。对中缅边界的各段，他根据所了解的具体情况和中国政府和平共处、友好协商的原则，谈了一些中肯的意见。在这些意见中，既包含了中国政府对缅甸方面的充分体谅和所做出的许多让步，也体现了中国方面的原则立场。缅甸总理吴巴瑞听后说："对你刚才就边界问题所做的表示，我感到高兴。我们将努力使其尽快实现。"

根据会谈取得的一致意见，12月20日，周恩来和吴巴瑞发表了双方的《联合声明》。当天，他飞离仰光，继续对亚洲其他国家的访问。直到1957年2月中旬，周恩来才回到北京，圆满地完成了出访任务。

在缅甸访问期间，周恩来深感中缅边界不仅在未定界，而且在已定界上，都存在复杂性，就像吴巴瑞总理所说："已定界的一部分是以瑞丽江为界，而瑞丽江时常改道，使一些原来在缅甸的村庄到了中国那边，又有一些原来在中国的村庄到了缅甸这边。当缅甸村到了中国那边时，缅甸政府的行政统治并不延伸过去，而当中国村庄到了缅甸这边时，中国的行政统治就延伸过来。"中缅双方都需要明确这类问题。

周恩来当时只是提出了一个原则性的建议："凡进入对方国境的村庄就算作对方的领土。但如果村民不愿加入该国国籍，也可允许他们回来，但这样他们就得抛弃原来在该村的财产。"吴巴瑞同意以这个建议作为基础来解决已定界方面存在的问题。

周恩来赞同："中缅边界问题不宜久拖。"他也有意从缅甸开始，陆续解决中国与其他亚洲国家的边界问题，以使中国的和平外交政策深入人心，也消除一些国家对新中国的误会和担心。周恩来详细研究了中缅边界问题的历史沿革和各种地图，然后从历史和现实的角度，对各种有不同意见的人做了耐心的解释。

从缅甸回来后，中缅边界问题的复杂性始终在周恩来脑海中盘旋。为了更完整、详细地了解这一问题，周恩来在二三月间查阅了自中国汉朝以来的有关历史记载，弄清了中国历代政府对中国边境地区的管辖情况。同时，他还收集了各种相关的地图，并亲自请教了龚自知、王季范、尹明德、于树德等专家，弄清了各个时期地图在画法上的不同和原因；还调查了19世纪以来有关中缅边界的历次纠纷和交涉经过，弄清了边界未决问题的由来；还研究了边境地区双方居民的民族分布、居住和耕作情况，以及国际法中有关处理边界问题的论述和国际惯例。最后，他把所获得的全部材料，同中缅两国的关系和中国的对外政策联系起来，通盘地做了研究。

经过这番努力，周恩来更加明确了有关解决中缅边界问题的方案，在考虑解决方案时，他进一步坚信：必须既考虑历史背景，又考虑当前实际情况，采取公平合理、切实可行的、互谅互让、友好协商的方针。

在复杂的国际形势下，中缅边界不宜久拖，否则极易被外力利用和破坏，两国领导人都有这样的共识，正如在缅甸期间吴巴瑞和吴努曾对周恩来说的："这个问题不宜久拖，否则外力破坏的可能性就会增加。"周恩来心里非常清楚，要真正实现和平共处，边界问题的解决是一个突破口，而从缅甸开始，陆续解决中国与其他亚洲国家的边界问题，才能使中国的和平外交政策深入人心，也消除一些国家对新中国的误会和担心。

在与缅方协商解决边界问题的同时，周恩来也听到了国内的一些不同声音。由于中缅边界问题是帝国主义长期推行侵略政策造成的，一些人对周恩来提出的互谅互让原则并不太理解，难以接受。全国人大代表王季范、政协委员于树德、云南省代表尹明德写来意见书，提出了一些相当尖锐的意见。这些意见引起了周恩来的高度重视。为广泛听取意见，周恩来多次邀请一些熟悉情况的专家、学者进行座谈。此外，他还向了解国民党时期处理中缅边界问题情况的原国民党高级将领卫立煌、郑洞国等人征求意见。当他听说尹明德在1926年曾经化装到边界北段的江心坡调查，并且几十年来一直从事对中缅边界的研究工作时，十分感兴趣，他专程请尹明德到北京来当面讨教。

1957年3月，利用在北京召开全国政协二届三次会议的机会，周恩来做了解释工作，他说："尽管解决中缅边界问题的建议已经经过一些法定手续，但是我们还要做得更细、更周到。"因为"我们国家决定一个政策，根据政策进行的，不管是内政、外交的措施，凡是关系大的，能够尽量地多讨论多商榷，总是对事情有好处的"。

3月16日，周恩来在政协全体会议上专门作了《关于中缅边界问题的报告》。他在作报告时还展示了所收集到的几张历史地图，在这些地图中，有清道光二十九年（1849）由清政府出版的《皇朝一统舆地图表》（在这张图上，中缅边界北段未定界标在中国怒江——进入缅甸后称为萨尔温江——以西的高黎贡山脉处）。有清光绪二十九年（1903）年经京师大学堂审定出版的《中外舆地全图》（在这张图上，北部未定界也标在高黎贡山脉处）。有民国6年（1917）出版的《中国新舆图》（当时受片马事件的刺激，这张图将未定界所标位置西移，把高黎贡山脉以西的江心坡标在中国一边）。有民国22年（1933）丁文江、翁文灏等为纪念申报馆成立60周年，采用近代制图方法绘制的行政总图和云南省分省地图（这两者有些出入，总图中，北段未定界是以尖高山为起点，沿怒江和高黎贡山以西的恩梅开江之间一直向北。云南分省图中，以尖高山偏西北一点，把江心坡划成两块）。有民国 32 年（1943）国民政府军事委员会审定的地图（这张图对上述的图做了修改，在南段承认"1941 年线"，而在北段的未定界处却把划在中国一边的面积大大扩大了，实际上是想把地图上的未定界尽量往西划，来掩饰国民政府在 1941 年条约中所受的损失）。

周恩来针对这五张图的变化说：

> 我们的地图是一件事，实际的情况是一件事，交涉又是一件事。这三件事并不吻合。当然实际跟交涉可能不吻合，因为交涉还没有达到。制图时要把实际和交涉之间有一个交代，可是我们过去的地图一百年来从刚才说的，1849 年至 1948 年没有交代的。所以爱国人士看到这样的地图当然很高兴。
>
> 这一个工作，还是需要很认真的，又很慎重的；又要站稳民族立场，又要照顾到友好关系；又要划得合乎实际，又要能够不损失我们的主权。这的确是一件艰难的工作。
>
> 我们应该把清末时候的情况仔细研究一下，作为根据。这是我们研究边界最主要的根据，历史的根据。
>
> 现在两个国家的情况发生了根本的变化，所以新的问题又出现了。从过去由英国占领的缅甸来说，已经取得民族独立，成为独立的联邦共和国。中国也结束了半封建半殖民地的地位，成为社会主义人民共和国。两个国家的制度虽然不同，但彼此之间建立了友好关系。在这个基础上来解决问题不能相同。
>
> 必须解决得是公道的、合理的，能够给人家一个范例，就是中国现在解决边界问题是合理的，使大家放心，能够和平共处。这是一个现实的态度，也只有这样才能实事求是地处理我们国家的边界问题。方法上只能经过谈判，不能采取别的办法，军事紧张应该把它消除。

周恩来接着又针对人们普遍关注的"1941 年线"问题做了解释：

> 如果否定"1941 年线"，就要修改条约，或者重新废弃这个条约，

这就使人家感觉过去历史上所有划界的条约都可以改变，绝不是一个条约为止。"1941年线"是乘人之危不公道的条约，但是那是已经签订的边境条约。而这个地方两国都不是直接统治的，我们按照现在的办法解决比否定了重新划要好得多。两个利弊相比，两害相权取其轻。所以"1941年线"我们顶多提出某一点斟酌，而不是给它来一个否定。

因为现在两国的情况不同了，是友好的国家，所以我们提出的解决北段的要求不能过高。我们的历史根据和政治理由必须结合起来，取现实的态度来解决。

经过周恩来的解释，许多有不同意见的人终于重新从历史和现实的角度，开始理解中国政府的立场。那种"吃亏太大""情有难安"的想法也有所改变。尹明德在发言中是这样说的：

这次政府对于中缅边界所以及时提出协商解决的方针，是为了争取和缓世界局势，搞好我们的和平建设；为了争取亚非国家，打破帝国主义的包围，扩大它的缺口；为了在新型国际关系上做一个示范。因此，对于南界采取以"1941年线"为协商的基础，是极其正确的。这不仅仅是一个中缅边界问题，而是使中缅两国更能加强友好关系的问题，是使亚非国家对我国更加友好亲善的问题，政治意义极其重大。所以我完全同意和衷心地拥护。

二十多天后，周恩来再次前往昆明，与正在那里访问的缅甸新任总理吴努就中缅边界问题举行会谈。两方谈定以下各点：（一）吴努同意在中缅边界问题最后解决的同时，由中缅两国签订互不侵犯条约。（二）对吴巴瑞2月4日来信中所提的划界建议，周恩来提了对案。主要是对北段。根据地形和双方行政管理的方便，并参照过去英国在致清政府的正式文件中承认的中国在小江流域的管辖范围，周恩来要求把归还中国的片马等三地的面积划得比缅方建议的略大。而对勐卯三角地，周恩来代表中国政府表示不准备收回，但要做些调整，即换回班洪、班佬等地区。双方还就两国政府联合边界委员会执行划界和签订新边界条约的任务等问题达成了协议。

当周恩来在昆明将会谈情况电话报告毛泽东时，毛泽东表示赞赏，并说明：我们这个要求，主要是采用了尹明德专家的意见。对周恩来所说的在中缅边界问题商妥后，两国签订新的边界条约，代替一切旧约一事，毛泽东表示同意。

在昆明期间，周恩来还向云南各族各界代表作了《关于中缅边界问题的报告》，使大家对中央政府解决中缅边界问题的立场有了充分的理解。

为了让更多的人理解中缅边界问题，7月9日，周恩来在第一届全国人大四次会议上又作了《关于中缅边界问题的报告》，再次向人大代表们全面阐述中国政府关于解决中缅边界问题的立场。他在报告中首先说明了我国政府在处理中缅边界问题时所遵循的和平外交政策，他说：

> 中缅两国之间的边界问题，正像其他亚非国家之间的许多悬而未决的问题一样，都是帝国主义长期侵略政策所造成的。现在，中缅两国都已经取得独立，都在努力为本国的和平建设争取一个和平的国际环境。中缅两国又是同印度一起首先倡议和平共处五项原则的国家，我们都珍视自己的民族独立和民族利益，我们都深刻地认识到，只有通过和平共处和友好合作，才能更好地维护我们各自的民族独立和民族利益。但是，帝国主义者却从来没有停止利用亚非国家的分歧在这些国家之间制造紧张和不和，竭力企图重新对这些国家实行"分而治之"的侵略政策。针对这样的情况，我国政府在同缅甸政府商谈中缅边界问题的过程中，一向强调双方相见以诚，按照五项原则友好协商，求得一个公平合理的解决。这样，中缅边界问题的解决，不仅会使中缅两国的友好关系得到进一步的巩固和发展，而且还将有利于亚非国家的团结。我国政府在解决中缅边界问题上所采取的立场，是从维护我国的民族利益出发的，同时也是从促进中缅友谊和亚非各国团结的利益出发的。

针对中缅边界问题的复杂性，他在报告中强调：

> 在处理中缅边界问题的时候，必须认真地对待历史资料，必须

以正确的立场和观点对历史资料进行科学的分析和判断,把可以作为法理依据的历史资料同由于情况变化只有参考价值的历史资料加以区别。同时,更要注意到中缅两国已经发生的具有历史意义的根本变化,那就是,中国和缅甸已经分别摆脱了原来的半殖民地和殖民地的地位,成为独立的和互相友好的国家。缅甸政府继承了原来受英国统治的地区,不同民族的自治邦同缅甸本部组成了缅甸联邦。我国政府接管了国民党政府所管辖的地区。在处理中缅边界问题的时候,必须注意到这些历史变化,同时也要按照一般国际惯例来对待过去签订的有关中缅边界的条约。只有把以上各点结合起来考虑,才能够正确地运用历史资料,求得中缅边界问题的公平合理的解决。

鉴于中缅边界问题所涉及的民族关系及其利益,周恩来也做了交代:

> 中缅边界问题直接地关系到聚居在中缅边境的各民族的利益。因此,在解决中缅边界问题的时候,就特别需要照顾这些民族的利益。我们知道,两国之间的边界把聚居在边境的同一民族划分为二,是常见的事。这是历史发展的结果。在中缅已定界的各段,在我国和许多其他邻国的边界上,我们都可以看到同一个民族分居边界两旁的情况。我们在解决中缅未定界问题的时候必须事先估计到,有关民族被边界线分隔是难以避免的。鉴于这种情况,我们就更加需要同缅甸政府协商采取措施,使将来划定的边界成为和平友好的边界,进一步发展两国边民之间的亲密联系。

这一报告经全国人大一届四次会议批准后,解决中缅边界问题方案开始进入具体实施阶段。

> 进入20世纪60年代,周恩来与缅甸领导人开始规划两国达成边界问题协议的日程表。为此,全国人大常委会任命周恩来为签订边界问题协定和条约的全权代表。与此同时,在和平共处的原则下,周恩来领导的与尼泊尔、蒙古等国有关边界问题的谈判,也在有步

骤地进行。1961 年 1 月，当周恩来在仰光出席互换中缅边界条约批准书仪式时，他被缅甸总统授予一枚"崇高、伟大、博爱和光荣的拥有者"的特制勋章。

1957 年 7 月 26 日，周恩来致函吴努，告知："我全国人大第四次会议已通过决议，同意中国政府继续根据中缅边界问题的原则性建议，同缅甸政府进行具体协商，以求得中缅边界问题的全面的公平合理的解决。"信中还附了几张地图，并提出了以下具体意见：

（一）关于尖高山以北地区，中国政府重申，中缅边界的最北部分，即从伊索拉希山口往北直到底富山口的部分，可以按照 1956 年 10 月至 11 月你访问北京期间我们共同谈定的习惯边界线划界；至于伊索拉希山口至尖高山的一段，中国政府重申除片马、古浪、岗房三处各寨地区应该归还中国以外，原则上同意以怒江、瑞丽江、太平江为一方和恩梅开江为另一方的分水岭划定边界；至于应该归还给中国的片马、古浪、岗房三处各寨地区的面积，中国政府根据历史上可以依据的事实和双方行政管理的方便等因素，提出如附图二所示的具体建议，希望缅甸政府能够予以同情的考虑和接受。

（二）关于佤佤地区和勐卯三角地区，1941 年 6 月 18 日由当时中英两国政府经过换文在佤佤地区划定的界线，是英国强加于中国而为中国人民所不满的一条界线。但是，考虑到中缅两国之间现存的友好关系，中国政府除要求对这条线做某些调整以外，同意在佤佤地区基本上按照这条线定界。中国政府所要求的调整是把一直同中国关系密切的班洪部落和班佬部落在"1941 年线"以西的辖区划归中国，中国政府建议调整的地区面积见附图三。如果缅甸政府同意中国政府的调整建议，中国政府愿意把属于中国而在 1897 年永租给英国管辖的勐卯三角地区，永久地移交给缅甸联邦，成为缅甸联邦领土的一部分。中国政府认为，以上各点具体建议应该作为一个整体联系起来考虑。

信中再次强调：

> 为了使这种新的情况能够以庄严的条约形式肯定下来，中国政府建议中缅两国签订一个新的边界条约，以代替一切旧的有关中缅边界的条约。在新的边界条约中，将包括过去已经划定、无须加以更改的各段边界和即将由我们双方划定的各段边界。

信中还对中国政府为尊重缅甸的独立和主权所放弃的一些权利做了正式的说明。

尽管两国解决边界问题的原则立场是一致的，但具体实施起来，仍然是有分歧的。为此，两方人员不断地进行磋商。

为找到两方都认为合理、公正的具体解决方案，周恩来提出："我的看法是进行实地勘察。"

中缅边界问题是在复杂的历史环境下形成的，解决起来自然也不是一朝一夕的事，但是，双方本着和平共处和互谅互让的原则不断地进行友好协商，为边界问题的最终解决打下了良好的基础。

在协商解决中缅边界问题的几年中，缅甸联邦变换了几任总理。而中国方面，始终是周恩来在直接领导中缅边界问题的谈判。到1960年，周恩来与缅甸又一任总理吴奈温都已经预见到了两国达成边界问题协议的日期，为此，他们已经有了一个大致的时间表。

1960年1月24日，刚从外地回京的周恩来亲自到机场迎接应邀来访的缅甸总理吴奈温，在两人赴钓鱼台国宾馆的途中，周恩来对吴奈温说："中缅两国有漫长的边界，来往频繁，应该成为和平共处的范例。中缅边界问题谈判已久，接近解决，和中国同其他国家的边界问题不同。相信这次吴奈温总理来访可以先达成原则性协议，但具体问题，如研究、勘察、起草协定等还需要一定的时间，这些可留待两国将成立的联合委员会解决。"吴奈温当即表示同意周恩来的意见。

在新的一年来临之际，中缅边界问题的会谈也进入了一个新的历史阶段。吴奈温到京的第二天，周恩来与他就边界问题进行了正式的会谈。周恩来恳切地说：

亚洲国家在经济上还落后，殖民主义还在利用这一点欺侮我们。为了改变国家的落后状况，我们必须和平友好地相处，并且很好地合作。中国政府历来希望中缅边界问题能够全盘解决，因此提出的方案包括各个方面。在谈判过程中，中国政府遵守平等友好的原则，强调互相协商，不但自己提出方案，而且也尊重对方提出的方案，努力在双方的方案之间从原则到具体求得逐步解决。

为了既表示友好，又便利问题的解决，周恩来代表中国政府提出几点建议：

（一）对北段未定界，除片马、古浪、岗房地区和独龙江流域外，可按分水岭定界，然后对这一段边界进行勘察，并且竖立界桩。

（二）片马、古浪、岗房地区原属中国，对归还中国的地区的面积，建议交由地方组成的联合委员会解决。

（三）原属中国的南畹指定区在缅甸管辖下的时间已经很久，从交通的角度看，这个地区留在缅甸比较便当。中国政府建议把班洪、班佬两个部落在"1941年线"以西的辖区，划归中国，作为交换，这样也可以使这两个部落所管辖的地区统一起来。

周恩来还说："中国政府还建议联合委员会解决以上问题后，立即起草一个中缅边界条约和中缅友好条约。"

双方在会谈中商定，待吴奈温总理做出答复后，将分别指定人员共同起草两国总理的换文。

1月26日，周恩来再次同吴奈温会谈，又表明了两点意思：第一，把换文改写为协定的形式，由双方指定有关的官员根据纪要和吴奈温刚提出的那些修改意见起草；第二，对友好条约，双方可指定专人起草一个草案。

根据两国总理的会谈结果，双方工作人员加紧起草了协定草案，以赶在吴奈温离京前拿出有关文件来。

1月28日，周恩来主持召开国务院第95次全体会议。会议通过了《中华人民共和国和缅甸联邦政府关于两国边界问题的协定（草案）》《中华人民共和国和缅甸联邦之间的友好和互不侵犯条约（草案）》，派周恩来总理为签订上述条约和协定的全权代表，提请全国人大常委会决定。

周恩来在会上对此做了说明：

> 对中缅友好和互不侵犯条约，我们提出：
> （一）将和平共处五项原则分别摆在各项条文里。
> （二）肯定地声明不参加针对对方的军事同盟，互不侵犯。
> （三）用和平协商的办法解决双方争端，不诉诸武力。这三点意见吴奈温都已同意。两国边界协定，也把和平共处五项原则提出来了。
> 边界协定第二条有四项重大问题，即：
> （一）肯定未定界。
> （二）把古浪、片马、岗房归还中国。
> （三）在勐卯三角地区，清朝搞的"永租"关系，我国同意把这个地区移交给缅甸，缅甸政府同意把班洪、班佬地区划归中国。
> （四）过去国民党正式签订的换文，我们要修改以后才能承认，然后要定界，竖标桩。

当日，全国人大常委会第13次会议作出相应决定，任命周恩来为签订上述协定和条约的全权代表。

晚上，周恩来出席了吴奈温的告别宴会，他在会上说："中缅友好互不侵犯条约和中缅关于边界问题的协定的签订，更有力地证明了独立了的亚非国家应该而且可以团结友好的信念，并且为发展亚非国家的这种团结友好创造了一个新的范例。"

至此，中缅边界问题的解决有了极为重要的进展。在解决中缅边界问题中所体现出来的中国方面和平共处、友好协商、互谅互让等精神，为中国在国际上赢得了很好的声誉。

就在中缅边界问题妥善处理的同时，周恩来以此为典范也与亚洲其他邻国如尼泊尔、蒙古等开始了边界问题的谈判。

然而，周恩来和中国政府的诚意，并不是所有的国家都能够接受的。正如1960年4月17日周恩来在缅甸仰光接见苏联驻缅甸大使列道夫斯基谈到中

1960年4月,周恩来和陈毅(右)访问缅甸时,在吴努(中)总理陪同下欢庆泼水节

印边界问题时所说:"我们是有解决边界问题的诚意的。解决问题要双方有诚意,单靠一方面是不会成功的。目前看来,印度方面包括尼赫鲁总理本人还没有解决问题的意愿。所以,可以说尼赫鲁只有一半的愿望。谈判是否成功,还在两可。我们将尽力争取达成一些协议,使会谈取得某些成就。但是,这不能

完全取决于我们这一方面，达成协议要靠会议双方的努力。"

正当周恩来与邻国领导人谈判和平友好地解决边界问题的时候，中国北边的邻国，也是与中国有着最长边界线的国家苏联，却趁机发难。

1960年7月16日，苏联政府照会中国外交部，决定中止有关合同，撤走全部在华的专家。7月底，经过毛泽东、周恩来等中国领导人讨论后，由中国外交部复照苏联驻华大使馆，指出苏联撤回专家的行动违反中苏友好条约，违反社会主义国家之间友好关系的准则，表示希望苏联政府重新考虑并改变此决定。然而，中国的希望很快就化成了泡影。在这期间，中苏边界上一些存在历史悬案的地段又发生了边界争执。在如此不利的国际形势下，中国一方面要应付中苏关系破裂所带来的危机，另一方面仍坚定地表示要与世界各国和平共处，谈判解决一切外交方面（包括边界）的问题。

1960年8月1日，就在中国人民解放军建军节这天，周恩来两次对外宾讲话，充分体现了中国政府的立场和态度。

一次是在瑞士驻华大使纳维义举行的国庆招待会上，周恩来明确表示：

> 中国愿同各国和平共处，维护世界和平，并主张亚洲和太平洋沿岸各国包括美国在内，签订一个互不侵犯的和平公约，把整个地区建成没有核武器的地区。这当然是一个长期努力的方向，但是，我们将为此做不懈的努力。

另一次是在中缅边界联合委员会缅甸首席代表、缅甸国防军副总参谋长昂季准将举行的告别宴会上，周恩来对中缅两国即将签订的边界条约充满信心。他对前来北京谈判解决中缅边界问题的缅甸客人说：

> 在同中国的社会制度不同的国家中，缅甸总是领先对中国表示友好的。缅甸是这些国家中首先承认中国的一个国家，是首先根据和平共处五项原则同中国缔结友好和互不侵犯条约的国家，又将是首先同中国缔结边界条约的国家。

在复杂的国际局势下，周恩来加紧了彻底解决中缅边界问题的工作。在中方与缅方的来往和谈判等接触中，两国之间自领导人到普通群众，都进一步加深了传统友谊。

1960年8月26日，周恩来致信缅甸总理吴努，邀请他和吴奈温、吴巴瑞于9月底以前来华访问。信中他表示：

> 感谢缅甸政府准备在签订两国边界条约时向居住在中缅边界上的中国居民赠送大米和食盐，我本人愿意在明年1月4日亲自到仰光去交换边界条约的批准书，并参加缅甸国独立节的庆典。

9月28日，当吴努总理、吴奈温将军和他们的夫人前来中国访问并准备签订中缅边界条约时，周恩来在欢迎宴会上高兴地说：

> 今年中缅两国的友好关系发展到一个新的阶段，两国不但签订了友好和互不侵犯条约和关于边界问题的协定，而且将要签订边界条约，从而使历史上遗留下来的边界问题获得全面的最后的解决。

第二天，他和陈毅在与吴努、吴奈温会谈时又负责任地说：

> 中缅边界问题过去吴努总理提出要解决，吴巴瑞也做了努力，吴奈温将军则开辟了道路，签订了中缅边界协定，现在吴努总理又来签订中缅边界条约，可说是善始善终。我可以向你保证，我们总是支持你的，我们的党不是背信弃义的，而是坚守信义的。

1960年10月1日，是中华人民共和国建国11周年的日子，《中华人民共和国和缅甸联邦边界条约》的签字仪式，被安排在了这一重要的时间里。这天，周恩来和吴努分别代表两国政府，在《中华人民共和国和缅甸联邦边界条约》上签字。这是中国首次与邻国成功地解决边界问题。两国和平友谊边界的建立，具有极为重要的意义。

第二天，他们又共同出席了首都庆祝签订中缅边界条约的大会。周恩来对出席大会的10万人讲话，他说：

中缅边界条约是中缅两国友好关系进一步发展的里程碑，是亚洲各国人民友好相处的光辉榜样，是亚洲各国之间解决边界问题和其他争端的良好范例。

中缅边界条约由政府签订后，还需经全国人民代表大会批准。就在条约签订的同时，周恩来与吴努商定，在中国全国人大批准该条约后，他将前往缅甸访问。就在这时，鉴于周恩来在解决中缅边界和发展中缅两国友好关系方面所做出的特殊贡献，缅甸方面提出，将授予周恩来一枚特制的勋章，以表达缅甸政府和人民对他的崇敬之情。周恩来考虑再三，经请示中共中央，最后同意接受缅方授勋，时间定在访缅之时。

1960年12月中旬，中国全国人民代表大会批准了中缅边界条约。12月底，周恩来起程前往缅甸访问，陪同访问的，有陈毅、罗瑞卿和他们的夫人。引人注目的是，随同周恩来访问的，是一个由四百多人组成的友好代表团，在这个大型的代表团中，除政府代表团、中缅边界联合委员会中方代表团以外，还有军事代表团、文化艺术代表团、云南省代表团、电影代表团、新闻工作者代表团和体育代表团。这支总称为友好代表团的队伍，是新中国成立以后规模最大的对外友好代表团，足见中国政府和周恩来本人对此次访问的重视。

周恩来一行由我国西南边陲云南省的昆明市出境，于1961年1月2日抵达缅甸首都仰光。当天下午，周恩来在拜会缅甸总统吴温貌时高兴地表示："边界问题能够这样顺利地解决，我们很高兴，这是同我们的邻国第一个解决边界问题，它将起一个示范作用。"

1月4日，中国政府代表团和缅甸联邦政府举行了互换中缅边界条约批准书仪式，至此，中华人民共和国与缅甸联邦之间的边界问题已基本解决。剩下的工作，则是由双方边界联合委员会进一步解决边界议定书问题。周恩来终于轻轻地舒了一口气。这天，他如约出席了缅甸独立节13周年庆祝典礼。

中国友好代表团访缅结束后，在中缅两国之间，无论是领导人还是普通群众，都明显地感觉到，两国之间就像亲戚一样亲密了。中缅两国全方位的友好关系，取得了长足的发展。这正是两国政府坚持和平共处五项原则和互谅互让、互相协商的结果。

在亲戚般的关系下，周恩来不断地邀请缅甸领导人到中国云南省度假，

并每次都到云南与缅甸领导人会面。1961年,周恩来曾感叹地说:

> 1961年是中缅友好继续发展的一年,两国之间的来往就像走亲戚一样,并且两国人民后一代之间的亲戚关系也建立了起来。

10月13日,当周恩来在北京再次与缅甸总理吴努共同在中缅边界议定书上签字时,周恩来终于长舒了一口气说:

> 随着中缅边界议定书的签订,历史上遗留下来的两国边界问题就获得了最后彻底的解决,一条和平和友谊的边界从此就巩固地确定下来了。

中缅边界问题彻底解决后,中国在与其他邻国解决边界问题上赢得了崇高的声誉。周恩来在其后与有关国家谈到有关边界问题,总是诚恳地介绍中国与缅甸、尼泊尔、朝鲜等邻国解决边界问题的情况。正如他在1962年12月26日对前来签订中蒙边界条约的蒙古人民共和国部长会议主席泽登巴尔所说:

> 我们同所有亚洲邻国都能坐下来谈判解决边界问题,这更证明了中国是愿意友好解决同邻国之间的边界问题的。因为这是历史上遗留下来的问题。

第五章
新侨会议树自己为"活靶子"

1961年6月，中共中央宣传部和国务院文化部同时在北京新侨饭店召开全国文艺工作座谈会和全国电影故事片创作会议，目的是贯彻中央提出的"调整、巩固、充实、提高"的八字方针，总结"大跃进"以来的经验，改进对文艺工作的领导方法，并讨论文艺工作和电影创作的有关条例。这就是文艺界有名的新侨会议。

新侨会议是在周恩来的直接关怀下召开的。就在会议召开期间，周恩来为了不打乱会议的安排，采取了一个特别的办法——夜访新侨饭店，给会议代表来了个"突然袭击"。几天以后，他的一次重要讲话引来了赵丹的不同意见……

夜访新侨饭店，周恩来听到了"五个书记挂帅"的故事。他早就感觉艺术家们对几年来党的文艺工作领导方法有些怨言，文艺工作中"一言堂"的现象比较严重，甚至有动辄套框子、抓辫子、挖根子、戴帽子、打棍子的事。许多艺术工作者既不敢想，又不敢说，更不敢做。

6月16日，这天是个星期五，当夜色降临的时候，首都北京的崇文门大街上，已是灯火通明。这条街，由于它离天安门广场不远，且早就开了几家大的饭店，因此显得格外热闹。新侨饭店，就坐落在崇文门十字路口的西北角上。

晚上，在新侨饭店的门口，行人谁也没有注意到从一辆小轿车上下来了几位特殊的客人。这几个人走进饭店的大门，服务员才发现是总理来了。

周恩来谁也没有通知,就径直向代表们的住处走去。来到楼梯口,碰巧遇上赵丹。一问才知道当晚全体代表观摩两部影片,而赵丹惦记着病在房间里的夫人黄宗英,看完一部片子便回来了。周恩来与赵丹是老朋友,便问:"都有谁在?"赵丹点了几个人的名字。周恩来听说黄宗英病了,亲切地对赵丹说:"走,我们看看去。"赵丹也不客气,一路嚷着把周恩来带到了黄宗英的房间:"宗英,快,快!总理来啦!总理来看你,看大家啦!"

周恩来笑声朗朗地进屋来,端详着黄宗英那身打扮,觉得奇怪:素布衫裤、家制布鞋,有点乡下妇女的味道。他笑着问:"怎么?连花衣服也不敢穿啦?"黄宗英急忙解释:"常下乡……"周恩来赞许地说了一句"好是好",随后又补了一句:"但是,改造,也不在外表。"

正说话间,赵丹已把其他几位未去看电影的代表找来,有文化部副部长兼电影局局长陈荒煤,上海天马电影厂党委书记丁一、厂长兼导演陈鲤庭和沈浮等人。来人一多,房间显小,赵丹跑前跑后,已是气喘吁吁。周恩来招呼赵丹坐在自己对面,顺手把服务员送来的橘子水递给他。赵丹平时就不太修边幅,在总理面前也无所顾忌,他边擦汗边嘿嘿发笑。就连新侨饭店的服务员也感到新鲜:总理怎么与艺术家们这么熟,像老朋友似的!

周恩来冲着黄宗英摇摇头说:"更瘦啦!什么病?让医生仔细查查。"黄宗英赶紧解释:"总理,我没什么大病,一多半是急出来的。老完不成任务,白吃人民的饭。"

黄宗英的话,是有所指的。她长期当演员,1959年,她被任命为上海电影制片厂的专职编剧。编剧和演员,是两种职业,对黄宗英来说,这样的转行,来得太突然,用她的话来说:"我一下脑子涨得老大。"再加上当时文艺创作的政治性要求太强,任务压得太紧,而层层领导对剧本审查关口又过多,因此黄宗英当了一年的编剧,剧本绝少成活,一急之下,竟然病倒了。这次会前她还请着病假,但为了不失去这次极好的学习机会,她带病来京参加会议。

大家见周恩来总理来了,好像见到了亲人似的,满肚子话想说,三言两语就讲到了会上讨论的情况。周恩来微仰起头,靠在沙发上。这个动作大家很熟悉,表明总理很愿意多听一些,甚至愿人们当着他的面展开争论。

黄宗英鼓足勇气问:"总理,在会上各组讨论都涉及艺术规律问题。我有个意见,不知该说不该说。"

周恩来毫不犹豫地回答:"想说就说呗。"

黄宗英便说:"总理,如果科学家搞导弹、火箭,外行们(领导也好,我们隔行的也好)对他的专业就没有发言权。但是,我们电影这一行,谁都有发言权,而艺术家本身的发言权……就难说了。我们是不怕文责自负、戏责自负的,老实说,历次运动也没人替我们负。可是我们工作的时候,负责的人……好像太多了些,大家管这种现象叫'婆婆多'。我们的党——各级党委,究竟以什么方式、怎样来领导剧本创作,领导艺术生产,我们认为应该研究、讨论。"为言之有据,她讲了五个书记挂帅的例子:

不久前,上海市委为了塑造基层党的书记的光辉形象,交给上海电影局一个重大题材,创作电影剧本《好当家》。这一任务落到黄宗英等人的头上,可偏偏她这一辈子不认识几个书记,更没有当书记的体会。上级要求他们用两个星期去体验生活,一个星期交出创作提纲,再一个星期交出剧本初稿。为保险起见,市委第一书记亲自关怀、过问,上海电影局第一书记、电影厂第一书记、公社第一书记(还加上县委负责人)层层挂帅,电影厂副书记亲自坐镇。这样的阵容,把创作组的人员压得脑汁绞尽,灵感全无。艺术家们也有招,有一天晚上,趁坐镇创作组的电影厂副书记生病睡觉之机,黄宗英等人一口气搞了个通宵,好不容易把提纲顺了下来。大家私下里称:五个书记挂帅,也养不出"胖娃娃"来。原因是艺术有它自身的规律。

黄宗英在总理面前一股脑儿地把自己的想法道了出来,周恩来陷入了沉思。在来之前,他早就听说艺术家们对几年来党对文艺工作的领导方法有些怨言,文艺工作中"一言堂"的现象比较严重,甚至有动辄套框子、抓辫子、挖根子、戴帽子、打棍子的事。许多艺术工作者思想受到束缚,既不敢想,又不敢说,更不敢做。周恩来此次来,就是为了倾听文艺工作者的意见,以朋友的身份同大家谈心。

黄宗英说完后,大家你一言我一语地向周恩来反映会上的情况和艺术家们的呼声,一起有说有笑地探讨党如何领导文艺工作、如何尊重艺术规律和如何尊重艺术家的问题。

在议论中,大家由一般到具体,又由具体到一般,涉及了近年来文艺工作中的一系列问题。对这次新侨会议上放映的电影《达吉和她的父亲》,在与会者中也出现了两种意见,有人认为小说写得好,有人则认为电影改编得好。

小说《达吉和她的父亲》酝酿和创作于 1957 年。作者高缨是在毛泽东《关于正确处理人民内部矛盾的问题》的讲话发表以后，受"百花齐放、百家争鸣"方针的鼓舞而创作的。作者以饱满的热情、舒畅的心情，试图反映彝族人民真实的生活。小说于 1958 年年初发表，很快受到文艺界和广大读者的注意，报刊、出版社、广播电台、舞台剧等均予以反映。1960 年，长春电影制片厂和峨眉电影制片厂决定拍摄同名电影，请作者高缨将小说改编成电影文学剧本。恰在这时，社会上对这部作品的批评也逐渐多了起来，有人认为这篇小说宣扬的是"人性论"，还有人干脆批评这部作品表现的是"小资产阶级温情主义"。文艺工作者是最怕被人批评为"人性论"和"温情主义"的。高缨和导演王家乙顾虑重重，总觉得搞这部电影是"走在刀刃上"，生怕被戴上"人性论"的帽子。为此，高缨在将小说改编成电影文学剧本时，把那些涉及"人性论"和"温情主义"的地方删的删、改的改。尽管如此，对这部作品的议论仍然不断。电影拍成后，恰逢全国电影故事片创作会议召开，会上放映了这部片子，并把小说发给与会者，让与会者用小说对照影片进行讨论。

赵丹和黄宗英等人看了以后，有些失望，认为电影不如小说好，电影把小说中最感人的地方给删去了……

周恩来听大家说完，更感兴趣了。他伸手向陈荒煤问道："能不能发给我一本？"

正巧赵丹手头上有这本书，但上面画了许多道道，还有批注意见，他正要递过去，黄宗英轻声提醒道："你别把画得乱七八糟的书给总理。"周恩来却笑着从赵丹手中接过书来，说："我倒很愿意研究研究阿丹的意见。"他拿起书来翻了几页，然后说要带回去好好看看……

周恩来离开新侨饭店，已经很晚了。走时他要求陈荒煤："每期的会议简报出来后，请当天送给我看看。"艺术家们争论的焦点，也成了周恩来总理感兴趣的问题；周恩来思考的，也正是如何改进党对文艺工作领导的难题。

周恩来刚走，看电影的代表们就回来了。他们听说总理来过了，纷纷埋怨自己错过了这么好的一次机会，他们来到黄宗英屋里，问这问那，恨不得把所有的细节都问清楚，把总理说过的每一句话都听一遍。有人点着黄宗英的鼻子羡慕地说："因病得福，因病得福！"还有人捶着赵丹说："小子走运，好心好报。"有些代表还提出一些问题，说要向总理反映，似乎觉得光在会上反映是不过瘾的。

新侨会议期间，周恩来异常繁忙。仅 6 月 17 日，他就要出席中共中央书记处会议、约有关人士研究日内瓦会议问题、处理国内外各种重大事情……内政、外交诸事缠身，更让他挂心的是，邓颖超前几日生病住院，他每日都要去医院探望。然而，周恩来还是抽时间把《达吉和她的父亲》这篇小说看完了。当天（6 月 17 日）晚上，周恩来从医院出来，又直奔新侨饭店，倾听艺术家们的意见。同时，他专门找了一些文艺部门的党政领导干部谈话，研究如何发扬民主、改进领导的问题。6 月 18 日下午，他再次约陈荒煤等人到中南海西花厅座谈。

> **1961 年 6 月 19 日，周恩来在新侨会议上发表了一篇重要讲话，开门见山地说：" 现在有一种不好的风气，就是民主作风不够。" 说着说着，想起自己的一次讲话曾被打入 " 冷宫 "，周恩来流露了点情绪。结尾时他表示：" 我是树个 ' 的 ' 让大家来射，树个 ' 活靶子 '，让大家来攻攻。"**

参加新侨会议的代表们在向周恩来反映情况时，也多次要求他能到会上与大家谈一谈。

6 月 19 日下午 3 时半，周恩来如期到大会会场，发表了意义重大、影响深远的《在文艺工作座谈会和故事片创作会议上的讲话》。

周恩来开门见山地说：

> 现在有一种不好的风气，就是民主作风不够。我们本来要求解放思想，破除迷信，敢想敢说敢做。现在却有好多人不敢想、不敢说、不敢做。想，总还是想的，主要是不敢说不敢做，少了两个 " 敢 " 字。
>
> 想得、说得、做得偏了一些是难免的，这并不要紧，只要允许批评自由，就可以得到纠正。可只许一人言，不许众人言，岂不成了 " 一言堂 " 吗？" 一言堂 " 从何而来？是和领导有关的，所以，我们要造成一种民主风气。我首先声明，今天我的讲话允许大家思考、讨论、批判、否定、肯定……

这篇讲话,是周恩来根据前两天文艺工作者们反映的问题而准备的。但是,为了避免出现"大跃进"期间的"一言堂"等不民主的情况,周恩来略带情绪,有言在先地说:

> 我在1959年关于文艺工作"两条腿走路"方针的谈话,从今天的水平来看,也不一定都是对的,里面也会有过头或不足的地方。使我难过的是,讲了以后得不到反应,打入"冷宫",这就叫人不免有点情绪了。

他所指的那次讲话,是1959年5月3日,他召集人大代表、政协委员中的部分文艺界人士以及北京的一部分文艺界人士,在中南海紫光阁举行座谈会,在会上他以《关于文艺工作两条腿走路的问题》为题讲的一番肺腑之言。针对"大跃进"中走极端的做法,他强调:"两条腿走路,就是对立面的统一。"他认为这既是中国共产党人的哲学思想,又是领导干部的思想方法和工作方法。他在讲话中想起"大跃进"风潮对文艺工作的干扰时,就曾痛心地说过:"这本来是老问题了,但在实际工作中,我们一些同志总是强调某一方面,变成一条腿走路,而一条腿走路,难免就要跌跤。"这一告诫,这种痛心,按理说应该能扭转走极端倾向。然而,由于"左"的路线的干扰,这一讲话并未引起文艺界领导部门的重视,甚至文化部和一些省市都未向下传达,以至于这次在新侨会议上他带着领导人特有的"情绪"说话。

尽管如此,这次周恩来有话还是要直说:"这次你们要求谈一次,我就谈一谈。心有所感,言之为快。"

周恩来的"心有所感",总体上的"感"是:"我们要造成民主风气,要改变文艺界的作风。"怎么改?他毫不犹豫地提出:"要改变干部的作风。改变干部的作风首先要改变领导干部的作风,改变领导干部的作风首先从我们几个人改起。"

为了提倡民主风气,他在讲话中首先表示:

> 我今天的讲话,你们做了记录带回去,希望你们谈谈,把意见寄来。但是如果你们寄来的意见都是"完全同意""完全拥护""指

示正确"之类，我就不看。这并不是说你们讲假话，而是因为看了没意思。如果你们有不同的见解，有提出商量的问题，就写信寄来。

除了"开场白"，周恩来一共讲了七大问题，也就是他"心有所感"中的七大感想。这些问题，都有很强的针对性，并且站得高、看得远，既有理论色彩，又动之以情。

第一大问题，他讲的是"物质生产与精神生产问题"。他认为：精神生产是不能限时间、限数量的，过高的指标、过严的要求，有时反而束缚了精神产品的生产。物质生产的某些规律，同样适用于精神生产，搞得过了头，精神生产也会受到损害，甚至损害更大。

他说：

> 1959年我曾讲过，不能老去催作家，叫他赶写稿子。当然，有些稿子也要赶，例如报纸的社论，为了适应瞬息万变的国际斗争形势，必须赶写，以便配合斗争。但是我们也有一个传统，如果写得不好，宁肯晚一天见报，也要把它改好。所以外国人常说我们发表意见晚。连国际斗争方面都可以这样做，国内的精神生产为什么不能这样做呢？搞指标、定计划、保证完成、一催再催，这对于精神生产者是苦恼的事。

长期以来，周恩来对文艺工作都非常关心，而文艺工作中出现的一些问题，他也主动地把部分责任揽到自己身上：

> 我说过，在文艺工作方面我有过一个错误，就是提倡大拍艺术性纪录片。艺术性纪录片是可以拍的，但提倡太过也不行。我们提出1958年拍80部，结果下面就搞出了103部，其中就有粗制滥造、浪费劳动力、占用材料的，当然也有拍得好的。总之，要求得过多，就违背了多、快、好、省的辩证结合。多、快、好、省，要算总账，算大账，不能从每个人来提要求。

借此，周恩来也讲到了文艺界的调整，他强调指出：

　　文艺部门也有个调整、巩固、充实、提高的问题。过去搞得多了，不合乎巩固、提高的精神。文教队伍搞大了，事业搞多了，包括教育、文化等方面的问题，就应该同样执行调整、巩固、充实、提高的方针。……
　　总之，三年来的工作中出了一些毛病，需要调整、巩固、充实、提高，精神生产方面也不例外，同样需要规划一下。

第二个大问题，周恩来讲的是"阶级斗争与统一战线问题"。他首先说：

　　阶级敌人在我们有困难、有缺点、有弱点时，就会猖狂进攻。但我们不能因为有阶级斗争就忽略统一战线，对资产阶级没有分析，在处理人民内部矛盾问题上有所动摇，或有所偏颇。
　　阶级斗争有政治上的和思想上的，还有旧社会的习惯势力方面的。

他强调：要区别何为政治问题，何为思想问题，何为习惯势力，不能不分清问题性质事事斗争。思想问题、世界观问题要慢慢改造，不能急，思想改造是长期的，哪能一下子就改造好？我们的党是伟大的、光荣的、正确的党，但从我们个人来说，还是不成熟、不完全的马克思主义者，共产党人还会如此，如何能责备一般的非党朋友呢？

他着重指出：

　　思想斗争是长期任务。对于思想上作风上的问题，搞精神生产的文艺工作者要尤其注意。肃清旧的思想、作风是长期的。我们从旧社会来，受过旧学校的教育，今天的青年也会受家庭、社会旧思想残余的影响，所以旧思想、旧作风在人们的脑子里或多或少地存在。思想是先驱，但真正肃清旧思想残余，要在新的基础全部完成之后才有可能。

在第三个大问题"为谁服务的问题"中,周恩来特别指出:

为工农兵服务,为劳动人民服务,为无产阶级专政制度下的人民大众服务,这只是文艺的政治标准。政治不等于一切,还有艺术标准,还有个如何服务的问题。服务是用文艺去服务,要通过文艺的形式。文艺的形式是多种多样的,不能框起来。

他甚至对场内的文艺界领导说:

我们懂得少,发言权很少,不要过多干涉。在座的同志都是做领导的人,希望你们干涉少些,当然不是要你们不负责任。第一,要负责任;第二,要少干涉些。

负责任主要指政治上,不要放任毒草,放任修正主义。但是一定要区分清楚,不要把什么都说成是修正主义。

周恩来还讲了"文艺规律问题""遗产与创造问题""话剧问题"。最引起文艺界领导注意的是,周恩来专门讲了"领导问题"。

对领导的要求,自然要比群众高,周恩来严肃地说:

缺点和错误的改正要从领导做起,首先领导上要自我批评,要多负一些责任,问题总是同上面有关系的。

为解除广大文艺工作者的思想负担,周恩来特意让文艺团体的领导们回去以后"也要做自我批评",他说:

这样就可以解除包袱,框框就只有大的,没有小的了,辫子就不会乱抓了,根子就不会乱挖了,帽子就不会乱戴了,棍子就不会乱打了。就可以使广大的文艺工作者心情舒畅,意气风发,使社会主义文艺更加繁荣。

光有自我批评还不行,还要深入群众,才能知道自己的意见对不对。怎么办？要实行调查研究。

为了防止在调查研究中出现"封锁消息"的情况，他又告诉大家：

你们也不能封锁消息。不能认为这是我的工作，你不能管——"卧榻之侧，岂容他人酣睡"，这样就无法合作了！任何问题公之于众总是有好处的。这样，可以得到大家的帮助，有什么不好呢？

他在讲到实事求是作风时，还诚恳地提醒大家：

毛主席说，11年来忙于建设，对干部的教育注意不够。我今天讲这么多话，也为的是把这个问题讲清楚。要造成一种风气，使大家敢于讲话。只要对社会主义有利，即使思想不一致，也要说出来。

周恩来很清楚，无论是文艺界还是其他领域，都刚刚经历"大跃进"的阵痛，人们对客观规律的认识一下子不可能完全清楚，认识的提高必然有一个过程，况且任何人的认识都是发展的而不是凝固的，所以对自己今天讲的这番话，他采取了科学的和辩证、求实的态度。他最后说：

我今天所说的这些话不一定对，我是树个"的"让大家来射，树个"活靶子"，让大家来攻攻。

周恩来把自己的话树成"活靶子"，让大家来攻，给文艺界人士以极大的震撼。人们在感受周恩来总理科学态度的同时，也同样感受到了他的民主精神。

引人注意的是，周恩来在讲话中多次提到《达吉和她的父亲》，并谈了赵丹、黄宗英和他自己的感受：

感谢上海的同志，你们建议我看《达吉和她的父亲》，我看了，小说和电影都看了，这是一个好作品。可是有一个框子（指"温情主义"——引者注）定在那里，小说上写到汉族老人找到女儿要回女儿,有人便说这里是"人性论"。赵丹同志和黄宗英同志看电影时流了泪,我昨天看电影也几乎流泪,但没有流下来。……导演在那个地方不敢放开手。这不是批评王家乙同志,而是说这里有框子,"父女相会哭出来就是人性论",于是导演的处理就不敢让他们哭。一切都套上"人性论",不好。……

《达吉和她的父亲》,小说和电影我都看了,各有所长。小说比较粗犷,表现了彝族人民的性格,但粗糙些。电影加工较小说好,但到后来该哭时不敢哭,受了束缚,大概是怕"温情主义"。我们无产阶级有无产阶级的人性,为什么有顾虑?是有一种压力。

对《达吉和她的父亲》做评价的这几段话,给赵丹、黄宗英留下了极深的印象。看过这部小说和电影的会议代表们,对周恩来总理竟能如此细腻地谈出他对一部作品的评价来,也感到非常惊讶!

7月1日这天,共和国总理邀新侨会议代表同游香山。登山的时候,艺术家赵丹拽着周恩来讨论《达吉和她的父亲》:"总理,我对您作的报告有不同意见。"两人争论起来,最后,面对语塞的赵丹,周恩来只好说:"你赵丹是一家之言,我周恩来也是一家之言嘛!"

坐在台下的赵丹,仔细地听了周恩来的讲话,备受鼓舞,感觉太过瘾了,尤其是国家总理讲到"民主作风必须从我们这些人做起,要允许批评,允许发表不同的意见"时,赵丹非常感动,他忘却了台上的周恩来是总理,只觉得自己是在听一位朋友讲话。对整个讲话,赵丹心服口服,只是有一点,他有不同意见,这就是《达吉和她的父亲》究竟是小说好还是电影好的问题。

尽管赵丹"看电影时流了泪",但他仍认为小说比电影强;尽管周恩来看电影"几乎流泪,但没有流下来",并且对小说和电影做了各有所长的评价,但他还是讲"小说比较粗犷","电影加工较小说好"。赵丹认定了他的看法,想找周恩来论论理。周恩来也准备着听艺术家们提出的意见,他的目的之一,就是从自己开始,树一个"的",让大家来射射;树一个"活靶子",让艺术家们毫无顾虑地来攻一攻。

1961年7月1日，周恩来和出席全国故事片创作会议的代表们同游北京香山

6月19日讲话以后，周恩来又在22日约请各电影厂的一些编剧、导演和演员到中南海西花厅家中座谈，倾听他们的意见，交流心中的感想。

7月1日之前，周恩来通知文化部党组，建议会议不要开得太紧张，他愿意在7月1日党的生日时和大家一起到西郊登香山，休息一天。

香山是北京一个著名的风景区，1949年中共中央刚到北平时，首先进驻的就是香山。在筹备新中国的日子里，周恩来曾在香山住过一段时间。

12年后，周恩来又在党的生日这天，兴致勃勃地来到香山，和参加新侨会议的代表举行登山活动。天空虽然烈日炎炎，但山中却翠谷青青，花鸟欢笑。周恩来与大家拾级而上，谈笑风生。

赵丹此时心中的想法，就像离题之箭，他拽着周恩来讨论起《达吉和她的父亲》来。

"总理，我对您作的报告有不同意见。"赵丹的"箭"开始攻周恩来树的"的"。

"你有什么意见？"周恩来感兴趣地问。

赵丹大胆直言："您说电影比小说有所提高，可我看还是小说好。"

周恩来也阐述自己的观点："电影的时代感比较强，场景选择得比较广阔……"

赵丹毫不示弱："那不过是电影这门综合艺术的表现手段比小说丰富罢了……"

他俩就这样各抒己见，说个不停。最后赵丹语塞，却坚持他的观点说："总理，我保留我的意见，觉得小说就是比电影好。"

周恩来听完，略停脚步，偏过头来看着赵丹微笑，用人们熟悉的那种神情、目光和姿势，冲赵丹提高声音，以既亲切又不示弱的语气说："你完全可以保留你的意见，我也可以坚持我的意见，你赵丹是一家之言，我周恩来也是一家之言嘛！"

周恩来说完哈哈大笑，赵丹也嘿嘿地跟着笑，周围的人也被他们逗乐了。看到这一场景，香山的游人早已认不出谁是国家领导人，谁是普通的艺术工作者。更让大家感到不一样的是，在山上照合影时，周恩来几乎都是站在后排的角落上，有时他甚至很随意地歪坐在栏杆上，自然、随便，平易近人。

后来赵丹回忆游香山之事时，感慨地说："我有时很怕部长、书记，但是我不怕总理。"

原来，赵丹在新侨会议刚开始时不敢讲话，一直在寻求"免斗牌"。事情是这样引起的：

在来北京开会之前，上海市委某负责人曾告诫他们，去北京开会不要发言，上海的工作没有什么要检查的。因此，赵丹在刚开会的头几天一句话也不说。为此，主持会议的陈荒煤很纳闷，就问他："阿丹，你为什么不发言？"赵丹心中有气，便信口回了一句："除非给我一块牌子，上面写着'此人说话不算数'，我才敢言。"

赵丹的话后来让周恩来知道了，第二天周恩来参加会议时，亲自点名叫赵丹发言说："听说你不敢讲话了？你说吧，在我面前还有什么顾虑呢？"

在总理的鼓励下，赵丹等人才消除了心中的顾虑，尽情地倾吐了自己的意见。后来，就自然地发生了香山的争论。事后有人和赵丹开玩笑说，总理承认你赵丹是"一家之言"，总算使你得到一块"免斗牌"了。

一路上，周恩来谈笑风生，好像年轻了许多。他与大家边探讨问题边游览，最后又说："你们还有什么问题？如果现在讲觉得不方便，以后可以写信给我。"他还指指身边的总理办公室副主任许明补充道："你们把信写给他，我就可以收到了。"

游香山的第二天，新侨会议闭幕了。会后，中宣部和文化部根据会上讨论情况和周恩来讲话的精神，制定了《文艺八条》和《加强电影生产领导三十二条》，以期促进"双百"方针的贯彻，使党的文艺工作和电影工作沿着更健康的道路发展。

尽管由于当时的历史条件，"左"的思想得不到根除，这两个文件的真正实施还需要做艰辛的工作，但是周恩来的讲话，一直深深地印在文艺界人士的脑海中。他身体力行，从我做起的民主作风，深远地影响着我国的文艺工作。难怪文艺界参加过新侨会议甚至所有接触过周恩来的人都这样认为：周总理从不把自己的意见强加于人，我们把他当成朋友，在他面前什么话都可以说。

一些文艺团体的演员在谈起周恩来时甚至这样说过："在总理面前，我觉得比在我们团长面前还受尊重。"

第六章
七千人大会，亦喜亦忧

进入1962年，对于中国共产党而言，亦喜亦忧。

喜的是，调整国民经济的方针已经深入人心，只要全党统一思想，按中央的部署去做，国民经济的被动局面定能扭转。

忧的是，自"大跃进"以来造成的困难和出现的灾难，到1962年越来越严重。如果全党不充分认清这些困难，并采取坚决的措施，国民经济调整将功亏一篑。

然而，在领导层内部，对上述问题的认识并不完全统一。

对主持调整工作的周恩来而言，毫无疑问，1962年是调整国民经济最关键的一年。

  跨入1962年，中共中央召开了一次空前的盛会，但却喜中有忧。如果从1960年追述起，可以看出中国共产党人是带着困苦的思索走进七千人大会的，党内一些同志对困难形势估计不足，对造成困难的主要原因各执一词，对贯彻调整国民经济的方针行动不力……周恩来非常忧虑。

1962年1月11日至2月7日，为进一步纠正"大跃进"以来工作中的错误，总结经验，统一认识，切实加强民主集中制，贯彻调整国民经济的方针，以便迅速扭转国民经济的困难局面，中共中央在北京召开扩大的中央工作会议，参加会议的有中央、各中央局、各省市自治区党委以及地委、县委、重要厂矿企

1962年初，周恩来和毛泽东、陈云（右）在中共中央召开的扩大的中央工作会议上

业和军队的负责干部，共七千余人，故称七千人大会。

七千人大会，是中国共产党在中华人民共和国成立后比较客观地分析中国国情，冷静地认识社会主义建设道路，坦率承认建设过程中的失误，勇于做自我批评的一次重要的盛会。正因如此，会议在对1962年前后我国的国内形势进行分析时，做了比较正确的估计。然而，由于主客观的多种复杂原因，这次会议也留下了一些遗憾。

如果追溯到1960年和1961年，我们可以看到，中国共产党人是带着困苦的思索走进七千人大会的……

"大跃进"后，如何把握客观经济形势，是安排国民经济和其他各项工作的重要前提。当1960年8月国家计委提出1961年国民经济实行"整顿、巩固、提高"方针的时候，本身就隐含着国民经济的严重困难形势，它正是扭转困难形势的一项极为重要的措施。周恩来所增写"充实"两字和将"整顿"改为"调整"，也是基于困难形势的严峻性考虑的。然而，这时党内一些同志对形势困难程度的认识，并不是十分清晰的。

有人认为，把困难提得太重，就要犯右倾毛病。周恩来对这种看法不以为然。1960年10月10日，他在中共中央书记处开会讨论工业生产形势时，针对有人把提困难与右倾思想混为一谈的观点，严肃地说：

> 要把右倾的人和提困难想办法的人分别开来，千万不要听到有人讲困难，就打回去。有的人既看到困难，又主动想办法，这不是右倾，反而是我党应当提倡的实事求是态度。不讲困难是不行的，像山东粮食问题，一直不听下面困难，一经暴露，就严重了。不听下边的意见，会闭塞头脑。

对困难的态度，必然影响对困难程度的认识。

一些人认为，造成困难的原因，天灾还是主要的；另一些人则认为，人为的因素是主要的。

周恩来有他自己的看法。1960年12月12日至14日，他在国务院常务会议上剖析"大跃进"以来经济工作中出现的问题时说：

> 我们做了错事，看来有一半是由于经验不足。今后必须慎重，要很好总结经验，吸取教训。
>
> 许多错事中，人为的因素占三分之一以上。

这两句话让人有些费解，到底在做错事的原因中"人为的因素"占"一半"，还是"三分之一以上"？周恩来在这里用了两种说法。显然在他的认识中也有拿不准、不清晰的地方。

但有一点他是清楚的：我们所面临的困难，不仅有客观上的，还有主观上的；既有经济、政治等领域的，亦有认识领域的。

进入1961年，这种客观形势和主观认识之间的矛盾依然存在，大多数人在认识上的模糊状态并没有消除。

随着调整的深入和困难的充分显露，周恩来越来越感觉到，认识上的不统一，必然会给调整带来阻碍；认识的偏差，是中央决策难以贯彻的大患。他本人也在努力修正自己的认识，力图使它更加符合实际。

到 1961 年秋天，为消除民主党派朋友们的疑虑，中共中央于 9 月 28 日召开了民主人士座谈会，由周恩来作关于国内外形势的报告。会上，周恩来坦率地表达了这样的意见：

> 在指出成绩的同时，也要看到在调整、前进中，发生了一些认识不清、意见纷纭的情形，这需要多交换意见。其原因主要是情况不明、大局不清。

对民主人士提出的许多疑问，周恩来耐心地做了回答：

"三年农业灾荒是否这样大？"

回答是肯定的："是这样大。今年灾害大于去年，不过工作比去年改进，所以农村情况好于去年。""城市人口要继续过比较艰苦的生活，并且要继续压缩城市人口"。

"困难到底要继续多久？"

回答是坦诚的："这的确很难回答，这要看农业的收成和生产的发展，计划从今年起，如果没有意外的特大灾害，在两三年内农业生产恢复和发展起来。"

"如何向人民交代实情？"

周恩来表示："当前的困难主要是灾荒和工作中的缺点带来的，其中也有一些是属于前进中的困难。""要向广大人民群众讲清楚，对当前的困难要加以分析，有天灾，有工作中的缺点，也有前进中不可避免的，只要把形势讲清楚，人民是会了解的。"

……

1961 年下半年以后，对于形势，中央统一口径中一般都讲两层意思：一是形势好（相对于 1960 年而言），一是困难多（这是现实）。

12 月 6 日至 8 日，周恩来在召集各副总理研究 1962 年度的国民经济计划时也是这样说的："形势很好，成绩大；调整很紧，困难多。"

这两句话看似自相矛盾，实则两重含义：一方面说明形势的确正在好转，由于全党对形势的认识比原来清醒了一些，工作也取得了一些成效；另一方面说明实际困难比想象的还要大得多，需要做的工作仍很艰巨。

但作为工作一线上的领导者，到底把哪一面放在首要位置呢？

对周恩来而言，他是把"调整很紧，困难多"放在首位的。他在中共中央书记处会议上对下一年工作发表意见时提醒大家："对困难应有足够的认识，并想方设法去克服困难。"

12月19日，他在全国人民代表大会常务委员会第48次扩大会议上作预备性的政府工作报告时，对一年来所取得的成绩是这样看的："调整的成绩，还只是初步的，还不巩固，而且调整中间，我们又逐步认识到问题多、任务重。"

对他来说，在政府工作这个角度上，只有解决了实际困难，把极度不利的形势扭转过来，才是至关重要的，也才能真正鼓实劲。

……

这就是七千人大会前党内的认识状况——对困难形势估计不足，认识不清；对造成困难的主要原因是来自主观还是来自客观各执一词，众说纷纭；对是否要真正贯彻调整国民经济的八字方针看法不一，行动不力；对形势何时才能转变心中无数、信心不足……

为开好七千人大会，中共中央于1961年12月20日至1962年1月10日在北京召开了工作会议。周恩来在会上说："总的还是那四句话——形势已在好转，农村先于城市，困难仍然很多，城市大过农村。"

七千人大会，就是要解决认识问题，以统一全党的思想。用周恩来的话来说："就是到了七千人的干部会上，只是鼓劲还不够，还要统一思想。"

七千人大会上，毛泽东改变了会议的开法并让大家"白天出气，晚上看戏"。刘少奇则在讲话中提出"三分天灾，七分人祸"的判断。长期抓政府工作的周恩来对刘少奇的分析深有感触，他在修改刘少奇的报告时，甚至建议将自己的"错误"写进报告中。

1962年1月11日，由中共中央召开的扩大的中央工作会议在北京开幕。从中央到各中央局，从各省、市、自治区党委到各地委、县委，从军队的领导干部到重要厂矿、企业的负责人，七千多党内各级的头头脑脑们同时聚在北京，这在中国共产党的历史上是从来没有过的事。

会前中共中央决定，由刘少奇向大会作主题报告。为此，还在此前召开的中央工作会议的后期，刘少奇便以主要精力主持起草七千人大会的报告。

根据毛泽东的意见，中央专门成立了一个由 21 人组成的报告起草委员会，其成员是：刘少奇、周恩来、陈云、邓小平、彭真、李富春、李先念、薄一波、李井泉、陈伯达、陶铸、王任重、柯庆施、宋任穷、乌兰夫、刘澜涛、许明、田家英、邓力群、胡绳、吴冷西。在这个起草委员会中，除了毛泽东及周恩来的秘书和几个党内的"笔杆子"外，大多是处在一线工作的党政部门的重要领导人。周恩来和刘少奇等人一样，既是党和国家的重要领导人，也是这一重要报告的执笔人。

经过起草委员会集体昼夜加班加点地工作，报告第一稿终于拿了出来。这份起草好的报告，本来要先提交中共中央政治局讨论，然后再提交大会的，但先睹为快的毛泽东对报告稿不是很满意，他向刘少奇和起草委员会建议："不要先开中央政治局会议讨论了，立即发给参加大会的同志们，请大家评论，提意见。"毛泽东认为，来参加会议的，都是各方面、各地方的人，有中央各部门和各个省、地、县委甚至企业党委的人，这些人大多数比较接近基层，"应当比我们中央常委、中央政治局和中央书记处的同志更了解情况和问题"，他们"站在各种不同的岗位，可以从各种的角度提出问题"。

毛泽东的意思，七千人大会是在特殊时期召开的，要想真正解决问题，必须采取一些特殊的办法。这种改变通常会议开法的做法，刘少奇和周恩来等人是赞成的。

根据毛泽东的意见，会议一开始，参加会议的全体代表便拿到了由刘少奇主持起草的报告稿，大家就此展开了讨论。无论是主会场还是分会场，出现了多年来少有的热闹场面。至 24 日，在 13 天的时间里起草委员会广泛地征求了意见。正像毛泽东对代表们所说的，"报告稿子发给你们了，果然议论纷纷"。这期间，刘少奇主持的报告起草委员会召开了八次会议，根据大会各分组在讨论中提出的意见，对报告做了许多重要的修改，从而形成了报告第二稿。

第二稿送到毛泽东手里后，他总算较为满意了。毛泽东后来在大会上对所有与会者说："应当说，报告第二稿是中央集中了七千多人议论的结果。如果没有你们的意见，这个第二稿不可能写成。在第二稿里面，第一部分和第二部分有很大的修改，这是你们的功劳。听说大家对第二稿的评价不坏，认为它是比较好的。"为此，毛泽东对这次开会的方法大加称赞："如果不是采用这种方法，而是采用通常那种开会的方法，就是先来一篇报告，然后进行讨论，大家举手赞成,那就不可能做到这样好。"

毛泽东认为,这样一个七千多人的大会,作报告不宜照着本子念,为发扬民主,让大家充分发表意见,开一个生动活泼的会,在中央的稿子发下去征求意见的基础上,报告人在作报告时改为"讲一些补充意见,做一些解释"。事实证明毛泽东对会议开法的这种改革是卓有成效的、正确的,因为"这次会议是要总结12年的工作经验,特别是要总结最近4年来的工作经验,问题很多,意见也会很多",所以在开法上毛泽东强调"宜于采取这种方法"。

1月25日,周恩来参加了由刘少奇主持召开的中共中央政治局扩大会议。会上,大家对已做出修改的报告基本满意,所以在报告第二稿的基础上再次进行讨论后,通过了向扩大的中央工作会议提交的这份报告。刘少奇在会上强调:"从1958年以来,我们发生了这样多的问题,一方面有很多成绩,另一方面有很多缺点错误,到底如何认识,这是一个大问题。要统一认识,统一思想,以至以后还要统一计划,统一行动。这是我们党内目前的关键时期的一个关键问题。"

1月27日,刘少奇代表中共中央向大会提出的书面报告正式印发与会人员。报告分三大部分:(一)目前形势和任务。(二)加强民主集中制,加强集中统一。(三)党的问题。

既然统一认识是"关键时期的一个关键问题",那么统一对形势的认识自然成为报告第一部分首先要解决的问题。

对国内形势,报告首先肯定,1958年以来在总路线、"大跃进"和人民公社"三面红旗"的引导下,我国社会主义建设取得了一系列巨大的成就。但是,"在肯定这些伟大的成就的同时,中央认为,有必要在这次会议上指出我们这几年来工作中的缺点和错误"。报告指出,这些缺点和错误产生的结果,"给我们的经济生活造成了很大的损失";这些损失包括"1959年和1960年农业的严重减产,1961年工业产量的被迫下降,以及目前的许多困难"。

报告点明:"目前我国国民经济中存在的困难,还是相当严重的。"还提道:"由于农业减产,1961年我们不得不向资本主义国家进口了520万吨(105亿斤)粮食,这是新中国成立以来没有过的事情。1962年,我们还需要进口400万吨(80亿斤)粮食。"对这件事,报告以凝重的语言提醒大家说:"同志们,像我们这样一个人口众多的大国,是绝不能依靠进口粮食过日子的。"与会的人都清楚，中共中央的这一决策是不得已而为之的，不到困难的极点是不会如此的。

报告的一个基本思想，是提醒人们要正视困难，"对于当前实际存在着的困难，应该有足够的估计"。但是，出于"鼓劲"等原因，也由于对一年多以来进行的"大量的有成效的工作"应有充分的估计，因此报告在总结形势时又做了这样的估计："我们工作中的缺点和错误，大部分已经改正，有些正在改正。我们最困难的时期已经度过了。"报告虽然紧接着也说眼前的困难"还是严重的"，但它认为这些困难"正在逐步地被克服"。报告希望的是"比较快地战胜困难"，"进入一个新的大发展时期"。这是符合毛泽东的想法的。但是，这样的估计显然与实际存在的困难是有一定距离的。实际的困难形势，并没有像报告所说的，度过了"最困难的时期"，正由低谷向上发展。但报告中的这种认识，反映了从中央到地方一大部分人期待形势好转后继续"大跃进"的求快心理。而毛泽东也不希望把困难的一面讲得太多，否则会让人泄气。

报告对形势的估计，毛泽东是欣赏的，他对修改后的报告的这一部分做了肯定。

细心的人会发现，报告在反映刘少奇个人对形势的看法方面，是有所保留的。

就在1月27日这天，刘少奇按照毛泽东"讲一些补充意见，做一些解释"的意见，在大会上做了讲话。他首先讲了"关于国内形势问题"，这里面在一定程度上反映了他个人对困难形势及其出现原因的看法。

刘少奇开门见山地说："关于目前的国内形势，实事求是地说，我们在经济方面是有相当大的困难的。我们应该承认这一点。""这种形势，对于许多同志来说，是出乎意料的。两三年以前，我们原来以为，在农业和工业方面，这几年会有大跃进。在过去几年中，的确有一段时间是大跃进的。可是，现在不仅没有进，反而退了许多，出现了一个大的马鞍形。这种情况是不是应该承认呢？我想，要实事求是，应该承认事实就是这样。"

对困难出现的原因，刘少奇分析得更为坦率：原因不外乎两条，一条是天灾（连续三年的自然灾害），一条是人祸（1958年以来工作中的缺点和错误）。两个原因中哪一个是主要的？刘少奇认为，各个地方情况不一样，"有些地方的农业和工业减产，主要的原因是天灾。有些地方，减产的主要原因不是天灾，而是工作中的缺点和错误"。他举例说明有些地方就是"三分天灾，七分人祸"。

　　对缺点、错误与成绩的比重，在书面报告中没有做出判断，只是表明了成绩是第一位的，缺点、错误是第二位的。刘少奇在讲话中则按照天灾和人祸的比例关系做了这样的判断：总的讲，可以三七开，七分成绩，三分缺点和错误。过去我们经常把缺点、错误和成绩，比之于一个指头和九个指头的关系。现在恐怕不能到处这样套。"全国总起来讲，缺点和成绩的关系，就不能说是一个指头和九个指头的关系，恐怕是三个指头和七个指头的关系。还有些地区，缺点和错误不只是三个指头。……"

　　应该说，刘少奇在讲话中对困难形势的估计比书面报告更进了一步。对这一点，长期抓政府工作的周恩来是深有感触的。但是，这样说是否就彻底解决了对形势的认识问题呢？恐怕不是的。刘少奇在讲话中仍认为，处于次要的、第二位的缺点和错误，大部分已经停止、改正，已经过去了，"好像一个人害了一场大病，现在这场病基本上已经好了"。刘少奇在讲这个话的时候，可能也意识到这一认识并不完全符合实际（正因如此，会后不久他就改变了这种看法）。而毛泽东是否同意刘少奇在讲话中对形势的这种估计呢？从后来的情况看，毛泽东对这种估计是有不同看法的，1966年8月5日他在《炮打司令部——我的一张大字报》中批评了"1962年的右倾"，所指的"右倾"应该说是包含七千人大会前后对形势严重性的这种认识的。

　　七千人大会期间，周恩来对党和政府工作中的缺点、错误及国内形势等问题的认识态度，与刘少奇是相近的。在参加起草报告的过程中，他亦采取了实事求是的态度。

　　从报告起草委员会成立时起，周恩来便以较大的精力投入到报告的起草工作中，并根据自己的认识发表了一系列的意见。在留下来的报告"过程稿"中，我们看到了周恩来的许多亲笔字迹。在他的那份修改稿中，甚至每一个标点符号下面都留下了他的印迹，足见他修改之认真和思考之凝重。

　　我们抽取周恩来1月20日的修改稿，从中发现了许多精彩的内容。这天，周恩来在对刘少奇的书面报告做修改时，针对报告中"基本经验教训"部分所列的12条，另附纸亲笔写下了一份《补充意见》，其内容包括：

　　　　要阐明鼓足干劲、力争上游和实事求是、多快和好省、数量和质量、需要和可能之间的相互联系和相互制约关系。

对社会主义经济提出"高速度和按比例地发展"的问题时，要说明是在基本上保证吃、穿、用的基础上的建设高速度，也就是消费和积累放在适当的比例关系上，才有可能和持久。否则就难以维持简单再生产，更谈不上扩大再生产。

统一的国家计划是由中央和地方分级管理的企业和事业计划构成的。"国家体制问题"即是"集中统一和分级管理，中央集权和地方分权，统一的国家计划和发挥地方积极性问题"。

一切要经过试验，因地制宜，是建设工作中的重要方法。应该有健全的规章制度，经济工作应该越做越细。

关于人民公社所有制问题，应把所有制的改变要根据生产力发展水平和农民觉悟程度来决定的意思补写进去。

……

除了对每条在内容上和文字上提出修改意见外，周恩来还建议增加四条经验教训：

（一）文化、教育、科学事业的发展要与经济建设相适应，不能过快。

（二）勤俭建国，勤俭办一切事业；增产节约。

（三）精兵简政。

（四）加强党对经济建设的领导。

上述补充意见，基本上被吸收到后来定稿的书面报告中。

更令人惊叹的是，周恩来在修改中剖析了缺点、错误产生的原因后，还建议把以下内容写进里面：

应该说中国农业生产在目前条件下每年递增5%就是大跃进了，1959年8月26日周恩来同志在人大常委会议上所说的农业每年要增加10%至20%才算大跃进是不能的、错误的。

这一建议包含着周恩来内心的困苦,他既要坚持以实事求是的态度对待缺点、错误,又要以宽广的胸襟和坦诚的态度主动承担责任。会议期间,他多次对各地的负责人说:"我们在党内说话,应该是有什么就说什么。我们不会被困难吓倒,说出了困难,正是为了想办法克服困难。"

就在20日这天,周恩来在约见参加扩大的中央工作会议的河北省邢台地区南宫县(今南宫市)县委书记李瑞山时,谈到如何总结和检查工作,还强调:"要一分为二,在总结工作时,宁愿不及,不要过头。在检查工作时,宁愿过头,不要不及。"

正当周恩来等人强调"兼听则明","说真话,鼓真劲,做实事,收实效","才会对人民有利",并赞赏"矛是攻盾的,这几天攻得好"的时候,大会上却传出来一些不和谐的音符:陈伯达迫不及待地表白"不能让主席负责任",林彪则献媚说"毛主席的思想总是正确的"。

七千人大会原定1月底结束,大家可以回家过春节。可是到29日,许多人反映还有话没有说完,心中憋着一肚子气。甚至有人反映,小组会上有压制民主、不让讲话的现象。

这还了得,开这样的会就是解决思想问题,就是要让各地的同志把话讲透,怎么还要压制呢?要充分贯彻民主集中制!

得知这一情况的毛泽东当天到大会上宣布:"这次用这么个方式,在北京开这么个会,要解决问题。现在,要解决的一个中心问题是,有些同志的一些话没有讲出来,觉得不大好讲。这就不那么好了。"

在这种情况下,毛泽东还以自己特有的风趣和幽默说:"为什么一定要回到你们家里过春节才算舒服?为什么我们在北京七千人一道过一个春节不好?有这么几天,我相信能够解决上下通气的问题。"

他向大家推荐了这样一个办法:"白天出气,晚上看戏,两干一稀,大家满意。""有什么气出什么气,有多少气出多少气。"

毛泽东还不容置疑地表示:"没有民主,就不可能有正确的集中。"

第二天(1月30日),毛泽东就民主集中制和认识客观世界等问题做了重要讲话。他敞开了自己宽广的胸怀,主动代表中共中央承担责任:"似乎我的错误就可以隐瞒，而且应当隐瞒？同志们，不能隐瞒。凡是中央犯的错误，直接的归我负责，间接的我也有份，因为我是中央主席。……第一个负责的应当是我。"

在毛泽东的带动下，中央领导在各种场合纷纷主动承担责任。

2月3日，周恩来在福建组会议上讲话，就领导干部主动承担责任和主动检讨的问题发表了意见，他说：

我们检讨的原则是：肯定成绩，前途光明；坚持真理，修正错误。是从有利于工作出发，有利于事业前进出发。

检讨的方针是：从团结的愿望出发，通过出气和上下通气，达到新的团结，方法是批评与自我批评。

在讲话中，周恩来还专门就《检讨的目的》这个题目讲了自己的肺腑之言：

检讨的目的，是为了增强团结。这里，最重要的是毛泽东同志讲的实事求是，也就是说真话，鼓真劲，做实事，收实效。

讲到实事求是，周恩来深有感触：

这几年来，党风不纯，产生了浮夸和说假话的现象。我们要提倡说真话。怎样才能做到这一点呢？要大家讲真话，首先要领导上喜欢听真话，反对说假话。如果你乱压任务，结果像同志们所说的，他就会准备两本账，揣摩一下才讲，看你喜欢听什么再讲什么。这的确是一个党风问题。大家都说假话，看领导的颜色说话，那不就同旧社会的官场习气一样了吗？

对会上会下有些人说真话，而有的人却说假话的情况，周恩来动情地说：

你们反映的情况我听起来觉得很痛心。你们说假话当然不对，但更重要的是我们压你们。从现在起，不要乱压任务、乱戴帽子了。

要提倡讲真话，即使是讲过了火的也要听。

为了让社会主义中国的领导者们以历史经验为鉴，他接着举了唐太宗与谏议大夫魏征的例子：

唐代皇帝李世民，能听魏征的反对意见，"兼听则明"，把唐朝搞得兴盛起来。他们是君臣关系，还能做到这样，我们是同志关系，就更应该能听真话了。

在讲到做实事时，周恩来还坦诚地以自己为例说：

我在这几年也开过几次大会，发了不少奖状，如果表扬的事迹是假的，你就把"奖状"摔掉。我们要做实实在在的事，做实事，收实效，才会对人民有利。

周恩来强调："说真话，鼓真劲，做实事，收实效。这四句话归纳起来就是，实事求是。"

如何做到实事求是呢？周恩来接着说：

首先要通过认真的调查研究。……

我们要发扬民主，恢复和加强党内正常的民主生活。……当然有些事情是中央带的头。比如开电话会议，是中央先开的，以后一层一层开下去，电话会议又无法讨论，只能层层下压，这是不对的。……乱斗争行吗？不行。随便撤职，随便开除党籍，随便捕人、打人，都是不行的。……党内要有正常的民主生活，要实事求是，要按照党章办事。

对几天来大多数人终于敢说真话一事，周恩来高兴地说：

中央责任第一，大区和省委第二。中央、中央局、省委三级是盾，地、县两级是矛。矛是攻盾的,这几天攻得好。

周恩来的话,既唯物又辩证,既坦率又民主,充分体现了他求真务实、平等民主的风格。

同一天,朱德在山东组会议上讲话,谈了自己对经济建设的看法:"要把大家的积极性引导到农业、工业、手工业生产上去,引导大家同自然作斗争。但不能用那种几十万、几百万人齐上阵的办法,不能那样搞,而是要有组织、有计划地搞。要使农民安居乐业。安居乐业是发展生产的根本。""贯彻农轻重的方针,要从我们的底子出发,不要从上头来个大计划。能做多少就做多少,在做的当中稳步增加。办不到的事,硬要去办,还是办不到,结果既伤了党员,也失掉了群众。客观规律不能违背。"朱德的讲话,表明了他对违背客观规律的做法的反感和对形势的深深忧虑。

2月6日,邓小平在大会上就"党的问题"讲话时也讲到,要搞好国内建设,搞好国内各方面的工作,首先决定于我们党的领导。"应该指出,最近几年,我们党的领导,党的工作,是有严重缺点的。""目前我们党的生活是有严重缺陷的。""过去几年中,中央的缺点,主要表现在计划指标过高上。计划指标如果切合实际,并且留有余地,那就不会发生过重、过死的问题了。"他同样提醒人们:"我们现在还有不少困难。我们的任务是艰巨的。"

……

在大会期间,从中央领导的言行中,人们看到了中央对纠正"大跃进"以来的错误的决心和态度。但是,在七千多人中,人们也听到了一些不和谐的音符。

一是陈伯达的献媚。

会上在讨论刘少奇的报告稿时,彭真曾鼓起共产党的勇气讲了一番真心话:

我们的错误,首先是中央书记处负责。包括不包括主席、少奇和中央常委同志?该包括就包括。有多少错误就是多少错误。毛主席也不是什么错误都没有。三五年过渡,食堂都是毛主席批的。毛主席的威信,不是珠穆朗玛峰,也是泰山,拿走几吨土,还是那么高。现在党内有一种倾向,不敢提意见,不敢检讨错误。一检讨就垮台。如果毛主席的百分之一、千分之一的错误都不检讨,将给我们党留下恶劣的影响。……

陈伯达听了彭真的这番话后，为表示他对毛主席的忠心，迫不及待地批评起彭真来，他说：

> 彭真同志昨天说的话值得考虑，不能让主席负责任。要谨慎谦虚。现在的问题是反分散主义，不是右倾、"左"倾的问题。

陈伯达言下之意，毛主席批不得，批评毛主席就是犯分散主义的错误。
彭真辩解道：

> 我的意思是不要给人一个印象，别人都可以批评，就是毛主席不能批评，这不好。

还有一个不和谐音来自林彪。
林彪的讲话与众不同，他从另一面揣摩到了毛泽东的心理，在大会上说：

> 三年以来所发生的毛病，使我们在物质方面，工业生产、农业生产方面，减少了一些收入，可是我们在精神上却得到了很大的收入。……
> 最近几年的困难，恰恰是由于我们没有照着毛主席的指示、毛主席的警告、毛主席的思想去做。
> 我深深感觉到，我们的工作搞得好一些的时候，是毛主席的思想能够顺利贯彻的时候，毛主席的思想不受干扰的时候。
> 当时和事后都证明，毛主席的思想总是正确的。……

本来毛泽东是想让大家出气，讲真话，但林彪这篇讲话，却充满了假话、奉承话。后来毛泽东在修改林彪的这篇讲话时，写了这样几句话：

> （一）是否应当送给林彪同志再看一遍，请瑞卿酌定。我意要

送他看。……

（二）同时送少奇、恩来、小平三同志看一遍，并征求他们的修改意见。……

毛泽东断定，"此件没有什么特殊秘密"。他建议"可以和别的同志的讲话一同发"。

尽管有些阴影，但经过28天的时间，七千人大会仍然达到了总结经验、统一认识、加强民主集中制等目的。

会议虽然基本完成了既定的任务，达到了预期的效果，但更重要的是把这一成果落实到行动上，在会后切实贯彻了调整国民经济的方针，扭转了严重困难的局面。所以刘少奇在大会的讲话中强调："我们在总结经验、取得一致的认识之后，全党的干部，全党的同志，应该同心同德。我们要集中全国的力量，把全国的人力、物力、财力集中起来，在党中央和毛泽东同志的领导下，克服一切困难，胜利前进！"

实际上，会议的成果给政府工作留下了艰巨的后续任务。周恩来对此非常清醒。在2月7日的闭幕会上，周恩来一方面从政府工作角度替大家承担责任：几年来的缺点错误"国务院及其所属的各综合性的委员会、各综合口和各部，要负很大责任"。"不切实际地规定跃进的进度，就使人们只注意多、快，不注意好、省；只注意数量，不注意品种、质量；只要高速度，不重视按比例；只顾主观需要，不顾客观可能；只顾当前要求，没有长远打算；不从整个历史时期来计算大跃进的速度，而要求年年有同样的高速度。""结果'欲速则不达'。""必须认识如果不按比例，不综合平衡，不认识客观规律，不按客观规律办事，就要受客观规律的处罚。"另一方面他又强调：目前我们国内经济形势还存在着相当严重的困难，主要是生产降低，物资不足，"最紧张的是粮、棉、煤、木，其中最突出的是粮食"。"就目前情况看来，一般地说，全国农业生产的恢复，需要三年到五年。"在详细列举历年的粮食细账后，周恩来又指出：在1961年我们初步压缩城镇人口和职工人数后，1962年国家统一支配的粮食还差100亿斤左右。鉴于1962年是国民经济计划以调整为主的关键年，周恩来在讲话中提出了克服目前困难的八个具体办法，这些办法包括："坚决精简机构，压缩城镇人口，精减职工人数，减少粮食供应"，"这是克服当前困难的最重要的一着,也是调整工作的一个重要环节。""'精兵'必先'简政'。党政机关,首先要裁并机构,'拆庙',同时'搬菩萨'。"……

在中央工作会议闭幕的当天,周恩来便与邓小平商定,次日再召集各中央局书记,各省、市、自治区书记举行一次中央工作会议,专门讨论有关粮食问题和精简工作的文件,以期加大调整工作的力度。

七千人大会后,困难时期并没有过去。刘少奇和周恩来等人对形势不怕说"漆黑一团",尽管党内高层的认识分歧在不断加深,然而,随着中国共产党作出"大幅度调整国民经济"重大决策后,在实际工作中开始了自"大跃进"以来的180度的大转弯。

七千人大会以后,中共中央一些主要负责同志分赴各地视察,毛泽东于会议闭幕的第二天即赴外地,到湖北、浙江等地,朱德到浙江、江西、福建、上海、山东等地。刘少奇、周恩来、陈云、邓小平等人则留在北京全面主持中央的调整工作。

七千人大会的成果能否体现在实际工作中?大会的精神会不会真正贯彻下去?这都是留在北京的周恩来担心的问题。不久,他发现了一些不好的苗头。

2月16日,周恩来在阅看新华社的一份情况反映时,得知一些地方仍采取阳奉阴违的做法,下级机关根本不向上级机关反映真实情况,上级领导要什么,他就反映什么,不把全面的情况反映出来。针对这种做法,周恩来批了几句严肃的话:

以后提供情况,一定要提供两面的东西,不要只提一面。

只相信一面,只听一面,就不走群众路线了,就不要调查研究了,就骄傲自满了。

前一段是针对"下面"的,后一段是针对"上面"的。周恩来心里非常清楚,要想真正扭转国民经济的严重困难局面,必须上上下下齐心努力,否则,中央的方针政策只能变成空谈。

七千人大会虽然开过了,但周恩来对党内忽视调查研究的现象和领导工作中存在的思想方法问题,还是有很多忧虑的。因为这些问题直接影响到能否真正认清困难形势,并真正克服困难,走出逆境。

周恩来和刘少奇等人都意识到,七千人大会后,还要进一步解决思想问题,只有这样才能拿出切实可行的措施来。

2月21日至23日,周恩来出席了由刘少奇主持召开的中共中央政治局常委扩大会议,由于这次会议是在中南海西楼召开的,所以又称西楼会议。西楼会议要讨论的主要是1962年的国家经济预算,但会议一开始,与会的人便把主要的议题转到国家整个的经济形势上来。会上,大家分析了农业生产下降、市场紧张、物价高涨等情况后,发现了一个严重的问题:当年预算中仍有50个亿的财政赤字。大多数常委不得不承认:当前的经济困难比七千人大会时的估计要严重得多!

鉴于客观存在的形势如此严峻,主持西楼会议的刘少奇在会上言语激动地说:

> 中央工作会议对困难情况透底不够,有问题不愿揭,怕说漆黑一团!还他个本来面目,怕什么?说漆黑一团,可以让人悲观,也可以激发人们向困难作斗争的勇气!

为此,他果断地提出:

> 现在处于恢复时期……是个不正常的时期,带有非常时期的性质,不能用平常的办法,要用非常的办法,把调整经济的措施贯彻下去。

刘少奇认为,最困难的时期还没过去,如不采取果断措施,国民经济将进一步恶化。

在会上,周恩来特意强调,必须对国民经济进行大幅度的调整,要有一个180度的大转弯。

对刘少奇有关"透够底"和"揭问题"的主张,周恩来是赞同的。这是客观形势使然。但他们俩恐怕都没想到,有时候要坚持从实际出发和实事求是,却是如此之难。

针对国民经济的严重形势，陈云在西楼会议上提出了克服困难、应付非常时期的一系列重要办法。陈云主张，把十年经济规划分为两个阶段：前一阶段（大体上要五年）是恢复阶段，后一阶段是发展阶段。陈云提出："先下后上，任务就比较明确"，"增加农业生产，解决吃、穿问题，保证市场供应，制止通货膨胀，在目前是第一位的问题"，"我们工作的基点应该是：争取快、准备慢。"

刘少奇和周恩来等人同意陈云的上述意见。刘少奇还建议召开一次国务院会议，由陈云更充分地讲一讲经济情况和我们的方针政策。

西楼会议后，中共中央考虑恢复中央财经小组和调整这个小组成员的问题。不久，经刘少奇提议，陈云担任中央财经小组组长。周恩来是中央财经小组的成员。这个小组中，大多是与周恩来长期共同领导经济工作且观点相近的人，如副组长李富春、李先念，组员谭震林、薄一波、罗瑞卿、程子华、谷牧、姚依林、薛暮桥。

根据刘少奇的意见，2月26日，国务院召开了有各部委党组成员参加的会议，由陈云在会上做《目前财政经济的情况和克服困难的若干办法》的讲话。

陈云指出了党内认识上的不一致，他说："对于存在困难这一点，大家的认识是一致的。但是，对于困难的程度，克服困难的快慢，在高级干部中看法并不一致。我认为这种不一致是正常的，难免的。不要掩盖这种不一致。这几年处在大变动中，大家对形势自然会有这样那样的看法。取得认识的一致，需要时间，需要事实的证明。"

陈云还特别点明："高级干部的看法统一，非常重要。经过讨论，如果还有不一致的意见，可以保留，可以再看一看。保留不同意见是容许的。"

接着，陈云讲了目前困难的严重性。他认为，尽管我们要鼓劲，但是在中央一级和省、自治区、直辖市一级干部中，应该指出困难的严重性。当然，陈云也强调，我们有克服困难的有利条件。

陈云的讲话引起了各方面的重视。之后，中央财经小组多次开会，讨论财政经济情况和克服困难的办法。

在3月8日的财经小组会议上，周恩来就如何看待形势讲了这样一番话：

讲总的形势，包括政治、经济，包括方针、政策、干部经验等等，从这些方面看，最困难的时期已经过去了。

讲到经济形势，就应该说，目前财政经济的困难是相当严重的，而且，有的困难我们可能还没有看到，没有预计到。少奇同志说把困难估计足够，比估计不足要好得多，就是多说一点困难，也没有多大害处。

周恩来认为，这几年由于瞎指挥和技术革命中的缺点、错误，使工业生产力遭到了一些破坏。从各种情况看，农业的全部恢复，可能五年还不行。我们要争取快，但要准备慢。他还说："今年计划还需要大调整，是我向中央提出的。原来还想慢慢转弯，现在看来不行，要有个180度的大转变。如果说，过去是改良的办法，那么，现在就要采取革命的办法。当然，步子一定要踩稳。"

既然"困难是相当严重的"，"有些困难我们可能还没有看到，没有预计到"，而且必须"采取革命的办法"，"有个180度的大转变"，那么，周恩来为什么还要说"讲总的形势，最困难的时期已经过去了"呢？

周恩来的"已经过去"说，有它的道理，稍加分析便可以看出。首先，"已经过去"的困难主要是指政治思想上的。七千人大会后，党内在政治上达到了民主集中，统一了思想，某些方面的认识比过去清楚一些了，这使得全党可以精力比较集中地去研究和解决国民经济中的实际困难。其次，"已经过去"说强调的是对困难要战略上藐视、战术上重视的道理，着眼"鼓劲"而避免"泄气"。再次，已经找到了克服困难的办法，全党并没有陷入困难里面不能自拔。基于这些原因，周恩来一方面讲"已经过去"，而另一方面却并不认为我们已经走出困难的低谷。

为取得毛泽东的支持，3月16日，周恩来和刘少奇、邓小平飞往武汉，向毛泽东汇报中共中央政治局常委扩大会议和中央财经小组会议等有关情况。毛泽东基本同意其他常委关于当前财经情况的意见和所采取的措施。3月18日，刘少奇、周恩来等人回到北京，当天中共中央批发了陈云、李先念、李富春2月26日在国务院各部委党组成员会议上的讲话，批示中重申："我们现在在经济上是处在一种很不平常的时期，即非常时期。中央认为，在这样的时期，我们的主要任务是，大力恢复农业,稳定市场,争取财政经济状况的基本好转。"

照此，3月28日，周恩来在二届人大三次会议上作《政府工作报告》时着重谈了"国内形势和我们的任务"。他虽然在"情况正在好转"的意义上又讲"最困难的时期已经过去"，但他同时还提醒人们：目前的国民经济还有"相当大的困难，还有一系列的艰巨工作要我们去做"。他还强调："1962年是调整国民经济的极关紧要的一年。"

只有看清形势，才能把握这种"极关紧要"的环节，所以这次人大会议期间，周恩来在中央财经小组召集的财经各部委党组负责人会议上听取国家计委党组汇报《关于调整1962年国民经济的问题》时再次强调："目前国民经济存在着严重的不平衡，对于这一点，现在认识是不够的。"他认为要下三个决心：（一）不仅要争取快、准备慢，还得要争取好、准备差；（二）要做大幅度的调整；（三）必须进一步摸情况，如果确实弄清楚了，就要断然处置。在人大会议的闭幕会上，他又一次坦率地指出："在社会主义建设上我们还有很大的盲目性，还有很多的客观规律我们没有认识或者没有完全认识。只有通过实践，才能逐步认识和掌握客观规律。"

4月28日，周恩来在有各大区经委主任参加的中央财经小组会议上进一步谈了对困难的严重性要有足够认识的问题。根据周恩来等人的意见，中共中央于30日发出了《关于批发1962年国民经济调整计划的指示》，其中批评一些地方和部门主要干部对当前财政经济存在着的严重困难认识不足，对国民经济必须进行大幅度调整决心不大，以致调整工作进行得很迟缓。当天，周恩来在中华全国青年联合会会议上讲话时认为：能不能贯彻调整的方针，"就是看我们能不能经受这样一个困难时期的考验"。

对各方面具体困难的估计和在一定程度上对严峻形势的分析，毛泽东是同意的。但是在全面估计整个国民经济的严重困难形势方面，毛泽东与刘少奇、周恩来、陈云等人在认识上是有不同看法的。

5月以后，刘少奇、周恩来等人在全面地分析国民经济的严重困难，从总体上把目前形势讲得"漆黑一团"方面，引起了毛泽东的关注。过多地讲困难，显然并不是毛泽东的初衷……

无论如何，应该说，七千人大会，是国民经济调整时期的一个转折点，尽管会议并没能彻底解决认识问题，但是，从此中国共产党内作出了"大幅度调整国民经济"的重大决策，在实际工作中开始了自"大跃进"以来思想和实践上的重大转弯。

　　当然，在七千人大会后的经济大转弯中，党内甚至领导层出现认识分歧是正常的事。不幸的是，由于调整思路和建设思想上的分歧，再加上内忧外患的干扰，这一时期的中国经济社会，常常处在一个极不平静的状态下，一波三折。国民经济调整工作也容易不断地受到一些来自方方面面非正常因素的干扰……这一切，决定了周恩来在这一时期工作的状态——惊心动魄而充满曲折，疲于奔忙而千辛万苦！

第七章
非常时期东北行

1962年，是一个特殊的年份。

为彻底纠正"大跃进"以来的错误，挽回由于"天灾"和"人祸"所带来的重大损失，自年初召开扩大的中共中央工作会议（即七千人大会）后，以"恢复和发展农业生产""坚决缩短工业生产战线和基本建设战线""大力精简职工和压缩城镇人口"等为主的调整国民经济的措施，开始全面地推向中国广袤的大地。

这年夏天，百忙中的周恩来去了一趟东北。他带去了一个由八十余人组成的工作组，其中有国务院各有关部的部长、副部长，还有一些重要部门的司局长。邓颖超也跟着去了，这是她与周恩来在中华人民共和国成立后少有的一路同行中的一次。全国各地太困难了，他们都想亲自到基层去看看。

这是在一个特殊时期的一次特别的出行……

当1962年这个非常时期来临的时期，周恩来不得已提出了一些特殊的办法："'精兵'必先'简政'"，"'拆庙'，同时'搬菩萨'。"为贯彻中央有关调整的重大决策，他自告奋勇北上，前往我国重工业基地东北。

进入1962年，在中共中央的许多正式文件中，人们看到了这样一些词句："1962年是对国民经济进行调整工作极关紧要的一年。""我们现在在经济上是处在一种很不平常的时期,即非常时期。"

进入1962年,经过自己的亲身体会,人们仍普遍感觉到:"最困难的时期还没有过去!"

当初掀起"大跃进"高潮的时期,人们根本没有想到,主观愿望与客观现实之间的差距是如此之大!中国不仅没有迎来国民经济的"大跃进",甚至"小跃进"也没有出现。出现的,却是国民经济的全面失调,原有平衡的严重打乱,各行各业的全面性灾难!

现实,给党内党外重重地敲响了警钟。

在党内,以周恩来为代表的一批务实的领导人基本达成了这样的共识:争取国民经济的根本好转,关键在于做好当前的调整工作;下大力气调整国民经济,是走出困境的唯一出路。

为切实搞好财经工作,扭转财经状况,中共中央于西楼会议后决定恢复中央财经小组和调整这个小组的成员,由一些真正懂得经济工作的人组成中央财经小组:组长陈云,副组长李富春、李先念,组员包括国务院总理周恩来和副总理薄一波、谭震林、罗瑞卿,还有程子华、谷牧、姚依林、薛暮桥等人。

这期间,周恩来与李先念主持起草了《中央财经小组关于讨论1962年国民经济调整计划的报告(草稿)》,国家计委党组也根据周恩来等人的意见向中央提交了《关于调整1962年国民经济调整计划的汇报提纲》。在这两份文件中,系统地提出了关于国民经济调整的方针、政策和具体措施。

4月30日,中共中央发出了经周恩来改定的《中共中央关于批发1962年国民经济计划的指示》。这份指示,以不容乐观的语言分析了国民经济的形势和调整工作的现状。其中批评一些地方和部门主要干部,对当前财政经济存在着的严重困难认识不足、对国民经济必须进行大幅度调整决心不大,以致调整工作进行得很迟缓。指示再次提醒全党:

> 争取财政经济情况根本好转的关键,是争取尽快地恢复农业生产,采取切实有效的措施,加强农业战线,加强农村基层工作,力争粮食、棉花、油料等农产品能够多种一些,多生产一些,多收购一些。
>
> 当前最急迫的措施,是要坚决缩短工业生产战线和基本建设战

线，关掉、合并、缩小一批工厂，拆掉那些用不着的架子，收起那些用不着的摊子，大力精减职工和压缩城镇人口。

5月19日，《中共中央批发〈中央财经小组关于讨论1962年国民经济调整计划的报告〉的指示》稿，由周恩来亲自审改，这里面有几句颇能表达他心境的话：

> 充分地估计困难，有准备地应付困难，对于每一个具体困难都认真对待，创造必要的条件，讲究对付的方法，在最大的困难面前也能够挺起胸脯，顽强斗争，尽最大努力，一个一个地、一批一批地去克服困难，这是真正的勇敢，是革命家的气概，是马克思列宁主义者对待困难的唯一正确的态度。

周恩来还给方方面面的人这样打气："只要我们全党、各民主党派、全国人民动员起来一条心，没有克服不了的困难。"

5月，中共中央在北京举行工作会议，作出了全面贯彻执行"调整、巩固、充实、提高"八字方针和对国民经济进行大幅度调整的重大决策。为扭转国民经济的困难局面，中共中央同意了由周恩来、陈云、李先念等人提出的进一步缩短工业生产建设战线，大量减少职工和城镇人口，切实加强农业战线，增加农业生产和日用品生产，保证市场供应，制止通货膨胀等一系列调整国民经济的措施。

5月26日，中共中央向全党发出了经周恩来审改过的《中共中央批发〈中央财经小组关于讨论1962年国民经济调整计划的报告〉的指示》。一个大幅度调整中国国民经济的工作，正式在全国范围内展开了。

……

从1月份全党召开七千人大会到5月份中央财经小组正式提出国民经济调整计划，总算是措施有了；但要真正落实，并非易事。特殊时期，如果没有点特殊行动，看来是难以达到目的的。

为此，上述指示发出的同时，中共中央决定：中央财经小组的一些成员分赴各地，进行调查研究和督促调整计划实施工作。

周恩来自告奋勇北上，去我国重工业基地东北。

根据中央决定，中央财经小组的其他人员，李富春去华东，李先念去中南，薄一波去华北……

分赴各地的中央财经小组成员们十分清楚，他们肩上的担子非常重。中央关于大幅度调整国民经济的重大决策，一定要贯彻下去！

> 东北之行的第一站，周恩来选择了从小学习、生活过的沈阳。这次回到自己的第二故乡，却是在国家极度困难的时期，周恩来坚定地告诉东北的干部："困难到了顶点就要走向反面。""天将降大任于斯人也，必先苦其心志，劳其筋骨，饿其体肤……"

5月28日，也就是中共中央的指示发出后的第三天，周恩来登上了北去的火车。车上随行的有邓颖超和国务院工交系统的几位部长。

行前，周恩来曾派国家计委副主任顾卓新率领一个由国务院各工交部门的副部长、司局长等八十余人组成的工作组，先期前往沈阳，进行调查研究。

这次东北之行的第一站，周恩来选择了沈阳。

在全国众多的省会城市中，沈阳恐怕是周恩来最熟悉的城市之一。当1910年周恩来离开江苏淮安的老家到沈阳投奔伯父时，他的一生便由此改变了。他后来对这次离家曾做过这样的评价：

> 12岁的那年，我离家去东北。这是我生活和思想转变的关键。没有这一次的离家，我的一生一定也是无所成就，和留在家里的弟兄辈一样，走向悲剧的下场。

从1910年到1913年，周恩来在当时还叫奉天府的沈阳度过了三年的少年时光。在这里，他以一个南方少年的瘦弱身躯，经过艰苦的磨炼，终于适应了北方的生活，并习惯了吃高粱米。对少年时期在东北的生活，他曾多次提及。他对辽宁大学的学生风趣地说过：

> 我是1910年到沈阳的，住了三年。我是带着辫子来的。我身体

这样好，要感谢你们东北的黄土、大风、高粱米饭，给我很大的锻炼。

有一次，他还对亲属说过：

> 到东北有两个好处。一个好处是把身体锻炼好了。在上小学时，无论冬天、夏天都要做室外体育锻炼，把文弱的身体锻炼强健了。再一个好处是吃高粱米，生活习惯改变了，长了骨骼，锻炼了肠胃，使身体能适应以后的战争年代和繁忙的工作。

更重要的是，三年的沈阳生活，使周恩来形成了强烈的爱国主义思想和感情，留下了"为了中华之崛起而读书"的千古绝句。当年在沈阳郊区的魏家楼，他还发出过"吾党何日醒"的疾呼。

沈阳，可以算是周恩来的第二故乡。中华人民共和国成立后，周恩来曾多次回过辽宁。而1962年的这一次，却是在国家困难时期来的。无论是随同前往的人，还是接到通知的辽宁省方面的人都知道，这次周恩来总理是为坚决地贯彻党中央调整国民经济的方针而来的。大家都有一个共同的目标：坚决落实调整国民经济的方针，并找到东北摆脱困境的出路。

5月29日中午，火车缓缓驶入沈阳站。稍事休息后，周恩来于下午召集先期到沈阳的顾卓新等人开会，听取他们汇报到沈阳后的准备工作。

接下来的数日，周恩来多次听取随同前来东北的中央各部部长汇报情况，有第三机械工业部部长孙志远和国务院国防工业办公室常务副主任赵尔陆汇报东北军工生产的情况，还有东北局及东北三省负责人汇报精减职工、工业调整、粮食生产、市场供应、农业恢复、煤炭生产、木材生产等情况。这些汇报，为周恩来全面了解东北经济存在的问题，进一步研讨调整经济、克服困难的办法提供了重要的依据。

周恩来提醒大家，东北的情况是与全国联系在一起的，东北的问题也反映了全国的面貌。在听取汇报时他多次强调：东北要摆脱困境，必须进行调整；而东北的调整，必须对照全国的情况进行；除坚决调整外，别无出路。

刚到东北，周恩来就发现东北存在4月30日中共中央发出的《关于批发1962年国民经济计划的指示》中所批评的问题——一些地区和部门的主要干部，对当前财政经济存在着的严重困难认识不足，对国民经济必须进行大幅度调整决心不大，以致在贯彻中央调整方针及精减职工和城镇人口方面行动比较迟缓。周恩来立即提出了严厉的批评。经过他耐心说服，有关的领导干部在认识上有了提高，并立即行动起来，落实调整方案，全面贯彻中央的决策。

认清形势，是搞好调整的前提，为此周恩来多次与同来的中央各部部长以及东北局和东北三省领导人谈当前形势，从大局着眼看问题。在大家理解全国的大局后，他便与他们进一步地研究企业的关、停、并、转，研究压缩基本建设规模，研究城市人口的精减和机构的精简，研究农业的恢复……他一再告诫：东北的同志们要充分认识"全国一盘棋"的重要性。

辽宁，是我国重要的工业基地，也是国民经济严重困难的重灾区。到辽宁后，周恩来还用当年红军进行二万五千里长征的精神鼓励辽宁的同志战胜灾荒、克服困难。他乐观地说："现在，难道比长征、抗日的时候还困难吗？有毛主席的英明领导，依靠广大群众，一切都好办。"

他还以马克思主义者所特有的辩证观点对辽宁的干部说："困难到了顶点就要走向反面。"这是想提醒干部们：在我们承受了如此严重的困难后，我们对困难已经有了足够的思想准备，已经有了一整套的措施，应该对克服困难有足够的信心。

在沈阳期间，因柬埔寨王国政府第一大臣宾努亲王来访，周恩来于6月4日在沈阳接见了宾努亲王，随后又抽出时间陪同宾努亲王去了一趟大连。在飞往大连的专机上，他感叹地对宾努亲王说："在国家建设问题上，有了正确的方向、路线后，具体的建设方法还需要进一步地摸索。各国情况不同，不仅取得民族独立的方法不同，而且建设的方法也是不同的。建设比革命的时间要更长些。"利用在大连的时间，周恩来又与旅大市（1981年2月9日改称大连市）的党政负责人谈了如何节约粮食的问题。当天，对外宾做过安排后，他急匆匆地赶回了沈阳。

自到辽宁以来，周恩来亲身体会到，东北的困难是极为突出的，一些方面甚至比全国其他地方还严重。仅粮食的紧张，就是燃眉之急。尽管全国的粮食依然非常紧张，这方面的情况及中央的措施周恩来也向东北局的同志详细地介绍过，但是，鉴于辽宁当前粮食十分紧张的情况，以及东北在革命和建设时期都对全中国人民做出过重大贡献，周恩来还是与中央有关方面进行了联系，决定增拨粮食 5000 万斤给辽宁人民渡过难关。他还明确地告诉东北局的同志说："东北是全国的重要基地，成绩很大。但是，仍存在一些较大困难，必须全国支援。"

然而，要想解决东北的困难，周恩来考虑的远远比"救济"要深远得多，他到东北的目的之一，是要鼓励东三省的人民"自救"。

为激发东北的干部和人民克服困难的信心，周恩来想起了两千多年前中华民族的先贤孟子的一段话："天将降大任于斯人也，必先苦其心志，劳其筋骨……"

他沉思：在困难时期，祖国建设之大任，不正需要人们以"苦其心志，劳其筋骨"的艰苦奋斗精神担当起来吗？

这段话出自《孟子·告子章句下》，读《孟子》，周恩来始于 1903 年 5 岁之时，那时虽不能全读懂，但却对他后来思维习惯和个性特点的形成，起到了启蒙的作用。快 60 年了，为鼓励全国人民建设的斗志，周恩来在来东北之前再次仔细地研读了《孟子》，尤其是其中的《告子》篇。他对一些段落做了详细的摘录，并记下了读书心得。为挖掘《告子》篇的现实意义，周恩来做了许多新的解释。

6 月 8 日，借东北地区军工干部会议在沈阳召开之机，周恩来来到了会场。出人意料的是，他在会议讲话的开场白中，长篇引用并逐句解释了孟子的一段话。他说：

孟子讲这段话，是两千年以前的事情，今天引用，是引古鉴今。
他总结了经验，今天谈一谈，还感到亲切。

周恩来开始一字一句地读道：

天将降大任于斯人也，必先苦其心志，劳其筋骨，饿其体肤，空乏其身，行拂乱其所为，所以动心忍性，曾益其所不能。人恒过，然后能改；困于心，衡于虑，而后作；征于色，发于声，而后喻。入则无法家拂士，出则无敌国外患者，国恒亡。然后知生于忧患，而死于安乐也。

长文读罢，周恩来接着逐句往下解释：

"天将降大任于斯人也"，孟子是拿自然规律来解释的。拿社会规律解释也是一样：胜利了的、解放了的中国人民，这么大的国家，这么多的人，在世界上，在今天的时代，应当担当大任。则"必先苦其心志"，就是要一个人经受各种锻炼，思想、意志必须得到锻炼。中国共产党28年，加上新中国成立以来13年，都是这样过来的。"劳其筋骨，饿其体肤，空乏其身，行拂乱其所为"，做事不遂心，到处碰壁，难得很，有对立面，总有那么一些不一致的意见。……总之，就是工作累，肚子不饱。常常别扭，按孟夫子说，这就叫作锻炼。饱食终日，就一定无所用心。吃得好，不劳动，享受得好，做事很顺利，就不能受到锻炼。……因此，他的结论是"动心忍性，曾益其所不能"，要动脑筋，想问题，千方百计想办法。经过这些锻炼，把我们锻炼得有涵养了，不那么急躁了，也能够忍受了，既克服了困难，也增强了自己的本领。

说到这，周恩来惊叹道："孟夫子的这些解释，相当合乎逻辑。"他接着又往下阐释了"人恒过"以至"而后喻"几句。

再向下引申，周恩来继续说：

孟子不仅说了个人方面的，也说到了国家"入则无法家拂士，出则无敌国外患，国恒亡"。人总要讲不同意见的，如果没有不同意见的争论，一切都顺利得很，国家就要衰亡。国内不讲法制，不讲纪律，没有人管束，没有对立面不行，一人挂帅，一呼百应这个局面也不行。……如果一个国家，国内不讲法制，国外无敌国外患，这不是很顺利吗？孟子的结论，这样的国家就会灭亡。因为他不能发愤图强，不能卧薪尝胆。……如果一个国家，一切都顺利，一切都不感到困难，好逸恶劳，一定亡国。孟夫子说得很重。他是个论辩家，说得很有逻辑。因而他的结论是"然后知生于忧患，而死于安乐也"。因为有患，人就可以经受锻炼，少犯或不犯错误，就可以动员起来鼓励大家去干。可以卧薪尝胆，就不会亡国，人民就可以担当大任。如果能在有患中成长起来，那就是"生"。如苟安图乐，就得"灭亡"，则"死于安乐也"。如果一个人苟安图乐，很早就会衰老。这是泛论，不是指一人、一事。总之，锻炼能生存，不锻炼就要衰老。……

这篇精彩的、具有极强现实意义的古文新解，出自困难时期的人民共和国总理之口，不要说是在座的东北局干部，就是同去的国务院各部部长，都很少有幸完整地聆听。原先，对孟子的这段话，他们或曾在课堂上听老师讲解过，或曾在旧式私塾的教鞭下听教书先生吟咏过。那大都是字面意义或旧式解说。就是读过宋代大学者朱熹的《四书集注》这部最有名的诠释、解注之作的人，也只能从中看到简单的字面之义。像周恩来总理这样极富现实意义的系统阐发，东北局的干部们所听是第一回。

东北局的干部们被深深地打动和震撼了，在敌国外患、国内经济困难时期，周恩来总理的话，中心是让大家不要好逸恶劳，不要苟安图乐，而要艰苦奋斗、发愤图强、卧薪尝胆，带领人民群众战胜困难，走向胜利。

周恩来还告诫大家：

孟夫子不愧为圣人。历史给我们的好处是可以使我们接受丰富的历史教训和历史经验，可以借古鉴今。我很有所得，所以今天给大家讲讲，希望大家也看看。……

在对孟子的话做出解释后，周恩来恳切地告诉东北地区的军工干部和地方领导人：

当前我们的困难还很多，最困难的时候也还没有过去。

现在看，阶级敌人还好打一点，自然敌人就难一点。"大跃进"是我们这一代搞的，有很大的成绩，也犯了一些错误，我们这一代一定要克服这些困难，决不留给后一代，应该有此信心。……

经过多次听取汇报,周恩来对东北三省的基本情况有了大体的了解。接下来的时间,他决定下到基层去调查。

下基层的第一站,周恩来选择了东北的特大型企业——鞍山钢铁公司。

6月12日,周恩来赴鞍山。作为总理,为避免下基层形成前呼后拥的局面,临行时他嘱咐有关人员:"要轻车简从,尽量减少车辆和随行人员。"

早在1956年,周恩来就来过鞍山,那年他来到这里时,鞍山钢铁公司第一炼钢厂的负责人向他汇报了这样一个设想:准备在第一个五年计划结束时钢产量比日伪时期最高年产量翻一番。周恩来当时大加称赞:"你们干得好!就是要跳出日本人的圈圈,独立自主、自力更生,增加新钢种,多、快、好、省地建设社会主义。"他还叮嘱厂领导:"要永远发扬艰苦奋斗的革命传统。"时隔六年,周恩来又到鞍钢。可这次来,面临的却是国民经济的严重困难,鞍钢也受到影响。周恩来的心情是沉重的。

到达鞍钢后,周恩来便得知接待人员已经安排他住新建的宾馆,他断然拒绝:"你们这个楼盖得这样好,可全国还有许多地方比较困难,我不能住!"他执意要他们换一个普通房间。当他在鞍钢冷轧厂看到建设中的1.2米轧机由于苏联不履行合同,再加上中方经济困难,正停工待料时,便感叹地说:"要是把盖宾馆的钱花在这上面,该有多好啊!"为此他鼓励大家:一定要自力更生,打破封锁(根据这一指导方针,经过工人们的努力,鞍钢于1964年独立自主地把1.2米大轧机建成投产)。

中午吃饭时,服务员为周恩来等人做了四菜一汤,周恩来走进餐厅后,亲自端下去两个菜,并特意交代说:"留着下顿热热吃。"吃完午饭,利用中午休息时间,周恩来走访了住地的厨房、传达室、服务员休息室、医务室、理发室、小卖店等处,向群众了解他们的工作和生活情况。

一天的参观结束后,周恩来利用晚上的时间与鞍钢负责人谈话,研究克服困难的办法。谈完话已经比较晚了,他又马不停蹄地返回了沈阳。

6月13日,沈阳的天空下起了雨。工作人员提出是不是取消原先的参观计划。周恩来仍坚持要出门。上午,他冒雨来到沈阳拖拉机厂。在这个厂,他仔细地询问了拖拉机的质量、农民是否欢迎及农具配备情况等。问完后,他要求厂技术科整理有关这些方面的材料,并说:"要核实好,一台拖拉机需要多少钢铁,尤其是铜。"就要离开拖拉机厂时,他再次坚持与工厂职工一起在雨中步行，直到走出厂门，才上车与工人们告别。下午，他继续冒雨参观了沈阳的松陵机械厂（飞机厂）。在厂里，他向工人王传康询问了工人们对政府工作的意见，从工人师傅们口中了解实情。当有的工人不忍心让64岁的周恩来在雨中行走，主动过来为他撑伞时，他多次拒绝。

经过两天的参观，周恩来对辽宁的城市和工业情况有了进一步的了解。6月14日，他先后约同来的中央各部部长和东北局、东北三省负责人商谈下一步的工作，对东北如何搞好工业调整、减少城镇人口、节约粮食、发展林业、搞好市场和清仓核资等提出了更详细的意见。

> 在当年学习、生活过的辽宁铁岭，周恩来有意向小孩子暴露自己的身份："你认识我不？""认识，你是周恩来！"老百姓感觉，有总理在身边，困难只是暂时的。到达吉林长春后，周恩来专挑了几个龙头企业：一汽、长拖、长影……

6月15日，周恩来赴铁岭县，开始进行农村问题的调查。

铁岭，是周恩来少年时期生活和学习过的地方。1910年春天，12岁的周恩来到沈阳（即当时的奉天府）投奔伯父时，由于沈阳一时还没有合适的学校可读，他便随三堂伯周贻谦转赴奉天省银州（今辽宁铁岭市），进银岗书院读了半年多书。那时的东北，是帝国主义在华争夺的重点，也是民族危机格外深重的地方。日本和沙俄两个帝国主义国家，为争夺在华势力范围，刚刚在东北进行了一年半之久的日俄战争，使数十万无辜的中国人惨遭战争劫难。周恩来刚到东北那年，日本帝国主义用武力吞并了与东北仅一水之隔的朝鲜。朝鲜人民遭受的惨祸，更使东北人民感到胆战心惊，寝食难安。在中华民族处于生死存亡的紧要关头，以孙中山为代表的革命党人组织起来，为拯救中国正在进行殊死的斗争。初到东北的周恩来，油然升起了满腔的爱国激情……铁岭，应该说是周恩来最早接受爱国主义教育的地方之一。

52年后，周恩来再次来到铁岭。这次虽然与52年前大不一样，中国的地位和国家的性质已经完全变了，人民已经翻身当家做了国家的主人了，周恩来也已是国家的总理，但是，再到铁岭的周恩来，脑海中依然带着一种强烈的爱国主义情绪；而铁岭人民给他留下的，依然是一种"国家有难，匹夫有责"的志气。

到达铁岭的当天,周恩来便来到平顶堡公社地运所大队,召集社员开座谈会。在他的鼓励下,社员们在座谈会上谈了当前农村的实际困难。大到党和政府的农村政策,小到生产用的铁锹、农田鞋短缺等,社员们都坦诚相告。这些情况引起了周恩来的高度重视,他仔细地询问社员们的生活、生产情况后表示:"我一定把大家的心意转告给党中央和毛主席。"并说:"困难是暂时的,我们面前的一切困难都是可以得到解决的。"

他深入到社员家中访问,仔细地问了社员家里有多少人口,还数了数被格上有几床被子,看看铺盖够不够。看到铁岭人民,周恩来感觉格外亲切。当他从一户社员家出来的时候,见门口正围着一帮小孩,便俯下身去,与一个七八岁的小男孩开玩笑说:"你认识我不?"小男孩瞪着天真的大眼睛说:"认识,你是周恩来!"周恩来抚摸着小朋友的头顶,爽朗地大笑起来,连声说:"对,对!这回我也认识你啦!"两人的对话,引来周围的人一阵欢笑,铁岭人顿时也有了一种亲人回老家的感觉。他们知道,有总理过问,有总理与大家同甘苦、共患难,困难只是暂时的,一定能够克服!

在铁岭,周恩来还走到田间,和社员一边拔草一边交谈。他鼓励大家:"我们国家还不富裕,人民生活还有困难,一定要把生产搞上去!"过横垄的时候,周恩来大声地提醒随行人员:"要走垄沟啊,别踩伤了小苗!"

铁岭人民多么希望周恩来在这里多留一些时间,可他还得赶回沈阳,因为当天下午还要到沈阳火车站去迎接途经这里的朝鲜最高人民会议代表团。下午,周恩来与邓颖超抽空一起登上了铁岭的龙首山,这里是周恩来当年在铁岭读书时经常去的地方。在龙首山上,他回忆了少年时期在铁岭的读书生活……

离开铁岭前,周恩来与铁岭县委负责人谈了话,就如何带领铁岭人民克服困难并改变铁岭面貌等问题交换了意见。

赶回沈阳后,他设宴款待了朝鲜客人们,并进行了交谈。当晚,周恩来结束了在辽宁的活动,离开沈阳赴长春。

这次赴吉林省,是周恩来在中华人民共和国成立后的第二次。第一次到吉林省是在1950年2月28日,当时他陪同首次成功访问苏联的毛泽东主席归国,路过长春。他们在长春停留期间,听取了长春市党政领导汇报长春解放以来的政治、经济和文化建设等情况。那时候的长春人民,正在为医治战争创伤、恢复国民经济和建设社会主义而奋斗。当天在长春视察时，市区欣欣向荣的建设景象给他留下了深刻的印象。第二年年初，当我国决定建设第一汽车制造厂时，针对当时人们在厂址选择上的争论，周恩来当即指示：第一汽车制造厂可以设在长春附近。这一重大决定，对长春市、吉林省乃至全中国的汽车工业发展都具有重要的意义。1953年3月，由周恩来呈送毛泽东批准，将我国自己制造的汽车命名为解放牌。中国的汽车工业进入了扬眉吐气的岁月。1958年5月，当一汽人又把东风牌轿车送到中南海怀仁堂时，周恩来再次指示："在汽车制造上我们要独立自主搞设计，自力更生搞建设，不要依赖外国。"

时隔多年，周恩来在国民经济困难时期再次来到长春。作为我国的重工业基地之一，吉林省的困难是可想而知的。自然灾害和人为造成的困难，再加上苏联撕毁援助中国的合同、撤退专家后带来的不利影响，给吉林省的经济建设造成了重大的打击。

到达长春后，周恩来首先参观的，就是我国的大型企业第一汽车制造厂和长春拖拉机厂。

6月16日，周恩来来到长春第一汽车制造厂视察。一进厂，他直奔车间，先后走了铸造、发动机、车身、总装四个分厂，到发动机分厂时，陪同的省、市领导怕周恩来累着，安排他在这里稍事休息，周恩来为了赶时间，婉言谢绝了。他边看边走，边与工人们交谈，与满手沾着油污的工人握手，从工人的生产情况到生活、学习、思想等情况他都问到了。他鼓励工厂的干部职工："我们的困难只是暂时的，只要我们团结起来，是完全能够克服这些困难的，中国人民有这样的信心。"在视察总装配线时，陪同的人请周恩来坐坐中国自己生产的解放牌汽车，他欣然同意。他亲手开门上车，正在驾驶室的司机杨春余见周总理要上车，赶紧摘下帽子去擦坐垫上的灰尘，周恩来连忙制止并亲切地对杨春余说："请戴上帽子开车。"第一次见到总理的杨春余激动得不知说什么好，他没想到周总理如此平易近人。周恩来坐上杨师傅的车，在厂区行驶起来。行车中，周恩来勉励杨春余说："你们厂是咱们国家的第一个汽车厂，你们是咱们国家的第一代汽车工人。汽车厂不光要出车，还要出人才，今后要学习毛主席著作，多出车，出好车，为社会主义建设多做贡献。"车停下来后，周恩来伸出双手，紧握住杨师傅的手表示感谢。随后，周恩来打开车门，站在脚踏板上，双手叉腰，以自豪的语气对在场的人说："我坐上了我们自己的解放牌汽车了!"

在一汽,他还鼓励干部职工:"对符合科学的管理制度要承认、尊重,对外国设计的生产线要加以改造。"听了厂里汇报汽车生产任务后,他说:"工厂除了生产汽车外,同时还要有两个任务,一个叫支援农业,一个叫支援国防。此外,还要担负援外任务。"

在东北,面临停产下马的企业很多,按国家要求,不符合条件、盲目建设的那些企业,该停就停,该关就关,该合并就合并,该转产就转产,该下马的就得下马,否则只能走进死胡同。但是,在具体的处理措施上,既不能一刀切,也不能在关、停、并、转后不给予工人们出路。周恩来在视察中向当地的负责人详细地交代了中央的政策。

6月16日这天,周恩来还来到长春拖拉机制造厂视察。这个厂的一些项目正面临停建下马的困境,工人们深切地担心着工厂的命运。周恩来听取厂领导的汇报后,又到车间视察,鉴于长春拖拉机制造厂的特殊性,周恩来当场嘱咐随同前来的中央有关部门和兄弟工厂的领导说:"一定要及时帮助拖拉机厂解决发展中的困难。"他又勉励工人:虽然有的项目不得不下马了,但我们仍要坚持"独立自主、自力更生、艰苦奋斗、勤俭建国"的方针,多生产拖拉机,生产好拖拉机,为实现农业机械化做贡献。

6月17日,周恩来来到了我国电影行业的龙头企业——长春电影制片厂。在长春电影制片厂,他看了录音车间、洗印车间,还看了正在录音的故事影片。当他发现音乐声音太大,压过了人物的对话时,对创作人员说:"电影音乐不能喧宾夺主,要突出人物形象和语言。"在座谈中,周恩来强调:影片要突出主题。还说:"你们作为一个电影工作者,一定要认真学习毛泽东主席《在延安文艺座谈会上的讲话》,努力为工农兵服务。"听了周恩来所谈的一些意见,电影工作者感叹:虽然周恩来不是搞电影的,但谈出来的意见却处处都体现了行家的风格!

从长春电影制片厂出来,周恩来还参观了合成纤维厂。

在长春,周恩来待了两天,听取吉林省负责人汇报工作,并详细研究了如何落实中央关于调整国民经济的措施等问题。经过对大型企业所面临的问题进行了解和剖析,周恩来对如何克服困难,心中有了一些底。

1962年6月，周恩来视察长春拖拉机制造厂

在黑龙江，周恩来告诫大家："我们要相信群众，做好发动群众的工作；工人是国家的主人，我们要充分信任他们，依靠他们。"深夜，他赶往大庆油田，到那儿后便称："来一次不容易，多看看！"当他再度进入吉林时，直奔少数民族聚居的延边州。

6月17日下午，周恩来离开长春，前往黑龙江省会城市哈尔滨。

当周恩来来到黑龙江的时候，黑龙江的经济也与全国一样面临严重的困难。这里有许多大型企业当初是苏联援建的，自从苏联单方面撕毁合同、撤走专家、带走了所有的技术资料和停止供应设备后，给黑龙江的重点建设工程造成了重大的打击。而这几年的天灾人祸，对黑龙江的经济困难来说更是雪上加霜。这是东北面临的普遍问题，周恩来深知这一情况。

在抵达哈尔滨后的两天里，周恩来连续参观这里的炮弹厂、轻合金加工厂、飞机修理厂和哈尔滨发电厂等重点企业。他以坚定的语气对这些大型企业的干部、工人和技术人员们说："我们中国人要有志气，要靠我们自己的力量干起来。现在苏联卡我们的脖子，我们一定要自力更生、奋发图强，搞好我们的社会主义建设。"

6月18日，周恩来来到黑龙江省农业机械化研究所，因为农业机械对农业生产的恢复有着举足轻重的影响，所以他对农业机械化问题也特别关心。他得知黑龙江农业机械化研究所设计了垄作七铧犁，很感兴趣。到研究所后，他首先观看了"犁后喘"的表演。表演开始时，七名工人扶着犁杖，紧张地跟在开动的拖拉机后面打垄。此时烈日当头，土壤干燥，在拖拉机和犁铧的后面，扬起了许多的尘土，扶犁的人汗流浃背，苦不堪言。周恩来跟出了80多米后，让拖拉机停了下来，若有所思地说："这样干，贫下中农太吃力了，又累又吃土，质量还不好，一定要解决'犁后喘'的问题。"紧接着，他又观看了垄作七铧犁表演。他再次跟在拖拉机后面仔细观察。当看到垄作七铧犁代替了"犁后喘"，大大减轻了贫下中农的劳动强度，并且质量好、效率高时，他非常高兴地称赞说："这个好，应当多生产，解决'犁后喘'。"

6月19日，周恩来召集中国共产党黑龙江省委负责人开会。在听取他们汇报工作时，周恩来讲了自己在参观中发现的一些问题。黑龙江省委的负责同志听后非常紧张，出了身冷汗。他们这才体会到，总理这次来东北，是不达目的不罢休的。看来在一些问题上不动真格的是不行了。周恩来的讲话，毫不护短，在讲到精简工作和艰苦奋斗等问题时说：

今年下半年抓住精减职工和减少城镇人口这项工作，是克服困难的一条基本出路。下去做调查工作的同志，首先要检讨上级机关的错误，对"不自觉地造成一个特殊阶层"的错误，要自己克服，不要给后代留尾巴了。

讲到农业机械问题，周恩来断然说：

不能跟着苏联搞大型的农业机械，而要大、中、小结合，为第

1962年6月，周恩来在哈尔滨电机厂视察

三个五年计划打下基础。

针对黑龙江省在困难时期却花费2000万元修建了北方大厦一事，周恩来严肃地提出了批评，他不客气地说：

这几年我们占老百姓地，拆老百姓房，应引为教训。

6月19日晚，周恩来离开哈尔滨，赴齐齐哈尔市市郊的富拉尔基。这里以重型机器制造工业闻名，来黑龙江，不看这里似乎是不全面的。到富拉尔基后，他便视察了这里的重型机械厂和特殊钢厂。

在富拉尔基期间，周恩来以肺腑之言谆谆告诫有关负责人说：

我们要相信群众，做好发动群众的工作；工人是国家的主人，我们要充分信任他们，依靠他们。

参观完富拉尔基，周恩来当天又赶赴齐齐哈尔。在齐齐哈尔，他白天参观，晚上听取汇报。

在这里，他见到了专程从大庆油田赶来的余秋里和康世恩，他俩是来接周恩来一行去大庆的。当晚，他们一同赶往大庆。在开往大庆的列车上，周恩来和邓颖超等人听取了关于大庆石油会战的有关情况汇报，一直持续到深夜1点多钟。陪同的人见时间太晚，劝周恩来休息，他却笑笑说："年纪大了，更应该多做工作啊！"这一夜，他又是几乎没有休息。到达大庆时，已是6月21日上午。

这是他第一次到大庆视察。这片地方原叫萨尔图，自从探明有丰富的石油蕴藏后，中共中央作出了"开发大庆油田"的英明决策。作为总理和决策者之一，周恩来是积极支持开发大庆，大力发展中国的石油工业的。当周恩来来到大庆的时候，这里正是处在艰苦创业、进行石油会战的时期，大庆的全体干部群众为了抛掉"贫油国"的帽子，住牛棚、干打垒，以五两粮加野菜保一日三餐，进行着艰苦的油田开发建设，为把大庆建设成为中国的石油化工基地而流血流汗。

10点30分，当列车缓缓开进萨尔图车站时，周恩来看到，一面是千里油田、碧空如洗、芳草萋萋的景象，另一面是石油部组织的大庆会战大军精神抖擞、意气风发的场面。周恩来敏捷地走下列车，与在站台上迎接的会战指挥部负责人和干部群众紧紧握手，他动情地说："同志们辛苦了！"有中共中央和毛泽东主席关心，有共和国总理亲自前来看望，大家表示：不辛苦，辛苦也是值得的。他们请周恩来先休息一下再到下面去视察，周恩来赶紧说："时间不多，要抓紧在大庆多看几眼。"

周恩来接见了石油部在大庆参加会战的工程技术干部和专家教授后，来到正在打井的1202、1203钻井队。看到石油工人们热火朝天的工作场面，周恩来深受感染，他不由得健步登上钻台，和工人们一一握手问候。当班工人见自己手上满是油污和泥浆，不好意思地在衣服上猛擦，周恩来抢先一步，主动上前紧握住钻井工人的手，和蔼地说："没关系，我也当过工人。"接着他又亲切地和围在身边的工人拉家常："多大年纪了？""当了几年钻井工人？""老家在哪里？""冬天野外钻井冷不冷？""穿的工作服暖不暖？""爱人接来没有？"……他一面细心询问，一面耐心倾听大家的回答，不时点点头，谈到有趣处还发出爽朗的笑声。当他听说我国自行生产的钻机性能还不错时，非常

1962年6月,周恩来在大庆参观1202钻井队

高兴,一再鼓励大家要再接再厉,多打井,打好井。

在钻井队,他看到一位柴油机司机坚守岗位不能站到近前,便马上从司钻操作处很窄的地方挤过去,一把握住这位司机那满是油污和老茧的手,边握边谈,久久没有松开。快要离开井队时,周恩来听说钻井工人想和他合影留念,便愉快地答应了。他把工人们叫了过来,伸出两只胳膊,搭在身边的两位老工人的肩上,让摄影师拍下了难忘的镜头。

离开钻井队,周恩来又来到大庆首先创立岗位责任制的试点单位——北二注水站。在这个注水站的墙上,他看到了贴在那里的各项岗位责任制度,便仔细地端详起来,边看边点头说:"好,你们这样做很好。"当他发现泵站流程图没有填写绘图时间时,嘱咐道:"要把时间标上。"一旁的邓颖超也补充说:"记上日期,别人看着明显。"周恩来对化验员意味深长地说:"对整个大庆而言,这里只是一个小小的岗位,但你们的工作很重要啊!"

从泵房出来,陪同人员示意说:"总理,时间不短了。"周恩来却说:"来一次不容易,多看看!"接着他又来到附近的职工宿舍、食堂,想实际了解一下大家在大庆的生活怎么样。走进食堂,他边和炊事员握手、问候,边拿起锅盖,用勺子搅了搅正在煮着的红高粱米粥,又亲口尝了尝另一个锅里的菜汤,他深知大庆职工们生活的艰辛,便体贴地对炊事员说:"你们很辛苦啊!"当炊事员说"不辛苦"时,周恩来喉咙哽了会儿,为有这样的职工而感动。随后他环视了一下周围的人,大声说:"艰苦是一个事实,说不艰苦是假的,人家卡着我们脖子要债,我们又遇上自然灾害,现在确实存在困难,但我们只要坚持艰苦奋斗、自力更生,将来一定会好起来的!"对总理的理解和鼓励,在场的人们报以热烈的掌声。

从食堂出来,周恩来一回身发现200米外一位家属从"地窝子"里出来倒垃圾,就朝"地窝子"走过去。陪同的人一看,那里哪是总理去的地方啊,赶紧劝周恩来不要下去。周恩来却一个劲地向前走。一位住里面的家属又激动又担心,她对周恩来说:"里面又黑又暗,首长就别进去了。"周恩来坚持说:"你们能住,我就能进。"他弯腰走进"地窝子"。在"地窝子"里,他深情地端详着躺在土炕上刚刚满月的孩子说:"同志们现在生活得确实很艰苦,但将来一定会好起来!"这时,照相机留下了总理走进"地窝子"的难忘镜头。

在这次视察中,周恩来充分肯定了大庆艰苦奋斗、自力更生的创业精神,肯定了大庆按科学态度办事,注意充分搜集和掌握各种相关资料的做法。对大庆结合实际情况,分散建设居民点、工农村等做法也很赞赏。他热情地对有关负责人说:"像大庆这样的矿区,不搞集中的大城市,分散建设居民点,家属组织起来参加农副业生产,可以做到工农结合,城乡结合,对生产、生活都有好处。"之后,他又把这一经验概括为"工农结合,城乡结合,有利生产,方便生活",这一概括,成为大庆矿区的建设方针。

"周总理来到咱大庆啦!"这一消息不胫而走,迅速在油田上传开。当晚周恩来就要离开大庆时,人们不约而同地聚集在萨尔图车站,秩序井然地为总理送行。在余秋里等人的陪同下,周恩来上了火车,见大家仍恋恋不舍地望着他,他又再次走下火车,频频向群众挥手告别,并说:"有机会我还会再来的。"大庆石油工人记住了周总理的这句话。后来周恩来的确没让他们失望,在60年代,共和国总理的身影又多次出现在大庆油田。

火车离开大庆,在夜色中逐渐驶离黑龙江省,再次向吉林省的东部开去。车窗外一片漆黑,路还很远。而车厢里,周恩来仍在约同行的农业部部长廖鲁言、农垦部部长王震和农业机械部的一位副部长等人谈话,研究东北的农业恢复问题。

6月22日,火车终于在吉林省延边朝鲜族自治州首府延吉市的火车站停了下来。下火车后,周恩来顾不上休息,径直来到延边农机厂参观。在农机厂,当他听说生产一副五铧犁需要一吨半钢材时,他鼓励说:"能不能改革?要大胆设想,生产出更多更好的农业机械来支援农业。要开展技术革新和技术革命。"周恩来告诉大家,在国家钢材等资源有限的情况下,工厂的生产要多在技术革新上下功夫。随后,他又来到延边大学和延边医学院参观。在延边大学,他走进学生宿舍了解学生的生活、学习环境和学习进展等情况。他摸摸学生的被子,看看他们睡的床是否舒服。为保证学生们的视力,他还检查了灯泡的亮度够不够。征得学生同意,他又翻阅了学生记的笔记。在延边医学院,他详细地察看实验设备,还到教室亲自听教师授课……

在延边视察了一天后,第二天周恩来约延边州和延吉市的负责人谈工作,谈得更多的,是如何贯彻中央关于调整国民经济的方针以及如何使延边的农业走出困境等问题。

延边是个美丽的地方,山清水秀,但如果不注意环境保护,不久将会受到自然界的惩罚,给子孙留下后患;像经济建设一样,如果不注意综合平衡和协调发展,单纯追求高速度,就必然受到经济规律的制裁。因此在召集中国共产党延边州委常委会议时,周恩来明确地指出:"军队修工事、修营房、修公路、开荒、打靶五件事,都要保护好森林。城镇人口太多,要让职工家属搞农业,这是一条出路。"

6月23日,周恩来前去延边农学院视察。在路上,他看到有山上还没有绿化,

1962年6月22日,周恩来总理访问吉林省延吉市延边农机厂

又语重心长地说:"我们要为子孙后代着想。""千万要保护好森林,这是关系到国计民生的大问题。森林保护不好,子孙后代要骂我们的;水利是农业的命脉,修水库要好好勘察,切实计算一下,提个计划,一个一个地搞。"他还叮嘱有关人员:"要与农民商量如何搞好水土保持的问题。""要挖沟栽树,治山治水。"他还提出了具体要求:"延边要修好安图水库和亚东水库。治山治水要有个规划,在山坡地开荒,要保留一部分沟渠,防止水土流失。"

在延边农学院,他走进实验田和果树苗圃,当看见学生正在劳动时,赞扬说:"学习和劳动相结合好,这样培养出来的人能解决实际问题,用得上。"在听了关于建校的汇报后,他说:"你们要继续把教学与生产劳动结合起来,更多地培育出适合当地种植的苹果树苗和梨树苗,栽遍沟坡山岭。"还交代说:"校办农场要搞好,要起到示范作用。"

鉴于"大跃进"以来过分工业化,使得工农业的比例关系失调的经验教训,在延边,周恩来一再叮嘱自治州的领导同志:要努力学习毛主席关于以农业为基础的思想,一定要抓好农业,只有大力发展农业,才能实现国家的工业化,要注意研究工农业关系。

这天,周恩来还冒雨来到延吉市长白公社新丰大队,走进朝鲜族社员金再洙家。按朝鲜族的习惯,他一进屋就脱鞋上炕,盘腿要坐下。主人拿出花坐垫请总理坐,周恩来摆摆手表示不用,翻译告诉他这是朝鲜族招待尊贵客人时的风俗习惯,客人不坐,会使主人扫兴的。周恩来这才笑着:"尊重,尊重。"周恩来接过花坐垫坐下,与大家攀谈起来。他关心地问:"你们经常学习吗?是用汉文学习,还是用朝鲜族文学习?"大家回答说:"用朝鲜族文学习。"周恩来又问,队里有多少土地、人口?水稻产量有多高?黄牛饲养得怎样?养不养猪?粮食够不够吃、柴够不够烧?……一连串的问题,看起来是小事,其实在周恩来心目中,这些都是与人民群众生产、生活密切相关的大事。为了了解困难时期基层群众的实情,为党中央决策提供依据,他从生产到生活的每个环节都问到了……

直到晚上,周恩来一行才乘火车离开延吉,前往吉林市。当火车到达吉林市时,正是深夜。市委负责人请周恩来等人到宾馆休息,但周恩来为了不打扰吉林市的干部和群众,决定天亮后再下车,他说:"夜深了,不要惊动同志们了!"他在火车上度过了后半夜,第二天清晨,又在火车上吃过早饭,就直接去丰满发电厂视察了。在视察途中,周恩来看到地里的庄稼有些打蔫,担心地说:"这里旱情不轻啊!"他嘱咐同去的地方领导人要发动群众搞好抗旱。晚上,在吉林市宾馆举行晚会时,窗外淅淅沥沥地下起雨来,听到雨声,周恩来离开座位,走到窗前把窗户打开,伸手去试了试雨下得有多大,然后兴奋地对市、县的负责人说:"这雨能解除旱情吧?"随后又交代:"下了雨也别放松抗旱,这样你们的庄稼就有希望了。"

6月24日下午,周恩来还参观了吉林化肥厂。在厂里,他鼓励大家说:"我们要坚持独立自主、自力更生的方针,努力发展化肥生产,为战胜暂时困难,为建设社会主义多做贡献。"他来到压缩车间,详细询问合成氨生产工艺流程、设备状况。当听说有一台压缩机是我国自己制造的时,周恩来非常感兴趣,立即问道:"是哪一台?"随后他走到国产的9号压缩机旁,仔细观看,并同操作工人亲切地握手交谈。他还关心地问:"农民喜欢用硫铵还是硝铵?硫酸是不是对土地没有好处?除硫铵、硝铵以外,还能不能生产其他高效氮肥?"他几次强调:"不要让二氧化碳白白放空。"当听到工人们提出用氨和二氧化碳做尿素的合理化建议时,周恩来热情地赞扬说:"造尿素这个意见很好啊!"他还和工人、技术人员、干部一起探讨了如何扩建、搞综合利用、生产高效氮肥尿素的规划。他询问:"还需要多少投资?""还需要多少煤?""还需要什么设备?"最后嘱咐随行的工作人员记下,以便回去帮助解决。在车间,周恩来又与许多工人交谈,并详细地询问:"你是什么地方的人?""哪年入厂的?""几级工?""一个月工资多少?""吃饭花多少钱?""生活费用够不够?""操作条件怎么样?""累不累?"……当他来到合成车间闻到空气中有氨的气味时,立即问厂里的负责人:"空气中氨的允许浓度是多少?""应该多送进些新鲜空气来。"他还亲自到通风口前用手试了一下风量。随同视察的人们很惊异:堂堂一个国家总理,怎么知道那么多的专业知识!

在两次进出吉林的日子里,周恩来白天深入到工厂、机关、学校、农村,视察参观,听取汇报,和群众交谈,接待各方面的人,了解下情;晚间他每天都要工作到深夜,常常是翌日两三点钟才休息。在东北的每一天,他几乎都是这样工作的。

6月25日,就要结束此次东北之行了,为了节省时间,周恩来乘飞机抵达沈阳。

在东北近一个月的时间里,周恩来和邓颖超对自己的生活要求达到了近乎苛刻的地步。他再三表示:"全国人民都在憋着口气战胜困难,你们给我弄好的吃,我怎么能咽得下去呢?!"回到北京后,他向中央建议:抽调足够的人员组成调查组,立即开赴全国乡村进行调查。

自5月28日从北京出发,周恩来在东北进行了近一个月的工作。这次在特殊的形势下来东北,他心里非常清楚,由于"大跃进"和自然灾害所带来的破坏,农业的恢复至少要三到五年的时间,而工业的恢复亦非常艰难。在这种情况下,为了以身作则,他在东北期间对自己的生活要求也达到了近乎苛刻的地步。

刚到达辽宁时,为了便于在基层工作且不增加当地的麻烦,周恩来自带了一套行李:有一床战争年代就开始用的毯子,一床薄薄的旧军被,枕巾已磨得断丝透亮;一条用旧毛巾重新对折起来的擦脸巾。他的衣服更是特别,一件洗得发白的灰布外衣,底边是放过的;一件麻边了的白衬衣,领子上还缀着补丁;一条膝盖上补着补丁却干干净净的旧衬裤;最好的,要数那一件接待外宾穿的"礼服",但就是这件"礼服",上衣的后部也有一处是刮破且用线织补上的。难怪有人建议:"总理,你这套'礼服'早该换换啦!"周恩来却笑着回答:"这就蛮好啦。织补的那块有点痕迹也不要紧,别人看着也没关系,丢掉了艰苦奋斗的传统才难看呢!"

到沈阳刚刚住下,周恩来就对管生活的同志交代:"现在,全国人民都在勒紧裤带,我们这次到东北,有几样东西不能吃,包括鸡、鱼、肉、蛋、木耳、海米等,肉制品也不行。每顿饭的伙食标准不能超过五角钱,群众有困难,做领导工作的更不能特殊。毛主席在党中央带头,我在国务院带头。希望你们配合。"这样,在东北期间,周恩来都严格按照自己的规定饮食。当工作人员试图想办法给他改善一下时,他再三表示说:"现在,全国人民都在憋着口气战胜困难,你们给我弄好的吃,我怎么能咽得下去呢?!"

在辽宁的18天里,周恩来处处以身作则,严以律己。有一次接待外宾后,随行人员给周恩来沏了公家的茶,周恩来发现后立即付了款,但服务员坚持不收。周恩来解释说:"现在是我们国家的困难时期,更需要我们带头执行国家的有关规定。"最后他还是用自己从北京带来的茶叶补上了。

这种对自己的苛刻要求,体现在他的一言一行中。在沈阳期间,他有一次抽空回到自己少年时期就读过的东关模范学校(已改为沈阳市第六中学)参观,可他却硬要坚持自费坐车去。

在长春和哈尔滨,周恩来也同样如此。长春的服务人员曾在早餐时给周恩来炸了几根油条,当周恩来在餐桌上看到油条的时候,用责备的口气说:"做这东西多费油啊。"接着他询问了这里每人每月供应几两油,计算了炸一次油条要用多少油,然后,语重心长地说:"我们不能搞特殊,我们国家还很穷,要精打细算,学会过日子,将来形势好了,仍然要勤俭节约,有了油也不能一顿吃完。"他还说:"我们大家都要节衣缩食,来克服现在的暂时困难。"他点名要的东西只有两样,一个是地瓜粉,早晨冲着喝;一个是高粱米,保证每天吃一顿粗粮。有人担心不好消化,周恩来却说:"东北人民能吃高粱米,我当总理的为什么就不能吃呢?"

在哈尔滨,服务人员在周恩来住的房间里准备了沙发床,铺上了新的毛毯,放上了新的缎被,目的是想让总理在繁重的工作之余能够休息得好一点。可周恩来都没有使用这些东西,而是每天睡在硬板床上,用的仍是自带的旧行李……

6月26日,经过29天的奔波,周恩来终于返抵北京。

东北之行,周恩来感触极深。对我国国民经济的严重困难局面,他有了更深一层的了解;对如何带领全国人民克服困难,他心中更有数了。

通过这次东北之行,周恩来对如何深入实际进行认真的调查研究,如何从实际出发解决中国的现实问题,如何克服主观主义、真正按照客观规律办事,也有了更深的体会。在东北期间,周恩来曾就调查工作指出:下去不仅要调查,还要解决问题,摸出解决问题的经验。回京以后,他除了在中共中央政治局常委会议上汇报东北工农业等各方面的情况和调整工作进展外,还向中央提出:为了解全国各省县以下吃商品粮和吃机动粮的人口情况,建议中央从党、政、民三方面抽调足够的人员,组成调查组,分赴各地农村进行深入的调查研究。中共中央采纳了周恩来的建议,很快决定从上述部门抽调了100多人,成立45个调查组,立即开赴全国乡村进行调查。

7月12日，在中央机关下乡调查组即将出发之前，周恩来给调查组的全体人员专门作了一次动员报告。

在报告会上，周恩来明确交代：

中央调查组的任务，第一是深入调查，第二是反映情况，第三是提出意见。

根据自己下基层的亲身体会，他提出要求：

深入到基层去的时间要长一点，起码三个月或者更长；也不要搞特殊化，生活要艰苦一点，处理事情要更慎重一点。要抱着学习的态度，然后调查研究，然后反映情况，然后逐步提出意见。生活上不能随波逐流，但也不能与当地格格不入。就得采取辩证的态度，原则性、灵活性这两方面都要注意。

为了让调查组在调研过程中加以注意，他还向大家点明了我国目前政治、经济生活中迫切需要解决的十个问题：（一）农业问题，这是当前的一个中心问题；（二）国家如何支援农业；（三）粮食问题；（四）财政金融问题；（五）市场问题；（六）精简问题；（七）调整问题；（八）清仓核资问题；（九）体制问题；（十）干部作风问题。

东北，又一次在周恩来的思想深处打下了极为深刻的烙印。从东北回京后，尽管由于毛泽东对阶级、形势、矛盾等问题有不同看法，从而使中国共产党内不久就迎来了北戴河中央工作会议和八届十中全会的认识转向，但是，在中国共产党的领导集体中，以周恩来为代表的一大批求实的领导人在对中国国情和经济建设规律的认识方面，却越来越清醒了。正如周恩来这年年底在全国棉花集中产区县级干部会议上讲话时所说的：

过去我们总说成绩是主要的，"三面红旗"要高高举起；但还要看到我们对棉花生产领导中的三个缺点：一是"高指标、高估产、高征购、高分配"；二是"瞎指挥，不实事求是，不注意抓重点"；

三是"没有运用领导、群众、专家三结合的领导方法"。

做领导工作的,不能只是简简单单地加加减减。领导工作,应该是观察形势,全面调查,做出正确的结论。领导干部必须实事求是。

在领导方法上,一般号召不行,要有具体指导。由一般化转到实事求是、具体分析、具体抓中心,是增产棉花和做好其他工作的一个重要方法。

从棉花工作引申到其他一切工作,无论在思想方法还是在工作方法上,周恩来都更加注意提醒人们:领导干部必须实事求是,这是一切工作的前提。

第八章

对话班禅的"七万言书"

1962年,藏传佛教的领袖班禅额尔德尼·确吉坚赞又一次成为中国政治舆论的焦点。

5月18日,第十世班禅向国家总理周恩来递交了一份后来被人们称作"七万言书"的报告。此后,人们谈及班禅额尔德尼·确吉坚赞,总要与他1962年写的,以致后来二十多年间一直背了黑锅的"七万言书"相联系。而班禅谈及自己的这段历史,又总要与他的"敬爱的周总理"密不可分。当历史翻过这一页之后,它留给后人的是众多的遗憾和深深的沉思……

> 探究班禅向周恩来写作"七万言书"的起因,可能得追述班禅的经历和他与毛泽东、周恩来等中共领导人的关系。身为藏传佛教领袖的班禅曾坦诚地说过:"我从幼年起一直受到毛泽东、周恩来的教育、培养和关怀。"

要探究班禅向周恩来写作"七万言书"的起因,可能得追述班禅的经历和他与毛泽东、周恩来等中共领导人的关系。

班禅额尔德尼·确吉坚赞,又称贡布才旦,1938年2月19日,诞生在青海省循化县文都乡玛日村一个贫苦农民家里,系第九世班禅转世灵童。当1949年6月李宗仁代总统代表国民党政府颁布命令批准宫保慈丹(即贡布才旦)继任第十世班禅额尔德尼,免于金瓶掣签,并派新蒙藏委员会委员长关吉玉为专使前往西宁，于8月10日在塔尔寺主持坐床大典时，第十世班禅便面临着是留在大陆还是随国民党一起去台湾的重大抉择。在国民党方面玩弄的和谈阴谋破产以后，人民解放军以排山倒海之势摧毁了国民党军的一道道防线，新中国诞生的前景已经展现在人民的面前。此时的班禅，不满12岁，回答"向何处去"的问题，对于他来说是极其重要的。在人民解放战争的隆隆炮声中，班禅毅然率领堪布会议厅全体成员留在大陆，9月5日，迎来了西宁解放，并与人民解放军的代表取得联系。

10月1日，中华人民共和国成立，班禅立即指定在塔尔寺的堪布会议厅主要成员詹东·计晋美以班禅额尔德尼·确吉坚赞的名义，致电毛主席和朱总司令，拥护中央人民政府。

11月23日，毛泽东和朱德联名复电班禅，表示：中央人民政府和中国人民解放军必能满足西藏人民爱国统一的愿望，"希望先生和全西藏爱国人士一致努力，为西藏的解放和汉藏人民团结而奋斗"。从这时起，班禅与毛泽东和中共中央取得了直接联系。班禅后来说："我从10岁开始参加政务活动，十一二岁就有了自己的见解，不会随声附和，更不会任人摆布。"这话指的就是上述之事。

尔后，班禅成为毛泽东、周恩来等人的座上宾。38年后的1987年，班禅曾在日喀则谈及新中国成立初期他在毛泽东眼中和中央的地位，他说："那时，我是个'小鬼'，深得毛泽东主席的宠爱，可以说是他的宠儿，他对我几乎是有求必应。"这一前提，是后来班禅写作"七万言书"，向周恩来和中共中央秉笔直言的一个重要原因。

中华人民共和国成立后，和平解放西藏也提到议事日程上来。1951年年初，第十四世达赖喇嘛亲政后，中央人民政府致电达赖，欢迎他派代表来京进行和谈。同时，中央特别邀请班禅来北京，共同协商和平解放西藏的大计。1951年4月27日，第十世班禅额尔德尼·确吉坚赞率领堪厅的僧俗官员一行45人，第一次抵达北京，实现了亲自向毛主席和中央人民政府致敬的愿望。其时，这位少年活佛刚满13岁。到北京的当天晚上，周恩来设宴款待班禅一行，为他接风洗尘。这是班禅第一次见到久已仰慕的周总理。在这之前，班禅曾听长期在内地生活并担任班禅驻重庆（后又随国民党政府迁往南京）办事处处长的詹东·计晋美介绍过中国共产党全权代表周恩来的情况，对周恩来的杰出才能和

1955年2月，周恩来（左五）和毛泽东（左三）、刘少奇（左一）出席庆祝藏历木羊年新年宴会。这是宴会前同达赖喇嘛丹增嘉措（左二）、班禅额尔德尼·确吉坚赞（左四）在一起交谈

高尚人品有所了解。初次见面，周恩来虽然已经年过半百，双方年龄和经历、信仰悬殊，但周恩来以他那让世人为之倾倒的特有谦逊和真诚接待了班禅。班禅虽然年少，但由于从小受到经师的指点，懂得礼仪，因此显得落落大方，彬彬有礼。双方进行了十分融洽的长时间交谈。这次见面，各自给对方留下了永远难忘的印象。班禅意识到：坐在自己身边的这位伟人，既是党和国家的卓越领导人，又是自己最可以信赖的导师和长辈。周恩来的印象是："少年活佛，英俊潇洒。"会见之后，周恩来要求有关人员，在中央人民政府和西藏地方政府的谈判中，要十分尊重并充分听取班禅和堪厅主要成员的意见。因此，不久达成的《关于和平解放西藏办法的协议》也凝聚了班禅等人的智慧。

首次进京，奠定了周恩来与第十世班禅之间长久而深厚的友谊基础。从这时起，班禅暗下决心：为了听懂周总理的讲话，我也要好好学习汉语。随后，中央护送第十世班禅返藏的重大事宜，都是在周恩来的亲自安排下完成的。11年以后，班禅把"七万言书"直接通过周恩来转交中央，是与这种个人友谊有密切关系的。与周恩来的交往、倾谈，对班禅一生的道路具有深刻的影响。

1954年9月，无论是对于全国人民，还是对于西藏地方的政治生活，都是一段具有重大意义的岁月。此时，第一届全国人民代表大会在北京召开。达赖和班禅同时当选为人大代表，又同赴北京开会，受到党和国家领导人的高规格的热情接待。周恩来和朱德偕同中央人民政府、政务院、全国政协、全国妇联、北京市党政军等各级负责人以及民族界、宗教界人士共八百多人，到北京火车站迎接两位西藏地方领袖。次日，朱德、周恩来等人在中南海紫光阁举行宴会，欢迎达赖和班禅。席间，班禅在祝酒词中说："承蒙中央各位首长对我们热烈欢迎与设宴招待，这是我们深为感激的。现在我以最兴奋愉快的心情，向各位首长致以恳切的感谢和崇高的敬意。""为各民族大团结而干杯！为朱副主席、周总理及各位首长的健康干杯！"对班禅等人在京期间的一切活动，包括饮、食、住、行各方面，周恩来都亲自做出周到的安排。会上，班禅当选为一届人大常务委员会委员。同年，又在三届政协一次会议上当选为全国政协副主席。班禅时年16岁，成为我国最年轻的国家领导人。在政协内部，班禅与周恩来主席之间又加上了一层同事关系，他得到毛泽东名誉主席和周恩来主席更多、更直接的关怀。

1955年3月9日，为了进一步建设和发展西藏，并解决历史上遗留下来的达赖和班禅之间的悬案，周恩来主持召开国务院第七次全体会议，讨论通过了《国务院关于成立西藏自治区筹委会的决定》（任命达赖为西藏自治区筹备委员会主任，班禅为第一副主任委员）、《国务院关于西藏地方政府和班禅堪布会议厅委员会之间关于历史悬案问题的谈判达成的协议的批复》。

这两份文件，既解决了历史遗留的问题，又规划了西藏自治区的发展蓝图，成为又一次联结西藏地方与中央之间，达赖、班禅与毛泽东、周恩来之间团结的纽带。为此，周恩来曾经做过众多的、细致的工作。文件通过的次日，达赖、班禅等人离京返藏，周恩来再次举行宴会，为他们送行。此时，周恩来与班禅之间已建立了既是友好合作的同事，又是情谊深厚的朋友的密切关系。

正因如此，当1956年11月至1957年年初达赖和班禅应印度政府之邀，参加佛事活动时，班禅才能够以祖国统一和民族大义为重，毅然摆脱叛国分子的纠缠。其间，周恩来正在印度访问，他多次与达赖和班禅谈话，并代表毛泽东对达赖说："西藏的工作要靠你和班禅做主，班禅帮助你，你们互相商量，把西藏的事情办好。"周恩来充分信任和尊重班禅，班禅也向周恩来表示，请中央放心，我一定会按照中央的安排办事，决不会受外界影响。对于刚刚成年（时年19岁）的班禅来说，第一次走上国际政治舞台就能不为当时的复杂环境所左右，这是非常难能可贵的。而周恩来的谈话和信任，对他有着举足轻重的作用。回国以后,毛泽东、周恩来对班禅在印度的表现给予了高度的评价。

由于有了班禅与周恩来等中央领导人的这种互相尊重、互相信任、友好合作、亲密交往的关系,因此,他后来才坚持直接给他信任的周恩来和党中央写出书面意见。这一原因,班禅在重新出来工作后提及过。他在1982年7月17日拉萨干部大会上说:"我是在共产党和老一辈无产阶级革命家毛泽东主席、周恩来总理、刘少奇主席、朱德委员长、陈毅元帅、贺龙元帅等教育、培养和关怀下长大成人的。我的一切同党的关怀是无法分开的。我对党、对老一辈无产阶级革命家怀有特殊深厚的感情。"

这种"特殊深厚的感情",最突出地体现在他与周恩来之间。这就是"七万言书"的报告上唯独出现周恩来个人名字的原因。

"七万言书"反映了当时班禅的真实思想,他曾说过:"这意见书,完全是我亲手书写、亲自修改的。为了它,我花了不少心血。"为解决少数民族地区出现的问题和矛盾,周恩来忧心如焚。他和班禅之间约定:"你不怀疑我们,我们是相互信任的。有事谈清楚了好。"

历史的发展,往往不是或不完全是按照人们的设想进行的。

在中央关于和平改革的方针指导下,从1955年下半年起,四川、甘肃、青海等地的藏族地区开始实行民主改革。但是,一开始,改革的意图、措施、办法得不到群众的理解,有的地方也采取了一些"左"的、粗暴的、急于求成的做法;再加上少数叛乱分子的唆使,一些藏族群众感到自己的利益受到"红汉人"的侵犯。各地不断出现武装叛乱。1956年7月22日,中共中央讨论了四川省甘孜藏族自治州和凉山彝族自治州等地在民主改革过程中出现的一些较为严重的问题。会后,周恩来亲自出面召集在京的民族界、宗教界有关上层人士传达了中央的精神。周恩来指出:藏区和彝区的改革是必要的。但是,必须采取"和平改革"的方式,有关改革的一切问题,都要根据群众的意愿,经过和上层人士协商,取得他们的同意后再去进行;对藏区的寺庙,我们应采取更慎重的态度,从来没有人主张不尊重兄弟民族的宗教信仰自由;在民族地区处理任何事情都要考虑到民族问题,任何事情都要和少数民族干部商量。周恩来还提出:对于目前还在山上的叛乱武装,解决的办法是停战。

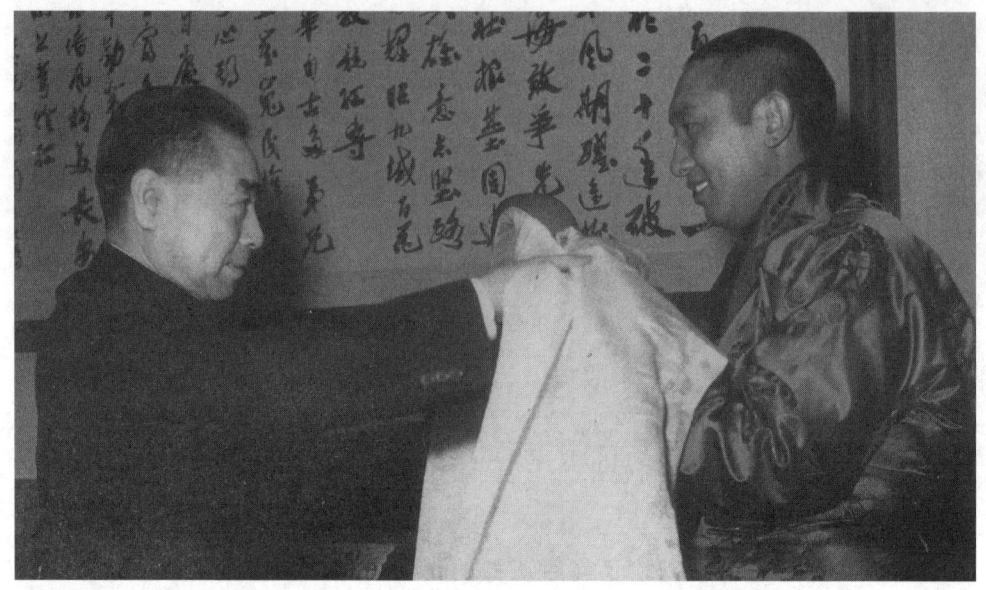

1960年1月,周恩来会见班禅额尔德尼·确吉坚赞时,接受他敬献哈达

然而,由于地方各级干部中间"左"的思想作祟和一些地区少数叛乱分子煽动、破坏,少数民族地区出现的问题越来越多,甚至有些地方出现饿死人的情况。叛乱尚未彻底平息,而新的矛盾又产生出来。

为解决这些矛盾,周恩来忧心如焚,他不断地指示、责成有关方面去迅速解决,做了大量的工作。1957年6月14日,周恩来主持国务院第52次全体会议,专门讨论个别少数民族地区饿死人的问题。他指出:"事情的性质是严重的。我们国家的制度所以优越,就是因为我们的政权是人民的政权,我们的人民政府是为人民服务的,与人民息息相关的,不关心人民的疾苦或者关心不够,都是不容许的。"他特别强调:"我们对人民负责。"

但是,中央的精神并没有被完全贯彻到各少数民族地区,而一些地区的叛乱分子也并未停止活动。1959年3月,西藏地方政府和上层反动集团公开撕毁和平解放西藏办法的十七条协议,在拉萨举行武装叛乱。达赖逃离拉萨。3月20日,周恩来代表中央发布命令,责成中国人民解放军西藏军区部队讨伐叛国集团,叛乱被迅速平息。3月28日,周恩来再次发布命令,解散西藏地方政府,由西藏自治区筹委会行使西藏地方政府职权,并任命班禅为筹委会代主任。

由于西藏的特殊情况,中央在讨论西藏问题时,改变了原来决定的在西藏六年不进行民主改革的政策。在平息拉萨叛乱的同时,周恩来草拟了《中央关于在西藏平息叛乱中实现民主改革的若干政策问题的指示(草案)》。这份文件中提出:"中央认为在这次平息叛乱的战争中,必须同时坚决地放手发动群众实行民主改革。"决定在西藏采取"边打边改"的方针,逐步推行民主改革运动。

班禅对平叛和民主改革是积极拥护的。周恩来发布命令的次日,班禅立即致电毛泽东、周恩来,坚决拥护国务院解散西藏地方政府和平息叛乱的命令。4月,班禅前往北京,参加全国政协三届一次会议和全国人大二届一次会议,会上他表示坚决拥护会议关于西藏问题的决议。班禅当选为全国政协常委和全国人大常委会副委员长。会议结束后,班禅立即返回西藏,主持自治区筹委会的工作,并领导西藏人民大张旗鼓地开展了民主改革运动。他参与领导制定的一系列文件,大大地推动了西藏的民主化进程。对这些卓有成效的工作,毛泽东、周恩来等中央领导做了充分的肯定。同年10月,班禅到北京参加新中国成立十周年庆典,周恩来、朱德特地在中南海紫光阁设宴欢迎,祝贺平叛和民主改革取得的成绩。

在庆贺成绩的同时,一些不尽如人意的事情也逐渐在藏区滋生出来。班禅参加完庆典后,与政协副主席帕巴拉·格列朗杰一道,赴各地参观访问。在访问过程中,了解到一些藏族地区在民主改革问题上存在着一系列的"左"的、过头的做法。从此,在他心中留下了越来越多的阴影。再加上看问题的角度和认识深浅的不同,他对平叛以来的成绩产生了越来越多的怀疑,并因此与一些地方干部发生争执,对地方干部开始产生不信任。

在班禅参观结束回京后,周恩来于1960年1月25日接见了他。周恩来听取了班禅的意见,认为:班禅大师"出发点是好的"。并指出,虽然有些意见不同,但是"我们之间要有一个基本信任。互相信任,才好交换意见"。"我们之间不要有隔阂,这很重要。"周恩来历来认为,在同志、朋友和合作共事者之间,最重要的是相互信任,消除隔阂,这样才能较好地合作相处。谈话中,周恩来提出与班禅之间订立这样一个协定:"你不怀疑我们,我们是相互信任的。我们今后是要长期合作共事的,共同合作把西藏建设成为一个民主和社会主义的新西藏。"班禅当即赞同说:"这个协定,我自己很喜欢。"周恩来又补充道:"以后就遵守这个诺言,有事谈清楚了好。"应该说,这一"协定""诺言",两年以后鼓励了班禅直接上书周恩来。

以后，班禅在参加完新中国成立 11 周年、12 周年庆典活动之后，都由中央有关部门领导人陪同，到各地去参观访问，足迹遍及四川、湖北、江西、浙江、江苏、上海、福建，以及青海、甘肃、云南等省市。走时，周恩来设宴为他送行；回时，周恩来设宴为他接风洗尘。但是，在参观访问过程中班禅与一些地方领导干部和中央有关部门的领导之间的看法出入越来越大。

在藏区，他发现农业合作化、人民公社、"大跃进"等运动带来了许多消极的影响，而在平息叛乱和实行民主改革方面，以及执行党和政府的民族政策、宗教政策、统战政策方面，存在着严重的失误。对这种失误程度的大小、范围宽窄的估计，对成绩和错误的估计，班禅与中央和地方干部都有着重大的分歧，甚至与藏区的党政领导发生意见冲突，闹得很不愉快。例如，在视察四川时，四川省委和西南局的领导向班禅介绍了甘孜和阿坝两个藏族自治州的情况，介绍中充分肯定了平叛和民主改革以来，社会生产发生了巨大的变化，人民生活有了很大改善。班禅对这种说法很不满意，不以为然。他说："甘孜、阿坝是开展平叛、改革最早的地区，平叛平了五六年，到现在还平息不下去。你们这里平叛扩大化现象非常严重，匪民不分，把大批劳动人民、基本群众、国家干部打成'叛匪'。群众的生活也不像你们说的那么好，生产下降了，很多老百姓吃不饱肚子，甚至有饿死人的现象。在改革时，大批寺院被毁坏，喇嘛被迫还俗，群众的宗教信仰自由得不到尊重和保护。"

他还质问四川省的有关领导："共产党的宗旨是全心全意为人民服务，你们为什么不为老百姓说话？为什么不向中央反映真实情况？为什么在人民的痛苦面前闭上眼睛？"他觉得，地方的领导干部对藏区的情况不敢讲真话，自己与他们交换意见，很难像与周恩来等中央领导那样坦诚相见。他极反对一些干部只看成绩，不看错误、缺点的思想方法。

在西藏，随着民主改革的深入，班禅也发现了同样的问题，并曾向中共西藏工委领导人反映过。但由于看法不一致，班禅的意见和建议未能引起足够的重视。

这是班禅写作"七万言书"的一个导因。

早在 1960 年 10 月至 12 月间，班禅在李维汉等人的陪同下，参观访问四川、江西、浙江、上海等地期间以及回到北京后，曾与李维汉做过 13 次长谈。这些谈话，多少增进了些双方的了解。用班禅回京后对周恩来讲的话来说，他与李维汉"谈了日喀则地区和扎什伦布寺在改革中发生的一些本来不应该发生的问题"。李维汉代表党中央耐心地听取了班禅的意见，并把谈话的主要内容整理成为《李维汉同志和班禅副委员长谈话纪要》。这一纪要，虽然不是班禅所书，但是，它成为后来班禅写作"七万言书"的一个最初框架。毛泽东和周恩来看到这一纪要后，分别约班禅进行了交谈。

1961年1月24日，周恩来在与班禅谈话时指出：西藏的改革，一切要从群众的需要出发；运动中出了点"左"倾，这是不可避免的；但从领导上来说，掌握得是不够的，你们回去后还要注意纠正"左"的错误；只要不背叛祖国、压迫群众，"保守一点、慢一点，不要紧"。最后周恩来提出：今后班禅和西藏工委以至和中央领导人之间要多谈心，要成为"随便、自由、不客气"的朋友。可见，毛泽东、周恩来充分理解班禅的出发点，对藏区发生的问题的看法是一分为二和实事求是的，对社会改革的态度是辩证、稳妥的。毛泽东和周恩来都是鼓励班禅纠"左"的。周恩来强调了我党对于民族工作、宗教工作历来采取的"慎重缓进"的方针。

这次谈话，消除了班禅心中的许多顾虑。但是，班禅觉得中央领导虽然能够理解他，却不一定完全了解下面"左"倾错误的详细情况。他认为自己了解到的很多情况尚未完全吐出来，而且光是口头谈谈，也不会引起多大的重视。鉴于此，班禅打算写一个书面意见，全面系统地向中央报告自己的想法。他的这一打算，遭到堪厅主要负责人、经师和身边人员的反对。从性格上讲，班禅认准了的事，就有一种不达目的决不罢休的精神。因此，他尽量说服了身边持反对意见的人，于1961年年底开始草拟书面报告。

当1989年1月，班禅再次看到归还回来的"七万言书"手稿时，感慨地说："这意见书，完全是我亲手书写、亲自修改的。为了它，我花了不少心血。"并说："我要把它好好保存，作为永久的纪念。"

班禅写的"七万言书"，报告名上唯一出现了周恩来的名字。仔细看了"七万言书"后，周恩来评价："七个认识有许多错误，八个问题都是事实，宗教五项原则很好，可以拿过来。"并说："看法有出入，是思想问题。"

班禅在起草书面报告的过程中，还于1962年三四月间，与来京参加全国人大二届三次会议、全国政协三届三次会议和民族工作会议的各藏区代表进行了交谈，了解近几年来民族工作中的"左"的错误。这些接触，使班禅更加感觉到藏区存在的问题的严重性。

在写书面报告时，班禅的汉语仍然不是很好。他先用藏文写作，到1962年5月初，藏文稿已基本写完，班禅又亲自组织人翻译成中文。

对于班禅写作书面报告一事，周恩来早有耳闻，也很关心此事。当班禅报告的中文翻译基本结束并开始校对之际，周恩来于1962年5月18日下午，特约班禅、阿沛和帕巴拉等人详谈，并通知乌兰夫、习仲勋、李维汉、平杰三、刘春、童小鹏、张经武、张国华等有关方面的负责人参加，为的是取得广泛的协商意见。这是周恩来就书面报告一事与班禅等人的第一次会谈。

在周恩来约见前，班禅很长一段时间都在思考报告的内容、语气甚至递送的方式。得知周恩来要约见后，他更是加班加点地组织翻译、校对工作，原本想等周恩来接见时就把报告呈上，但是由于工作量大，校对工作未完，报告没有赶在5月18日这天完成。但完成后的报告标明的日期，仍为"1962年5月18日"。由此可以看出班禅对周恩来的尊敬、信赖。

谈话一开始，周恩来开门见山地问："听说你要写个书面报告给我？"班禅把书面报告的进展情况做了汇报。周恩来接着请班禅把报告的主要内容和基本看法直言相告。这次谈话，以班禅为主要发言人，阿沛也谈了一些补充意见。周恩来始终侧耳细听。

听完班禅、阿沛等人的发言后，周恩来用他那善于寻求共同点和指出不同点的才能，从总体上谈了自己的几点看法，分析了双方意见的实质，认为班禅和阿沛两人肯定了西藏和平解放11年来的成绩是主要的，至于在具体工作上，尤其在平叛以来出现了一些缺点和错误，这是第二位的。"这一点我们的看法也一致。"当然，对缺点的估计多少，和事实符不符，范围广不广，彼此在认识上是会有出入的。"看法有出入则是思想问题。"

周恩来的话，首先找出了双方分歧的主要点，在于对具体工作中缺点、错误的看法上，并指出这种分歧仅仅是思想问题、认识问题。但是，周恩来并没有小看具体工作中的问题，他严肃地指出："错了的应该纠正。你们不安，我们更不安，因为是一个大家庭。错误一定要纠正，这一点党中央、毛主席、国务院是肯定了的。从一个领导政党的地位来说，发生了不好的事，我们比你们更负责，更关心。"这就是说，双方的出发点和大的思路是一致的，"认识问题"是可以通过谈心解决的，班禅心中的疑虑是可以解开的。

在这次谈话中，周恩来也诚恳地给班禅指出："不是说对你说错的我们通通听。说错了，要给你指出来的。不这样就不是同志的态度。"

由于即将亲赴东北贯彻国民经济调整的方针，周恩来与班禅约定："我先去东北，等你的报告的汉译和校对工作全部完成，我回京阅看后我们再谈一次。"谈话结束后，周恩来一如既往地在人民大会堂新疆厅设宴款待班禅、阿沛和帕巴拉等人。双方气氛极其融洽。

这次谈话以后，班禅更是认真地对待书面报告的后期工作。中文翻译、校对工作经过数次反复，终于在6月初定稿付印。正如班禅多次对翻译们说的："我之所以这样做，是为了更准确、更全面地把我的意见报告党中央、毛主席。"

这份书面报告，题名为《通过敬爱的周总理向中央汇报关于西藏和其他藏族地区群众的疾苦和对今后工作的建议》。这个题目，是班禅经过反复斟酌后选定的。因为他觉得，既然是书面报告，就必须讲究形式，选择理想的送达途径。在他心目中，周恩来总理是中央领导人中，最了解包括西藏在内的少数民族地区情况的人，也是与自己关系最亲密的人；周恩来心胸宽广，从来都是民主作风的楷模，能听取党内外任何一种不同意见，从不以势压人；周恩来善解人意，以诚待人，是非分明。这份报告的形成，体现出他对周恩来的充分信任。

书面报告翻译成中文后，有七万多字，后来人们简称其为"七万言书"。它的内容共分为八个部分：

（一）关于平叛斗争。

（二）关于民主改革。

（三）关于农牧业生产和群众生活。

（四）关于统一战线工作。

（五）关于民主集中制。

（六）关于无产阶级专政。

（七）关于宗教。
　　（八）关于民族工作。

　　报告主要讲了西藏的问题，也涉及其他藏族地区的问题，系统地对藏区平叛和民主改革中存在的问题提出了批评和建议。

　　5月下旬，周恩来赴东北。行前他特别交代中央有关方面领导同志及中央统战部、中央民委、西藏工委的同志，要与班禅多加协商、谈心。"七万言书"印出后，班禅分送给中央有关领导和有关部门，引起了高度的重视。

　　6月26日，周恩来结束近一个月的东北之行回到北京，他很快接到了"七万言书"的中文稿。在国民经济困难时期内外交困的情况下，尽管内政、外交工作极度繁忙，但周恩来还是抽时间仔细地阅看了班禅的报告。看完后，周恩来精辟地概括了班禅报告的主要内容和自己的基本看法："班禅的报告，分作七个认识、八个问题、五个宗教原则。七个认识有许多错误，八个问题都是事实，宗教五项原则很好，可以拿过来。"

　　周恩来所指的"八个问题"，即"七万言书"的八个部分中提出来的问题。这些问题，都是班禅在各地参观访问中亲眼所见或亲耳所闻的事实。班禅指出，西藏和平解放以来发生了巨大的变化，尤其是各藏区在民主改革后取得了一定的成绩。但是，藏区在平叛和民主改革过程中，出现了扩大化和"左"的偏差，使得藏族群众和藏传佛教受到了损害。这些损害，有的是不可避免的，有的是可以避免的。在藏区，群众的生活极苦，与全国水平差距极大。包括西藏在内的一些地方党政干部，民主作风不够，听不进不同意见。在民主改革中，有的干部、积极分子甚至采取了投机的做法。

　　周恩来所指的"五个宗教原则"，是班禅极有见地之处：一是放弃剥削。二是民主管理。三是执行政府法令，"宪法进庙"。四是从事生产劳动。五是对老弱和专门念经的喇嘛，生活上由政府补贴。李维汉首先听到了这五项原则，赞赏道："这五条好。寺庙问题，还是你内行。"

　　在"八个问题"和"五个宗教原则"方面，班禅的看法是基本正确的。与事实有出入或看法有较大分歧的，主要是周恩来所指的"七个认识"。

　　这"七个认识"包括：一是对自治权利的认识，二是对中央和地方干部过问西藏问题的认识，三是对是否要消灭藏族问题的认识，四是对是否要消灭宗教问题的认识，五是对叛乱原因的认识，六是对地方错误的认识，七是对国家前途问题的认识。简而言之，班禅认为：自治区筹委会的权力受限制太多。中央和藏区的一些领导干部，很少真正过问藏族的疾苦和今后的发展，"几年来，藏族人口有很大减少，这对藏族来说，是个很危险的问题"。由于不重视藏文、藏族风俗习惯，以及在平叛扩大化中，大部分青壮年男子被逮捕关押，大有"消灭民族"之势。改革后佛教遭受巨大衰败而濒于灭亡，大有"消灭宗教"之势，我们藏人于心不忍。藏区错误的发生，既有地方干部工作上的问题和执行政策上的偏差，也有中央政策上失误方面的问题。

在"七个认识"中，班禅对西藏及其他藏区工作提出了严厉的批评、指责，言辞尖锐、激烈，带有刺激性。甚至认为，平叛和民主改革中出现的错误和问题是极其严重的，若不加以纠正，藏族将面临"灭族灭教"的危险，国家也将没有前途。

在"七万言书"的酝酿、写作和完成过程中，班禅的情绪是非常激愤的，他与一些地方领导干部和中央统战部、中央民委有关领导的矛盾日益明显，有时甚至达到不可"调和"的地步。这种情绪充分地体现在"七万言书"中。

周恩来就"七万言书"与班禅谈话，"你谈得很坦率，我也谈得很坦率"。制定了"纠'左'防急的四个好文件"，解决了问题后，班禅"满怀着喜悦的心情返回了西藏"，并对西藏工作充满了期望。

遵照周恩来的指示，中共中央统战部部长李维汉多次召集西藏工委和自治区筹委会的负责人张经武、张国华、王其梅、夏辅仁、阿沛、帕巴拉以及中央统战部和中央民委负责人平杰三、刘春等人开会，研究"七万言书"中提出来的问题，许多会议还专门请班禅参加，共同研究、商讨解决问题的办法。这期间，国务院副总理兼秘书长习仲勋受周总理委托，多次去看望班禅，并同他交谈。

在与有关方面的接触中，一开始，由于意见分歧较大，班禅"火气很大，说了些激烈的话"。但是，大家本着搞好藏区工作，促进西藏繁荣发展的共同愿望，进行了近两个月的深入交谈、研究。最后，终于在7月19日形成了四个重要的文件：《加强自治区筹委会工作，改进合作共事关系》《关于继续贯彻执行宗教信仰自由政策的几项规定》《继续贯彻执行处理反、叛分子规定的意见》《培养帮助教育干部的具体办法》。

这四个文件，充分涉及了"七万言书"中提出的问题和建议，对进一步落实党的民族、宗教政策，纠正平叛扩大化，加强对民族干部的培养和教育，都具有重要的指导作用，被人风趣地称为"虽然没有流血，但却流了不少汗"的文件。习仲勋则称之为"纠'左'防急的四个好文件"。为此，周恩来称赞他们"这两个月任务完成得很好"。

7月24日下午，周恩来再次约见班禅等人，一方面听取班禅介绍情况，一方面详细地回答"七万言书"中提出的问题。

从总体上，周恩来坦率地指出：在"七万言书"中，"问题摆出来了，就必须要解决。但并不等于说你提的问题都对，有对的，有不对的。因为有这两方面的情况，所以要慎重研究。对的就接受过来，不对的正面给你提出意见，提出批评。你有意见可以保留，也是许可的"。周恩来还把班禅"七万言书"中提出的八个问题归纳成六个问题，谈了自己的看法：

（一）关于平叛问题。周恩来指出："中央的方针是有反必肃，有叛必平，有错必纠；在平叛中丝毫不受损害是不可能的；也应当承认，平叛和改革中有缺点和做过头了的地方，但缺点、错误的出现，不应当掩盖成绩。"

（二）关于民主改革问题。周恩来认为：应该肯定民主改革是对的，当然也应该承认有些行动搞得过早了点；对于改革中的错误和少数干部投机、言行过头等现象，必须"有错必纠"。

（三）关于群众生活问题。周恩来称赞班禅的建议是好的，并要班禅回去后继续进行研究。同时提出两点需要注意的问题：第一，必须要关心最穷苦人民的生活；第二，要以西藏的水平来谈改善人民的生活，不可能与全国拉平。

（四）关于民主集中制。周恩来一方面要求班禅"首先是相信党中央和毛主席的领导，在西藏具体说就是相信西藏工委"；另一方面，又要求西藏工委和自治区筹委会"要发扬民主，多同各方面协商，听取意见"。他提出，要做到这一点，"就须藏、汉族领导同志互相尊重，互相信任"。

（五）关于宗教问题。周恩来说："我很欣赏你提出的宗教五项原则。"他把班禅提出的宗教五项原则与自己倡导的处理国际关系的和平共处五项原则并提，取名为"潘查希拉"（印地语指五项原则），还风趣地说："政治上的

'潘查希拉'我有一份，宗教上的'潘查希拉'是你创造的，版权归你所有。"并强调指出："消灭宗教，就是消灭人民了，就成了消灭自己了，帝国主义才这样干的。社会主义不存在'消灭宗教'的问题。"

（六）关于民族问题。周恩来提醒大家："在座的都相信，党中央是扶持民族发展的。""在民族问题上，汉族同志要批判大汉族主义倾向，藏族同志也要批判地方民族主义倾向。"

周恩来最后指出："国家有前途，藏族有前途，个人也有前途。关键在于领导，在于政策，在于团结。"

周恩来的回答，贯穿了一分为二的观点，充分地体现了马克思主义的辩证法。他的谈话，始终是亲切的、和蔼的，循循善诱、以理服人。

班禅听完周恩来的一席话后，基本赞同周恩来的意见，说："今天总理作了宝贵、坦率的指示。"周恩来谦虚地说："我的话不一定都对，我只是在几个大的方面指出来了。哪能够都对呢，除非是不说话。"他让班禅回去后"慢慢消化"，有不同意见还可以提出来。周恩来还对谈话的气氛做了这样的总结："你谈得很坦率，我也谈得很坦率。"

这次谈话，使班禅疑虑顿消。在情绪上，他要比起草"七万言书"时顺畅得多；在认识上，他也比在"七万言书"中提高了许多，能够站在更高、更全面的角度上来看问题了。

8月初，班禅一行离京返藏，用阿沛的话来说："班禅大师和我们都满怀着喜悦的心情返回了西藏。"班禅到达拉萨后，西藏工委于8月13日至9月2日召开了第六次扩大会议，传达了周恩来等中央领导同志关于西藏工作的意见，讨论了如何贯彻四个文件精神的问题。会后成立了与文件相应的四个小组，分别着手贯彻。班禅专门负责有关落实宗教政策的小组。

这期间，班禅的心情是舒畅的，对西藏工作充满了期望。

> 周恩来尽力说服人们："班禅的事，要分清敌我与人民内部矛盾。"不幸的是，诞生在特别年代的"七万言书"不久便由人民内部矛盾，变成了敌我矛盾。班禅被批斗以后，周恩来对他仍加关照。尽管周恩来也处境艰难，但经历了"文化大革命"之苦的班禅仍真诚地表示："我在监狱里没有死掉，主要是周恩来先生的恩情。"

在对待班禅"七万言书"的问题上，周恩来始终认为："班禅的事首先有一个问题，就是要分清敌我与人民内部。对班禅、阿沛，从基本立场上看，他们是站在爱国立场上的。"他甚至对西藏工委的负责同志说："活佛不能换。"

对班禅，周恩来有着基本的信任，但同时，他也毫不客气地指出班禅思想认识中的错误一面。他曾对中央有关部门和西藏工委的同志说过：对待班禅，"一要尊重职权，二遇事要取得同意，三要有等待"。

然而，事物的发展，往往受到多重因素的制约，有主观的，有客观的，有国内的，有国际的。班禅的事也同样如此。到后来连周恩来也难以驾驭了。

自1962年9月中共八届十中全会重提阶级斗争问题，并将阶级斗争形势严重化后，班禅的问题，也被逐渐当作阶级斗争问题处理。虽然在8月份的北戴河会议上，周恩来曾强调，对班禅"要有正确的政策"，也"要有必要的批评"。但是，一个月以后，周恩来的这一愿望便被阶级斗争扩大化的冲击波覆盖了。由于后来党的很大一部分注意力转向阶级斗争，而阶级斗争问题在民族、宗教领域内又越演越烈，"民族问题的实质是阶级问题"的错误论点成为指导全国民族工作的总原则。在这种形势下，周恩来指明的党在民族、宗教问题上的"正确的政策"，得不到体现；他要求的"必要的批评"，也被升级到改变了性质。班禅的"七万言书"，被当成"反党反社会主义的反动纲领"，与彭德怀写给毛泽东和党中央请求全面审查自己历史的"八万言书"并提。代表党中央、国务院与班禅等人较妥善地解决了"七万言书"问题的李维汉和习仲勋，也在八届十中全会前后被批判、撤职。西藏工委第六次扩大会议关于全面贯彻四个文件的精神，也由此被迫中断。班禅那刚刚平息下来的火气，再次升了起来，他与西藏工委领导人之间的分歧又一次拉大了。

班禅的"七万言书"，写于多事的1962年。这一年，在国际上，印度军队在不断蚕食、推进方针的指导下，越过非法的"麦克马洪线"，大举向我国边境地区发动进攻。我国边防部队被迫进行自卫反击。由于西藏在地理位置上与印度毗邻，在宗教上与印度之间更是有着千丝万缕的联系，再加上少数叛乱分子不断地活动，使得班禅与西藏工委的矛盾自然地成为引人注目的问题。在国内方面，我国许多少数民族地区尤其是边境地区也动荡不安。而海峡那边的台湾当局也一点不安宁，不断地制造"反攻大陆"的沿海登陆事件……这样的客观现实，自然使人们强化了"敌情观念"。加之当时"左"的思想作怪，人们心中阶级斗争的这根弦越拉越紧。

箭在弦上，势在必发。"七万言书"在这样一种大的社会背景下，自然被卷进了阶级斗争的历史旋涡中，由原来的"认识问题""思想问题"逐步升级，成为严重的政治问题。尽管班禅的本意、本性或出发点是好的，如他后来所说："我这个人看到'左'的错误，看到不合理现象，看到老百姓吃苦受难，从心底里感到气愤，根本坐不住。要我不讲话，或者讲好听的假话，或者闭上眼睛，我根本办不到。……看来我这个毛病改不了，我也不愿意改。这大概叫'江山易改，本性难移'吧？"尽管周恩来多次强调：班禅的问题是人民内部问题，他的基本立场是爱国的，对班禅应采取正确的政策。但是，后来的历史发展，远远超出了班禅"七万言书"的本来性质，也出乎周恩来的预料。历史，使伟人也无能为力了。

1964年9月18日至11月4日，班禅在西藏自治区筹委会第七次扩大会议期间，受到了严厉的批判，"七万言书"也被当成反党反社会主义的主要证据。班禅被撤销了西藏自治区筹委会代理主任职务，扣上了"反人民、反社会主义、蓄谋叛乱"三顶帽子。人民内部矛盾，变成了敌我矛盾。随后，班禅在三届人大一次会议和四届政协一次会议上又被撤销了全国人大常委会副委员长和全国政协副主席的职务，只保留了全国政协常委一职。

对班禅这样宗教界、民族界头面人物的处理，周恩来是知道的。但是，个人无法左右历史发展的道理，在中共八届十中全会以后，体现得再透彻不过了。中国政坛上的阶级斗争动向，给求实的周恩来带来了极大的困惑，特殊年代中的周恩来，是内心困苦且左右为难的。尤其是1964年党内做出"全国基层三分之一甚至更多的领导权已不在我们手里"的判断后，周恩来对"从资产阶级手中"（在西藏便是从过去的"农奴主"手中）夺权的运动内容和方向，更是陷入了一种不甚了了之中。这种困苦为难的真实心态，在后来的"文化大革命"十年中，更是困扰着周恩来。但是，为了保证国民经济和国家机器的正常运转，他不得不带着忧虑的心境艰难地工作，有时也不得不讲一些违心的话，做一些违心的事。更重要的是，他利用自己的威望和特殊地位，起到了中流砥柱的作用。他力图保护党内外一大批民族精英和杰出人物，对班禅，周恩来同样倍加关照。

就在西藏自治区筹委会第七次扩大会议批判班禅后不久，周恩来担心班禅在西藏会发生意外事情，特意指示有关部门，让班禅离开拉萨到北京居住。1964年11月，班禅全家搬来北京。周恩来亲自安排他们住在已故的沈钧儒副委员长的寓所里，这实际上仍然是按副委员长的待遇安排班禅。周恩来还特意交代有关部门，要照顾好班禅的生活。在周恩来的批示下，中央有关部门对班禅问题采取了极其慎重的态度。

周恩来对班禅的关心和保护，并没有随着形势的混乱而放松。直到"文化大革命"初期，班禅过了一段平静的生活。由于周恩来的极力劝阻，红卫兵也未能擅自冲击班禅。

但是，随着"文化大革命"的发展，周恩来保护干部的工作，越来越艰难，危局也越来越难以支撑。1966年8月下旬的一个晚上，中央民族学院的一些人不顾周恩来总理的批示，强行冲进班禅住处，把班禅押到学院。之后，又召开了声势浩大的批斗大会。周恩来得知后，立即派自己的联络员，会同中央统战部负责人和解放军代表，到中央民族学院去制止武斗行为。周恩来向各派红卫兵组织做了很多的说服工作后，把班禅转移到北京卫戍区监护。在卫戍区，班禅在政治上、生活上得到了很好的照顾。卫戍区领导曾告诉他："周总理指示我们要好好保护您，绝对不允许红卫兵再把您弄走。"班禅得知：卫戍区必须向党中央负责，向周总理负责，不能让班禅出来。为此，班禅内心充满了感激。他很想见周总理，但却只能感受到总理的关怀、温暖，见不到自己尊敬的人。他在被监护期间，深深理解了周总理的困难处境。两个多月后，局势稍稍好了一些，周恩来指示卫戍区把班禅送回了寓所。直到1968年夏天，班禅又过了一段修身养性、静心反省的生活。1968年，班禅再次被带走，送去隔离监护。这次与上次不同，完全与外界隔离开来。就连周恩来的关怀，也几乎被"四人帮"一伙隔断了。在十年动乱期间，周恩来始终惦记着班禅。林彪叛逃后，周恩来主持中共中央和国务院的工作，一大批受到迫害的老干部相继解放。他也曾考虑了班禅出来工作的问题，因各种阻力，未能如愿。1974年3月，重病期间的周恩来又一次找来阿沛·阿旺晋美，商议促成班禅出来工作事宜。但是，不久以后"批林批孔"运动的狂潮，又使周恩来的愿望成为病榻上的遗愿。

直到1977年10月，第十世班禅才得以获释，这时，他所尊敬的周恩来总理已长眠于九泉之下了。

在狱中以至出狱后，班禅一直在反省自己"七万言书"的是是非非。他明白周恩来当年提出的总的看法："七个认识有许多错误，八个问题都是事实，宗教五项原则很好，可以拿过来。"对自己认识上的错误，他是清楚的。同国家的灾难和一大批老一辈革命家的遭遇比较，他并不感到委屈。他恢复自由后曾说："过去我确实犯了错误，说了一些错话，做了一些错事，今后我准备好好总结一下，再给中央写个检讨报告。"他不理解的是，为什么周总理早已定论的人民内部问题，却被一些人当成反党反社会主义问题来处理。但是，班禅坚信，"七万言书"的出发点是好的，动机是好的，周总理是理解自己的，党和国家是会对自己做出公正结论的。这种信念，使他熬过了九年多的铁窗生涯。班禅出狱后，每逢周恩来总理的忌日（1月8日），他总要早早地起床做好祈祷的准备，然后在上午10点左右，到天安门广场的人民英雄纪念碑前，恭恭敬敬地为周总理献上精致的花圈（或花篮）和质地优良的洁白的哈达，寄托自己深深的哀思与怀念，为周总理的灵魂祈祷。在他的心目中，周恩来不仅仅是中国共产党和国家的优秀领导人，而且是我们整个中华民族的杰出代表，还是自己最亲密、最崇敬的一个挚友。

1980年9月，在全国人大五届三次会议上，班禅与彭冲、习仲勋、粟裕、杨尚昆一道，被补选为全国人大常委会副委员长。从此，这位藏传佛教的杰出领袖和西藏地方政府的主要领袖，重新走上了国家领导人的岗位。

班禅大师的复出，了却了周恩来总理的遗愿。复出后的班禅，也始终没有忘记周恩来的恩情。1988年4月4日，班禅在全国人大七届一次会议新闻发言人举行的中外记者招待会上，回顾自己的历史时，向全世界表露了他对周恩来的深情："我在监狱里没有死掉，主要是周恩来先生的恩情。"

1989年1月7日，班禅到自己亲自创建的中国藏语系高级佛学院检查、布置工作。因为两天以后，他将离京赴西藏，主持五世至九世班禅大师遗体合葬灵塔祀殿——班禅东陵扎什伦布寺南捷开光典礼，行前还有很多工作要安排。在佛学院的事忙完后，有人问及他第二天的安排，班禅深情地说："明天是周总理逝世纪念日，念完晨经，我还要祈祷祈祷，早上不能安排别的活动。"这是一位少数民族界、宗教界的杰出领袖对自己祖国的总理最感人的怀念。1月9日，清晨，班禅离京赴藏。1月28日，由于操劳过度，第十世班禅大师突发心脏病，经抢救无效，与世长辞。

第九章
经济调整与阶级斗争两条线

从1962年秋天开始,一个后来为中国人民家喻户晓的口号,逐渐充斥人们的耳膜和脑海。发展到极点时,它成为领导干部们治国理政和各行各业工作的一条总准则:"千万不要忘记阶级斗争!"

这一口号,源于毛泽东在中共八届十中全会上的一句名言:"阶级斗争问题我们从现在就讲起,年年讲,月月讲。"

毛泽东的这句名言,后来被人演化成为:"阶级斗争要年年讲,月月讲,天天讲。"

八届十中全会,是继1961年1月中共八届九中全会确定"调整、巩固、充实、提高"的调整国民经济方针以后党的政治生活中的一次预定会议。九中全会以后,全党按照八字方针的思路将工作重心放在了调整国民经济上面。

从八届九中全会到十中全会,仅仅一年零八个月的时间,形势却发生了一些不同寻常的变化。党内尤其是处在经济工作第一线的周恩来等人没有预料到的是,正当以调整国民经济、度过严重困难为主线的经济工作全面开展的时候,党的工作中却有另一条阶级斗争的副线慢慢铺展开来。

困苦中,周恩来走进了中共八届十中全会……

大幅度调整国民经济的工作,是在一个很不平静的国际国内形势下展开的。在复杂的国际背景下,中国不能不有所准备。怎么准备?广大党员和群众提高了警惕,一根阶级斗争的弦开始绷紧了。国内

形势亦扑朔迷离，由于"左"的思想的影响，出现了一系列令人担忧甚至非常尖锐的问题。在客观形势下，阶级斗争的严重性被不断地夸大。一些本不属于阶级斗争问题的问题，被纳入阶级斗争的轨道中。

重提阶级斗争问题的想法，毛泽东由来已久……

往远了讲，毛泽东在接受马克思主义学说的时候，对其中阶级斗争的学说印象极深。阶级斗争的观点，在战争年代，对毛泽东解决中国革命的问题起了重要的作用。进入社会主义建设时期，一种客观的现实摆在人们面前——虽然社会的主要矛盾已经改变，但是在大规模地开展建设的过程中，国际和国内的各种复杂矛盾及其对抗因素并不令人乐观。1956年赫鲁晓夫借苏共二十大彻底揭露和否定斯大林，之后许多国家发生的一系列的连锁反应，特别是波兰、匈牙利事件的发生，促使毛泽东进一步思考阶级斗争的客观存在及其复杂性问题。

往近了说，自"大跃进"以来，经过天灾和人祸的冲击，在严重的困难形势下，有人对自己的信念发生了动摇，有人把对现实的不满和怨气发泄到社会主义制度本身上，还有的人，本身就存在着对社会主义和共产党的敌视。也有一些干部逐步脱离人民群众，甚至蜕化变质。这样的现实，毛泽东不得不深思。一些国内国际的阶级敌人亡我之心不死，随时都在伺机向人民政权进攻。无论人们是否愿意正视阶级斗争问题，客观的存在，随时都在提醒党的领导者——千万不要忘记阶级斗争！

正当大幅度调整国民经济的工作在全国范围内展开的时候，我国面临的是一个很不平静的国际国内形势……

1962年前后，台湾海峡的局势动荡不安。一些西方大国染指台湾之心不死，在国际上不断地宣扬"两个中国""一个半中国""台湾独立"和"国际托管"等论调，引起中共领导层的高度警觉。

美国等超级大国的势力所到之处更不安静。美国继续在南越进行战争冒险的计划，而日本恢复军国主义的苗头也不容忽视……

中国政府和人民对日益严重的国际局势，是不会漠不关心的。

1962年，我国的一些边境地区局势很不平静。

中苏边境。4月中旬，在苏联通过其领事馆的长期策动、诱骗下，新疆维吾尔自治区塔城、裕民、霍城三县居民六万余人逃往苏联。为加强新疆的工作，中共中央决定派赛福鼎回新疆。4月30日，就新疆边民外逃一事，周恩来还约赛福鼎谈话，他说："新疆当前是多事之秋，事情既然发生了，可以把坏事变成好事；在边民外逃问题上，有外因，也有内因，在内因方面，几年来我们工作中没有照顾好民族特点、宗教特点和当地的经济特点；外逃问题给我们敲起了警钟，内部问题和各方面工作一定要搞好。"

不久，广东群众偷渡出境的情况也十分严重，不仅引起港英当局的注意，而且美蒋方面也利用此事大肆造谣污蔑，扬言要联合国出面处理所谓"中国难民问题"。周恩来得知这一情况以后，立即电令广东省委追查此事，并要求立即采取有效措施阻止这一态势。

1962年夏天，中印边境更不平静。

自1954年周恩来首次倡导在中印两国关系问题上遵循和平共处五项原则以来，中印边界的和平共处局面并没有维持多久。1959年8月，侵入中国朗久的印军对中国边防部队无端开火，挑起整个中印边界上的第一次武装冲突事件。本着和平共处五项原则的精神，周恩来于1960年专门访问印度，商谈和平解决两国边界争端的问题。至1962年上半年，中国方面通过谈判和平解决中印边界问题的努力一直在进行。周恩来为此花费了很大的心血。

1962年间，尽管印度军队不断地蚕食中国领土，但中方仍然采取克制的态度。6月4日，周恩来向正在东北访问的柬埔寨王国政府第一大臣宾努亲王表明了中方对于中印边界问题的立场，他说："我们的立场很明确，一是维持现状，二是通过谈判和平解决，而且主张停止边界巡逻。中国已经通过谈判同缅甸、尼泊尔解决了边界问题，现在又开始同巴基斯坦谈判边界问题，为什么中印边界问题不能这样解决呢？"

遗憾的是，印度方面除了继续允许达赖集团在那里进行反对祖国的活动以外，还在中印边界采取"前进政策"，向中方领土推进，仅1962年上半年印方就沿所谓的"麦克马洪线"建立了24个新哨所，就在周恩来与宾努亲王谈话的这天，印方甚至在该线以北的扯冬也设立了哨所。这种情况仍在继续。印方公然地对中方进行的挑衅，引起了边界局势的进一步紧张。正像周恩来在6月23日起草的中央致陈毅并中国参加日内瓦会议代表团电中所说："中印边界问题是一个长期斗争。现在边界上特别是西段边界上，是一个犬牙交错、长

1960年4月,周恩来和陈毅(右)访问印度时,同尼赫鲁(中)合影

期武装共处的局面。"周恩来多次向印方表示和平解决中印边界问题的良好愿望，越来越难以实现。边界的武装冲突，显然已经难以避免（就在八届十中全会召开不久，10月20日凌晨，鉴于印度军队在中印边界东西两段对中方发动全面、猛烈的大规模进攻，中国军队被迫开始进行自卫还击）。

……

在这样的国际背景下，中国不能不有所准备。怎么准备？按过去的经验，对于广大的党员和群众而言，首先就是要提高警惕，要有一根阶级斗争的弦。

在这一时期，国内工作也出现一系列令人担忧的问题。尤其在民族和宗教工作中，问题更为尖锐。

5月18日，西藏宗教领袖班禅额尔德尼·确吉坚赞向周恩来递送了"七万言书"。由于周恩来等人耐心细致的工作，不仅妥善地缓释了班禅心中的疑虑，而且制定了有利于搞好西藏及其他藏区工作的有关文件。

尽管周恩来多次强调："班禅的事，要分清敌我矛盾与人民内部矛盾。""总的来说，班禅是爱国的。"然而，周恩来也无法预料的是，班禅写的"七万言书"，却为以后阶级斗争形势的发展留下了一份凭据。

无独有偶，就在班禅写作"七万言书"期间，作为在党内深受冤屈的开国元戎彭德怀，也于6月16日向中共中央和毛泽东主席写了"八万言书"，请求党全面地审查他的历史。彭德怀在信中特别申明，他在党内从未组织过什么"反党集团"，也没有里通外国的问题。

这封信，与1959年庐山会议期间写给毛泽东的对"大跃进"的经验教训提出不同看法的那封信一样，又是在一个不同寻常的历史时期写下了一封原本值得思考却最终得不到公正对待的信。这封信被当成党内阶级斗争的一个明显的动向。

有人惊恐，一个是党外的"七万言书"，一个是党内的"八万言书"，这是内外相通，共同冲着党来的！

……

复杂的现实是客观存在的，谁也不能否认。问题是，如何实事求是地分析现实并冷静地定性。

自1962年下半年起，社会主义时期的阶级斗争问题，在一些领导者心目中的地位逐渐加重，它的严重性被不断地夸大。一些本不属于阶级斗争问题的问题，被纳入了阶级斗争的轨道中。

尽管阶级斗争进入人们的视野是不以人的意志为转移的，但却并不是人人都会将它用放大镜去看的。

当然，党内也有一些清醒的领导人，比如刘少奇。早在1962年年初的扩大的中央工作会议上，刘少奇就借反对"左"倾和右倾两种错误问题时表明过自己的观点："我们在党内的具体斗争中，应该有什么反什么。……有'左'就反'左'，有右就反右，既没有'左'，也没有右，就什么也不要反。这就是说，我们要实事求是地进行党内斗争。"言下之意，处于国民经济最困难时期和调整的关键时期，人们要把主要精力放在经济工作上。正像2月份刘少奇在主持召开中共中央政治局常委扩大会议（即西楼会议）时所说："现在处于非常时期，不能用平常的办法，要用非常的办法，把调整经济的措施贯彻下去。"

再比如，周恩来——尽管周恩来在将主要注意力放在经济工作上时，并没有回避阶级斗争的客观存在，但他也不同意用放大镜看阶级斗争问题。早在1961年6月19日他在新侨会议期间做《在文艺工作座谈会和故事片创作会议上的讲话》时就表明过这样的观点："要区别何为政治问题，何为思想问题，何为习惯势力，不能不分清问题性质事事斗争。有的已形成习惯，要长期才能改变。新风气不树立起来，旧习惯势力去不了。总之，对阶级斗争要具体分析，不要把对反革命的警惕性和人民内部的思想改造混同起来。"他是反感无论在什么问题上都将阶级斗争问题硬加上去的做法的。在调整时期他多次提醒过人们："我们不要把阶级斗争硬加上去。"

> 国民经济调整时期，在寻找"事物发展的动力"方面，毛泽东更关注阶级矛盾。毛泽东不满意的是，中央常委扩大会议在估计形势方面的调子太低。他不同意刘少奇和周恩来等人在总体上否定"大好形势"的做法。北戴河中央工作会议，周恩来带去的议题，仍然是精简、粮食、城市工作等，仍在照着原先的工作安排抓紧调整工作。

1962年5月以后，主持经济工作的周恩来等人对中国面临的严重困难形势有了进一步的认识，因而在党内党外多次讲困难形势问题，主张只有充分地向人民说清实情，才能鼓起克服困难的真正干劲。

讲困难，周恩来是实事求是的。他并不想掩盖事实真相，这与他一贯奉行的"说真话，鼓真劲，办实事，收实效"的作风有关。早在年初召开的七千人大会上，周恩来就不客气地指出："这几年来，党风不纯，产生了浮夸和说假话的现象。我们要提倡说真话。怎样才能做到这一点呢？要大家讲真话，首先要领导上喜欢听真话，反对说假话。"

应该说，这期间毛泽东也是主张大家充分地说真话的。然而，作为党的最高领导人，对国家极端困难方面的真话听多了，也不会有多少好感的。

周恩来和刘少奇等人主张把困难的严重性向人民讲透的做法，引起毛泽东的不快。他认为这是把形势说成"漆黑一团"了，这会使人民泄气。

……

毛泽东认为，泄气，就是丧失了前进的动力；而鼓气，才能找到这种动力。对如何才能鼓气，毛泽东与周恩来等人的想法是不一样的。

应该说，经过"大跃进"等违背客观规律、不切实际的建设运动后，人们充分认识到，对社会主义建设道路的探索，是一件极不容易的事，无论是经济基础还是上层建筑，都没有完全现成的道路可以遵循。在毛泽东、周恩来等人心中，有一点是确信无疑的：中国共产党和中国人民只能在独立自主、自力更生中探索社会主义建设道路，面对国际国内错综复杂的形势，必须独立思考。

周恩来曾经说过："任何工作一定要经过实践才能逐步做得对，任何事情都存在矛盾或困难，矛盾是事物发展的动力。"

遗憾的只是，在寻找"事物发展的动力"方面，毛泽东更加关注阶级矛盾。对阶级斗争，毛泽东历来有着高度的警惕性，以致阶级斗争的问题被逐渐放大。

1962年5月7日至11日，为讨论《中央财经小组关于讨论1962年国民经济调整计划的报告（草稿）》，以便对严重不平衡的国民经济发展状况施行"大手术"，刘少奇和周恩来在北京召集中共中央政治局常委开扩大的工作会议。当时中央政治局常委的毛泽东不在北京，但这次会议，是征得毛泽东同意的。毛泽东还提出，虽然是个"中央小型会议"，但要"有各大区书记参加"。所以出席会议的有在京的政治局常委、政治局委员、书记处成员，各中央局书记和中央各部门，国务院工交、农林、财贸、文教、科学各口的负责人，共105人。会议的议程，是由周恩来安排的，出席会议人员的名单，也是他拟定的。

在11日的会议上，周恩来解释："为什么说目前情况还很严重。"其中他讲了这样几句话：

> 我们主观上的失误造成的经济发展不平衡的后果，不是短时期能够消除的，只能逐步解决；经济工作千头万绪，要越做越细。要做好工作，应该情况明，决心大，办法对。
>
> 关这么多厂，拆这么多"庙"，精简这么多人。这件事情，在中国，没有哪个政权能够这样做，只有我们才有这样做的群众基础。我们这样一个人口多、经济落后的国家要在经济上翻身，这是一个艰巨的任务。我们应该有临事而惧的精神。这不是后退，不是泄气，而是戒慎恐惧。建设时期丝毫骄傲自满不得，丝毫大意不得。

在周恩来眼中，对待建设要"戒慎恐惧"，"丝毫大意不得"。为此，他在会上对国家的精简方案做了详尽的说明，对各系统的减人指标、对象、办法和政策界限以及完成的时间、步骤、待安置职工的待遇等问题做了具体规定。

主持会议的刘少奇同意周恩来等人的看法，并做了《目前的经济形势到底怎么样》的讲话，他诚恳且实事求是地说：

> 我看，应该说是一个很困难的形势。从经济上来看，总的讲不是大好形势，没有大好形势，而是一种困难的形势。一部分地区的经济形势比较好，但那是部分的。总的来讲，是一种困难的形势。这一点，我看要跟干部讲清楚。讲了这么多年的大好形势，现在讲没有大好形势，而是一种困难形势，这个话是很难讲。我们这回切实这样讲一讲，你们回去跟省委书记讲一讲，然后大家才好讲。我们这里不开口，人家是不好讲的。

作为国家主席和党的副主席，刘少奇能够实事求是地向大家交代"没有大好形势，而是一种困难的形势"，这是需要勇气和胆识的。

刘少奇还指出：最困难的时期还没有过去，还应当充分估计当前的困难，才能挺起腰杆前进。这样做，"天并没有就此黑了，天也不会塌下来，事情还不是黑漆一团。但是某几块是黑的，我们就得承认是黑的，必须实事求是加以分析"。

更引起人们注意的是，刘少奇在讲话的开始便提出来："'左'了这么多年，让我们'右'一下吧。"

周恩来钦佩刘少奇的勇气，他的一些想法得到了刘少奇的支持。

会后，周恩来派李富春去杭州向毛泽东汇报了会议的有关情况和中共中央批发中央财经小组报告的指示草稿。毛泽东同意会议作出的全面贯彻执行八字方针和对国民经济进行大幅度调整的重大决策，并同意周恩来等人在报告中提出的调整措施。

毛泽东不满意的是，这次中央常委扩大会议在估计形势方面的调子太低。他对刘少奇和周恩来在总体上否定"大好形势"的做法是有看法的。

五六月间，周恩来为贯彻大幅度调整国民经济的决策，前往东北。这期间，由于毛泽东的秘书田家英在湖南做了调查研究后回到上海，周恩来托中央办公厅主任杨尚昆打电话给田家英，请田在向毛泽东汇报情况时问一下，可不可以把农村的私有部分放宽一些。

6月下旬，在周恩来视察东北期间，中共中央书记处曾开会讨论了包产到户问题。会上，陈云和邓小平、邓子恢等人支持包产到户的做法。6月底，周恩来返抵北京后，于6月30日和7月9日分别到陈云家谈话。陈云向周恩来提出：有些地方可以用重新分田包产到户的办法来刺激农民生产的积极性，以迅速恢复农业产量。周恩来曾经表示支持陈云等人提出的包产到户的主张。

7月9日和11日，邓子恢还到中央党校作了《关于农业问题》的报告，提出可以建立严格的生产责任制，实行队包产、组包工、田间管理包到户等想法。

然而，在农村私有部分所占比例和包产到户的问题上，毛泽东的想法又与周恩来、陈云、邓小平、邓子恢等人产生了分歧。这种认识上的分歧，毛泽东认为有它深刻的社会背景和政治渊源，必须在中央的工作会议和中央全会上进行解决。

7月11日，中共中央发出通知，决定7月下旬召开中央工作会议。通知中写明，会议主要讨论和解决的问题是：（一）目前农村工作中的一些问题，（二）粮食问题，（三）商业工作中的一些问题，（四）国家支援农业的问题。

这几大问题涉及的工作，正是周恩来主管的工作。因此，会前周恩来的主要注意力也是在这些问题上。通知发出的第二天，周恩来在给中央机关下乡调查组作动员报告时，就是根据上述问题交代调查任务的："第一是调查，第二是反映，第三是提意见。"他还提醒调查组注意我国目前政治、经济生活中迫切需要解决的十个问题：（一）农业，"是当前一个很中心的问题"；（二）国家支援农业；（三）粮食；（四）财政金融；（五）市场；（六）精简；（七）调整；（八）清仓核资；（九）体制；（十）作风。

组织这批调查组，为的是了解全国各省县以下吃商品粮和吃机动粮的情况。这也是周恩来为配合中央工作会议以及八届十中全会召开所采取的一个重要举措。

为使中央工作会议准备得更充分一些，不久中共中央决定会议推迟到8月份在北戴河召开。

这期间，周恩来参加讨论或主持制定了一系列解决上述迫切问题的相关文件。

7月17日至19日，周恩来先后参加会议，讨论《中共中央、国务院关于改进商业体制的决定（初稿）》和《国务院财贸办公室和全国物价委员会关于市场和物价问题的报告（草稿）》。

7月23日，周恩来在多次约有关人员谈粮食问题后，参加中共中央书记处会议，讨论准备提交中央工作会议的《关于粮食问题的报告（草稿）》。

……

到7月下旬，中共中央预定利用在避暑胜地北戴河召开的中央工作会议已基本筹备就绪。7月27日，周恩来在北京主持完有关精简问题的会议后，前往北戴河。他带到北戴河去的议题，仍然是精简、粮食、城市工作等。

周恩来到北戴河的第二天，毛泽东就召集了中共中央政治局常委会议，直接领导中央工作会议的重大事宜。为开好北戴河中央工作会议，与会者分为六个大组和若干小组，还专门成立了会议中心小组，由毛泽东、刘少奇、周恩来、朱德、邓小平以及国务院各口负责人、各中央局书记组成。

周恩来仍在照着原先的工作安排考虑和进行调整国民经济的工作。7月28日、29日，周恩来连续两天在北戴河召集有关负责人开会，专门讨论国务院财贸办公室准备提交中央工作会议的《关于粮食问题的报告（修改稿）》。这份修改稿说：要巩固集体经济，进一步调动全体农民的生产积极性，争取比较快地恢复和发展农业生产,除了必须动员和集中全党、全国的力量支援人民公社集体经济以外,还必须在兼顾国家利益、集体利益、个人利益的原则下,在兼顾城乡人民生活的原则下,继续适当地减轻国家对农民的粮食征购任务,并且把它在一定水平上固定一个时期。这是粮食工作方面目前急需解决的一个方针性的问题。

修改稿中在总的大原则下,融入了个人利益的原则。这是很难得的,也算是在当时单一集体经济情况下的一种突破。

7月30日,周恩来根据中共中央政治局常委的决定,开始召开有25人参加的城市工作会议,着力解决城市工作中存在的严重问题。截至8月24日,他共主持召开了17次这样的会议,并代中央起草了《关于当前城市工作若干问题的指示》稿。会议期间,周恩来明显地感到,解决城市工作中存在的问题,绝非易事,需要一定的时间和采取一系列行之有效的办法。正像他8月1日在城市工作会议上讲话时所说:"解决城市工作中的问题的办法首先是恢复正常生产。只有工业劳动生产率提高了、有效地支援了农业和市场以后,生活才会改善。"

其间,周恩来又多次主持解决粮食等问题的会议……

工作的繁重和调整的艰难,使周恩来在北戴河这一中国有名的避暑胜地不仅没有得到任何休息,会议期间他反而积劳成疾。有一些会议,他是带病出席的,甚至有几天,他无法出席会议。

就在病魔悄悄地向周恩来袭来的时候,政治上的一些风浪,也悄然地向党内袭来……

中央工作会议的大会一开,毛泽东向所有与会者提出了三个令人深思的问题:阶级、形势、矛盾。以后,毛泽东又多次在中心小组会议上讲这三个问题,且越讲针对性越明显。毛泽东的讲话是有所指的,而周恩来的讲话中也带有些辩白的成分。紧接着在八届十中全会上,毛泽东断言,有资本主义复辟的危险!并提出:阶级斗争不要放在很严重的地位,但要跟调整工作平行。要年年讲,月月讲。要有人去对付这个阶级斗争。

正当周恩来的体质逐渐下降的时候，8月6日，中共中央工作会议的大会在北戴河拉开了帷幕。

在这天的会上，毛泽东一讲话便向所有与会者提出了三个令人深思的问题：

阶级：究竟有没有阶级，社会主义国家究竟存不存在阶级？

毛泽东说：

在外国有人讲没有阶级了，因此党是全民的党，不是阶级斗争的工具、无产阶级的党了，无产阶级专政不存在了，全民专政没有对象了。只有对外矛盾了。像我们这样的国家是否也适用？

毛泽东提醒大家："有没有阶级，这是个基本问题。"

形势：国际国内形势究竟怎么看？国内形势是不是一片黑暗，还是有点光明？

毛泽东说：

究竟这两年如何？有什么经验？过去几年，有许多工作没搞好，有许多工作还是搞好了，如工业建设、农业建设等等。有些同志过去曾经认为是一片光明，现在是一片黑暗，没有光明了。我倾向于不那么悲观，不是一片黑暗，现在是一片光明的看法没有了，不存在。有些人思想混乱，没有前途，丧失信心，不对！

矛盾：社会主义社会是不是就没有矛盾了，有些什么矛盾？

毛泽东说：

一类是敌我矛盾，一类是人民内部矛盾。人民内部矛盾又有两类，有一种矛盾，对资产阶级的矛盾，实质上是敌对的，是社会主义与资本主义的矛盾，我们当作人民内部矛盾处理。如果承认国内阶级还存在，就应该承认社会主义与资本主义的矛盾是存在的。阶级的残余是长期的，矛盾也是长期存在的。不是几十年，我想是几百年。进了社会主义是不是就没有矛盾了？没有阶级，就没有马克思主义了，就成了无矛盾论、无冲突论了。现在有一部分农民闹单干，究竟有百分之几十？有说20%，安徽更多。就全国来讲，这时期比较突出。究竟走社会主义道路还是走资本主义道路？农村合作化要不要？包产到户，还是集体化？现在就有闹单干风，越到上层越大。有阶级就有阶层，地富残余还存在着，闹单干的富裕阶层、中农阶层、地富残余、资产阶级争夺小资产阶级搞单干。如果无产阶级不注意领导，不做工作，就无法巩固集体经济，就可能搞资本主义。

问题一提出来，会场的气氛骤然紧张，许多人明显地感觉到，毛泽东提的这三个问题是有感而发，是有针对性而来的！

以后，毛泽东又多次在中心小组会议上讲这三个问题，且越讲针对性越明显。与会者越听越感觉到毛泽东所说的问题，是有所指的：

刘少奇、周恩来、陈云等人春天对我国出现的严重经济困难形势的实事求是的估计是一股"黑暗风"。

邓子恢、陈云等人支持一些地区反对平均主义而采取包产到户的做法是刮了一股"单干风"。

彭德怀等人要求党中央重新审查自己的历史这一行动是一股"翻案风"。

毛泽东的这三个问题一提出，出席会议的各位代表还有一个明显的感觉：阶级斗争问题越发显得重要，会议将要重点讨论它，而中央工作会议的原定议题已经受到冲击。

在北戴河的会议上，用部分时间专门讨论了毛泽东的上述讲话。

周恩来在会议期间的讲话中，主要讲的是计划问题和农村形势问题。但是，会上讨论毛泽东提出的三个问题，周恩来不得不发表自己的看法。

周恩来表态说：

毛主席提出的三个问题五个矛盾，很尖锐、重要和适时，提出了阶级斗争是长期的，阶级贯穿在各个时期，就是到了共产主义照样还会有阶级斗争；形势一改变，我们的同志就模糊了，以为搞了几十年，还讲什么阶级斗争长期性，讲什么阶级。

周恩来的这段话，应该说与毛泽东的认识是一致的。

周恩来还说：

> 农民的问题，主要是单干的问题，农民过去主要是单干，但是现在主张单干的不多；包产到户要分清界限，不都是单干，有些取得成绩也是主要的；农村形势，虽然我们一开始把困难估计得多了一点，采取了一系列的措施，但是我们看困难问题并不是漆黑一团。

而周恩来的这段话，却有些辩白的成分。他不太同意毛泽东对"单干风"和"黑暗风"的批评。

8月11日至15日，周恩来大病了一场。15日以后他继续出席会议。而这期间，毛泽东对上述三个问题的讲话更加坚决。

8月17日，周恩来出席中心小组会议，并再次对阶级斗争等问题发表看法。他首先表明自己的态度：阶级斗争具有长期性和复杂性。

对农村单干和责任田问题，他提出：要从长远看、从本质上看，要加以分析，不能一概而论。

在讲到对形势的看法时，他是不大同意毛泽东的批评的。但他心里非常清楚，再不能像反冒进时期那样与毛泽东硬顶。为此，他先承认自己在认识角度上有一些问题："对形势估计，过去一个时期，我们把困难说得多了一些，这对党内发生消极影响。虽然我们采取了正确措施，但使人看问题容易看成漆黑一团。"随即又策略性地做了进一步的解释："但也有相反的，如有许多老工人听了讲困难，要留厂，不要退职金，表示决心和信心更大，愿意共同度过困难。"

他还说，对待困难有两种态度：一种是认识困难，克服困难；另一种是悲观失望，一片黑暗。

在以后的会议中，周恩来接着抓他的城市工作、粮食工作、精简工作和计划工作等与人民生活密切相关的政府工作。

到会议结束时，周恩来对形势有了一种新的说法：国内形势，最困难的时期已经过去，情况一天一天好转。

8月25日，周恩来回到北京。一方面进一步抓调整国民经济的工作，另一方面迎接党的另一次重要会议——八届十中全会的召开。为开好八届十中全会，中共中央于8月26日至9月23日还召开了预备会议。

经过两次会议的思想准备，中国共产党第八届中央委员会第十次全体会议于9月24日至27日在北京召开。会议除通过了《关于进一步巩固人民公社集体经济、发展农业生产的决定》《农村人民公社工作条例（修正草案）》《关于商业工作问题的决定》等文件外，毛泽东正式在中央全会上就阶级、形势、矛盾和党内团结问题讲话。

毛泽东断言，在整个社会主义历史阶段资产阶级都将存在，并有资本主义复辟的危险，这是党内产生修正主义的根源。

毛泽东还引古论今说：

历史上封建地主阶级被资产阶级推翻，也有过复辟的情况。例如在英国和法国，就是几次复辟，几次反复。我们社会主义国家有没有可能出现这种情况呢？有可能的。南斯拉夫就出现了这种情况嘛，由工人、农民的国家变成了反动的资产阶级统治的国家。我们这个国家必须好好掌握。我们要好好认识这个问题，承认阶级和阶级斗争的存在。……

在论证"阶级斗争的客观存在"这一问题上，毛泽东有着更为深入的分析，他说：

在无产阶级革命和无产阶级专政的整个历史时期（这个时期需要几十年，甚至更多的时间）存在着无产阶级和资产阶级之间的阶级斗争，存在着社会主义和资本主义这两条道路的斗争，被推翻的反动统治阶级不甘心于灭亡，他们总是企图复辟。同时，社会上还存在着资产阶级的影响和旧社会的习惯势力，存在着一部分小生产者自发的资本主义倾向。因此，在人民中，还有一些没有受到社会主义改造的人，他们人数不多，只占人口的百分之几，但一有机会，就企图离开社会主义道路，走资本主义道路。在这种情况下，阶级斗争是不可避免的。

毛泽东认为，国际国内的阶级斗争不可避免地要反映到党内来，如果不进行社会主义教育，不正确理解和处理阶级矛盾和阶级斗争问题，不正确区分和处理敌我矛盾与人民内部矛盾，我们这样的社会主义国家就会走向反面，就会变质，就会出现复辟。所以，对阶级斗争问题，毛泽东斩钉截铁地说：

> 我们从现在就讲起，年年讲，月月讲，开一次中央全会就讲，开一次党的大会就讲，使全党提高警惕，使我们有一条清醒的马克思列宁主义路线。

借这次党的中央全会，毛泽东再一次批判了"三风"——"单干风""翻案风""黑暗风"。

在这样的认识下，全党对于阶级斗争的警觉性明显升高，阶级斗争之弦开始绷紧了！

会议结束的前一天（9月26日），周恩来在大会上再次发言，利用这次机会，他又一次为"黑暗风"的问题做了一定的辩解：

> 在调整时期，有正确的东西，也有错误的东西。比如，对于形势的认识，在五月会议的时候，把困难说多了一些，说过了一点，这对干部起了一定的影响。但是，尽管如此，那个时候，工作的方向还是鼓足干劲，同困难作斗争，所以取得了很大的成绩。

在谈到今后工作的时候，他态度明确地说：

> 反右的时候还要防"左"，要吸取反右扩大化的教训，不搞运动。机不可失，要团结全党，抓紧工作。

周恩来担心，唯恐会议在提出反右问题后影响国民经济调整工作。

所幸的是——毛泽东接受了刘少奇和周恩来等人的建议，也记取了1959年庐山会议的教训。毛泽东在会议上明确表态：

>一个工作,一个阶级斗争,我们决不可以因为阶级斗争妨碍我们的工作;可不要把工作丢了,要把工作放到第一位,不要让阶级斗争干扰了我们的工作,大量时间要做工作。

1962年是国民经济调整的关键一年,调整工作是压倒一切的。尽管党内有一些人以敏锐的目光警惕地盯着阶级斗争的动向,但周恩来所主持的调整国民经济的工作仍然占据着全党工作的中心位置。这就使得八届十中全会后,全党尤其是周恩来仍可以安下心来从事国民经济的调整工作,经济工作仍能按原来的计划继续进行。国民经济的恢复和发展,也能够进一步得到推进。

所不幸的是——阶级斗争开始成为经济工作的一条不可动摇的副线,从此与经济工作扭缠在一起。这正如八届十中全会上所说的:"阶级斗争不要放在很严重的地位,但要跟调整工作平行,要有人去对付这个阶级斗争。"

到1964年11月,中共中央正式将"以阶级斗争为纲,以生产为中心"的口号作为农村社会主义教育运动面上工作的指导方针。"以阶级斗争为纲",在大的方针上开始跃居"以生产为中心"之前。一场全面性的政治上的不幸,开始悄然到来……

第十章
主持调查巨轮沉没事件

1963年的五一国际劳动节,是热闹而又极不寻常的。

4月30日,北京人民大会堂宴会厅灯火辉煌,四周的鲜花和常青树把人们的心情带入了喜庆和温暖的氛围中。中华全国总工会等11个人民团体在这里举行盛大的招待会,千余名中外友人欢聚一堂,为团结、为和平、为胜利、为健康举杯相庆。周恩来、宋庆龄、董必武、贺龙、罗瑞卿、郭沫若等党和国家领导人出席了招待会。会上,周恩来代表中国政府和人民热情洋溢地说:"感谢各国人民对中国社会主义革命和建设事业的巨大支持……"

就在这天,中华人民共和国的一艘名为"跃进号"的巨轮,从青岛港热热闹闹地起锚了,它的目的地,是日本的门司港。这是新中国第一艘行驶中日航线的万吨远洋货轮。许多人不解其中的奥秘:中日之间并未建交,尚无外交关系,如此重要的一艘巨轮,怎么会驶往日本?

5月1日下午1时,正当人们沉浸在五一节的欢庆中时,中国第一艘开往日本的万吨远洋货轮"跃进号"突然在海上沉没。"跃进号"出事的消息,当天很快就报告到了共和国总理周恩来那里:"跃进号"因被三发鱼雷命中而沉没……陷入深深焦虑中的周恩来立即命令中国人民解放军海军派军舰以最快速度前往出事地点进行营救,并组织联合调查小组。随后,周恩来决定亲自前往第一线指导调查工作。

"跃进号"刚刚出港，前去采访的中国新华社记者便从青岛发出了一则电讯：

> 中华人民共和国第一艘行驶中日航线的万吨远洋货轮"跃进号"今天从青岛启航驶往日本门司等港。
>
> "跃进号"是中国远洋运输公司上海分公司的货轮。
>
> 这艘万吨远洋轮是为发展中日贸易和增进中日两国人民的友谊，根据中日贸易的规定，满载着我国出口的玉米和矿产品等货物驶往日本的。
>
> "跃进号"轮在启航之前，曾经在青岛市副市长王云九主持下举行了开航仪式。

短短150个字的电讯，刊登在5月1日的各大报纸的头版，虽不是显著位置，但却引人注目。因为"跃进号"毕竟是我国第一艘开往日本的万吨远洋货轮，它牵动的不仅是中日两国人民的心，而且引起了国际舆论的普遍关注；它不仅是中国远洋史上的一件大事，而且也是新中国外贸史上的一项重要举措。这一举措的由来，反映了中日之间政治和经济关系的深刻背景……

中华人民共和国成立后，为重建和发展中日睦邻关系，实现中日关系正常化，中国政府做了不懈的努力。然而，由于日本当年侵略中国的那段不光彩的历史以及日本社会许多人对那段侵略历史缺乏正确的认识，再加上日本政府长期追随美国，尤其是吉田政府和岸信介政府敌视中国，阻挠中日两国人民发展政治和贸易关系的愿望，使得中日关系陷入长期的不正常状态，中日两国之间也留下了众多的恩恩怨怨。为推动中日政治和经济关系的发展，中日两国的许多有识之士采取了各种办法。其中以民促官、贸易先行的策略，便是在周恩来的亲自领导和部署下实施的。

1960年6月，日本岸信介内阁下台，由池田勇人继起组阁。上台后的池田表示："可以和中国大力开展经济、文化的交流。"中日关系出现了转机。

对于中日关系的改善，中国方面态度极为明确：必须遵循中日政治三原则和贸易三原则。8月，周恩来在会见日本日中贸易促进会专务理事铃木一雄时，重申了中日政治三原则：

（一）日本政府不能敌视中国。

（二）不能追随美国，搞"两个中国"的阴谋。

（三）不阻碍两国关系向正常化方向发展。

同时，周恩来还明确地提出了中日贸易三原则：

（一）政府协定：由于日本政府过去不愿保证中日民间贸易协定的执行，因此，今后一切贸易协定必须由双方政府缔结，才有保证。

（二）民间合同：中国有关贸易公司同日本有关团体和人士向中国推荐的日本友好商社之间，既可签订个别民间合同，也可签订长期合同。

（三）个别照顾：按照贸易中断时的做法，对陷入困境的日本中小企业继续给予照顾。

上述原则在日本各界产生了广泛的影响，贸易三原则尤其受到日本经济界的欢迎，一些中小企业纷纷要求同中国进行交易，不少大企业则希望在开展中日贸易方面迈出更大的步伐。

在这样的背景下，1962年秋天，两位日本自由民主党的重要人物——顾问、众议院议员松村谦三和前通商产业大臣、国会议员高碕达之助相继访华。根据周恩来与他们的谈话精神，双方代表起草了中日民间贸易备忘录。11月9日，中方以廖承志为代表、日方以高碕达之助为代表，在北京签订了带有半官方性质的中日民间贸易备忘录及有关文件。周恩来出席了签字仪式。备忘录规定，从1963年至1967年作为第一个五年安排，平均年贸易额为每方各3600万英镑……

"跃进号"货轮所载的货物，就是中国方面1963年对日贸易的3600万英镑的一部分。这艘船的载重量为15930吨，开航时实际载重为玉米近万吨、矿产品和其他杂货3600多吨。仅就载重量来说，还有2000多吨的富余。

该船预定1963年5月2日上午到达日本门司港。

自这艘轮船离去之时起，人们就盼着它早日到达，安全到达！无论从轮船本身还是从船上的货物来看，这艘船的离去，都是非同寻常的。这第一艘有

1963年5月12日，周恩来总理视察东海舰队

着特殊意义的远航日本的大型货船，也牵动着中国总理周恩来的心！

"跃进号"启航后，一直同我国的有关港口保持着正常的联系……

5月1日下午1时，正当中国人民沉浸在五一国际劳动节的欢庆中时，"跃进号"巨轮行驶到南朝鲜（今韩国）济州岛西南海域即北纬31度54.5分、东经124度59.5分的海面上。突然，伴随着几声巨响，"跃进号"货轮上的人们感到了天翻地覆的震荡，人们的脑海与船上的一切物品一样，骤然间乱成一团……船上人的第一感觉是："跃进号"出事了！

1小时10分钟后，船上人员向中国方面发出了紧急求救信号。随后便失去了联系。

出事以后，经过3小时15分钟左右的顽强挣扎，幸存逃生的人们眼睁睁地看着"跃进号"沉入海里……

"跃进号"出事的消息，当天很快就报告到了共和国总理周恩来那里。这一不幸事件，使周恩来陷入了深深的焦虑中。此事非同小可，当务之急是迅速采取救援措施和调查事故原因。周恩来立即命令中国人民解放军海军派军舰以最快速度前往出事地点进行营救。自接到"跃进号"出事的消息后，周恩来时刻关注着事件的进展。当天晚上，他彻夜未眠。

5月2日清晨6时，周恩来致信在杭州的毛泽东、彭真，汇报初步情况："昨日下午跃进轮出事，一直注意到现在，大致情况弄清如下……"

信中说：据我船员报称，"跃进号"因被三发鱼雷命中而沉没。对此周恩来做了分析："如弄清鱼雷发自潜艇，则此事必为美帝所为，因台韩两方均无潜艇。如发自快艇，则可能为美蒋合谋。"但真实情况到底如何，周恩来不能做出最后判定。因此他在信中建议：为慎重起见，"待情况弄清后，再发表正式声明"。

2日这天，周恩来指示新华社自北京发出两份电讯，这是"跃进号"启航以后人们从报纸和电台方面第二次得到它的消息。

一份电讯说：

我国远洋货轮"跃进号"于5月1日下午自青岛驶向日本门司途中，在南朝鲜济州岛西南海域突然遇难沉没。

……

这艘船有59名船员。据日本日中贸易促进协会方面通知，这些船员分乘三艘救生艇在海上漂流时，经日本渔船"壹岐丸"救起，并且转登在这个海域的日本巡视船"甑"。今天下午北京时间7时30分，这些船员已经由我国派往营救的护卫舰之一的211号接回，现正在返回祖国大陆的途中。

中国政府对于"跃进号"的突然遇难沉没，十分重视，现正对沉没原因进行严密调查。

另一份电讯说：

自获悉我国"跃进号"货轮紧急呼救的讯号后,我国政府即命令中国人民解放军海军派出205、206、211、224四艘护卫舰,前往营救。我上述护卫舰于5月2日北京时间8时到达出事海域……并于2日下午返航。

看到或听到这一消息后,几乎全中国关心国家大事的人们都在议论着"跃进号"的事,并在思绪中存下了许多的疑团:是什么原因致使这艘巨轮沉没?是遇海上风暴,还是敌人破坏?是经验不足,还是准备不充分,或者是自身的其他原因?……人们都在关注着事件的结果。

这期间,周恩来急召罗瑞卿、廖承志等商议对策。随即决定成立由有关方面负责人雷英夫、孙大光、张学思、张致远、孟平组成的五人调查小组。此后,为弄清情况,周恩来几乎每日约有关方面负责人谈"跃进号"沉没事件,有时一日谈两次,谈话时间有时安排在上午,有时安排在半夜。

调查小组根据周恩来要求的实事求是的调查原则,经过仔细的分析研究,于5月7日向周恩来初步提交了《关于调查"跃进号"货轮遇难事件的报告》。

这份报告极为珍贵,它的特别之处是提出了一个令人意外的观点:"跃进号"沉没的原因,极大可能是触礁。谁都清楚,这一判断的结果,其性质与被击沉没是大不一样的:若是因被敌方鱼雷所击而沉没,则主要原因来自客观方面;若是因触礁而沉没,则主要原因来自主观方面。两种结果必然带来两种不同的责任,并得出两种不同的处理办法,因而做出哪一种判断都绝非儿戏!况且此事必须对全国甚至全世界有所交代。

5月8日,周恩来接到交通部党组《关于调查"跃进号"探测工作准备情况的报告》和新华社声明稿及部队的有关报告后,当晚召集在京的中央领导和有关方面负责人开会,出席的有朱德、邓小平、贺龙、聂荣臻、罗瑞卿、李富春、李先念、谢富治、廖承志、王首道等人,讨论有关"跃进号"货轮遇难事件的声明和到现场进行潜水调查问题。会议经过实事求是的分析,基本同意调查小组在报告中提出的关于沉船原因"极大的可能性是触礁"的判断,并决定:为进一步贯彻科学求实的精神,做出最后判明,必须到现场进行海中调查。

会后,周恩来再次致信毛泽东和彭真:

大家都同意雷英夫五人小组的报告判断,"跃进号"的沉没,极大可能为触礁,但还不能最后排除遭受水下攻击的可能性,因此,最后判明,须到现场进行海中调查。

根据种种情况分析,周恩来个人是倾向于调查小组的判断的。因此他在信中又说:

"跃进号"触礁沉没,几乎可以肯定,现在进行现场调查,既表示我们实事求是,利于取得世界公正舆论的同情,又可以借此锻炼我们海军部队和交通船员出海作业……

对"跃进号"事件,周恩来想得很深、很远,他也始终采取了高度负责和认真处理的态度。他在信中最后说:

"跃进号"遇难事件,取得教训极大,首先暴露了交通部门的严重官僚主义,次之海军系统也有一定责任。为了切实检查这次出海作业的准备工作,并进一步查明上海海运局和东海上次关于商定"跃进号"赴日航线和护航工作的具体情况,我拟约同瑞卿或者成武同志于5月10日赴沪一行。

为周密调查和慎重处理此事,周恩来做好了飞赴上海的准备工作。5月9日,他约见苏联驻华大使契尔沃年科,就中国共产党将派以邓小平和彭真为首的代表团赴莫斯科同苏联共产党进行两党会谈一事与苏方磋商。当天,他又会见索马里新闻部部长阿里·穆罕默德·希拉维,就非洲国家首脑会议等问题交换意见。会谈从下午一直持续到晚上,原想当天还要与希拉维谈中国对索马里的经济和财政援助问题,但由于时间太紧张,周恩来不得不遗憾地说:"今后四天我不在北京,到下星期一才能回来。你能否等?如果可以的话,我愿意同你再谈谈。"

这期间的其他一些外交应酬,周恩来基本上都取消了。"跃进号"这样的突发事件,一时间成为周恩来的头等大事。

> 东海舰队的负责人在浓密的大雾中见到走出机舱的周恩来时，惊奇地问："总理，天气这么不好，您为什么非要亲自来？！我们都准备好了，只要您来个电话，我们就可以出航！"周恩来一边同大家握手，一边用非同寻常的语气说："这样大的事，我能不来？！"
>
> 从机场出来，周恩来直奔会议室亲自主持汇报会。他强调："调查'跃进号'沉没的原因一定要实事求是，要有科学态度。"

1963年5月10清晨，几乎一夜未眠的周恩来急匆匆来到机场，赶往调查"跃进号"事件的前线指挥所——上海。

由于毛泽东要当面听取有关"跃进号"事件的汇报，且周恩来还将"在杭州同各大区书记谈谈粮贸、精简和农业生产问题"，因此，周恩来一行先飞杭州。

经过四个多小时的飞行，周恩来于当天下午2时15分抵达杭州。在杭州，周恩来只能停留一天多的时间，他的工作日程排得满满的。他三次约各大区书记谈粮食、精简和农业生产问题，并出席毛泽东从5月2日开始召集的有部分中央政治局委员和各大区书记参加的小型会议，讨论中共中央《关于目前农村工作中若干问题的决定（草案）》的修改稿，在发言中，周恩来谈了自己对修改稿的意见。为了缩小运动的打击面，他建议将原稿中"团结百分之九十几"改为"团结95%以上"，这一意见得到毛泽东的同意。

对"跃进号"沉没事件的有关情况，周恩来当面向毛泽东和彭真等人做了详细的介绍，并谈了自己的看法。毛泽东同意周恩来的分析和周恩来等人对此事的处理方法。

5月12日上午，沪杭一带上空浓雾弥漫，能见度极低。9时，周恩来乘坐的飞机从杭州机场起飞。在另一头的上海虹桥机场，中共上海市委和东海舰队的负责人早已接到通知，正焦急地等候在那里。看着似乎像撒满了白烟的天空，迎候的人们不时地发出这样的疑问："这么大的雾，总理能来吗？"人们越等雾越大。不一会儿，他们接到报告说："由于雾大，飞机改到龙华机场降落！"迎接的人们又忧心忡忡地驱车赶往龙华机场。9时20分左右，人们终于在龙华机场听到了周恩来总理乘坐的专机的轰鸣声。

当周恩来稳健地走出机舱时，大家悬在半空的心总算落了地。见到总理，舰队的负责人憋不住关切地问："总理,天气这么不好,您为什么非要亲自来？！

我们都准备好了，只要您来个电话，我们就可以出航！"周恩来一边同大家握手，一边用非同寻常的语气说："这样大的事，我能不来？！"

从龙华机场出来，周恩来坐车直奔锦江饭店，他告诉有关方面负责人：马上通知各有关方面在锦江饭店开会，汇报和讨论出海调查的准备工作。

10时40分，周恩来在锦江饭店会议室亲自主持召开汇报会。会议一开始，他首先说："我是从杭州来，从毛主席身边来！毛主席正在主持写一个文件……"随后，他话题一转，把与会者的思想引导到毛泽东思想的实事求是这一精髓上来："我们在调查'跃进号'沉没的原因中，一定要贯彻执行毛主席的指示，不仅要注重和阶级敌人作斗争，而且要注重和自然界的敌人作斗争，要实事求是，要有科学态度。"

言下之意，只有采取实事求是的科学态度，才能得到准确的结论，不能单纯地依赖阶级斗争的政治观点看问题。

周恩来让海军参谋把海图拿来，一边看图，一边认真地听取东海舰队和海上打捞局对出海调查准备工作的汇报，还不时地询问情况。

当海军司令部副参谋长汇报到出海舰队编队的领导干部组成情况时，周恩来突然问："怎么都是舰队的副司令、副政委出海？舰队司令、政委呢？"

舰队领导面面相觑，没想到总理会提出并强调这一问题。

周恩来又一次用非同寻常的语气对舰队领导们说："'跃进号'沉没事件，已成了国际事件了。对于这样的大事，我当总理的要抓；你们这些当司令、当政委的，也要亲临第一线，不能只交给第二把手、第三把手！"

这个原先在海军领导机关中不成其为问题的问题，被周恩来一说，还真使他们茅塞顿开。东海舰队的司令和政委当即向周总理表示："我们亲自去！"

周恩来点点头说："好，对于重大问题，我们主要领导干部，一定要亲自出马，这要成为一条规矩。"

他接着强调："主要领导干部不但要亲临第一线，还要善于抓住带有关键性的问题不放，一抓到底！"

周恩来的到来，无论对出海准备工作，还是对有关部门的制度建设，以及对有关各级领导干部的思想方法等方面，都有着重大的影响。

调查"跃进号"的沉没原因，潜水工作是一个重要的环节。为检查潜水员的准备情况，周恩来在当天下午来到海军医学研究所。当时潜水员正在做加压

1963年5月12日，周恩来总理视察东海舰队

试验。技术人员首先向周恩来介绍了高压设备和加压情况。加压试验开始时，周恩来坐到了加压舱前，身体微微向前倾，右手扶在加压舱上，左手握着电话机，神情专注，面容慈祥。他不断地问潜水员："感觉怎么样？""感觉好吗？"当压力加到六个大气压时，周恩来又担心地问："能不能抗得住？还能不能活动？"潜水员回答："可以。"为使总理放心，潜水员还在舱内拿起哑铃做了各种动作，显出很轻松的样子。试验结束时，周恩来高兴地站起来说："很好，很好！"当潜水员走出加压舱时，周恩来急忙走向前去，一边握手问好，一边拉过一个潜水员，用手轻轻地按住他的脉搏，默默地数着每分钟跳动的次数，然后把数据记在随身携带的小本子上。

离开海军医学研究所时，周恩来想起一件事，突然转身问随行的几位负责人："'跃进号'装了那么多玉米，船沉以后，船舱已破，玉米会流出来，鲨鱼肯定要去吃，潜水员的安全怎么办？"

几位负责人显然又被周恩来的这一问题难住了，他们一阵惭愧，承认说：

"没有考虑到。"

周恩来第三次用非同寻常的语气说:"这么大的事,你们怎么能不考虑呢?"

自舰队领导接到周恩来以来,共和国总理连续三次用"这么大的事"的语气来强调他们原先并未考虑到的问题,这种考虑问题的细密和对待工作的高度的责任心,给舰队领导留下了极为深刻的印象。

周恩来还来到海军观通部门检查通信联络工作。他在同报务班的战士们交谈时,又提出了一个重要的问题:"你们军舰一旦受到损坏,没有电,通信联络怎么办,还能不能跟北京沟通联络?"军士长如实回答:"不能。"周恩来虽然对此有些失望,但他并没有责备大家,只是讲了一个在战争年代用手摇发电机保证通信畅通的故事,并意味深长地启发说:"你们在公海上第一次执行这样的任务,可能会遇到各种各样的情况,需要及时报告中央,中央也要及时发布处置的指示,通信联络搞不好,可要误大事啊!"军士长明白了周恩来这番话的重要性,送走周恩来以后,他马上带着战士们去领导机关领了一台手摇发电机,以备万一。

为确保出海工作万无一失,5月13日上午9时,周恩来亲自前往吴淞口检查出海编队的舰只。总理上舰视察的消息很快就在各舰上传开了,接受出海任务的海军战士们精神抖擞地在各自的岗位上等待总理的检阅。

周恩来首先登上指挥舰。他清楚地知道,寻找"跃进号"沉没地点的主要手段是声呐,为此,他来到指挥舰的水中探测仪室,认真听取了声呐班班长的介绍。他一边听,一边手摇声呐回音操纵柄,仔细地辨别过往船只、泥土、港岸的回音,并观察了声呐的各个部位。最后,周恩来勉励声呐班班长说:"你们这个岗位很重要。能不能找到'跃进号',就看你们各个舰艇上的声呐兵了。"

共和国总理的信任,给了声呐班的战士们以极大鼓舞。在指挥舰上,周恩来还从舰首走到舰尾,一边看一边问舰长:舰艇有多长、多宽,性能怎样,能装多少油、水、副食品,能不能保证参加调查的工作人员在海上十天的生活⋯⋯待舰长一一做了回答后,周恩来又特别叮嘱了一句:"准备得越充分越好。"在会议室前的甲板上,周恩来问一名干部:"在舰上是做什么工作的?"回答说他是舰上的舰务长。周恩来风趣地说:"噢,这个职务相当于营参谋长吧?"甲板上的战士们没想到总理以如此形象而生动的比喻与大家开起了玩笑,舰上的气氛顿时活跃起来，大家与总理有说有笑，没有任何距离感。

随后，周恩来走遍了每一艘舰船，对各方面的准备情况做了全面的检查，尤其对带有全局性的关键岗位，他检查得更细。他在与战士们的交谈中，鼓励大家要有信心，以敢于斗争、敢于胜利的精神完成好这次任务。

5月13日下午3点，周恩来按事先约定，给东海舰队干部和出海船员作了一次报告。当时，许多干部战士还以为"跃进号"是因受到鱼雷攻击而沉没的。因为当战士们把59名获救的船员从日本渔船接回来时，许多船员就说过："跃进号"是由于被鱼雷攻击而沉没的。日本全亚细亚广播电台正是根据遇难船员的反映发布"跃进号"是因腹部命中三发鱼雷而沉没等消息的。战士们此时早已做好了出海应付一切挑战的准备。

周恩来在报告中开门见山地说："根据我们的调查，'跃进号'极大可能是触礁沉没的。"这句话，引起了战士们的不解。

周恩来进一步解释可能是触礁的理由："'跃进号'沉没的地区有三个礁石，很大的可能是遇到一个浅水，也就是在北纬37度7分、东经125度11分这个地区，有一个苏岩礁区，叫珊瑚礁，这是火山爆发出来的，火山岩上的珊瑚礁。因为它水浅，在水下有5.4米，而我们'跃进号'最大的吃水是9.7米，我们装货装到9.4米的样子，很可能要碰到它。如果碰到它，那就触礁了。"

按预定的航线，"跃进号"距离苏岩礁有7海里远，怎么会触礁呢？针对这一问题，周恩来又解释道："7海里是很远的距离，但是，那是在大海里，是深海区，当时有风，有了风，这就不能照平常的速度前进，这是第一件；第二件是，有潮汐，有涨落，就影响快慢；第三件是潮流，从南面来的流，往东北推，就把船往北偏。还有其他因素。'跃进号'出事前，虽然定了八次船的方位，但是，由于上面说的原因，所以实际位置并不正确，这样，就出了事故。所以，我们判断'跃进号'极大可能是触礁。"

在周恩来的分析中，并没有断言最后排除了"跃进号"受到水下攻击的可能性。最后，周恩来以实事求是的科学态度强调："我上面的分析对不对，是不是符合实际，这要由你们去现场进行调查，再做最后的判断。"

在东海舰队，周恩来对出海调查寄予了很大的希望，他还与出海的战士们合影留念。

晚上7点半钟，周恩来又接见了"跃进号"获救返回的全体船员，代表中共中央和国务院对他们表示慰问，并进一步了解"跃进号"遇难的详细经过。

随后，周恩来再次找来军队有关部门的负责人，研究了海军、空军和航空兵协同行动的问题。

晚10点40分，周恩来约交通部部长王首道等人谈话，对"跃进号"出海调查及其善后工作做出周密的安排。

在所有的事情布置完毕后，已是午夜，周恩来就要离开上海返京。临走时他再次叮嘱出海人员："再给你们三天准备时间，你们去公海调查，这是第一次，要用毛主席《实践论》的思想指导自己的行动。不管世界舆论怎样，我们是共产党人，一定要实事求是，是一就是一，是二就是二。证明'跃进号'沉没的原因，不能用'大概''可能'这种语言，一定要找到它，一定要有充分的证据。"他信任地握着他们的手说："好！等待你们的好消息。"

带着对出海调查的期待和信心，周恩来回到了北京，他随时关注着"跃进号"事件出海调查工作的进展情况。

参与调查"跃进号"的海上编队，在周恩来离去后又进行了几天的细致准备……

> 在调查作业船队启航之前，新华社奉命发表了经周恩来审定的第一份声明："'跃进号'的沉没，极大可能系触礁所致，但是，还不能最后排除遭受水下攻击的可能性。"归航之后，新华社奉命发表了经周恩来审定的第三份声明："经过周密的调查，已经证实'跃进号'是因触礁而沉没的。"借"跃进号"事件，周恩来告诫工交部门："去掉官架子，建立新风气"，"不要在小事、细节上滑过去。"他痛批："绝不能容许官僚主义再继续发展下去。"

5月17日下午，周恩来在北京再次召集新华社、交通部和解放军等有关部门的人员开会，针对调查工作中可能会涉及的一些问题进行研究。

会后，新华社奉中国政府命发表经周恩来审定的有关"跃进号"事件的第一份声明：

> 我国远洋货轮"跃进号"由青岛港驶往日本门司港途中，在

1963年5月1日下午航行到南朝鲜济州岛西南海域时，突然遇难沉没。这一事件引起国内外各方人士的普遍关注。

中国政府责成交通部对"跃进号"货轮的遇难经过和原因进行了初步的调查。根据对"跃进号"船长的报告和船员所提供的各种情况的分析，交通部认为"跃进号"的沉没，极大可能系触礁所致，但是，还不能最后排除遭受水下攻击的可能性。

为了进一步查明"跃进号"货轮遇难的确实原因，中国政府决定由交通部负责进行现场调查，并由中国人民解放军海军派遣必要的舰船和飞机予以协助。为此，确定在苏岩、虎皮礁、鸭礁之间，以北纬31度58分、东经125度11分为中心，半径15海里圆周内的海域为调查作业区，并自1963年5月19日起，开始调查作业。希望各国舰船和飞机避免发生误会，不妨碍在这一规定海域内调查作业的进行。在调查作业结束后，将另行发表公告。

在这份声明的最后，还根据周恩来的指示特别强调了这样一句极富人道主义精神的话：

中国政府深切感谢日本渔船"壹岐丸""对马丸"，巡视船"甑"对"跃进号"遇难船员的营救和护送，深切感谢"跃进号"遇难以来日本各界人士所表示的关怀和慰问。

"跃进号"航行的任务是中日备忘录贸易的一部分，而"跃进号"出事后，又得到了日本船的营救，所以上面这句话加得很有必要。

第二天，出海编队终于驶出吴淞口……

与此同时，新华社奉命发表了第二份声明：

为了进一步查明"跃进号"货轮沉没的确实原因，由中国交通部派出的调查作业船队和中国人民解放军海军协助调查的舰艇，已经在18日从上海启航，预定19日可以到达调查作业区。这个调查作业区如前次所公布的，是在苏岩、虎皮礁、鸭礁之间……这个调查作业区并不是禁区,各国渔船和飞机仍可通过这一区域。但是为了避免发生误会,不妨碍调查作业的进行,希望通过这一区域的各国渔船和其他舰船,在必要的时候,同进行调查作业的中国舰船保持联络。

同时,新华社还发表了两则电讯,其中一则说道:为查明"跃进号"货轮遇难的确实原因,中华人民共和国交通部奉命指定上海海难救助打捞局在"跃进号"遇难地点,组织现场调查作业,并决定派遣"和平61号"货轮为调查作业船,"救捞1号""救捞8号""海设号"等为辅助船只。另一则透露:中国人民解放军海军派遣205、206、263、264、328、377号六艘舰艇,协助交通部的调查作业舰队到规定的作业海域进行现场调查。在需要的时候,海军还将派出飞机到现场担任空中的联络、观察、救护事宜……

5月19日,肩负重任首次前往公海作业的联合编队到达调查海域,经过一天的搜索,有了初步的结果。

5月20日上午,周恩来接到了第一封电报,内称:"发现苏岩礁!"苏岩礁的发现,为找到"跃进号"提供了重要的线索。周恩来立即打电话给海军和交通部:"告诉他们,向他们祝贺,希望他们继续努力,一定要把'跃进号'沉没的真正原因查清楚。"

此后,一份接着一份的报告送到周恩来那里:

"5月22日下午,发现'跃进号'沉没位置:苏岩礁方位148度,距离1.2海里,即北纬32度06分、东经125度11分42秒。"

"5月24日下午,潜水员下潜成功摸到沉船船首'跃进'两字,锚孔朝上,甲板近似垂直,船体左倾侧卧海底。"

……

经过几天的潜水调查,"跃进号"沉没的原因终于被确认。出海编队迅速向周恩来报告了调查结果:

> 对苏岩礁进行了4天18次的摸索,在它的西面角发现一块长约3.5米、宽不到1米的平坦岩礁;岩礁上有遭受触撞的显著痕迹,在被撞处的周围有许多岩石碎块(已取回8块),潜水员在水下见到

部分礁石上有紫红色漆皮存在。

"跃进号"的破损情况：摸到破洞3处，凹陷5次，舭龙骨折裂一次。

从沉船中和苏岩礁被撞处取出航海日记等物件29种。

"跃进号"船体三段合龙的两条焊缝，经多次核查，并无异样。

这份调查报告最后说："根据上述情况分析，可以证实'跃进号'确系触礁而沉没的。"这一报告，完全证实了周恩来等人的判断。

对这种在实事求是基础上得出的准确结论，周恩来非常欣慰。然而，面对"跃进号"沉船的整个事件，周恩来的心情却并不轻松。

5月28日中午，周恩来再次主持会议，进一步讨论"跃进号"的善后工作和发表政府公告等问题。

6月1日，海上调查作业正式结束。这时距"跃进号"遇难下沉海底的时间正好一个月。第二天，出海编队离开作业区，胜利返航。

后来，海军领导机关在一篇名为《海军战士倾四海之水写不尽周总理的丰功伟绩》的文章中这样说道：

> 周总理以对党对人民高度负责的精神和实事求是的科学态度，反复认真地检查各项准备工作，从出海力量的配备到指挥干部的调整，从通信联络、水下作业到后勤保障，每一个细小环节都不放过，保证了这次调查任务的胜利完成……

6月3日，新华社奉命发表了经周恩来审定的第三份声明：

> 中华人民共和国交通部为了进一步查明"跃进号"货轮遇难的确实原因而派出的调查作业船队和中国人民解放军海军协助调查的舰艇，在苏岩、虎皮礁、鸭礁之间，以北纬31度58分、东经125度11分为中心，半径15海里圆周内的海域，经过15天调查作业，在北纬32度06分、东经125度11分42秒处发现沉没了的"跃进号"船体。

> 经过周密的调查,已经证实"跃进号"是因触礁而沉没的。

至此,引人注目的"跃进号"货轮沉没事件真相,终于大白于天下。悬在许多人心中的疑团总算是解开了,然而,事件本身留给人们的思索却太多了……

就在"跃进号"货轮沉没事件发生前后,交通部门还连续发生多起事故,造成许多人员伤亡和财产损失。为此,交通部部长王首道致信主管副总理薄一波,请示:拟召开一次电话会议,动员交通部门结合增产节约和"五反"运动狠抓安全生产。

薄一波很快就批准了王首道的请求,并将他的信和交通部附来的《电话会议计划》一起报到了周恩来那里。

交通部采取的这一措施,正是周恩来所期望的。对交通部门连续发生的一些事故,如不及时总结经验,将严重影响安全生产,造成更大的损失。

周恩来仔细审阅了报来的《电话会议计划》,然后批道:"同意。有点意见,见批注。"

周恩来所写的"有点意见",看起来是一句轻飘飘的话,然而,交通部的领导们看到批示时,都感到总理的意见中是字字千斤重。

周恩来在《电话会议计划》所述"会议内容,主要是号召直属企事业及地方交通系统,立即行动起来,坚决接受'跃进号'的沉痛的经验教训"后批注:

> 什么叫作"行动起来",太抽象了。应该要求交通部直属企业事业单位和地方交通系统,首先是电话会议所提到的各单位,将报告中要点、事故及其经验教训和紧急措施,向各单位全体职工进行传达,动员他们讨论,并提出改进意见,保证实施。一句话,就是有领导地走群众路线。首长带头,大家动手,同心协力,保证安全。去掉官架子,建立新风气,这是交通部"五反"的中心环节。

"五反",指的是1963年年初中共中央提出的在城市中开展"反对贪污盗窃、反对投机倒把、反对铺张浪费、反对分散主义和反对官僚主义"的新"五反"运动。为此,中共中央还在3月1日向各地发布了《关于厉行增产节约和反对贪污盗窃、反对投机倒把、反对铺张浪费、反对分散主义、反对官僚主义运动的指示》。为进一步开展这一运动，中共中央又专门提出在领导机关和领导干部中开展反官僚主义、反分散主义、反铺张浪费斗争，这就是"五反"中的"三反"。

新的"五反"和"三反"对象，是客观存在着的。正如周恩来5月8日在致毛泽东等人的信中所说的："'跃进号'遇难事件，取得教训极大，首先暴露了交通部门的严重官僚主义……""跃进号"遇难事件，正好处在"五反""三反"运动期间，再加上一系列的事故发生，官僚主义问题自然成为交通部门的严重问题。

借"跃进号"遇难事件，周恩来对"五反"运动的开展，又有了进一步的思考。交通部门的电话会议开过以后，他于5月28日找来薄一波等人，听取薄一波汇报工交各部领导干部开展"三反"斗争的情况。同日，他详细审阅了《工业交通各部（局）"五反"运动情况简报》，并在上面批了这样几句话：

> 一波同志：听了你今天的汇报，又看了这个简报，工交各部领导的"三反"阶段算是搞开了。我看，领导"三反"洗澡的重点应是政治、思想、工作作风，而不要在小事、细节上滑过去，我明天也要讲讲。

在这样的历史背景下，5月29日和6月13日，周恩来在中共中央和国务院直属机关负责干部会议上分两次所作的一个经典性的报告《一次伟大的社会主义革命运动》产生了。它的部分内容，后来以《反对官僚主义》为题，收入《周恩来选集》下卷中。

周恩来的报告，开门见山："官僚主义是领导机关最容易犯的一种政治病症。"

他分析了官僚主义产生的思想根源和社会历史根源，列举了20种官僚主义的表现形式及其严重危害，并明确地说：

> 如果我们对官僚主义不提起足够的注意，不论干部，不论群众，都会慢慢地蜕化下去。官僚主义最严重的就是革命的意志衰退。
> 必须看到，官僚主义在我们执政党内，在我们的国家机关内，

的确是十分有害、非常危险的。在我们领导干部中，官僚主义严重的虽然是少数，然而，正如党中央3月1日的指示上所说，官僚主义的态度和作风已经给我们的工作造成许多损失，如果听其发展，不坚决加以克服，必将造成更大的危害。

他痛批官僚主义，并铿锵有力地表明了这样的态度："我们绝不能容许官僚主义再继续发展下去。"

"跃进号"事件，最终总算妥善地处理了，然而，一个事件所引起的连锁反应，所引来共和国总理的高度牵挂和他对一场运动的深入开展的进一步思索，所留给人们的深刻教训……这些，都在共和国的史册中刻上了重重的印迹。

第十一章
首访非洲，十万八千里探路

进入 20 世纪 60 年代，非洲进一步觉醒！非洲更多的国家相继挣脱殖民主义的羁绊宣布独立。

仅 1960 年，撒哈拉以南的非洲国家就有 15 个获得独立，这年成为"非洲独立年"。

1963 年 5 月，30 多个非洲国家的首脑召开了非洲统一组织成立大会，非洲人民开始掌握自己的命运。

……

然而，由于种种复杂原因，人类文明的发展自近代起却青睐了欧洲大陆，冷淡了亚非大多数国家，尤其是非洲大陆。

在 20 世纪 60 年代以前，西方殖民主义者不仅大肆掠夺非洲财富和奴役非洲人民，而且还把非洲称为"黑暗大陆"。非洲大陆的美丽和富饶，成为他们肆意践踏的对象。在他们的眼前，始终挂着的是一副种族歧视的黑色眼镜。

在东方的中国，有着与非洲共同的历史遭遇。被人称为"黑暗大陆"的非洲，在新中国的领导人眼中，却是一片美丽、富饶的土地。正如周恩来所说："非洲遍地是宝，有广大未开垦的处女地。"周恩来认为，非洲人民是勤劳勇敢的，它的落后并不是自己造成的；相反，"西方的近代文明，在很大程度上，是依靠牺牲亚非国家取得的"。

对非洲国家的民族独立解放运动，新中国都给予了积极的支持。毛泽东主席和周恩来总理纷纷电贺承认非洲独立国家。新中国也在这个时候，进入了第二个建交高潮期。

进入非洲第一站——"阿联"（1958年2月1日，由埃及与叙利亚合并共组，成立阿拉伯联合共和国，以下简称"阿联"），中国政府代表团遇到了第一个最热烈的欢迎场面。纳赛尔总统亲自把一枚精致的共和国勋章挂在中国总理的胸前，并授予陈毅尼罗河勋章大绶带。周恩来感叹："在这一片被帝国主义者叫作'黑暗大陆'的辽阔土地上，自由的晨曦已经升起，帝国主义的殖民体系正在不可避免地走向土崩瓦解。"随后他大度地致歉："我们来得不是太早，而是太晚了。"

1963年12月13日至1964年2月5日，周恩来总理在陈毅副总理等人的陪同下，率领中华人民共和国政府代表团第一次踏上正在觉醒的非洲大陆，对"阿联"、阿尔及利亚、摩洛哥、突尼斯、加纳、马里、几内亚、苏丹、埃塞俄比亚和索马里等十个国家进行了友好访问。这次出访，"是我们国家对外关系中的一个重大事件"（周恩来语），揭开了中国对非洲外交工作的新篇章，也加深了周恩来与非洲各国领导人和人民之间的了解。

非洲大陆及其非洲国家，无论对于中国政府代表团还是对于周恩来本人，都是比较陌生的。为使人们了解非洲，在代表团出访前，中国科学院亚非研究所专门编写了一整套《非洲问题参考资料》，供大家阅读。在笔者所看到的原始材料中，代表团团长周恩来阅看这套资料是最认真的。仅在他阅看的参考资料第25辑即《非洲概况》上，就留下了他逐字逐句地画线、标点，甚至批注、修改的密密麻麻的笔迹。为了解非洲概况和走进非洲，可见他下了巨大的功夫。

为准备出访，周恩来一行先飞抵我国西南边陲——云南昆明。

1963年12月13日，虽然北方的气候寒气袭人，但昆明机场的欢送人群为即将远行的中国政府代表团热烈欢呼，鲜艳的服装、花环、彩旗、气球与春城的美丽一道使代表团成员感到了昆明的温暖春意。周恩来总理带领国务院外事办公室副主任孔原、外交部副部长黄镇、国务院总理办公室主任童小鹏、外交部部长助理乔冠华、新闻司司长龚澎……登上租来的荷兰皇家航空公司的"波罗的海号"专机上路了。陈毅副总理兼外交部部长在这之前应邀访问肯尼亚，他将由肯尼亚直飞开罗与周恩来等人会合。

由昆明出发，需要飞行十几个小时，才能抵达这次出访的第一站——"阿联"首都开罗。中间停留缅甸首都仰光和巴基斯坦第一大城市卡拉奇两机场。在这里稍事停留之时，周恩来召见了中国驻缅甸、巴基斯坦、柬埔寨、印度尼西亚和锡兰（今斯里兰卡）等国大使，向他们详述了中国的外交政策和战略方针。他用战略家的语言富有远见地提出："我们必须打破两个超级大国企图在我们周围筑起的高墙。我们必须走出去，让别人看到我们，听到我们的声音。"

1963年12月14日中午，中国政府代表团乘坐的专机徐徐降落在"阿联"首都开罗。这里的气候，与中国首都北京的寒冷正好相反，烈日当头，酷似盛夏。陈毅先由肯尼亚抵达开罗，同开罗机场重重叠叠、热烈欢呼的人群一起迎接周恩来和代表团成员。受纳赛尔总统的委派，"阿联"部长执行委员会主席阿里·萨布里等高级官员专程到机场迎接周恩来一行。

萨布里主席与周恩来是熟悉的，当年4月，他曾访问过北京，受到周恩来等中国领导人的热烈欢迎。正是那时，周恩来向萨布里系统地阐述了著名的"中国人办外事的一些哲学思想"——"要等待，不要将己之见强加于人""决不先开第一枪""来而不往非礼也""退避三舍"……他使外国人了解到，"我们中国人办事，就是根据这样一些哲学思想。这些哲学思想，来自我们的民族传统，不全是马列主义的教育"。

"阿联"总统纳赛尔缘何未到机场去接周恩来？对这点，外国人有他们自己的一套看法。英籍作家韩素音在她所撰写的《周恩来与他的世纪（1898—1998）》一书中这样认为："中国驻埃及大使陈家康感到有点为难，因为他不得不告诉周，纳赛尔不会到机场去接他。因为苏联驻开罗的大使曾警告过纳赛尔，如果他对中国领导人表示过于友好，苏联将拒绝向埃及提供一项大宗贷款。于是，突然间，纳赛尔有了'急事'，无法分身。大约过了24小时以后才和周见面，一个劲儿地向周表示歉意。周对这种失礼行为显得毫不介意……"

韩素音还认为："这是一个不吉利的开端。"

其实，韩素音女士的这一判断失之偏颇，只看到了问题的表面现象。周恩来的这次出访，从一开始就受到包括"阿联"人民在内的所访非洲国家的最高礼仪接待。随访的外交部副部长黄镇是这样说的:"各国人民以最热烈的方式,最高的礼仪接待周总理。访问中,无论到达哪个城市,都是万人空巷,倾城而出,男女老少都穿着大红大紫、大蓝大绿的民族服装,伴着非洲鼓激昂的节奏欢歌狂舞。老人、儿童争着上来摸摸中国客人的汽车,妇女按当地风俗脱下身上的花袍,铺在路上让中国客人的汽车碾过,好让她们心爱的衣服上留下友谊的痕迹。到处有纵情的欢笑和激动的泪水,到处有热烈的掌声和绚丽的鲜花,充分表达了非洲人民对中国客人的深情厚谊。"

在"阿联",这正好是一个吉利的开端,是中国政府代表团遇到的第一个最热烈的欢迎场面。随访的专职摄影杜修贤,就是在开罗机场"密密匝匝的手臂和沸沸扬扬的彩旗,眼花缭乱地迎面而来"中,目不暇接地抢镜头。他拍下的照片,是一份真实的写照。他也回忆道:"周恩来和陈毅分别站在前后的敞篷车上,街两边人群像密集捆扎的篱笆墙,绵延数十里长。不断摇晃的手旗上,弯弯绕绕的阿拉伯字发出欢迎的盛意,这是一种不用翻译便能知解其意的语言!"

这种语言,既是"阿联"人民的语言,也表明了"阿联"官方的语言!作为部长执行委员会主席,萨布里亲赴机场迎接,并代表总统欢迎。这样的礼仪,也无可挑剔。

与韩素音所说的"大约过了24小时以后才和周见面"恰恰相反,当天晚上7时,也就是周恩来一行抵达开罗稍事休息几个小时后,纳赛尔总统就亲自在住所接待了周恩来和代表团全体成员,并把一枚精致的共和国勋章亲自挂在了中国总理的胸前,他还授予陈毅尼罗河勋章大绶带。随后,纳赛尔总统和夫人举行盛大招待会,为远道而来的中国客人接风洗尘。

周恩来虽然是第一次正式访问"阿联",但是他对"阿联"(埃及)的关注,却始于40年前。在招待会上的讲话中,周恩来热情洋溢地表达了他对"阿联"人民和非洲大陆的这种不解的缘分:

> 这是我第一次正式访问友好的阿拉伯联合共和国。1924年,当我从欧洲回国途经苏伊士运河的时候,埃及刚刚摆脱保护国的地位,几乎整个非洲大陆还处在帝国主义的黑暗统治之下。
>
> 1954年,当我在日内瓦会议期间途经开罗的时候,埃及人民已

经推翻法鲁克王朝，阿尔及利亚人民正在酝酿反抗殖民统治的武装斗争，整个非洲处在暴风雨的前夕。今天，当我们作为中国人民的友好使者来到非洲的时候，我们看见的是一个觉醒的大陆，一个战斗的大陆。在这一片被帝国主义者叫作"黑暗大陆"的辽阔土地上，自由的晨曦已经升起，帝国主义的殖民体系正在不可避免地走向土崩瓦解。

对中国客人的到来，"阿联"方面也给予了极高的评价，最动情的，其实正是"阿联"总统纳赛尔。

12月16日，纳赛尔总统邀请中国客人出席"阿联"第九届科学节大会，就在这次会上，他对周恩来赞美有加，使用了这样一些语言：

亚洲的杰出的战士（英文报纸译为"杰出的领导人"），人类最初思想世纪古老的先锋文明创造者和目前站在现代历史潮流有影响力量和其动力的中国革命创造者、伟大的中国人民的活生生象征。

这是少见的赞誉。也许是翻译上的问题，或者是电码的疏漏，这些称谓有些绕口和晦涩，但是，当时由孔原、黄镇、童小鹏联合发回北京的综合报告中，确实是这样记载的。

当纳赛尔总统在科学大会上称赞周恩来是创造人类古老文明的"中国人民的活生生象征"时，周恩来对古埃及的灿烂文化也同样有着极深的了解。金字塔和狮身人面像就是古埃及高度文明的一种标志。

12月19日上午，周恩来、陈毅一行在总统会议委员会委员里法特的陪同下，来到开罗郊外，参观大金字塔、狮身人面像和178米高的开罗塔。它们都是"阿联"人民的骄傲，尤其是建于古埃及王国第四王朝时期（约前2650—前2500）的金字塔，更是被誉为古代世界奇观。当周恩来等人来到金字塔下时，周围除了陪同参观的官员外，几乎没有其他游客。只见几名身着白色运动衫的"阿联"运动员站在金字塔下，个个身强力壮、精神抖擞。这显然是阿方有意安排的。中国客人一开始不知道他们要干什么。待大家站定，只见运动员们连跑带跳、健步如飞地冲上金字塔。这一动作把周恩来和陈毅等人的注意力全集

1963年12月,周恩来和陈毅访问"阿联"期间参观狮身人面像时留影

中过去了,他们随着运动员的跑动,视线不断被引向塔尖,不大一会儿,白衣点就站到了塔尖上。参观的人刚刚吁了一口气,只见运动员们又以更快的速度往下飞奔,一眨眼工夫就到了塔底。这一精彩的登塔表演,赢来了大家的一阵掌声。

惊叹之余的周恩来快步走过去,握着运动员的手夸奖道:"你们身手不凡啊!7分钟就在146米高的金字塔上下跑了个来回。"

原来,细心的周恩来从一开始就为运动员们计时。他边说边拉过一名运动员的手,用中国老中医特有的方法给这位运动健将号脉。周恩来的老岳母杨振德就是一位很有名气的老中医,邓颖超受其影响也很相信中医理论,周恩来也就自然熟于此道。他看着自己的手表秒针转了一圈后,惊奇地告诉大家:"哎,还真是脸不变色心不跳!脉搏和正常人的一样,一分钟八十多下。这就叫生命在于运动啊!我们不运动有时还心跳不正常哩。"

在大家的笑声中,"阿联"运动员们感到无比的欣慰,没想到中国总理这么喜爱并如此称赞他们。

在"阿联"的访问,是愉快的。正是在这种愉快的气氛中,周恩来与纳赛尔、萨布里等"阿联"领导人进行了多次会谈。会谈中,周恩来根据和平共处五项原则和万隆会议十项原则,提出了著名的"中国处理阿拉伯国家和非洲国家的五项原则":

其一,支持阿拉伯和非洲各国人民反对帝国主义争取和维护民族独立的斗争。

其二,支持阿拉伯和非洲各国政府奉行和平中立的不结盟政策。

其三,支持阿拉伯和非洲各国人民用自己选择的方式实现团结统一的愿望。

其四,支持阿拉伯和非洲各国通过和平协商解决彼此之间的争端。

其五,主张阿拉伯和非洲各国的主权应当得到所有其他国家的尊重,反对来自任何方面的侵犯和干涉。

这五项原则,一经提出便在非洲大陆和阿拉伯国家产生了重大的影响。中国与非洲国家、阿拉伯国家的关系,一时间成为国际社会关注的焦点。

12月20日，就在中国政府代表团将要结束对"阿联"的访问前夕，周恩来在开罗举行记者招待会，出席的有"阿联"、美国、英国、印尼、印度、法国等多家报社、通讯社、电视台、电台的记者。面对各路记者的提问，周恩来思路清晰，反应敏捷，机智应答，妙语连珠。

提到对"阿联"的"最主要的印象"，他用这样几句话来概括：英雄的城市，灿烂的文化，现代的建筑，英勇、热情、勤劳、智慧的人民，有能力的领导人、团结的力量以及新兴的气象。

有记者问："你访问非洲有什么目的，以至你认为有必要离开办公桌达两个月之久？"

看来中国代表团的行踪，外国记者早已知晓。周恩来恳切地回答："我们是第一次到非洲访问，而新中国建立已经14年了。我们来得不是太早，而是太晚了……我这次来到阿联首先要向纳赛尔总统表示我来晚了的歉意。这就是我访非的第一个重要任务。"

致歉以后，周恩来接着说："我们访问非洲国家的目的，是寻求友谊，寻求合作，多了解一些东西……我们自远东来到非洲，路很远，不容易，既然来了，就多访问一些国家，以表达中国人民对非洲人民的友好愿望……"

带着这种友好愿望，12月21日，中国政府代表团离开开罗，飞往阿尔及尔，进入访非的第二站——阿尔及利亚。

阿尔及利亚市政府和市民用两件事来表达他们对中国人民和中国总理的感情。一是专门命名一条大街为北京大街，把北京和阿尔及尔联结起来。一是授予周恩来阿尔及尔荣誉市民称号。当本·贝拉总统请求周恩来赐教时，周恩来谦逊地说："才学习三天，第四天就讲话，发言权是很低的。对于阿尔及利亚，我们是刚进课堂的小学生。"本·贝拉称："周恩来是阿尔及利亚最好的朋友。"

当12月21日下午周恩来和陈毅等人飞抵阿尔及尔走出机舱时，看到了又一幅热烈的场景：阿尔及利亚总统本·贝拉和第一副总统兼国防部部长布迈丁率领30万阿尔及尔人民正迎候在机场上。兴奋的本·贝拉总统在盛大的欢迎仪式上热烈地拥抱了周恩来，他称周恩来为"阿尔及利亚最好的朋友"。这句

1963年12月，周恩来访问阿尔及利亚时，看望烈士子弟之家的孩子们

话，固然有它深刻的含义。

中国对阿尔及利亚人民的民族解放战争始终给予了大力的支持。阿尔及利亚爆发抗击法国殖民主义者的武装起义后，1956年2月底，阿拉伯联盟总秘书长照会中国政府，希望中国政府支持阿尔及利亚人民的斗争。周恩来迅速做出了积极的响应，他在6月间召开的全国人民代表大会上庄严宣布："中国人民站在阿尔及利亚人民一边。"1958年4月，阿尔及利亚民族解放阵线代表团到北京访问，受到周恩来的热情接待，他对他们说："中国人民愿意为阿尔及利亚人民的正义斗争提供军事援助，并为阿尔及利亚方面设想了恰当的军援途径。"阿方对此深表赞赏。中国是第一个承认阿尔及利亚临时政府的国家，1962年3月阿尔及利亚独立后，中国又向它提供了经济援助，帮助它恢复战争创伤、发展民族经济……

中国政府和人民的深厚情谊，阿尔及利亚人民铭记在心。他们早就盼着周恩来的到来。

进入阿尔及利亚后，周恩来没想到在这里他会成为阿尔及尔市民中间特殊的一员。

为对本·贝拉总统的热情表示感谢，周恩来下午2时刚踏上阿尔及利亚的土地，就以最快的速度于5时30分到达总统官邸约丽别墅拜会了本·贝拉。从机场到住地，迅速安顿好代表团，再到总统官邸拜会——在这么短的时间内完成好这一切，这是少有的神速，可以说周恩来在这一过程中没有一分钟的喘息时间。

12月22日，阿尔及利亚市政府和市民用两件事来表达他们对中国人民和中国总理的感情。一是专门命名一条大街为北京大街，把北京和阿尔及尔联结起来。周恩来出席了命名典礼。另一件事，恐怕周恩来原先也没有想到，阿尔及尔市政府决定授予周恩来阿尔及尔荣誉市民的称号，授予仪式在市政府大厅内隆重举行。这一荣誉，既是给周恩来本人的，也是给中国人民的，所以周恩来欣然前往参加，接受了这一称号。

在阿尔及利亚，周恩来本人除了与阿方领导人进行许多非正式会谈外，主要是与本·贝拉总统举行了四次正式的政治会谈。周恩来声称："我们这次到非洲来，是为了寻求友谊，寻求合作，并且借此机会全面了解同我国建立外交关系的非洲国家的情况，增进我们的知识，向这些国家的人民学习有益的东西。"

对阿尔及利亚，无论是周恩来还是中国代表团的其他成员都自认为了解得还太少。尤其是阿尔及利亚独立后选择了社会主义道路，它的形势、任务、方针、政策，中国方面知之甚少。因此，前两次政治会谈主要由本·贝拉介绍阿方的情况。

相应地，阿方也急切地想了解中国的情况，想从社会主义的先驱者那里学到一些有益的建设经验。为此，从12月24日第三次会谈开始，本·贝拉便请求周恩来赐教。

周恩来风趣地以"提出一点意见"谦让，他说："才学习三天，第四天就讲话，发言权是很低的。对于阿尔及利亚，我们是刚进课堂的小学生。"他称赞："阿尔及利亚的革命胜利，是继中国和古巴革命后，20世纪60年代的伟大事件，也可以说是奇迹。"并说："任何国家进行社会主义革命，首先应该依靠自己。我们历来这样主张。"

应本·贝拉的请求，周恩来也介绍了新中国经济建设、政治思想建设和外交政策等方面的情况。本·贝拉越听越感兴趣，他觉得自己听了还不过瘾，又要求周恩来给阿方的干部们作一次报告。周恩来答应了，并细致地做了准备。随后，本·贝拉把他的干部们召集起来听中国总理的报告。讲台上，周恩来虚心而仔细地给阿方的干部们介绍了中国的建设经验；讲台下，本·贝拉总统和布迈丁副总统在一旁认真地做笔记，也做了一回"课堂的小学生"。两国领导人的谦虚，竟是如此相似！

阿尔及利亚的独立，是从法国殖民统治下挣脱出来的。阿法之间自从1962年2月签署《埃维昂协议》，结束战争以来，中国和法国的关系的阻碍，也由此扫除一大块。周恩来访问阿尔及利亚之前，曾于10月在北京接待了法国戴高乐总统的特使富尔，就中法关系及其建交事宜进行了磋商。自然，法国人对周恩来访问非洲有着极大的兴趣，一些法国记者进行了跟踪采访。

在"阿联"开罗的记者招待会上，法国电视台的记者就问过周恩来："你对法国有什么要谈的吗？"

周恩来的回答，使用了带有怀旧之情的外交辞令，巧妙、贴切：

> 我和陈毅元帅40年前都在法国勤工俭学，我们是在法国参加共产主义的。我愿借此机会，向法国人民致意。我和陈毅元帅都希望有机会到法国访问。我们对法国热情的人民印象很深。

开罗之后，法国记者又追到了阿尔及尔。法国《观察家》记者克鲁德·高达，似乎对12月26日周恩来在阿尔及尔人民宫举行的记者招待会意犹未尽，他又使出了浑身解数要求单独采访周恩来。

12月26日晚11时40分，这是一个人们进入梦乡的时刻，克鲁德·高达得到了周恩来的特殊待遇，再次进入人民宫，单独采访了周恩来。

周恩来对这位法国记者说：作为一个普通人，我对阿尔及利亚人民"最强烈的印象是阿尔及利亚人民的革命热情很强，他们医治了战争的创伤，在革命的道路上前进"……

这一夜，周恩来几乎未睡。所幸的是，访非期间，他偶尔也尝到了"午睡"的甜头。因为非洲国家中午的气温一般都在40摄氏度以上，当地活动都安排在早晚，中午不办公。在没有外事活动的中午，周恩来被炎热所逼只好穿着衣服打个盹。后来回国他跟邓颖超讲："这次出国访问，我才算知道了睡午觉的好处。"

12月27日上午，本·贝拉和布迈丁等阿方领导人再次前往机场，为周恩来、陈毅等人访问摩洛哥送行。

> 为迎接中国贵宾的到来，摩洛哥国王哈桑二世打破了以西式两菜一汤来接待外国领导人的惯例。品尝到摩洛哥烤全羊的周恩来和陈毅，一再盛赞东道国的饭菜堪称"世界佳肴"。满意的哈桑国王回过头来称赞中国的烹调乃"世界之冠"。他巧妙地问："当今世界像我们这样的国王、皇帝已为数不多了，不知以后会怎样？"周恩来友好地戏称哈桑二世："陛下可以担任这个委员会的委员长嘛！"

摩洛哥王国，地处北非地中海和大西洋沿岸，东邻阿尔及利亚，1956年获得独立。它的面积只有45.9万平方公里，人口在1963年只有1200万。摩洛哥根据自己的国情，独立后采用了欧洲的"廉政国宴"——西式两菜一汤。奢华、复杂的宴请早已取消了。

中国客人远道而来，却受到摩洛哥国王哈桑二世的破例款待。12月27日上午，当中国政府代表团抵达摩洛哥首都拉巴特时，王宫里将要出人意料的国宴已经在紧锣密鼓地准备着。

当周恩来、陈毅带领中国政府代表团成员进入王宫拜会哈桑二世国王时，哈桑二世打破了西式两菜一汤接待外国领导人的惯例，改用极为丰盛的烤全羊、"巴斯提拉"、"古斯古斯"等传统名菜来盛情招待中国贵宾。这一席菜，就连1961年起任中国驻摩洛哥大使的杨琪良也未曾领受过，也使出席宴会作陪的一些外国使节感到异常破例，惊喜万状！

摩洛哥的传统饭菜，是用手抓着吃的。哈桑国王依照本国的风俗，陪主宾周恩来围着一张矮脚长方桌席地盘膝而坐。一只烤好的整羊已经放在了直径八九十厘米的瓷盘中。哈桑国王首先用手挑选了一块最好的羊肉放在周恩来的食盘里，以后每上一道菜都是如此进行，以示对中国贵宾的尊重。周恩来有流鼻血的毛病，上火的东西很少吃，在国内时更是极少吃羊肉。但是，他历来入乡随俗，主人如此盛情，他只好客随主便。每次上菜后，周恩来也依样敬主人哈桑国王。

1963年12月，周恩来访问摩洛哥时，和哈桑二世国王在招待会上

另一边，哈桑国王的弟弟、年仅19岁的亲王与陈毅同桌。这位亲王不仅说话不拘小节，而且动作也稍有些"出格"，他抓起一块烤肉，自己先用嘴舔一舔，然后再送给陈毅。陈毅见亲王如此"破例、热情"，也洒脱地接过肉大口大口地吃起来，一点也没见外。双方人员都极为感动。满场气氛亲切融洽，为这次访问创造了极好的氛围。

席间，周恩来、陈毅和其他人员吃得都很尽兴，周、陈一再盛赞东道国的饭菜堪称"世界佳肴"。哈桑国王听后很满意，他也知道，中国的饮食更是精美可口的，所以回过头来称赞中国的烹调乃"世界之冠"。

宴毕，哈桑国王把周恩来、陈毅和杨琪良大使请进他的会客室品茶。

摩方所饮的茶，是由中国供应的绿茶"喜珍眉"，加上一把鲜薄荷和一些"面包糖"（面包状，近似于冰糖，由白糖加工而成），放入特制的大茶铜壶里用木炭火煮成。室内有茶官专司此职，经他品尝认为合乎标准后，再斟入特制的精美的银托玻璃杯内，送到客人面前。随同周总理访问的细心的卫士长成元功发现：哈桑国王手下的这位"茶博士"，在烧茶时，一会儿用小杯子尝一口，尝剩下的茶水，又倒回大茶壶里去。他就这样一丝不苟、专心致志地做着这件事。成元功感叹：茶在摩洛哥是多么宝贵啊！

此茶烧好以后，茶色呈淡绿色，清凉香甜，别有风味。

周恩来喜欢饮茶，他的家乡也盛产茶叶，但摩洛哥特有的饮茶方法，他也是头一回看见。周恩来品后表示了欣赏之意。这一效果，正合哈桑二世意，他连忙说："这是80多年前流传下来的吃法。面包、茶叶、糖，是摩洛哥1200万人民生活的三大必需品，须臾不可少。光绿茶就年需12000吨。没有茶叶，人民会造反的。因此，希望中国多供应一些茶叶。"

周恩来客气地回答："贵国喜欢的那种绿茶品种，在中国只产在一个不大的特定地区，产量有限，国内市场没有出售，通通供应了贵国。我回国后一定请有关人员再研究一下能不能扩大生产，如能，问题就好解决了。"

按哈桑国王的说法，这一问题的解决，等于解决了他的人民的生活问题，解决了"造反"问题。后来到索马里，索方也向周恩来提出在茶叶方面给予援助的请求。周恩来特意交代有关人员，对摩索这样的国家，我们要派专家来做些调研，看能否种植他们所需要的茶，若能，让我们的专机送些茶叶苗来，这才是从根本上诚心诚意地帮助人家。

摩洛哥从历史上就延续了王国制，这一体制进入20世纪60年代将如何发展？哈桑国王不无考虑。趁这位对世界有所影响的东方大国总理在此，哈桑国王突然巧妙地向周恩来提出一个难以回答的问题："当今世界像我们这样的国王、皇帝已为数不多了，不知以后会怎样？"

周恩来和陈毅听后都笑了起来。周恩来风趣地回答："你们可以组织一个委员会，开个会商量商量嘛！"

陈毅接着说："亚洲有个西哈努克亲王，我们是好朋友，可以要求他参加。"

周恩来又说："陛下可以担任这个委员会的委员长嘛！"

说罢，三人哈哈大笑。这一巧妙的回答，既安慰了哈桑二世，又表达了中国尊重这些国家人民选择的态度，机智诙谐而又含有深意。

访问摩洛哥期间，中国代表团的成员还向已故的摩洛哥国王穆罕默德五世陵墓敬献了花圈，以表明对摩洛哥独立革命运动的支持。摩洛哥革命以及哈桑二世前辈的事迹，周恩来早在40年前留法时就有所耳闻。这次访问摩洛哥，他与哈桑二世谈及此事，说："摩洛哥的革命，摩洛哥人民为独立而奋斗的英雄事迹，我们在青年时就知道。我在法国时，第一次大战后北非的民族解放斗争是从摩洛哥开始的。我们留法学生的共产主义青年组织，在提到民族独立斗争时，以摩洛哥为例子。后来先王（哈桑国王的父亲）陛下被放逐，我们也知道。"

周恩来青年时期就对摩洛哥革命和哈桑国王的父亲如此关注和称赞，令哈桑二世甚为惊叹！

在摩洛哥，有关摆脱帝国主义、殖民主义封锁、剥削的问题，很自然地成为周恩来、陈毅与摩方会谈的一个主要话题。谈话中，他们很自然地转入对中美关系的议论。虽然美国到处干涉别国内政，以"世界警察"的面目出现，但是，也有人散布"中国好战"的谎言。周恩来在会谈中把中国的基本态度和立场告诉了哈桑二世：

> 尽管美国如此（中华人民共和国成立后遭到美国的敌视、包围、封锁、禁运等），但中国并不打算向美国发动武装冲突，根本没有这种设想。我们主张和平谈判解决争端。对于中美谈判，我们主张先达成原则协议，再解决具体问题。但美国都不同意。我们只有等待，同时继续下去，要谈多久就谈多久，除非美国宣告谈判破裂。已谈了8年多，可再谈8年，甚至80年。历史上有百年战争，现代可以有百年谈判。我们相信中美最终是总要达成协议的。

这一认识和态度，周恩来后来也向其他非洲国家表明了。中国人对改善与包括美国在内的西方国家关系的决心、耐心和诚意，逐渐被第三世界的兄弟们所认识、了解。

1963年的最后一天，中国代表团就要离开摩洛哥，友好的国王哈桑二世赠送给周恩来一把宝剑，剑鞘上镶有闪闪发光的宝石，新年即将来临，这是对中国客人的一种特殊的祝福。告别哈桑二世，周恩来率中国代表团前往欧洲社会主义的兄弟国家阿尔巴尼亚访问。这是首访非洲期间唯一访问的欧洲国家。周恩来一行将在那里度过 1963 年。

> 访非期间，与中华人民共和国没有外交关系的突尼斯，热情邀请中国客人把"停机加油"升级为正式访问。见到周恩来，布尔吉巴总统"有话直说"：中国政府"激烈"的言辞得罪了一些潜在的朋友。面对非洲第一个当面批评中国领导人的首脑，周恩来并未生气，他求同存异，感激对方的诤言："这才是真正的朋友。有话直说，毫无保留。你的话有助于我们了解情况。"

按原定出访日程安排，阿尔巴尼亚之后，中国政府代表团便要进入撒哈拉沙漠以南非洲的加纳共和国。但是，一件预料之外的喜事却在这之前发生了。

由阿尔巴尼亚直飞加纳的距离是一万余里，中途必须在突尼斯给飞机加油，但突尼斯当时并未与中国建交。有趣的是，1963 年 12 月 26 日，当中国客人在阿尔及利亚受到极高礼遇时，突尼斯作为阿尔及利亚的邻国，给予了高度关注。突尼斯方面派人向中国政府代表团传递了信息：邀请中国政府代表团访问突尼斯，并愿意建立外交关系。

这一信息正合周恩来、陈毅之意，他们立即与其他成员取得了共识。但此事关系重大，必须立即请示国内。第二天清晨 7 时，也就是代表团即将上飞机飞往摩洛哥之时，周恩来和陈毅联合给中共中央并外交部电传《关于中突建交问题的报告》，明确提出：鉴于突尼斯方面表示过同中国建交的愿望，并邀请访突，"我们同团中同志做了研究，认为可以借这次访问非洲机会顺道过突尼斯一下，解决同突建交问题"。

报告发往国内以后，代表团继续在摩洛哥和阿尔巴尼亚访问。其间，突尼斯方面又一再热情邀请中国客人把"停机加油"升级为正式访问。中共中央和外交部很快同意了周、陈的报告。代表团接到答复后，立即决定由阿尔巴尼亚前往突尼斯，一边正式访问，完成中突建交，一边给飞机加油。

1964 年 1 月 9 日上午，中国代表团离开地拉那飞抵突尼斯，在机场受到

1964年1月,周恩来访问突尼斯时,在答谢宴会上欣赏布尔吉巴总统(左)赠送的影集

突尼斯政府全体部长和新宪政党全体政治局委员的欢迎。

中突两国领导人之间毕竟缺少交流,中国人进入的是陌生的突尼斯,而突尼斯领导人同样面对的是陌生的中国政府。为此,在当天下午周恩来与突尼斯总统布尔吉巴的第一次单独会谈中,双方就出现了意见分歧。布尔吉巴不赞成新中国的一些外交政策。

布尔吉巴倒是十分坦率,对周恩来直言不讳。他认为中国政府"激烈"的言辞得罪了一些潜在的朋友,说:"你们想让我们与西方为敌,你们跟印度发生冲突,谴责铁托,又谴责赫鲁晓夫……别人不会对你们说真心话。可我要告诉你,你们这种调子在非洲是没有人愿意听的。"

尽管布尔吉巴对中国缺少了解,他对中国政府的政策也存在许多误会,他的话中有些为西方人说话的味道,用周恩来的话说"简直是替美国辩解",但是,周恩来还是耐心地向他解释了中国的外交政策和中国领导人对时局的看法。

布尔吉巴可以说是非洲第一个当面批评中国领导人的首脑。出乎意料的是，周恩来却很感激他，说："这才是真正的朋友。有话直说，毫无保留。你的话有助于我们了解情况。"

周恩来以极大的"求同存异"精神对布尔吉巴说：

> 亚洲国家有共同目标，这就是摆脱殖民主义强加给我们的落后状态，实现经济发展，促进友谊。不论各国属于什么制度，只要这个制度是人民自己选择的，亚非各国之间就一定能找到共同点。
>
> 我们的目标相同，但使用的方法不一定相同。每个国家有自己的情况。各国领导人根据国内的具体实践和人民的要求确定自己的方法，不同的方法可以相互尊重，也可以相互影响。所以加强彼此间的接触非常重要。
>
> ……

布尔吉巴终于被周恩来的精神所打动，说："我同意周恩来总理求同存异的方针，我们还是要反帝反殖。突尼斯需要伟大的友谊，并一定要同中国建立外交关系。"

一个"伟大的友谊"，就这样缔结了起来。1月10日，中国和突尼斯发表联合公报，正式宣布建立外交关系。随访的黄镇兴奋地说："这是访问非洲的一个大收获，也是与某些大国外交斗争中取得的重要胜利。"

1964年元旦刚刚过去，一个突如其来的事件发生了：中国代表团即将前往访问的加纳共和国，其总统恩克鲁玛遇刺。周恩来得到报告：虽然政变未遂，恩克鲁玛总统幸免于难，但情况不明。一个现实问题摆在中国政府代表团面前：是否还去加纳访问？周恩来断然决定：这个时候去才能体现我们是真正的友好，至于外交惯例，我们可以打破！患难见真情，周恩来一行从容地走入戒备森严的奥苏城堡。

老子曰："祸兮福所倚，福兮祸所伏。"祸福相随之理，也体现于这次访问非洲的行程中。

当代表团成员在阿尔巴尼亚欢度新年，并为决定即将访问突尼斯、完成中突建交这件喜事而高兴时，一件不幸的事也同时发生了。

1964年1月2日，正当中国和阿尔巴尼亚领导人开始会谈时，突然传来消息：中国代表团即将前往访问的加纳共和国发生了刺杀恩克鲁玛总统的政变，恩克鲁玛总统幸免于难，但情况不明。

一个现实问题摆在中国政府代表团面前：是否还去加纳访问？

周恩来找来陈毅、乔冠华、黄镇、孔原、童小鹏和外交部的几位随访的司长商议。他先提出了自己的意见：按原计划前往加纳访问，我们不能因为人家遇到暂时的困难就取消访问，这是不尊重人家，不支持人家；这个时候去才能体现我们是真正的友好，真正患难的友情；至于外交仪式，我们可以打破通常的礼宾惯例。

陈毅是一位临危不惧、身经百战的元帅，也是周恩来的亲密战友，他钦佩周恩来的胆略，表示赞同周恩来的意见。但代表团的其他成员却不同意，他们为周恩来的安全担心，有的说，加纳政局仍不稳定，随时都有可能出现危险，总理不能去；还有的说，问题不仅是我们应不应该去，还有加纳方面的愿望和困难也需要我们认真考虑。外交部的人说：按照惯例，这一访问也应取消。他们一再劝说周恩来，最好不要前往，那里很危险！

周恩来的意见，是经过深思熟虑的。他和陈毅充分估计到了前去访问的困难和意义，最后终于说服了大家，决定按原计划前往。

为了解情况并把我方的意见通知加纳方面，周恩来派黄镇作为特使，先行前往加纳。

黄镇临行时，周恩来紧握他的手交代："你先去吧，到加纳与黄华同志多商量，有什么问题马上电报联系。"黄镇点了点头，非常明白自己此行的目的。

加纳那边，黄华作为中国驻加纳大使，正好赶上恩克鲁玛遇刺的政变。这位后来被基辛格大加称赞的具有"中国式外交风格"的外交家，曾作为周恩来的第一代翻译跟随周搞外交，深得周恩来的信任。加纳政变发生后，他向国内发回了一系列宝贵的第一手材料，并经过自己的观察、分析和判断，主张代表团可以前来加纳访问。

1月9日,黄镇坐另一架租用的荷兰专机飞往加纳,到达加纳首都阿克拉后,立即与黄华取得了联系。中国的"二黄"外交官,一起前往恩克鲁玛的秘密住处面见这位总统。

这时的恩克鲁玛,惊魂未定,住在奥苏城堡里,伤势仍然明显,脸上贴着纱布,缠着绷带。黄镇和黄华代表周恩来总理,对恩克鲁玛遇刺表示关切和慰问。

"二黄"就周恩来总理访问加纳的具体安排,与恩克鲁玛进行了协商。他们向加纳总统转达了中国总理的一个独特的建议:为了照顾恩克鲁玛总统的安全,我们打破礼宾常规,凡有总统参加的一切活动都在总统住地进行,总统不必到机场迎送,也不要在城堡外面举行会议和宴会。

这一建议,充分照顾到恩克鲁玛的困难处境,体现了一个大国总理的风度和胸怀。恩克鲁玛没有想到中国总理如此体谅他,非常高兴和感激,表示完全同意。他原来估计,在加纳局势如此动乱的情况下,中国总理是不会再来访问的;因为在他前一次遇刺时,印度总理尼赫鲁正在尼日利亚访问,尼赫鲁得悉恩克鲁玛遇刺后,就取消了原定对加纳的访问。恩克鲁玛感到,危难之中方见中国总理的真诚。

在代表团出发去加纳访问前,中共中央也十分关注加纳局势的变化,担忧代表团的安全。周恩来后来在出访报告中提到了中央的这种担忧,他说:

> 我们代表团是有几个同志,他们天天在考虑这个问题;我们的后方"司令"——杨尚昆同志,也是经常打电报,这是他们的任务。我跟陈毅同志就不大想这个问题,因为有一种力量把我们鼓舞了。

何种力量?周恩来说:

> 我们看到人民群众那样欢迎我们,支持我们,我们不仅不感到孤立,而且对我们的安全问题都不考虑了。

1964年1月11日上午8时,周恩来率中国政府代表团飞抵加纳共和国首都阿克拉,进入撒哈拉沙漠以南的非洲国家访问。在阿克拉机场,遵照周恩来的建议，恩克鲁玛没有露面，他特派总统三人委员会成员代表他率阿克拉各界人士来迎接中国客人。机场和街道两旁热情欢呼的群众，略微冲淡了刚刚发生过谋杀所产生的恐怖气氛。

各国记者得知有预谋政变的发生，早已云集加纳，周恩来、陈毅等中国领导人的到来，也引起了他们极大的报道兴趣。恩克鲁玛遇刺的情况，他们早已做了报道。中国客人还看到了这样一张照片：在凶手行刺恩克鲁玛的那一刻，恩克鲁玛勇敢地把凶手压在身子底下。这张照片，不知事发之时是哪位记者的杰作。

当日下午，尽管刺杀事件带给人们的余悸未消，周恩来和陈毅等人还是在代表总统的三人委员会成员——外交部部长博齐约、交通和工程部部长本萨和加纳驻华大使麦耶的陪同下，乘车从容地视察了阿克拉的市容环境。随后，代表团全体成员又在周恩来的率领下，乘车直奔阿克拉城的另一端，去恩克鲁玛总统居住的奥苏城堡。

当周恩来等人进入奥苏城堡时，只见周围戒备森严，门口站着全副武装的士兵，四周停放着许多军用车辆和轻重武器。随着一声短促的口令，传来一阵哗啦啦的枪栓声。这里的人似乎个个都成了惊弓之鸟！

周恩来和陈毅是见过世面的军事家，他们面对这一切，嘴角却挂着风趣、平稳的微笑，只当是在视察军事演习部队。他们从容镇静地在门外的空地上等待着加纳官员进去通报恩克鲁玛总统。过了一会儿，恩克鲁玛飞快地迎出来，把中国客人们从黑洞洞的枪口下接进门内。这也难怪，行刺恩克鲁玛的人就是被美国等国收买的加纳警察，他不得不在这一时期利用军队来高度戒备。

中国代表团的成员发现，这位加纳总统身上穿的却是一套极为熟悉的中山服。原来，1961年8月中旬恩克鲁玛访问中国时，对中国领导人穿的中山服很欣赏，当时周恩来就曾指示有关部门给恩克鲁玛特做了一套。周恩来还陪同恩克鲁玛去杭州、上海参观访问，并签订了中加友好条约。这次恩克鲁玛特意穿着中山服出来迎接周恩来，既表示了对中国客人的尊重，又勾起了许多美好的回忆。

进屋后，恩克鲁玛歉意地向周恩来解释门外的情景。周恩来微笑着表示理解。随后，周恩来当面递交了毛泽东给恩克鲁玛的慰问信，并告诉他："首先，我要对总统阁下最近遇刺表示关心。毛主席给阁下发了慰问电，今天已

1964年1月，周恩来访问加纳期间，宣布中国对外经济技术援助的八项原则。这是他和陈毅（左一）前往总统官邸拜会恩克鲁玛总统（右二）

广播。"

  年轻的总统异常感激，他握着周恩来的手许久没有松开。为感谢周恩来冒着危险前来，恩克鲁玛在城堡里举行便宴招待周恩来一行。周恩来代表中国政府和人民对企图暗杀恩克鲁玛总统的卑鄙行径表示了极大的愤慨。

  恩克鲁玛还亲自带着周恩来等人参观了他所住的这座奇特的奥苏城堡。加纳从1471年开始就相继被葡萄牙、荷兰、英国等国的殖民者侵入，他们在这里掠夺黄金、贩运奴隶，残酷地剥削、压迫加纳人民。奥苏城堡就是殖民者留下的建筑。城堡地下室直通大海，室内存放着当年殖民者整治黑奴用的刑具——从头到脚的刑具应有尽有。周恩来和中国代表团的成员看了以后，被深深地震撼了：世上还有这等殖民主义的酷刑和监牢！

  周恩来后来在缅甸额不里海滩上与吴奈温主席谈起过参观这座城堡的深刻印象：

>   恩克鲁玛总统现在住的城堡是过去英国总督住的。城堡建筑在海滩上，是15世纪时葡萄牙殖民者开始修的，后来接着修建的是西

班牙、荷兰,最后是英国。他们修这样的城堡干什么用呢?就是作为掠夺、贩卖黑奴的滩头阵地。西方殖民者通过收买当地酋长,用酒、布换人,把黑人当货物、贩运、骗往美洲。像这样的滩头阵地,从西非海岸的摩洛哥,沿海岸直到非洲西南部的安哥拉,每百十公里一个;这些城堡,就是为了在黑人反抗时进行镇压而修建的。

为了冲淡殖民主义留在地下室里的恐怖气氛,恩克鲁玛又破例引导周恩来、陈毅等人上楼,到夫人和孩子们住的房间参观。上楼后,气氛就大不一样了。他的家庭,是一个"种族团结"的家庭,恩克鲁玛是黑种人,他的夫人是一位漂亮的埃及白种人,孩子的皮肤则呈棕色。恩克鲁玛把夫人介绍给周恩来认识,并亲切交谈。这样的礼仪,是极少的。因为在非洲,只有自家人才能看见家中女人的容貌。可见恩克鲁玛没有把中国贵宾当外人。

从楼上下来,周恩来意外地发现城堡里还放着一台乒乓球案,知道恩克鲁玛与自己有着同样的爱好,便提议与恩克鲁玛"赛"一场球。

两人愉快地操起拍子上阵,由陈毅元帅当裁判,总理的卫士长成元功做副裁判,你一来,我一往,乒乓球桌上发出了轻快的、有节奏的响声。虽然两人球技都不算高,但这场球意义深远。当时就有人赞叹:"这是国际乒乓球赛中级别最高的一次,在国际乒乓球赛史上应该占有辉煌的一页!"在恩克鲁玛处境维艰、十分危险的时刻,周恩来提出如此轻松愉快的建议,它深远的政治含义,对世人来说是不言而喻的。恩克鲁玛的紧张心理,这时也得到了极好的调节。

以后的会谈,都是周恩来亲赴奥苏城堡进行。他劝恩克鲁玛:"为安全起见,你不必到宾馆去回拜。"对中国总理在最危难的时候处处表现出来的体谅和照顾,对周恩来的这种巨大支持力量和慰藉,恩克鲁玛甚为感激。他也知道,这件事在世界政治、外交史上是罕见的。为此,恩克鲁玛在会谈中对周恩来说:"我代表大家一致的意见认为,过去我们也有客人,您这次访问对我们的情况做了仔细的分析,所以您的访问,是所有对加纳的访问中最好的一次访问。"

这件事,给周恩来本人也留下了极深的记忆,以后他多次提及。1964年2月和1965年8月他曾分别对锡兰和阿尔及利亚领导人说过:

> 在我去访问加纳以前，情况发展到最严重的地步，两个国家联合起来搞颠覆活动，其中有美国，它们收买警察，行刺恩克鲁玛总统。恩克鲁玛只能用军队来保护自己，现在正在改组警察。我就是在这样的时候去访问加纳的。加纳遇到如此重大的困难，我们应该前去访问。……
>
> 我去年访问加纳时，正是阿克拉最不安全的时候，总统不能出来。我看，只有中国的总理肯这样去。……

中国政府代表团在特殊情况下访问加纳的消息，立即被早已云集加纳的记者报道了出去。这件事，在非洲大陆产生了深远的影响。中国代表团访问加纳后，立即就有几个尚未与中国建交的国家向周恩来发出了访问邀请。

遗憾的是，1966年年初，恩克鲁玛执意要去越南调解越南战争，2月24日，他途经北京并进行访问时，加纳国内再次发生军事政变，他领导的政府被推翻。在这之前，周恩来就曾劝他不要离开首都阿克拉，但他既然来了，国内已发生了急剧的变化，周恩来又提出让他留在北京。恩克鲁玛婉言谢绝了老朋友的真情，因中国离非洲太远，他还是经莫斯科去了几内亚。几内亚总统塞古·杜尔热情地接待了他，并给予他"几内亚共和国两总统之一"的名誉称号。

1972年4月27日，恩克鲁玛因癌症不治与世长辞。9月14日，周恩来在北京接见加纳政府贸易和友好代表团时，对其团长、工业部部长阿格博少校回忆起老朋友恩克鲁玛：

> 恩克鲁玛这位老朋友，他一定要去调解越南战争问题。我劝他不要来，但他还是来了。结果，来了就回不去了。如果他当时要留在北京，那当然是没有什么问题，我们不会使他为难的。但他觉得离非洲太远心不安，去几内亚了。我在1964年1月访问加纳时，在城堡里会见恩克鲁玛，当时他没有出来，待在城堡。当时我劝他不要出国，我离开加纳的时候没有要他送。1966年恩克鲁玛来调解越南问题和印度支那问题，那是没有办法调解的嘛！所以他一来就出了事情。这件事对他教训很大。1966年以后我们就见不着面了。……

最后，周恩来还补充了一句："不管怎样，他是你们非洲解放运动的杰出的领导人。"

在加纳和马里，周恩来彻夜难眠。他在考虑：中国对非洲国家的真诚援助，必须产生深远的影响，应当让非洲国家更好地了解中国政府的对外经济原则。一个重要的举措，便在进入撒哈拉大沙漠以南的非洲地区酝酿、出台——周恩来首次提出"中国政府对外经济技术援助八项原则"，随后这八项原则又正式写入了中国同马里共和国发表的两国政府联合公报中。从此，国际舞台上诞生了南南合作的新模式。

首访非洲，对于中国政府来说，一个重大的任务，就是对新独立的第三世界国家提供力所能及的、真诚的援助，这些援助不仅仅是道义上的，还有看得见、摸得着的经济援助。

周恩来每到一个国家，几乎都要谈定一笔援助数额。尽管对于中国有限的财力而言，中国的援助数额与超级大国的某些援助相比，并不算多，但却是雪中送炭。更重要的是，中国政府的援助真正是用来扶助非洲国家的民族经济，帮助解决人民日常生活的必需品，即"用在刀刃上"。在中国政府的帮助下，一些国家的米厂、皮革厂、卷烟厂建立起来，一些国家的编织业、茶叶种植业……迅速发展起来。

中国的援助，最大的特点是真诚、无私，相互平等，不附带任何条件，不要求任何特权。这点得到受援国家的高度赞赏和感谢。

在加纳和马里，周恩来彻夜难眠。他在考虑：中国的真诚援助，必须产生深远的影响，应当让非洲国家更好地了解中国政府的对外经济原则。一个重要的举措，便在进入撒哈拉大沙漠以南的非洲地区酝酿、出台了……

1964年1月14日，周恩来在同加纳总统恩克鲁玛进行了两次单独会谈后，晚上从奥苏城堡回到住处仍在思考，不能入睡。明天将是访加的最后一天，是该适时地宣布中国政府的对外经济援助原则了。当晚，他沉思良久，提笔写下了这样一份提纲：

援外原则八项：

（一）平等互利。

（二）尊重主权、不附条件。

（三）无息或低息贷款。

（四）有利自力更生。

（五）有利国家收入，积累资金。

（六）国际价格，按价论值，保证质量。

（七）技术出口。

（八）专家待遇一律平等。

这份提纲，笔迹苍劲有力，内容简明扼要。虽然是用来做全面阐发的提纲，但其完整的内容，经过一夜的酝酿、思考，已经存入周恩来的脑海中。

第二天（1月15日），周恩来与恩克鲁玛举行最后一次会谈，他首次在非洲大陆提出了"中国政府对外经济技术援助八项原则"。

与恩克鲁玛谈完，已是晚上7点钟。当晚，周恩来会见加纳通讯社记者，在答记者问时，正式向外界宣布了中国的外援八原则。一个完整的、开创国际经济合作新秩序的举措，就在这里正式出台了。它的完整内容是：

中国政府在对外提供经济技术援助的时候，严格遵守以下八项原则：

第一，中国政府一贯根据平等互利的原则对外提供援助，从来不把这种援助看作是单方面的赐予，而认为援助是相互的。

第二，中国政府在对外提供援助的时候，严格尊重受援国的主权，绝不附带任何条件，绝不要求任何特权。

第三，中国政府以无息或者低息贷款的方式提供经济援助，在需要的时候延长还款期限，以尽量减少受援国的负担。

第四，中国政府对外提供援助的目的，不是造成受援国对中国的依赖，而是帮助受援国逐步走上自力更生、经济上独立发展的道路。

第五，中国政府帮助受援国建设的项目，力求投资少，收效快，使受援国政府能够增加收入，积累资金。

第六，中国政府提供自己所能生产的、质量最好的设备和物资，并且根据国际市场的价格议价。如果中国政府所提供的设备和物资不合乎商定的规格和质量，中国政府保证退换。

第七，中国政府对外提供任何一种技术援助的时候，保证做到使受援国的人员充分掌握这种技术。

第八，中国政府派到受援国帮助进行建设的专家，同受援国自己的专家享受同样的物质待遇，不容许有任何特殊要求和享受。

八项原则所包含的真诚、无私、平等、互利、公正、合理等"中国精神"，一目了然。

一些国际问题专家认为，这八项原则的提出至少有三方面的国际意义：

一是为打破国际经济旧秩序（不平等、附带条件、要求特权、以富压贫、干涉别国内政、攫取别国资源等）提供了有力的思想武器，提出了挑战；二是为建立国际新秩序（平等互利、尊重主权、以自力更生为主、以外援为辅、以公正、合理为基础等）提供了基本准则；三是为开展新型的国际经济合作提供了范例。

1月16日，中国代表团离开加纳，前往独立后"选择了发展民族经济的社会主义道路"（马里总统莫迪博·凯塔语）的马里共和国访问。在这里，周恩来再一次详述了中国外援八项原则。1月21日，中国同马里共和国发表两国政府联合公报，正式写入了上述八项原则。从此，国际舞台上诞生了南南合作的新模式。

在马里，凯塔总统等领导人试图让周恩来对社会主义的马里共和国提些看法。周恩来明确地说出了中国政府对非洲国家道路选择的态度：

尊重各国人民自己选择的道路，任何人不得干涉。换句话说，友好的国家、友好的人民只有尊重你们的义务，没有干涉或把自己的意见强加于你们的权利。

无论在马里人民心中还是在凯塔本人心中，中国客人的地位都很高。这不仅因为中国奉行和平共处五项原则，真诚地与亚非各国合作，而且与中国派往马里进行援助专家的工作有关。

在周恩来访马之前,他曾派出我国水稻、茶叶等方面的专家援助马里。中国专家到达马里以后,正赶上凯塔总统星期一接见,他们立即提出要到工作的地方去。凯塔说,还不能去,因为暂时没有汽车,得等到星期三或星期四。中国专家问有多远的路,回答是二三十公里。中国专家干脆脱口而出地请求:那没关系,我们走路去。身材高大的凯塔总统惊呆了:这些中国专家,竟如此朴实、无私,吃苦耐劳,充满工作热情。他哪里知道,中国专家在来马里之前,周恩来就指示他们:要学习雷锋精神,以"对待工作像夏天般的火热"的态度和"公而忘私的共产主义风格"援助马里人民。中国专家到达工作地后,没有桌椅,就坐在床上办公,既不像其他国家专家那样要求住高级宾馆、坐高级轿车、吃好的,又从不提带家属问题。相反,他们耐心地传授技术,默默无闻地工作。这些,深深地打动了凯塔总统,也在马里人民心中赢得了极高的声誉。凯塔总统干脆规定:中国专家可以随便出入总统府。

这些事,周恩来到访后也听说了,他很高兴、满意,为中国专家们的精神感到骄傲。与中国专家的威信相应,中国总理的谦逊、热忱,更进一步地打动了马里人民。

在马里期间,周恩来的一些活动安排,却使中国代表团的随员们产生了一些意外感。

在抵达巴马科的当天晚上,继凯塔总统带领倾城出动的人民欢迎中国贵宾后,凯塔又在市内为周恩来举行了一个有一千多人出席的盛大招待会。在洋溢着友好、团结的气氛中,周恩来深受马里人民的热情感染,带头和马里总统一道跳起了欢快的舞蹈。尽管随员们在国内见过周总理优美的舞姿,但是这种在异国他乡融合了中非舞蹈各自特点的舞步,大家都是第一次见到。

在马里期间,周恩来还对动物发生了很大的兴趣。1月17日,他在巴马科第二副市长库利巴利和国民议会副议长西索科的陪同下,参观了巴马科市的动物园。这里,有许多生长在非洲的特有动物,中国人没有见过。这件事的新鲜感还未过去,第二天周恩来又叫上陈毅等人,在凯塔总统的亲自陪同下,前往巴马科郊区的索图巴动物研究所。这个研究所原来是法国殖民主义者的一个企业,1960年9月由马里政府收归国有后,发展成为集生产和科研为一体,并在全马里六个经济地区设有附属研究站的大企业。原来的法国技术员、管理人员全部由非洲人代替。周恩来听了所长介绍其历史发展后，对他的经营管理方法产生了浓厚的兴趣。他参观了养牛场、家禽饲养场、饲料仓库、实验室以及这个企业的其他部分。临走，为了表示感谢，他还向所长赠送了礼物。

代表团成员深深地感到：周恩来所说的向非洲人民的学习，真是多方位的、深入的！

1月21日上午，周恩来就要离开马里共和国，临行时，他在首都巴马科机场发表了一番讲话，其中说道："独立和自由的亚洲和非洲，一定能够一天一天繁荣和富强起来。"说完，他飞离马里，前往几内亚共和国访问。

> **在访非所受到的倾城欢迎中，几内亚尤为突出。在机场上，塞古·杜尔总统让礼兵鸣放了21响礼炮，显然是按国家最高元首的规格来接待周恩来的。踏上慷慨、好客、富饶、美丽的几内亚，周恩来进入了杜尔总统所说的"百宝箱"。在异国他乡，周恩来给"杜氏家族"按一、二、三排序，取了一串动听的名字。杜尔总统亲自开飞机送中国领导人，周恩来又冒了一次险，却大开眼界。**

首访非洲，许多国家都在赤道附近。北京的寒冷，代表团成员早已忘得一干二净；相反，他们刻骨铭心地感受了什么是"炎热"。再加上非洲人民的热情和友好，又给天气的热度加了温。

几内亚共和国，西濒大西洋，与马里等国相邻，是一个具有典型的热带风光的国家。1月21日上午，当中国代表团飞抵几内亚首都科纳克里时，又一次进入了一个真正的"火炉"。

在科纳克里的欢迎人群中，周恩来一眼就认出了老朋友杜尔。这位几内亚总统，当月刚过完42岁生日，但他早已是非洲杰出的、有远见的政治家。1958年10月2日几内亚共和国独立以后，他便设法与中华人民共和国建立外交关系。1959年的9月30日，在中国庆祝新中国成立十周年前夕，他委托教育部部长转告周恩来：几内亚准备同中华人民共和国互派外交代表；从现在起，几内亚就准备接待中华人民共和国派遣的外交代表。1960年4月，中国驻几内亚大使柯华到任。9月，杜尔总统应刘少奇主席邀请率政府代表团远道而来，访问中国。周恩来参加了接待杜尔并与他会谈的全过程，还分别代表两国政府在中国和几内亚的友好条约上签字。那年，周恩来亲自陪同杜尔总统从北京到上海访问，他们一起下工厂参观生产情况，走大街视察市容环境，进工人住宅慰问，到少年宫联欢……沿途交谈，相互了解，建立了初步的友谊。

1962年中印边境发生冲突后，杜尔领导的政府发表了有关解决冲突的几项主张：中印双方立即停火，双方部队各从"天然边界线"（即中国政府所说的"实际控制线"）后撤20公里，双方政府和平谈判解决边界问题。杜尔明确表示谴责任何外国的干涉。这些主张，反映了坚持亚非团结、共同反对帝国主义的亿万人民的正义呼声，受到中国政府和周恩来总理的高度重视。当年11月13日，周恩来致电杜尔总统，称几内亚政府的主张"是公正的、建设性的，有助于和平解决中印边界问题"，"中国政府十分赞赏贵国政府的这一公平、合理的主张"。这时，两国领导人之间的了解，又进一步加深了。

这次周恩来访问几内亚，与杜尔可以说是老朋友见面，格外亲切。在访非所受到的倾城欢迎中，几内亚尤为突出。在机场上，杜尔总统让礼兵鸣放了21响礼炮，显然是按国家最高元首的规格来接待周恩来的。科纳克里全城群众的欢迎方式更是热烈。按几内亚方面的安排，在机场休息室稍事休息后，立即乘敞篷汽车前往宾馆美景别墅。敞篷汽车共有四辆：杜尔总统陪周恩来乘一辆，其余三辆分别由几内亚国防部部长、外交部部长、国民议会议长陪同陈毅、孔原、黄镇乘坐。当时新华社记者给《人民日报》发回了这样一份报道：

> 从机场到宾馆的15公里的公路两旁，密密层层的群众夹道向周总理欢呼："中国——几内亚友谊万岁！"当成千上万的市民热情洋溢地向中国客人挥舞手帕的时候，大街变成了一条白色的河流。有许多人爬在沿街的屋顶上向中国客人欢呼。
>
> 一路上，都有男女老少表演各种民间歌舞，尽情地敲打着在欢庆节日和欢迎贵宾时用的"塔姆塔姆"鼓，向中国贵宾表示欢迎。
>
> 鼓声、巴利风（木琴）声以及其他各种非洲乐器的动人的音乐，给这个城市增添了节日的欢乐。
>
> 今天，科纳克里的市民都穿上了最漂亮的衣服。当车队缓缓驶过的时候，几内亚姑娘唱起了歌颂中国和几内亚友好的歌曲……

在这热烈欢呼的场景中,周恩来和陈毅以生动的笑容,向欢呼的人群频频挥手致意。当车队行至卢蒙巴印刷厂时,热烈的欢迎达到了最高潮。敞篷汽车不得不在人山人海中停下来。这时,早就等候在那里的两名几内亚女工在暴风雨般的掌声和欢呼声中代表大家向周恩来献花,然后又以几内亚民族特有的传统赠送几内亚出产的柯拉果……

好不容易,汽车才缓缓开到位于海滩旁边漂亮的美景别墅。这是一座按几内亚民族风格建造的宾馆,客厅里,挂着毛泽东主席和杜尔总统的巨幅画像。尽管工作人员已经做好了安排,但杜尔总统似乎还不放心,他亲自陪同周恩来到了卧室里,直到看到各处都准备妥当后,才慢慢离去。

杜尔总统是个活泼、开朗的人,胆大而且心细。这些倒有点像周恩来的性格,他俩后来成为老朋友,也能说一些交心的话。

当晚,杜尔总统和夫人特意举办盛大的文艺晚会,为中国政府代表团接风。周恩来在文艺演出开始前发表了热情洋溢的讲话。他大加称赞了几内亚美丽富饶的国土和勤劳勇敢的人民:

> 我们带着中国人民对几内亚人民的真挚友谊,前来访问你们共和国,我们有机会同总统阁下,同几内亚各界人民的代表欢聚一堂,感到亲切和愉快。几内亚政府对我们的殷勤接待和人民对我们的热情欢迎,使我们深受感动。
>
> 我以陈毅副总理和我个人的名义,向我们慷慨、好客的主人表示诚挚的感谢。
>
> 几内亚共和国是富饶和美丽的,几内亚人民是勤劳和富有才干的。正如塞古·杜尔总统所说,几内亚是一个没有被打开的"百宝箱"。我们深信,几内亚人民一定能够用自己勤劳的双手将这个"百宝箱"打开,一定能够把自己的国家建设得繁荣富强起来。

周恩来还激动地表示:

> 几内亚人民可以相信,在反对帝国主义和新老殖民主义,维护民族独立、发展民族经济和保卫世界和平的斗争中,六亿五千万中

国人民将永远是几内亚人民可靠的、忠实的朋友。

在这样美丽、富饶的国家，面对热情、好客的总统和人民，周恩来的心情也显得很舒畅、轻松，谈吐风趣、诙谐。

一天傍晚，吃过晚饭后正巧没安排外事活动，周恩来便提议大家，到临海的宾馆外面去散散步，松弛松弛。沿着海岸线，大家很惬意地跟着周恩来漫步在林间道上，欣赏着热带海滨的美景，感受着随海风飘过来的热浪和赤道线海面的独特气息。

突然，周恩来招手把摄影师杜修贤和陈毅的秘书杜易叫了过来，让他们俩站在一起，望着他们笑而不语。"二杜"丈二和尚摸不着头脑，奇怪地你看看我，我看看你。过了一会儿，周恩来才扭头问陈毅："老总，你看看老杜像不像非洲人？"

杜修贤整日扛着摄影机在阳光下跑，自然要比其他人黑一些，但他没料到总理以此开起了玩笑。

陈毅饶有兴趣地回答："可不是嘛！非洲的太阳硬是太厉害喔。"

没想到周恩来更风趣地指着"二杜"说道："你叫杜易，几内亚的总统叫杜尔，我看啊，你老杜就叫杜山，一（易）二（尔）三（山），不是正好嘛。"

陈毅听后开怀大笑，这位元帅外交家以一口四川腔渲染了气氛："哈哈……对头对头，杜氏家族。一二三。一家子兄弟！"

"杜山"——摄影师杜修贤在异国他乡从周恩来那里拾来了一个动听的名字。

自从抵达科纳克里当天接受几内亚群众按民族传统赠送的柯拉果后，周恩来对几内亚以及非洲的水果印象极深。1月23日这天，杜尔总统陪同他乘汽车前往金迪亚市访问。在这个市，他还特意参观了水果研究所，了解热带水果的情况。最引起周恩来注意的是几内亚的热带粮食作物——木薯。这种东西在中国国内也有，但却是有毒的，不能生吃。几内亚的木薯则是无毒的。杜尔总统用手掰下来两块，当场吃了一块，又拿了一块给周恩来。几内亚方面向周恩来介绍了木薯的特点和栽种情况。热带植物，令中国客人们大开眼界。

从金迪亚回科纳克里时，杜尔总统又换了花样。他执意要与周恩来总理一起乘直升机回去。这件事杜尔总统是头一天晚上就酝酿好的。但当时中国代表团中有关人员并没有同意，考虑到几内亚大部分为高原和山地，在热带气候中乘坐苏联制造的直升机有一定危险，尤其是中国代表团刚刚从加纳的险情中舒缓了一口气，怎能让周总理再冒一次险呢。中国礼宾官就和卫士长等人商量，认为直升机坐人有限，又有安全问题，建议几内亚方面取消这一安排。礼宾官报告了总统。杜尔却说："你们不要担心，这事由我自己去给周总理说。"晚饭时，杜尔真的向周恩来谈了这项冒险而又有趣的安排。他有几分得意地说："我开飞机送你和陈总，我们的议长、国防部部长陪同，有一个翻译随行就可以了。"周恩来愉快地答应了，但中方人员还是私下里向总理表示了担忧。没想到周恩来却笑着说："人家总统、议长、国防部部长，一、二、三号人物都能坐，我为什么不能坐？"第二天，果然只有一个翻译跟着周总理和杜尔总统等上了直升机。

上了飞机后，周恩来和陈毅真是大开了眼界，但下面的成元功等人着急得不得了。他们只好赶紧坐上汽车追赶，还不断地仰望天空，为总理和总统等人的安全捏着一把汗。直到看见杜尔总统驾驶的直升机在目的地安全降落，大家心里的石头才落了地。随员们知道，周恩来是从来不怕危险的，他一生多次遇险、履险，每次都化险为夷。

几内亚民族，的确是一个勇敢和热情的民族，他们对中国客人的热情，有时超出人们的想象。周恩来每次外出回到住地，担任警卫的士兵都要朝天鸣枪示意，表示热烈的欢迎。有几次，中国总理没回来，只有随员们先回来了。几内亚士兵看见中国客人的汽车驶回，同样朝天鸣枪欢呼。等中国总理回来时，他们再次鸣枪。这种奇特的欢迎方式，有时真叫随员们受宠若惊。

1月26日晚上，在即将结束对几内亚的访问时，周恩来特意设宴招待杜尔总统。宴会之后，代表团又在大西洋畔美景别墅宽敞的阳台上，举行告别招待会，与杜尔总统等人面海告别。随后，他们前往科纳克里机场。

午夜，周恩来在机场向几内亚《革命之声》广播电台发表了早已备好的告别词。不同的是，这份告别词在发表的当天又经周恩来等人紧急做了修改。修改源起于几内亚独特的歌舞。

这天白天，将要离开几内亚的周恩来，脑海中又回荡起他称赞"慷慨、好客、富饶、美丽的几内亚"那天晚上所看过的几内亚歌舞，他在几内亚处处都能深深地感受到这一歌舞所蕴藏的生命力。他觉得在告别词中应该表达这种感受。随即，他给乔冠华写了一个意见稿：

冠华：

　　请将告别词中加上下述一段意思（文句请你们改写）——

　　几内亚人民在民主党和总统领导下，大力推动和支持非洲各国人民的反帝反殖斗争。在几内亚的歌舞中，不仅强烈反映出几内亚人民的历次反帝斗争，而且广泛歌颂了非洲各国人民的民族独立运动。卢蒙巴的名字在几内亚人民中同几内亚民族英雄萨摩里·杜尔一样受人尊敬，受人怀念。这一些充满着政治内容的革命歌曲的传播，大大鼓舞着非洲人民的民族觉悟，促进着非洲国家的统一和团结。

周恩来
1月26日

修改过的告别词，由周恩来在午夜零时30分发表。之后，代表团踏上专机，前往第八个非洲国家——苏丹共和国访问。

　　在苏丹，周恩来与阿布德主席谈到了一个共同的敌人——刽子手戈登。1860年10月，在第二次鸦片战争期间，一个名叫查尔斯·戈登的英国侵略军工兵队指挥官，作为主犯之一参与了进攻北京和抢掠焚毁中国圆明园的罪恶行动。此人在1884年又被派往苏丹担任了殖民总督。戈登最终被苏丹人民击毙了。当中国代表团到达埃塞俄比亚时，塞拉西皇帝却驱不散高悬在本国上空的美国阴影。

离开西非的几内亚，又折返到红海边东北非的苏丹共和国访问。由于中途需要飞行十几个小时，代表团又在马里首都巴马科做了短暂停留。

1月27日下午3时，专机终于抵达苏丹首都喀土穆。在这个尼罗河畔的国家，代表团安排了两天半的访问时间。

中国政府代表团到达苏丹之时，正值苏丹局势动荡不安之际。但是，苏丹政府有意安排了极富政治意义和浓重礼仪的接待方式。他们提议周恩来和陈毅从机场到市区再到宾馆一路上乘坐敞篷汽车行进，好让首都喀土穆的人民一睹中国贵宾的风采，也表明苏丹现任领导人的政治影响。然而，代表团负责安排礼仪的官员考虑到安全问题，对苏丹政府的提议表示了异议，并未经周恩来、陈毅知晓而改变了苏丹方面的计划。

进城后，周恩来才知道我方改变了苏丹政府原先安排的事，他非常生气。因为错过了一个与苏丹喀土穆人民直接、亲近地见面的机会。他严厉地批评了有关人员："你们顾虑太多，没有从大局考虑。"他立即指示代表团有关人员，尽快同苏丹官员协商，在代表团离开喀土穆时安排他和陈毅从宾馆到机场沿途乘坐敞篷汽车。

为何这样？周恩来觉得，这不仅仅是个礼仪的问题，这一行动的含义远远超过礼仪方面的考虑。这样做是为了表示声援一个处境困难的被压迫国家的领导人，也支持苏丹人民的正义斗争。

周恩来的考虑，还有一层历史的渊源：中国和苏丹在反对殖民主义侵略的历史中，曾有一次辛酸的际遇，碰到一个共同的敌人。1860年10月，在第二次鸦片战争期间，一个名叫查尔斯·戈登的英国侵略军工兵队指挥官，作为主犯之一参与了进攻北京和抢掠焚毁中国圆明园的罪恶行动；此人还参与了镇压太平军的行动，对中国人民犯下了不可饶恕的滔天罪行。1884年，此人被派往苏丹任殖民总督，继续奴役苏丹人民。1885年1月，在苏丹人民打败侵略者的武装起义中，马赫迪·穆罕默德领导的起义军在喀土穆击毙了刽子手戈登，也替中国人民出了一口气。

周恩来在喀土穆与苏丹武装部队最高委员会主席阿布德中将会谈时，提到了这个被愤怒的苏丹人民称为"喀土穆的戈登"的英国人。周恩来说："他还有一个名字，叫'中国的戈登'，他杀害了很多中国人。你们结果了他的性命，我们得感谢你们。这样他就不能再害人了。"

1月30日上午，为满足喀土穆人民的愿望和挽回上次改变苏丹政府安排的影响，周恩来和陈毅在阿布德主席的陪同下，坐上了敞篷汽车。由宾馆到机场，一路有摩托车队护卫，沿途有群众夹道欢送⋯⋯

同日上午11时12分，中国代表团的专机在六架埃塞俄比亚战斗机的护航下，飞抵埃塞俄比亚东北部的阿斯马拉机场，受到沃尔德首相和其他大臣的欢迎。然而，代表团还未进入埃塞俄比亚，就感觉到了美国阴影。

中国政府代表团访问埃塞俄比亚，是埃政府主动邀请的。但是埃塞俄比亚当时还未与中国建交，他们在很大程度上受制于美国政府。埃方向周恩来发出邀请后，却矛盾重重，陷入一副为难的局面。一方面，他们希望周恩来去访

1964年1月，周恩来和陈毅（左一）访问苏丹时，接受儿童献花

1964年1月，周恩来访问埃塞俄比亚

问，发展同中国的关系；另一方面，他们又怕美国施加压力，影响埃美关系和美国对埃方的援助。

迫于这种外来的因素，埃塞俄比亚皇帝别出心裁地提出，他不能在首都亚的斯亚贝巴接待周恩来，改在东北部的阿斯马拉市接待，他在那里也有一座皇宫。这一安排，立即引起代表团里一些外交官的反感。按国际惯例，对一个国家总理，如果不在首都接待是不礼貌的。周恩来却微笑着给自己的属下做工作：我们应该着眼于发展中非人民和中埃人民的友谊，美国对埃方有压力，我们要体谅埃方的困难处境，尊重他们的民族自尊心。

当周恩来率领中国政府代表团欣然到达阿斯马拉市时，美国的报刊趁机大做文章，叽叽喳喳地说这是埃塞俄比亚有意降低对中国人的接待规格。周恩来等人却一笑了之，对此置之不理。

中国代表团到达不久，埃塞俄比亚皇帝海尔·塞拉西一世便于中午在阿斯马拉皇宫接见了代表团成员。下午4时30分，双方举行会谈。

美国阴影，干扰中埃会谈，双方意见出现分歧，争论起来。

塞拉西一世指责中国在埃塞俄比亚和索马里边界争端中支持索马里。

周恩来耐心地做了解释：中国对索马里的经济援助与埃索领土争端是两回事；况且中国先与索方建交，而与埃方未建交；中国也并未向索方提供军事援助；中国愿意同非洲各国友好，不介入争端的立场是坚定不移的，我们不会支持冲突中的任何一方；亚非国家的问题应该由自己来解决，不应让外国干涉、破坏。

周恩来还明确地指出：我们是不会拿武装去帮助别人进行领土侵犯的，相反，凡是非洲国家向我们提出经济援助要求的，我们一般都给予满足。

第一次会谈结束后，塞拉西一世又在皇宫里举行欢迎中国客人的宴会。等宴会散去，皇帝一走，中国代表团的随员们便感到刚才还热热闹闹的皇宫，顿时变得冷清，甚至给他们带来一丝的不悦。

阿斯马拉的皇宫原为美国人的军事基地，埃塞俄比亚接管以后，作为塞拉西一世的冬宫。虽为皇宫，但却是孤零零的一座建筑，只有两套住房，一个客厅、一个厕所。到了晚上，极为不便。周恩来住一间，陈毅住一间，剩下的就只有中间的客厅了。中国代表团的工作人员被埃方安排到很远的宾馆居住。由于此地有美国的势力，所以卫士长成元功格外警惕，他与医生卞志强等人都不能离开总理和陈老总，只好与埃方接待人员协商能否在过道里加几张简易床。可直到半夜，埃方人员仍没有把床弄来。成元功等人只得在客厅的沙发上坐了一夜。这一夜，周恩来屋里的灯光一直亮着，彻夜工作已成他的习惯，何况还要准备第二天进一步与塞拉西一世会谈。

美国的影响，成为中埃建交的主要阻碍。在1月31日周恩来与塞拉西一世的最后一次会谈中，涉及中埃建交问题时，塞拉西一世考虑到与美国的关系和美国对埃的援助问题，不同意宣布中埃建交，只是表示："不久将使两国关系正常化。"当天，双方只好签署了没有建交内容的联合公报。

本来，在联合公报签署的当晚宴会上，周恩来要宣读一篇讲话稿的，但他考虑，既然双方存在分歧，我方的许多观点在会谈中都已阐明，不如改变一下方式，不再宣读此稿。他征得代表团同志一致意见后，让礼宾司司长俞沛文把讲话稿先送给塞拉西一世看，征求他的意见。塞拉西一世看后也说："请转告周恩来总理，他的意见和观点，我们都知道，我们是尊重他的，请他最好不要讲这篇稿子了。"周恩来再次宽容地领会了塞拉西一世的困境，放弃了宣读这篇稿子的打算。他说："我们可以等5年、10年、15年，直到对方方便时，我们再建立外交关系。"

在告别宴会上，周恩来只是发表了简短的祝酒词，他不点名地批评了美国：这个公报的签署和发表，将会进一步促进中埃两国关系的发展，并且使那些制造无根据的谣言来破坏中埃两国关系的外来企图遭到失败。

中国政府和埃塞俄比亚政府的等待，历时七年，直到1970年中美关系开始松动之前，中国和埃塞俄比亚才建立了外交关系。当初替周恩来递送未发表的讲话稿的中国外交部礼宾司司长俞沛文，被派去出任了驻埃塞俄比亚首任大使。

  周恩来把中索友谊追溯到9世纪，并称："我们两国早在一千多年前就有了来往。"面对非洲国家领导人，周恩来解释了中国在台湾问题上的原则立场："美国蛮不讲理地提出把台湾变成一个独立的'政治单位'……只要中华人民共和国存在，只要共产党在领导，我们绝不会承认把台湾割出去。"周恩来告诉索马里总理舍马克："到非洲以后，我们感到非洲觉醒了、站起来了！"

1964年2月,周恩来访问索马里

1964年2月份的第一天,周恩来在埃塞俄比亚皇宫门口,与塞拉西一世做了最后的告别,率中国政府代表团前往邻国索马里民主共和国访问。

中午12时10分,中国代表团到达索马里首都摩加迪沙,在机场受到舍马克总理和各界人士的热烈欢迎。非洲人民对中国人民的友好情谊,又一次体现得淋漓尽致。这是此次出访的第十个非洲国家,也是最后一个非洲国家。

晚上,在索马里总理舍马克举行的宴会上,周恩来把中索两国人民的传统友谊追溯到9世纪和15世纪。他说:

> 中国人民和索马里人民有着悠久的传统友谊。早在9世纪初叶的中国文献上,就有关于索马里的记载。15世纪中国的大航海家郑和,在他著名的远航中,曾经多次访问过摩加迪沙和索马里的其他地方。在此期间,也曾有过索马里的友好使者到中国进行访问。……

次日上午9时，周恩来拜会索马里总统欧斯曼，再次强调了"我们两国早在一千多年前就有了来往"的传统友谊。

当中国人进入索马里时，一些不怀好意的西方国家所散布的"中国好战"和"中国主张有色人联合起来反对白人"的谣言也传入了索马里。周恩来和陈毅在与索方会谈时，有针对性地驳斥了帝国主义和修正主义所造的谣言。他们用事实说明："中国人是和平的使者，首先倡导和平共处的是中国；我们同许多国家签订了友好条约，我们一方面主张和平共处，一方面主张坚持反帝，如容许帝国主义侵略就没有和平共处。"

周恩来以无可辩驳的事实告诉舍马克总理："事实上，不是我们好战，是美国好战！"

索马里1960年从英国占领区和意大利托管区先后获得独立，组成了索马里共和国，它是东非独立较早的国家。在它独立后的第二年6月，中国便向索马里派出了大使。他就是中国向东非派出的最早的大使张越。鉴于此，周恩来曾在与欧斯曼总统的会谈中出现了一次口误，他说："二次大战后，索马里成为东非第一个独立的国家。"欧斯曼一听，赶忙更正："是第三个。"周恩来点了点头，并从另一个角度纠正了自己的说法："我驻索使馆是东非最早的一个。"欧斯曼总统以微笑感谢中国对索马里的重视。

中国政府和领导人极其关心非洲国家的独立和完整，同样，非洲人民也非常关注中国的问题。中国恢复在联合国的合法席位问题，自然成为周恩来与所访非洲国家谈论的一个热点。

在索马里，周恩来向舍马克总理阐述了中国政府在联合国问题上坚定的立场：

> 虽然国际上承认中国成为一种趋势，但是联合国里的多数国家是否能支持恢复中国合法权利并且驱逐"蒋介石集团"，那还不能肯定。因为美国在联合国操纵了多数。美国会蛮不讲理地提出把台湾变成一个独立的"政治单位"，硬说"台湾地位未定"；英国也就会赞成，一部分亚洲国家也会动摇，会劝我们先进联合国，把台湾问题除外。但这样做是没有法律根据的，是违反国际法的。把台湾除外我们是绝对不能接受的。不然，等于我们承认台湾被割出去，承

认美国占领台湾。蒋介石都不承认的事，我们承认，我们就会变成民族的罪人，出卖领土！只要中华人民共和国存在，只要共产党在领导，我们绝不会承认把台湾割出去。

对这一点，舍马克有些想不通，为何中华人民共和国政府非要把恢复自己在联合国的合法席位问题与驱逐"蒋介石集团"问题扯在一起呢？这样做会使中国迟迟进不了联合国。

周恩来再次解释："这两个问题一定得联在一起。中国的席位一恢复，'蒋介石集团'应该是不存在的……"

他还提醒索马里领导人："问题不是那么简单，而是复杂的。世界上的事才复杂哩！"

周恩来所阐述的立场在1971年10月25日得到了完全的证实：第26届联合国大会以压倒多数通过了恢复中华人民共和国在联合国的一切合法权利和立即把"蒋介石集团"的代表从联合国的一切机构中驱逐出去的提案。而在中国为恢复在联合国的一切合法权利所进行的斗争中，非洲的许多友好国家起了重要的作用。

正是基于绝不承认"两个中国"的立场，在访非期间，周恩来还亲自指导了中国和法国之间在瑞士进行的建交谈判。他在来索马里的前几天起草了中国政府关于中国和法国建交的声明。1964年1月27日，中法两国发表了联合公报，宣布建立外交关系，在三个月内任命大使。

2月3日，法国新闻社总编辑特塞兰又追到了摩加迪沙，采访即将结束非洲十国之行的周恩来。周恩来肯定地告诉这位法国人："中法建交是当前国际局势发展的一个重要事件。"以中法建交为突破口，中国又打开了与欧洲国家的外交渠道。

遵照协议，几个月后，周恩来把这次随同访非的外交部副部长黄镇派到法兰西共和国当了首任大使。

中国需要和平，非洲也需要和平，但只有消除帝国主义、殖民主义的侵略，才能得到真正的和平。和平和反帝、反殖，自然也成为中索双方会谈的一个主题。周恩来告诉舍马克："到非洲以后，我们感到非洲觉醒了、站起来了，当然还有一部分国家未独立，正在为独立而奋斗。毫无疑问，整个非洲大陆各国

1964年2月,周恩来和陈毅(中)、宋庆龄(右)在昆明

一定会独立,不管时间长短,最后都会取得胜利。"

为此,周恩来在摩加迪沙提出了一个著名的论断:"整个非洲大陆是一片大好的革命形势。"

他表明了自己对非洲形势的看法:非洲已经不是19世纪末叶或者20世纪初叶的非洲了,非洲已经成为一个觉醒的、战斗的、先进的大陆,给我们印象最深的是,非洲人民站起来了,觉醒了,再没有任何力量能够阻拦他们前进。

后来非洲历史的发展,证实了周恩来的论断。今天的非洲,发生了巨大的变化,确实再没有什么力量能够阻拦非洲人民和非洲国家前进的步伐。伟人的预言,令世人折服!

1964年2月4日,周恩来带着摩加迪沙市赠送的"自由钥匙",结束对非洲十国的访问,率领中国政府代表团离开索马里回国。

按原计划,代表团回国后在昆明、成都稍事休整,过完春节将再访亚洲三国——缅甸、巴基斯坦、锡兰。这就是后来人们常说的亚非欧十四国之行——

首访非洲十国，欧洲的阿尔巴尼亚，亚洲的缅甸、巴基斯坦、锡兰。

> 周恩来畅谈非洲印象："在非洲我们印象最深刻的是，受所谓西方文明压迫和剥削了四五个世纪的非洲人民比亚洲人民受到的苦难更多更深。"首访非洲，荷兰皇家航空公司"波罗的海号"专机组与中国的总理进行最好的合作。离别时，机组人员依依不舍，这些荷兰人说："我们荷兰飞机差不多跑遍了全世界，但没有看到任何国家的领导人像中国总理这样平等待我们。"

结束对非洲十国的访问后，对非洲大陆和非洲各国形势的感性、理性认识，都深深地刻在了代表团尤其是团长周恩来的脑海里。当春节以后代表团继续出访亚洲三国时，非洲仍在他们脑海中萦回，以至于他们与亚洲三国的朋友们不由自主地谈起非洲的观感。

1964年2月16日，周恩来与缅甸联邦革命委员会主席、革命政府部长会议主席吴奈温将军，在额不里海滩上的一棵古老的大树下，进行了长达六个小时的谈话，非洲印象是谈话的主要内容。

周恩来侃侃而谈：

> 我们对非洲总的印象是，那里存在着反对帝国主义和殖民主义的大好形势，非洲人民迫切要建设自己的国家。同亚洲相比，非洲的觉醒迟了一步。但是，在二次大战后，特别是万隆会议以后，非洲各国人民的民族自觉性空前提高，都要求站起来。当时，参加万隆会议的非洲国家仅有阿联、埃塞俄比亚、加纳、利比里亚、利比亚和苏丹。可是，万隆会议在整个非洲的影响却很深。作为亚洲国家的成员，中国代表团在非洲受到很热烈的欢迎。非洲人民对包括缅甸在内的亚洲人民的印象是，认为亚洲比非洲先走一步，在维护民族独立、发展民族经济和文化、增强自卫能力等方面，亚洲是他们的榜样。亚洲和非洲人民之间存在着兄弟的友谊、战斗的友谊、革命的友谊，休戚相关。

周恩来把自己对非洲总的观感告诉吴奈温后,接着感慨万千地谈了对非洲最深刻的印象:

> 在非洲我们印象最深刻的是,受所谓西方文明压迫和剥削了四五个世纪的非洲人民比亚洲人民受到的苦难更多更深……西方资本主义不仅压迫、剥削本国人民,而且基本上消灭了美洲土人,奴役了非洲人,剥削了亚洲人。陈毅副总理为此作了一首词(注:陈毅在访非期间作了《满江红·黄金海岸》一词,其中有"惊世间残暴竟如斯,两洲血"句),其中"两洲"指的就是非洲和美洲。因此,资本主义这一名词在非洲人民中印象最坏,一听到就讨厌,这已经变成了非洲的民族感情。

对非洲的独立及其独立后的艰巨任务,周恩来也发表了自己的看法:

> 非洲有两类国家,一类已经取得独立,一类尚未取得独立。在非洲有59个国家和地区,已经独立的有34个,未独立的25个,现在只能这样分。
>
> 已独立的国家有一个共同认识,即单是政治独立是不够的,还要求得经济独立。对于这一点,非洲有见识的首脑也认识到了。当前非洲还是贫穷落后的,几乎没有像样的工业,城镇过去是为殖民者享受建设的。既然这些地区如此落后,建立独立的民族经济是否可能呢?
>
> 我们认为非洲遍地是宝,有广大未开垦的"处女地"。矿产虽然被殖民者掠夺了一些,但大部未被开采,有石油、煤、铁等丰富的矿藏……总之,农、林、牧、渔资源都很丰富……只要非洲开发起来,农业发展起来,就能自给自足,从而打下可靠的国民经济基础,再逐步发展工业。未来的非洲一定是一个繁荣的非洲。

周恩来认为,非洲的发展和繁荣,必须解决"彻底消灭殖民主义者的统治"和"把民族革命和民主革命进行到底"的问题。为此他指出了三个解决问题的环节：第一，建立民族自卫武装；第二，粉碎旧的国家机器，建立民族的国家机器；第三，继承和发展民族文化。

中国总理首访非洲，就如此全面、深入地了解非洲，并得出独到的见解，不得不令吴奈温将军惊叹和佩服。

3月1日，中国代表团再次回到昆明，结束了这次马拉松式的访问。

中国人的访问结束了，荷兰皇家航空公司"波罗的海号"专机的使命也算圆满完成了。机组人员为使中国代表团访问非洲、了解非洲、留下深深的非洲印象，立下了汗马功劳。专机的飞行，有时整天整夜都在天上，黄镇曾在飞机上写了一首即兴诗，提到此次飞行生活的艰辛，其中有一句为："一日飞行万里天。"为保证中国人圆满地完成任务，荷兰机组人员的工作都是尽心尽力的。繁忙中的周恩来并没有忘记他们，沿途对他们的工作和生活给予了细致、亲切的关怀。

这些荷兰人说："我们荷兰飞机差不多跑遍了全世界，但没有看到任何国家的领导人像中国总理这样平等待我们，他同我们握手、照相，对我们十分尊重。"

俗话说"以心换心"，友谊都是互相的。正因为中国总理平等待他们，关心、尊重他们，他们才会反过来全心全意地为中国总理服务。

奇怪的是，欧洲人对这架飞机反而评价不高。英国著名记者兼作家迪克·威尔逊就说过："周恩来乘坐的飞机是一架租来的荷兰皇家航空公司的客机，这种飞机被欧洲新闻界不客气地描绘为一种'非常老式的由美国人制造、德国人驾驶的螺旋桨式飞机'，并被不恰当地命名为'波罗的海号'。……"

欧洲人哪里知道，中国的总理却能与"波罗的海号"机组进行最好的合作。在中国代表团访问阿尔巴尼亚后，本来应该另换一批机组人员飞突尼斯，但是他们机组的18个人联名给荷兰公使写了一份报告说："我们决心继续为中国总理访问非洲服务到底。"荷兰政府同意了这一请求，机组人员也实现了自己的愿望。

访问结束到达昆明时，荷兰机组人员提出想到北京看一看。周恩来同意给他们以特殊礼遇。他与陈毅专门招待了机组人员，后来又派中国自己的飞机送他们到北京，并派人带领他们参观了北京的名胜古迹。

当荷兰机组人员回国时，他们依依不舍，临行还诚挚地表示："周总理以后有出访的任务，我们非常愿意再来服务，一定圆满地完成任务。"

访非报告迟迟没有写成，除了时间紧张、诸事缠身等原因外，还因为这次访非是一次丰富、生动且意义深远的出访，必须安下心来才能完成写作。当周恩来将访非内容糅进了《关于访问十四国的报告》后，它成为一份独特的出访报告。作报告时，周恩来给了翻译们最高的地位："我们要是没有他们三个人，那就寸步难行，相对无言，根本说不了话。""翻译工作是最有政治发展前途的工作。"

1964年3月15日，中国政府代表团终于回到了离别三个月的北京城。毛泽东、刘少奇、邓小平等党和国家领导人，早已在首都机场与各界群众一道迎接代表团的到来。

晚年的毛泽东，很少到机场去迎接出访归来的党政领导，对周恩来来说，这是毛泽东难得的一次亲自到机场迎接，足见非洲之行的重大意义。

回国以后，周恩来的首要任务是对此次出访做出总结，向中央提交报告。此次首访非洲，非同寻常；要作报告，亦非易事。

2月9日，在代表团中途回国休息期间，周恩来曾给中共中央和毛泽东主席发电说明情况：

归来已四日，本拟写系统报告送中央，因环境突由紧张而松弛，反而睡眠不好，连电话都未打给尚昆同志，报告也就未能着手。

在国外时，本拟分国报告，但从阿尔巴尼亚后，硬分不出执笔起草报告提纲时间，致报告中断，心甚不安。幸好所遇问题，均未超出在出国前中央批准的外交部请示报告中所提的方针……

现离再度出国还有五天，拟先草一报告大纲并与陈毅等同志商定后即先电中央，全面报告待下次归国后再写。请中央予以批准。

从这封电报中可以看出访非之紧张和写报告之不易。按周恩来的想法，访非报告大纲应在访亚洲三国之前写出报中央，但这一计划很快又被打乱。代表团在昆明稍事休息后，又赶往成都与各界群众欢度春节，因此直至出访缅甸的前一天，报告大纲仍未写出。周恩来和陈毅只好再电中央说明情况：

> 访非报告大纲尚未写出。明日即将首途续访亚洲三国。3月1日回国，经大家商定，拟仍来成都小憩，并写成报告提纲。

报告"难产"，除了时间紧张、诸事缠身等原因外，还因为这次访非是一次丰富、生动且意义深远的出访，必须安下心来才能完成写作。

3月1日，代表团由亚洲三国回来时，周恩来与陈毅商定：索性写成访问十四国的报告，一起报中央。3月6日，周恩来和陈毅在成都召集我国部分驻外使节开座谈会，总结访问十四国，重点是访问非洲十国的情况。

回到北京以后，这份出访报告更是紧锣密鼓地赶写。周恩来还多次与陈毅及外交部的有关人员讨论、修改。

3月29日，《关于访问十四国的报告》终于拟就。

1964年3月30日、31日两天，第二届全国人大常委会和国务院召开联席会议，专门听取周恩来作长达151页的《关于访问十四国的报告》。

这是怎样的一个报告呢？以至于我国最高权力机构和最高行政机关的官员们一连听了两天仍不感到厌倦。

报告讲了五大部分：（一）访问的经过和收获，（二）阿尔巴尼亚之行，（三）非洲的革命形势和任务，（四）南亚三国之行，（五）我们对亚非国家的政策和任务。

题目本身并不吸引人，引起人们兴趣的是报告的内容。

人们当时对非洲极其陌生，很想了解这块大陆，也想得知中国政府代表团进入非洲后那里的官方和人民的反应。更让人感兴趣的是，周恩来在这一报告当中，加进了访问中的许许多多情节、所发生的趣事奇闻、所引发的各种感慨等，使得报告生动、活泼，有血有肉……

令大家感到另有含义的是，周恩来把这次跟随出访的三位翻译请到了会场，坐在显眼的位置。他在全国人大常委会委员和国务院全体委员面前，异乎寻常地称赞了翻译人员，给了他们最高的评价。

周恩来在他的报告中这样说：

> 我还要提到翻译人员，翻译人员不仅是翻译，还可以做政治工作。我要特别给大家介绍一下，我们今天请了三位翻译来，特别是前两位，一位是齐宗华，一位是冀朝铸，冀朝鼎的弟弟。一个是法文翻译，一个是英文翻译。另外一位是阿尔巴尼亚文的翻译，叫范承祚。我们要是没有他们三个人，那就寸步难行，相对无言，根本说不了话。我们这些工作，不经过他们三位，就根本做不成。而他们三个人，如果在政治上不发展，就翻译不好。不仅文字上要好，还得政治强，才能把我们的话翻译出来。而中国的话，又是没有什么章法的，一个人一个说法，我一个说法，陈总一个说法，我们两个人的口音又不同，说话的方式也不一定都同，他都能翻译出来，而且意思不走样。所以，没有政治上的发展是不行的。所以我说，翻译工作是最有政治发展前途的工作。

这些被周恩来称赞和举荐的，政治上和文字上都强的翻译人员，后来都成了很有发展前途的人。其中，那位叫"冀朝铸，冀朝鼎的弟弟"的人，后来成为中外闻名的人物，担任了联合国副秘书长。

接着，周恩来又动情地历数了与自己共过事的五代翻译：

> 与我共事的翻译有五代：第一代是黄华，第二代是龚澎，第三代是章文晋，第四代是浦寿昌，第五代是冀朝铸。这是讲的英文翻译。他们都是向政治方面发展，这是必然的。所以，应该培养广大的翻译；现在翻译太少了，跟我们的国家大不相称，7亿人口才这么几个翻译，我想起来就难过……

周恩来所点的这些翻译，都是世界熟知的中国外交家。他们在共和国总理眼中得到如此高的地位，心中备受鼓舞。

首访非洲十个国家以及其他亚欧四国，是共和国历史上少有的"马拉松式"的访问，出访时间之长，用周恩来的话来说："前后共经历了72天，行程十万八千里。"然而，这是一次具有重要意义的访问，它圆满地完成了伟大的历史使命和外交使命。

尽管周恩来谦逊地说:"我们这一次去访问,可以说是走马观花,去做探路的工作。"但是他仍然充满信心地预言:"这个探路的工作可以为以后的政府的、民间的、从各方面去的人打开一个关系,所以,这个影响会跟着以后的工作越来越发展。"

历史,印证了并仍在印证着伟人的预言!

仅在后来中国恢复联合国合法席位这件事情上,毛泽东就形象地说过:"是第三世界的穷朋友把我们抬进去的!"

第十二章
亲自抓大型音乐舞蹈史诗《东方红》

1964年，国民经济调整已经进入了第四个年头。尽管由于"大跃进"的严重影响，要想彻底恢复并发展中国经济仍需一个艰难的过程，有一段很长的路要走，但是，调整的成绩，这时却是世人瞩目的！

主持经济工作的周恩来明显感觉到，这时政府工作的方方面面，比前几年要顺得多了。

这年，恰逢中华人民共和国成立15周年。在这个大喜的日子里，在经济回升的情况下，很有必要以一种特殊的方式鼓舞全国人民的志气，激发人们在毛泽东思想的旗帜下更好地建设社会主义的信心。

文艺，成为周恩来关注的一个焦点。

就在这年的国庆节期间，一部伟大的史诗性的歌舞作品，在中国艺术史甚至在中华人民共和国史上，都留下了重重的一笔。

受非洲热情奔放的歌舞和上海大歌舞的感染，"动心"的周恩来提议：在国庆15周年之际要写几首壮烈的史诗。他表示：这件事我要亲自抓，由中宣部、总政和文化部的有关同志组成领导小组，作为具体抓创作、排练的指挥部。

自进入1964年以来，文艺领域的调整，已经取得了可喜的成效。在这种情况下，如何以群众喜闻乐见的文艺形式来表现生活、反映时代，如何以文艺形式鼓舞全国人民进一步建设社会主义的士气，如何推动文艺工作自身向更高的目标发展这些问题，一直在周恩来脑海中回旋。

3月1日，周恩来与宋庆龄、陈毅在出访锡兰回国后，观看了昆明军区文工团等单位演出的节目后，又一次对歌舞形式发表了自己的看法，他直言不讳地说："我们国家的民族传统艺术会演、会跳、会说、会唱的，你们以后不要把歌舞分开，还是又歌又舞优美。"这时的周恩来，对歌与舞相结合的艺术形式，已经达到了钟爱的程度。

4月8日，周恩来在约刚获奖的优秀话剧《激流勇进》《一家人》《丰收之后》的编导人员胡万春、黄佐临、蓝澄等，以及夏衍谈话时，就文艺的发展方向问题提出："文艺作品的主流，还是要写工农兵；还是要下去蹲点，而且要长期地深入生活，才能写得生动、深入。""我们自己的经验也是这样，不长期摸，是说不出内行话的，总是有些隔靴搔痒的。""对那些不成熟的作品，主要是帮助，不要责备，使它逐步地丰富起来。"

6月23日，周恩来在接见参加1964年京剧现代戏观摩演出大会的各演出团、观摩团的负责人、主要演员和创作人员时，再次强调："戏剧革命"首先还是要做人的工作。普及与提高二者不能偏废，但是重点在普及，要多注意从普及中提高。要多强调思想性，然后来提高艺术性。要强调生活实践，深入生活，生活到工农兵中去，然后来提高艺术实践。

新的时代，需要新的文艺形式。对艺术的革新问题，并不仅仅是文艺工作者自身的事。周恩来虽是党和国家的领导人，但他时时把握着艺术发展的脉搏。

7月12日，周恩来和陈毅来到上海，这次他们刚刚结束对缅甸的访问。访缅期间，周恩来也同样受到缅甸歌舞的感染，使他对各国艺术来源于人民又服务于大众有着更深一层的了解。

没想到，上海之行，使周恩来早已有之的以新的艺术形式反映伟大时代的想法，进一步明朗开来。

上海，对周恩来和陈毅来说都有着特殊的感情：三十多年前，周恩来在反动势力极为猖獗的时候，在上海成功地领导了工人武装起义；后来又在白色恐怖下在上海从事党的领导工作……新中国成立初期，陈毅是上海的第一任市长，上海的每一寸土地几乎都留下了他的足迹……

这次到上海,他们有两大任务:一个任务是研究台湾海峡的局势,另一个任务就是休息。

7月13日,周恩来和陈毅约中共中央华东局、中共上海市委负责人谈话,针对台湾当局袭扰沿海地区、搞颠覆活动问题,周恩来毫不含糊地指出:"要加强沿海军队的训练,沿海的党委要抓军事。"在谈到东南亚形势时,周恩来提醒大家说:"到处都是前线,这样的形势可以锻炼我们,也可以培养干部,培养军队。"在这个特殊的时期,中共中央的方针是:"人不犯我,我不犯人;人若犯我,我必犯人。"

与华东局和上海市委的负责人谈完话后,大家觉得,总理和陈毅副总理工作太累了,最好让他们真正休息一下。这样,7月13日晚上,上海市委通过陈毅告诉周恩来:今晚有一个文艺演出,是一场刚刚排演完不久的大型歌舞,取名为《在毛泽东旗帜下高歌猛进》,请总理去观看。陈毅一说,周恩来高兴地答应去看看。

周恩来和陈毅进场坐定后,场上的气氛一浪高过一浪,他们越看越感兴趣。这部多幕大型歌舞,形式独特,集音乐、歌曲、舞蹈、诗歌等为一体,在舞台布景上也有独到之处,不仅有各种各样的道具,而且采用了幻灯投影作为每一个主题的背景,以多样化的形式和一幕幕激动人心的场面,表现了中国人民在毛泽东思想指引下、在中国共产党领导下进行新民主主义革命和社会主义建设的历史。

周恩来越看越不能平静,这不正是长时间以来自己想找的一种艺术形式吗?他告诉陈毅,这种史诗般的作品,正好能反映我党几十年的光辉历程;我们亲身经历过的伟大事件,正需要这样的伟大作品来表达。陈毅同意周恩来的这一看法,在观看的过程中,他也是心潮澎湃,思绪万千。

尽管节目还有一些不足之处,但看完演出的周恩来对上海文艺工作者的这一成果表示了极高的赞誉。同时,他的心中开始酝酿一个更大的艺术构想:马上就要庆祝新中国成立15周年了,这样一部集音乐、歌、舞、诗等为一体的大型文艺作品应该搬上首都舞台,并在更大更广的范围排演,以更宏大、完整和系统的气势反映中国共产党所走过的历程。

当然,要搞这样一部气势恢宏的作品,在短短的两个多月内绝非易事。它既是体现中国共产党领导全中国人民艰苦奋斗光辉历程的史诗,又是一部集思想性和艺术性于一体的力作。周恩来凭着自己对艺术规律的了解，深知这其中的难度。为此，他决定："我自己来抓，以上海的这台歌舞为基础，把北京、上海和部队的有关文艺团体的优秀力量调动起来。"

周恩来的想法得到了陈毅的赞同。以陈毅对周恩来的了解，他深信，在中央领导人中，总理可谓最有艺术细胞，他懂艺术，一定能搞出一个精品来。

看完上海演出的第二天，周恩来便回到了北京。在上海的想法，也开始实施开来。他先找来文化部和解放军总政治部的有关负责人，谈了自己的设想，得到大家的一致赞同。周恩来当即决定，此事具体由文化部副部长周扬牵头，会同总政治部文化部的有关人员组成工作小组，立即开始筹备。

几天以后的7月18日，周恩来主持召开国务院各部党组成员会议。这次会议，本来是谈国际形势。他在会上向大家介绍了国际形势的新发展，并阐述了当今世界存在四个矛盾和两个中间地带的理论。他还根据国际形势提出了这样的观点：

我们要抓住这个大好的时机，抓住中心问题。在国内建设中也要排队，也要打歼灭战，有的东西宁可推迟一点。

希望在建设三线时，各线都要有动员，要有一些工业。

讲完这些大的国际背景和国内建设措施，周恩来确信大家已经对大局有了认识。随后他将话题一转，讲到我国如何庆祝国庆15周年的问题。他在会上把自己的想法和盘托出：

我们这回国庆要大庆祝一下。这回我到上海，陈总把我拉去看了一个上海3000人的歌舞，很动心，我看还不错。有这么一个想法，就是最好在15周年国庆，把我们革命的发展，从党的诞生起，通过艺术表演，逐步地表现出来。……

怎么筹备？他当即在会上宣布：

请周扬、徐冰同志及有关方面的同志帮助搞一下。现在离国庆只有两个月了。总之,要有人写,要写几首壮烈的史诗。请周扬同志主持一下。北京可以和上海合作。上海那个歌舞,它是一个国际歌一唱,下一幕马上就到了井冈山,这个也太突然了。……

为搞好这次史诗般的大歌舞,周恩来这期间对文艺工作倾注了很大心血。他清楚,这样一个大的行动,没有严格的纪律和踏实的作风,是绝对搞不好的。

7月20日,周恩来接到几份文件,是关于1964年将在北京举办音乐会演和亚洲文化艺术国际活动问题的。周恩来看后觉得,起草这些文件的部门在很多问题上只凭想象,简直就是官僚主义的翻板。他当即在文件上批示:

从这些文件上可以看出,我们有许多同志只习惯于坐在办公室内兜圈子,批公事,而不喜欢接触新鲜事物到群众中去解决问题。

当天下午,周恩来约与此事有关的国务院外事办公室、对外文委和文化部负责人谈话。他再次批评了有关人员在这样一个国际文化艺术活动问题上的官僚主义做法。由于第二天他就要率中国共产党代表团访问朝鲜,因此在这次谈话中,他再次部署了有关大歌舞的工作。他说,在国庆15周年之际,以这样一部大歌舞来反映中国共产党的革命历史,是非常需要的,它表现革命的精神和新的气象,这个大歌舞非搞不可。对时间紧的问题,周恩来提出:时间虽然紧了些,但有上海的大歌舞,有总政文工团的革命歌曲大联唱,还有飞夺泸定桥等表现革命历史题材的舞蹈,以这些为基础进行加工,是有可能搞出来的。

这次谈话后,周扬会同国务院文化部、总政治部文化部和北京市委宣传部等方面负责人积极工作,加紧筹备。按周恩来的要求,这是一份献给共和国15周年的厚礼,既有重大政治任务的含义,又是艺术创作的一座需要艰难攀登的高峰。参与这项工作的人都明白,此事丝毫马虎不得。由于此事涉及北京、上海等地区,涵盖国家级、地方和军队各有关文艺团体,因此周扬等人首先要起草一个关于排演大歌舞的报告,以便由中央来统一协调。

关于大歌舞的名称,一开始颇费思索。大家认为,上海的歌舞用《在毛泽东旗帜下高歌猛进》这个题目,好是好,可是太长,最好用一个精练一点的。

鉴于这个大歌舞是表现毛泽东等中国共产党人领导人民奋斗历史的，有人想到了陕北的一首民歌——《东方红》，它的寓意真是恰到好处，便提议：大歌舞的名字就叫《东方红》吧。这个主意得到大家的赞同。

7月23日，周恩来结束对朝鲜的访问回到北京。第二天，周扬便以中宣部的名义向陆定一、康生并周恩来、彭真写了一个报告，报告名称为《关于国庆期间演出大型歌舞"东方红"问题的请示》。报告中除强调了排演《东方红》以表现中国共产党领导下的中国革命历程的重要性等内容外，还写明了这个大歌舞的规模、内容、艺术表现形式及组织领导工作等内容。

接到报告的周恩来眼前一亮，被大型歌舞的题目所吸引——《东方红》，多么好的一个名字，既符合大歌舞所要表现的内容，又切合自己的意思！他立即对报告进行了仔细的审改。

7月30日，周恩来就周扬报告中提到的一系列问题约中共中央宣传部、解放军总政治部、国务院文化部等方面负责人开会，一方面听取他们汇报这一段时间的工作进展，另一方面解决工作中遇到的难题。听完汇报后，周恩来表示："这部大型歌舞的名字就定为《东方红》。我们要争取按计划在国庆15周年之际完成，但考虑到创作上的困难，万一10月1日赶不出来，也不要紧，等于对我们大家进行了一次革命传统教育，一次党史教育。在组织和排演过程中大家要敢于创造……"

会上，周恩来还明确地告诉大家，《东方红》这部大型歌舞我要亲自抓，有问题解决不了你们直接找我。为工作方便，他当即决定：由中宣部、解放军总政治部、国务院文化部等方面的有关同志组成领导小组，作为具体抓创作、排练的指挥部。周恩来亲自为这个指挥部敲定了成员：组长周扬，副组长梁必业、林默涵……组员：齐燕铭、张致祥、陈亚丁、周巍峙、许平、吕骥……在这个起领导作用的总指挥部下面，又设立了分级机构，各司其职，其中的组织指挥工作小组以陈亚丁为主任，周巍峙、许平等为副主任。

第二天，是中国人民解放军成立37周年的日子，周恩来在修改后的周扬《关于国庆期间演出大型歌舞"东方红"问题的请示》报告上痛快地批示："同意。"为确保报告得以落实，他还批了下列内容：

应与有关同志当面谈定下列原则：

（一）全力争取搞好，并在国庆节上演；如届时还搞不好，或新排时有大缺点来不及改正，就推迟上演，以现代京剧代替。

（二）演出队伍以解放军各文工团为主，政府所属文艺单位为辅，并与上海一部分编、导、演人员合作。

（三）领导小组十三人和组织指挥人员六人名单（略）。

（四）这一工作另行成立组织，不要影响文化部和各协会领导人员的整风。

（五）朗诵词和歌词在确定后，需送彭真、陈毅、定一、康生四人最后审定。

自周恩来亲自批准大型音乐舞蹈史诗《东方红》启动以后，他倾注了更大的心血，甚至在舞台艺术创作和朗诵词、歌词的写作上，他都亲自上阵。他一面排除干扰，一面交代："要采用史诗的写法"，"打破框框、标新立异"，要有"中国作风和中国气派"，"为中国老百姓所喜闻乐见"。

周恩来同意《关于国庆期间演出大型歌舞"东方红"问题的请示》的批示下达后，以解放军各文工团为主的排演方案很快便实施开来。在解放军的各文工团中，总政治部歌舞团又是主力中的骨干。他们一方面借鉴上海大歌舞的经验，另一方面发挥自己多年来演出革命历史题材歌舞的优势，加班加点，几乎是以"一级战争任务"来赶排节目。

几天后，军队几个文工团的节目初见端倪。8月5日，有关方面请示周恩来，军队系统的一些节目已经初排出来，能否请总理前去审查一下，看看是否可行。周恩来立即答应。当天他来到总政治部歌舞团排演场，对军队的歌舞节目进行审查。看完，周恩来有欣慰，也有不满足。从单个节目来看，部队文工团的同志下了很大的功夫，达到了一定的水平。但从整体来看，离史诗般的作品还相差甚远。他对如何从总体上艺术地把握中国革命历史的问题谈了自己的一些意见，叮嘱大家一定要将政治性和艺术性、形式和内容紧密地结合起来。

从8月份开始，在周恩来的直接领导下，《东方红》的创作与排演活动全面展开。北京、上海各路人马云集，解放军、政府部门各方面艺术人才应召加盟。成百上千的人在为这一空前的史诗作品而奉献自己的艺术才能。

1964年，在中国的艺术舞台上，如同千军万马在尽展叱咤之风云。这万马千军在集中起来之时便得到一个令人兴奋的信息：《东方红》的最高指挥者是国家总理周恩来！

自大型歌舞史诗《东方红》启动以来，周恩来倾注了更大的心血，尤其在舞台艺术创作和朗诵词、歌词的写作上，他几乎亲自上阵，成为创作者。

这期间，文艺界的知情人都知道，周恩来在为《东方红》的事不停地奔波，这是事实，人们亲眼所见，亲耳所闻。

而周恩来所奔波和忙碌的，还不止这一件大事，只有陈毅等少数熟知周恩来内政外交活动的人知道，为向共和国国庆15周年献礼，周恩来还在秘密地忙着另一件事：紧张地进行中国第一次核试验的决策。这件事，他一直是主帅——中央专门委员会（以下简称中央专委会）主任。有时候，他从《东方红》排演场出来，赶紧奔往中央专委会的会场；而有时候，开完中央专门委员会会议，他又要连夜审阅《东方红》的剧本和解说词。

9月16日、17日，周恩来主持召开了1964年国庆前的最后一次中央专门委员会会议——第九次会议。会上，他与专委们研究了首次核试验前的准备工作。几天以后，他和罗瑞卿向毛泽东和中共中央写报告，提议将我国第一颗原子弹的爆炸试验时间定在10月中旬到11月上旬。

就在第九次中央专委会会议前后，《东方红》进行了一个多月的紧张排练。从9月中旬至下旬，周恩来多次审查排演的节目和朗诵词，并约有关人员研究出现的问题。会上，他亲自酌定史诗的主题和一些重要情节。

周恩来还将他亲自审改过的大型音乐舞蹈史诗《东方红》的朗诵词交给周扬、周巍峙、陈亚丁等有关人员，他对他们说：

> 《东方红》中要突出表现毛泽东思想，要以毛泽东《在延安文艺座谈会上的讲话》为指导，努力做到政治和艺术的统一、内容和形式的统一，要具有新鲜活泼的、为中国老百姓所喜闻乐见的中国作风和中国气派。
>
> 要采用史诗的写法，既是粗线条的，又要很深刻，能打动人，在创作上要敢于打破框框、标新立异，要注意艺术风格、艺术手法

1963年8月,周恩来在文化部召开的音乐舞蹈座谈会上作报告,强调"艺术的表现形式,要统一、和谐、明确、生动"

的多样化,平板、单调、贫乏的东西,不仅不能使人受到政治教育,也不能使人得到艺术享受,不仅不能传播毛泽东思想,反而违反了毛泽东思想。

在创作中要把革命的现实主义和革命的浪漫主义结合起来。

周扬等指挥部的人们惊异:周总理的这些意见,竟如此具有专业水准;他并不只是强调政治性,也强调艺术性;他看重的是"新鲜活泼""能打动人""为中国老百姓所喜闻乐见",推崇"打破框框、标新立异"的"中国作风和中国气派",他赞赏"艺术风格、艺术手法的多样化",不喜欢"平板、单调、贫乏的东西";他要的,不仅是"政治教育",而且包括"艺术享受""浪漫主义"……听到这些意见,参与这件事的人们都为之一震,眼界大开!

其实,周恩来的这些思想,是贯穿始终的。1963年的8月16日,文化部曾召开了一个音乐舞蹈方面的座谈会,周恩来应邀出席,并就音乐舞蹈的民族化、大众化等问题讲过一番话。他当时就说:

我们不能希望14年就把全世界的好东西都拿过来，融会贯通，成为一个东西，总得经过一个时期。艺术的东西还是要立足于我们国内，在我们的民族基础上发展……

"百花齐放，推陈出新，百家争鸣，厚今薄古"，要成为我们文艺工作的座右铭，成为我们的方针。中国的艺术必定要以六万万五千万人为出发点，而在六万万五千万人里头，又要以工农兵为出发点，以他们的喜闻乐见为主要方面。

对艺术作品、音乐歌舞在思想内容和艺术标准方面的要求，周恩来都曾对文艺界发表过众多精辟的意见。

《东方红》要表现的是中国共产党领导中国人民进行革命斗争的历史，有人深知，周恩来在中国共产党的历史上，对中国革命事业做出了重大的贡献，他们提出，要实事求是地增加一些与周恩来有关的戏。比如有人提出：增加表现南昌起义的场面。周恩来在审查中得知这一情况后，坚持不采纳这个意见，他说："应该突出毛主席亲自领导的秋收起义，不应该强调南昌起义。"可南昌起义这段历史又是绕不开的。最后，周恩来只是同意在朗诵词中写上这么一句话："南昌起义的枪声，响起了第一声春雷。"

修改后的朗诵词，周恩来还多次征求彭真、陆定一、郭沫若、姚臻等人的意见。

排演《东方红》这样的大作品，它的难度还不仅仅来自作品本身，也来自政治层面。这使得《东方红》的排演一开始就不是一帆风顺的。当时的文艺战线，与全国各条战线的大背景一样，依然处在调整的主线和阶级斗争的副线相互交织之中。周恩来的心理，也处在矛盾之中。

8月15日，文化部党组根据毛泽东对文艺界的批评，就一段时间以来的文艺工作写了一份《检查工作简报》。1963年的12月12日毛泽东曾在一份《文艺情况汇报》上批了这么一些话：

各种艺术形式，问题不少，人数很多，社会主义改造在许多部门中，至今收效甚微。许多部门至今还是"死人"统治着。至于戏剧等部门，问题就更大了。

1964年6月27日，毛泽东在中宣部写的《关于全国文联和各协会整风情况的报告》的未定稿上又批道：

> 这些协会和他们所掌握的刊物的大多数，15年来，基本上不执行党的政策，做官当老爷，不去接近工农兵，不去反映社会主义的革命和建设。最近几年，竟然跌到了修正主义的边缘。

毛泽东断定文艺界"许多部门至今还是'死人'统治着"，且"最近几年，竟然跌到了修正主义的边缘"。这一判断引起有关部门的高度注意。在文化部8月15日的《简报》中，照毛泽东的批示精神，列举了许多文艺界的"严重问题"。《简报》送到周恩来手里后，他看后也在上面做了这样的批示：

> 即送彭、陆、康、周（扬）、冷西阅后请转主席、刘、邓传阅。
> 从附上的简报中可以看出：
> （一）在党的正确号召下，群众只要一发动，许多坏人坏事都会不断被揭发出来的。
> （二）许多有严重错误的人，如果再不下到工农兵群众中去，参加集体劳动三四年，进行彻底改造，那他们是不可能再做文艺工作的。
> （三）文化部及其直属单位的领导机构的改组和加强，必须依靠从党和军队中选拔新生战斗力量。……
> （四）文艺部队分期分批下去参加"四清"和"五反"，主要是参加集体劳动和工农兵生活。今后六年，文艺表演包括电影创作，宁可少些好些；而劳动锻炼和生活实践，也就是直接参加生产和阶级斗争，对于每一个文艺工作者都不可缺少，并且要有三年左右的积累时间，才能打下初步基础。否则一曝十寒，上台尽管演革命的戏曲歌舞，下台仍然不是一个革命的文艺工作者。

对周恩来来说，文艺界尽管有这样那样的问题，但不会影响《东方红》的排演，因为他并不认为文艺队伍都已"烂掉"，而且他提出了"宁可少些好些"的原则。

而对文艺界来说,却面临着一个大的危险,它来自一个对文艺工作极为"关心"的特殊人物——江青。借毛泽东的批示,江青做起了在文艺界进行一场所谓"文化革命"的准备工作。

康生和江青等人盯住文艺界的所谓"坏人坏事"不放,他们的目的,是要通过抓那些"有问题的""上层文化人",达到其不可告人的政治目的。

周恩来意识到,江青等人的插手,必然有一场曲折、复杂的较量。

首先在人选上,江青等人就横加阻拦。参与《东方红》创作和演出的人员有几千人,其中有许多著名的艺术家和文艺界知名人士,被江青等人认定不能再登"革命的文艺舞台"。而周恩来的目的,却是要通过《东方红》这样一部以歌颂中国共产党、宣传毛泽东思想为主题的大型音乐舞蹈史诗,让那些真正有水平的艺术家站在为人民大众、为工农兵演出的舞台上,使他们的艺术生命长盛不衰。参加《东方红》,也可使他们免遭政治运动的冲击。

周恩来交代指挥部:《东方红》要从部队文工团、中央歌剧团、中央乐团、东方歌舞团、民族歌舞团等文艺团体抽调优秀艺术人才。尤其是毛主席的诗词,要谱出最好的曲调,用最好的演员来演唱或朗诵。

除了在用人上有较量外,在《东方红》的内容设计上,也受到了来自江青等人的阻力。如歌曲的选择,周恩来同意指挥部的意见,起用一些民主革命时期的优秀曲目。但江青却硬说《游击队歌》和《义勇军进行曲》等不能用,原因很简单,前者是由贺绿汀作词作曲的,而后者是由田汉作词的,这两人都受了批判。周恩来得知江青的这一意见后很生气,怎么能因人废文、因人废言呢?何况这两首歌曲充分地反映了中华民族不屈不挠的奋斗精神,既有强烈的时代感,也是政治性和艺术性完美统一的精品。周恩来果断地表示:这是人民群众批准了的东西,我们没有理由不采用。

在其他方面,《东方红》也遇到了许多并非艺术本身的难题和麻烦。周恩来用他的行动告诉《东方红》的组织者和创作人员:要迎着困难上,不要怕一波三折。

经周恩来亲自批准,1964 年 10 月 2 日,大型音乐舞蹈史诗《东方红》在人民大会堂首次公演,获得极大的成功。在随后的半个月内,

> 周恩来连续看了三场。喜上眉梢的演员自豪地说："周总理是我们的总导演！"日本客人感叹："你们是幸福的，只有你们中国有这样的总理。"

经过前后两个多月的加紧赶排，大型音乐舞蹈史诗《东方红》终于在国庆节前告捷。9月27日，周恩来最后一次审查《东方红》的节目。直到这时，他心中的一块石头总算落了地，《东方红》终于可以在国庆节期间与广大观众见面了。尽管周恩来曾经表示过，时间要服从质量，如果质量不过关，宁可不赶国庆节这个日子，但是，在他当初有关排演原则的批示中，第一条就是"全力争取搞好，并在国庆节上演"。所以在最后一次审查中，他对文艺界的辛勤工作，给予了充分的肯定。当然，《东方红》这种文艺形式，它的好坏，最终还是要放到人民群众中去检验，要由广大的工农兵群众来评判。为此，周恩来亲自批准，同意大型音乐舞蹈史诗《东方红》作为向国庆15周年庆典的重要节目之一，于国庆节期间对外公演。

《东方红》演出的日子，经与国庆活动组委会商定，定在10月2日晚上。作为文艺活动，这是最佳的日子。因为9月30日有中共中央和国务院举行的国庆招待会；10月1日白天首都天安门有70万人的大游行，晚上天安门广场还有重要的观礼活动。这两天，其他的节目都要让位于党和国家的重要政治活动。《东方红》10月2日公演，可以说是已经被放在很重要的位置了。

《东方红》演出的地点，更是引人注目——人民大会堂的万人大礼堂。在当时的情况下，无论从政治需要来看，还是从场地大小而言，都只有人民大会堂这个地方能够举办像《东方红》这样云集了三千多名演员的大型演出；也只有在这个地方，才能以最佳效果欣赏到这样一部全面反映中国共产党领导中国人民进行气壮山河、翻天覆地斗争的史诗性巨作。

10月2日晚，万名中外观众从四面八方来到中华人民共和国首都的中心地区，走进雄伟壮观的人民大会堂。在这万名观众中，人们看到了周恩来、刘少奇、董必武、朱德、邓小平等中共中央和国务院的领导人以及在他们陪同下进入会场的各国贵宾。

众人落座安静后，大型音乐舞蹈史诗《东方红》徐徐拉开了序幕……

尽管人民大会堂里的周恩来多次看过这些节目的排练，但除了少有的一些人外,人们这天晚上看到的,是《东方红》的首次公演。就连周恩来等亲自指导《东方红》的人,在特殊日子的特殊场景里,也受到了一种全新的震撼!

10月6日,中国人民解放军总政治部以举办国庆晚会的方式,再次上演《东方红》。这次周恩来把毛泽东请去看了。毛泽东和前去观看的彭真、贺龙等中央领导人知道,《东方红》这部大型音乐歌舞史诗,是周恩来亲自抓的。虽然《东方红》以表现毛泽东在中国共产党历史上的丰功伟绩为主,有许多地方明显地突出毛泽东个人的作用,但由于它基本符合历史的事实,再加上又是一部艺术化的作品,因此毛泽东看了以后,还是很满意的,他充分肯定了这部划时代的音乐舞蹈史诗对当代人的教育作用和它的积极意义。这晚一起观看的解放军指战员更是对演出报以了热烈的掌声,给予了高度的评价。

10月15日晚,周恩来又一次观看了《东方红》。这是他在半个月内第三次观看《东方红》。这次,他是陪同日本芭蕾舞团观看的。

日本芭蕾舞团,是由团长清水正夫和副团长兼演员松山树子率领的。四天前,周恩来亲自观看了松山芭蕾舞团在京演出的芭蕾舞剧《祇园祭》,那部芭蕾舞剧,是与神有关的,周恩来只是礼节性地去看了。这次他陪同日本客人看我们的音乐舞蹈史诗《东方红》,是想让日本艺术家们了解中国的艺术精品,并通过这一经典艺术形式,向外宾展示中国共产党的历史。

看完《东方红》的日本客人对这部史诗作品表示了极大的兴趣,他们要求到后台看一看。周恩来答应了,起身带他们来到后台。《东方红》的演职员们一看总理陪着外宾来了,来不及卸妆,站在一边热烈欢迎。日本客人对这场大型演出的每个细节都很感兴趣,周恩来便做起了义务解说员,对他们提出的问题一一做了解答。

周恩来所回答的问题,不仅包括主题、内容、场景,而且包括布景、道具甚至灯光设置等技术问题。清水正夫和松山树子等日本艺术家惊呆了:怎么周恩来总理如此熟悉这些极具专业性的问题?得知日本艺术家的这种疑问,在一旁的中国演员自豪地回答:"周总理是我们的总导演啊!"清水正夫和松山树子眼含泪花,激动地说:"你们是幸福的,只有你们中国有这样的总理。"这件事给清水正夫和松山树子留下了极深的印象,周恩来的艺术修养和对文艺工作的关心,令他们倾倒。多年以后,这种激动的心情还留在了他们写的回忆文章里。

1964年10月，周恩来和毛泽东、刘少奇（二排左三）、朱德（二排左一）接见大型音乐舞蹈史诗《东方红》的演员

1964年10月16日，所有参加《东方红》的演职人员都预感到，一个特殊的幸福时刻就要来临。这天，他们被通知到人民大会堂集中，不是演出，而是接受中央领导人的接见。下午，当他们来到人民大会堂，按照预定好的位置入座后，却迟迟不见有哪一位中央领导人出现在接见大厅里。大家焦急地等待着。有人被告知：中央领导正有一个重要活动，将稍晚一点到，请大家耐心等待一会儿。大家早就猜出来了，应该是毛主席要来！当面近距离地见到毛主席，大家心中无比高兴，尽管将到晚餐时间，但多等一下也是值得的。大家知道中央首长每天都非常忙，尤其是毛主席和周总理，更是每日都在为党和国家的大事操劳。

此时，在人民大会堂外面，在中国西部，北京时间1964年10月16日15时整，随着一声巨响，一个火球升入长空，形成一片巨大的蘑菇云……

当人们在人民大会堂见到毛泽东、刘少奇、周恩来等中央领导人的时候，已是17点，外面天色已晚。随同走进人民大会堂的，几乎包括了所有在京的领导人。人们预感到，在这些中央领导人走进大会堂之前，可能有大事发生了。

果然，毛泽东一边向在场的所有《东方红》的演职人员挥手致意，一边让周恩来总理向大家宣布好消息。

周恩来走近话筒,激动地向全场宣布:"报告大家一个好消息,刚才,我们的第一颗原子弹爆炸成功了!"

这一爆炸性的新闻,使全场一下子像开了锅似的,《东方红》的演职员们哗啦一下全都蹦了起来,欢呼雀跃。场内的人一起蹦跳,声音震耳欲聋。周恩来只好挥动双手,示意大家安静下来。好不容易欢呼声才稍微小了一点,周恩来笑了笑,以诙谐的语言告诉大家:"大家高兴可以,可不要把地板震塌了呀!"

大家高兴的劲还没有过去,周恩来又报告了一个令人震惊的消息:苏联的赫鲁晓夫下台了!

《东方红》的演职员们又一次欢呼起来。在他们心中,那个与中国党争吵不休的、言而无信并老卡中国人民脖子的苏联领导人,终于下台了!

……

人民大会堂的接见和欢呼,持续到很晚。参加大型音乐舞蹈史诗《东方红》的所有演职人员经历了人生最幸福的时刻。他们永远铭记下了周恩来总理发布好消息时的场景。

> 参与人员清楚,《东方红》的成功,首先应该归功于周恩来。为了让参与《东方红》的人们了解《东方红》所要反映的内容,周恩来多次亲自给大家讲中国共产党的历史。人们说,如果没有这样一位懂得艺术规律的总理亲自抓,《东方红》要想取得这样大的成功,几乎是不可能的。

《东方红》自10月2日首次公演以后,在北京连演14场,观众多达十几万人,反响极为强烈。它的轰动效应,是新中国成立以来文艺舞台上所不曾有过的。前来参加中国国庆15周年观礼的许多外国贵宾看了《东方红》后,也给予了很高的评价。总而言之,《东方红》获得了极大的成功。

参与《东方红》的人们,无论是组织者还是演员,大家心里非常清楚,周恩来总理花费的心血,是最多的。《东方红》的成功,首先应该归功于周恩来。

演员还清楚地记得,为了让大家演好这一划时代的题材,准确地反映毛

1964年10月16日,周恩来在人民大会堂向音乐舞蹈史诗《东方红》演职人员高兴地宣布:"我们的第一颗原子弹爆炸成功了"

泽东思想和中国革命,周恩来在百忙之中多次结合《东方红》的主题和各个节目单元给大家作有关党史的报告。他还要求熟悉党史的中央和军队方面的有关人员,要多给《东方红》的编创人员讲讲党史,只有使大家熟悉了党和历史,熟悉了毛泽东思想产生的历史背景,才能更好地将它们表现出来。

《东方红》在正式公演前共预演了八场,每场下来,都是好几个小时,百忙之中的周恩来为了保证它的质量,亲自从头到尾完整地审看了五场。每场结束后,他都亲自主持座谈会,征求修改意见,并中肯地谈了自己的一些想法。

讲到《东方红》要表现的主题,周恩来明确地告诉大家:《东方红》这部作品,要贯穿毛泽东思想这条红线,要说明毛泽东思想是从革命实践中总结出来的,是马克思主义的普遍真理与中国革命实践相结合的产物;要达到总结党的历史经验,学习和宣传毛泽东思想的目的。

讲到《东方红》所表现的重心,周恩来对编创人员说,党的建设、武装斗争、统一战线是我党战胜敌人的三个主要法宝。这是毛主席在总结我党的历史经验时得出的结论。正确理解这三个法宝及其关系,就等于掌握了中国革命的主线。

《东方红》所表现的内容和情节，都要突出并围绕这三个法宝及其相互关系来展开。

他强调：

> 我们不仅要看到1949年以前这三个法宝起了决定性的作用，新中国成立以后15年依然如此。这就需要我们进行分析，不同的阶段有不同的情况，但是，基本的原理还是一样。具体实践要结合当时的情况，这是毛泽东思想的特点。

讲完三大法宝，周恩来还提到了党的三大作风，他指出：

> 一个党，如果不是联系群众的党，那这个党是没有生命力的，没有革命力量源泉的，光有个人的英勇，不能解决问题，一定要联系广大的群众。在群众中生了根的党，那才是有领导力的党，才能产生出具有智慧和思想能力的领袖。一个党如果不实行批评和自我批评，这个党是不能领导革命胜利的。

主题确定了以后，还有一个表现手法的问题。自周恩来7月份在上海看了第一个史诗性的大歌舞后，他便为《东方红》的表现形式定了基调："要写几首壮烈的史诗。"《东方红》的排演，便是用史诗般的艺术语言进行的。在排演过程中，周恩来多次强调：尽管用大歌舞来表现中国共产党领导下的中国革命的历史是有很大难度的，但是，有大歌舞指挥部的领导，有部队文艺工作者多年来在政治和业务水平上的进步，有上海大歌舞的成功经验，一定能够探索出一条新的艺术路子来。在每次审查节目或朗诵词后，周恩来几乎都要提醒大家："我们搞的是一部史诗，史诗就要用史诗的写法，它不是写故事性的剧本。它既是粗线条的，又要很深刻，能打动人。"

对艺术家来说，要把中国人民革命这幅宏伟的长篇历史画卷浓缩在今天的艺术舞台上，的确不是一件容易的事。太粗线条地勾勒，就会变成平淡、单调甚至无味的东西，或者变成空洞的政治说教，收不到教育人、打动人的效果。群众如果不认可，那么花这么大的力量去搞，就只能是劳民伤财。为了避免出现这种情况，周恩来特意指出：

> 中国革命本身就是一首壮丽的史诗，是一个伟大的创作。文艺工作者要从中学习些名堂出来，这次要努力做到用艺术形式将这首史诗再现在舞台上。

周恩来要求，《东方红》在艺术手法上至少要达到两点：一是宣传毛泽东思想，深刻反映出中国共产党领导的中国革命的丰富性和复杂性；二是要注意艺术风格、艺术手法的多样化，要使人得到艺术享受。

总体原则确定以后，周恩来又对各个时期如何反映，提出了具体的要求。

在谈到表现武装斗争问题时，他强调：北伐战争、土地革命战争、抗日战争、解放战争和抗美援朝战争，是我们党的五个重要的武装斗争阶段，它们各有不同的特点，标志着中国革命发展的不同阶段，只有把握了这五个阶段的不同特点，艺术表现上才会有特色。他提醒大家：表现这五次战争要注意不要千篇一律，不要一提战争就只是打仗，一提打仗就只是枪炮子弹。表现革命，有的时候需要雄壮的东西，有的时候也需要轻快的东西；有刚也要有柔，有统一也要有变化。我们党的斗争历史是刚的，因此，《东方红》这部作品的基调是刚的，这是统一，但也应该有优美抒情的歌和舞。革命是广阔的，革命感情是丰富的。……

在谈到"星火燎原"一场戏时，针对原来只表现了共产党人在蒋介石叛变革命后视死如归、慷慨就义的英雄气概，没有提及陈独秀的问题，周恩来指出：对我党来说，蒋介石的叛变只是大革命失败的外因，陈独秀的错误路线才是内因。否则，蒋介石举起了屠刀，我党也能组织有效的抵抗，情况会大有不同。这是血的教训，证明只有执行以毛主席为代表的正确路线，开展工农运动，发展革命武装，坚持又联合又斗争的统一战线，革命才能取得胜利。写清楚这一点，不仅是为了正确表现历史，而且对国际国内都有重大的现实意义。

谈到遵义会议如何反映的问题，周恩来非常认真。由于所要反映的是一次会议，在舞台艺术表现上有一些难度。针对这个问题，周恩来特别向编创人员指出：

>在遵义会议上，毛泽东同志在惊涛骇浪中扭转了船舵，纠正了方向，这是一个伟大的转折点。但这一场戏演得不突出，一定要摆上，使它更突出。

他告诉大家：表现不表现遵义会议，是个原则问题，一定要用专场来表现。如果实在想不出好的艺术表现方法，就把遵义会议的现场搬到舞台上，用解说员向参观者解说的方式。在周恩来的启发下，编创人员在舞台上设置了遵义会议的场景，并加上了《红军战士想念毛泽东》这首歌，以表达红军指战员渴望毛泽东回到红军指挥岗位上来的迫切心情。周恩来审看后再次提出，要充分反映毛泽东思想和毛主席所代表的正确路线有深厚的群众基础。

在谈到"红军长征"一场戏时，周恩来主张要尊重历史，并照顾到各个方面军的作用。有人主张统称为红军就行，有人则认为只提中央红军就可以。周恩来反对这样做，他认为，红军一、二、四三个方面军都要正确表现。他说，张国焘虽然很坏，但四方面军广大指战员是好的，不应歧视。为此，他亲自改定了欢庆三大红军会师的歌曲。

每次报告，周恩来几乎都要提醒演员们：

>我们党是在漫长曲折而又复杂的道路上走过来的，你们经过学习，从中得到一种精神，在表演中要把这种精神表现出来。

在整个审看、座谈过程中，周恩来的谈话始终是循循善诱，既启发大家打破思想上的框框，又不强加于人。他的民主作风，进一步激发了大家的创作欲望和创作热情。这使得《东方红》在艺术处理上出现了许多独创，成为艺术上的精品。

……

《东方红》的成功上演，正是在上述基础上取得的。凡参加组织、创作和演出的领导、作家、艺术家们都深深感受到，如果没有周恩来的亲自抓，如果没有他这样抓得详细，如果没有这样一位懂得艺术规律的总理，《东方红》要想取得这样大的成功，几乎是不可能的，更不可能在这么短的时间里赶在国庆节之时高质量地公演。

将大型音乐舞蹈史诗《东方红》推向银幕，以又一种新的形式再现《东方红》的辉煌，是周恩来的又一打算。他没有理会江青对《东方红》的否定，坚持说："《东方红》电影一定要搞好，只能比舞台演出有改进和提高，不能落后。"他专为电影题词："精益求精，后来居上。"

就在《东方红》公演获得成功的时候，一些看过演出的外宾向周恩来建议，这么优秀的作品可以将其搬上银幕，拍成电影。这一建议，使周恩来受到启发。

有文艺界人士回忆，就在《东方红》首次公演的 10 月 2 日夜间，周恩来约他们谈话，倡议把《东方红》拍成电影。当时他还对电影拍摄的有关问题提出了自己的意见。

还有文艺界人士回忆，周恩来在陪同毛泽东等中央领导人接见《东方红》全体演职人员并宣布中国成功地进行了首次核试验的 1964 年 10 月 16 日晚上，他将《东方红》指挥部和文艺界的有关负责人召集到西花厅，提议将《东方红》拍成电影。

……

将《东方红》推向银幕，以又一种新的形式再现《东方红》的辉煌，这是周恩来的一种热切愿望。正如他自己所说："这部影片的拍摄成功，对全国人民和世界人民都有教育意义。"

当然，周恩来心中非常清楚，要将《东方红》拍成电影，也非易事。虽有舞台上的《东方红》为基础，但银幕艺术毕竟有它自身的规律，除导演、演出、场景、音乐、对白、声音等不一样以外，仅就技术问题而言，就是一个很大的难题。由舞台艺术到电影艺术，又是一次再创作。

为解决难题，周恩来首先提议，扩大《东方红》大歌舞指挥部并调整领导小组成员，主要是增加文化部电影局的司徒慧敏和八一、北影、新影等三个电影制片厂的负责人。经周恩来同意，王苹、李恩杰担任了电影《东方红》的导演，薛伯青、钱江等担任摄影。在领导小组之下，周恩来还建议成立了电影导演团，以加强艺术领导。

组织领导问题解决以后，周恩来仍然强调，要进一步向参加这一工作的所有同志宣传我们党的历史，让大家充分了解将舞台艺术搬上银幕的重要性。

为此，他多次召集演职人员会议，深化人们的认识。

10月23日，周恩来召集有《东方红》演职人员和中央、地方、部队文艺团体等单位共7000人参加的扩大会议，专门作了有关中共党史和国际形势问题的报告。

这次报告一开场，周恩来肯定了《东方红》演出获得的巨大成功，并对大家经过辛勤工作所取得的成就表示祝贺。

接着，他再次向大家讲了党的历史。

最后，他提醒人们，《东方红》的排演和拍成电影，都面临着一些复杂的国际形势。他说："赫鲁晓夫下台和原子弹上天是国际上的新形势，这个问题还在发展之中。我们现在应该冷静一下，看看变化。"

言下之意，党的文艺工作者不能只顾埋头演戏，还应时刻把握时代的脉搏。为此他要求：文艺工作者要实现文艺上的革命化、民族化、群众化，首先要把自己锻炼成为一个革命派。

这些要求和提醒，实际上暗示文艺界的人们：《东方红》面临的，不仅仅是国际上的复杂形势，而且还有国内的更为复杂的变化；文艺领域的发展，与其他领域一样，都不是一帆风顺的，文艺界的调整，显得更为复杂。

的确，在周恩来亲自"导演"《东方红》的整个过程中，自始至终都受到江青等人的干扰。《东方红》的成功，令以文艺领域"哨兵"自居的江青更为嫉妒和不满。有人这么评价江青：演过戏的江青，虽然只是个蹩脚的演员，但她在生活中演捣乱的戏，却是个高手。对周恩来如此关心《东方红》，江青是不以为然的。

但为了对这位特殊人物表示尊重，周恩来在多次召集《东方红》导演团成员开会时，都将江青请到场，以免她日后借题发挥。

1964年12月下旬至1965年1月上旬，利用在北京召开四届政协一次会议和三届人大一次会议的机会，周恩来把电影界的政协委员和人大代表召集到人民大会堂北京厅，与《东方红》导演团成员一起研究如何拍好电影《东方红》的问题。他还把彭真、周扬、江青也请去参加了。

会上，周恩来再次表明了要下功夫把《东方红》拍成电影，且要拍好的愿望。江青则不然，她反复强调：《东方红》的问题不少，如果把《东方红》拍成电影，我非常担忧。江青说来说去，无非是讲《东方红》主题不明确，艺术上也平平。但在场的艺术家们谁都清楚,《东方红》无论在主题思想还是在艺术风格上,都达到了前所未有的境界。尽管它还有这样那样的不足之处,有待于进一步改进,但绝不是江青所说的那种情况。

周恩来坚持自己的意见,他没有理会江青的否定,明确表示:

> 《东方红》电影一定要搞好,只能比舞台演出有改进和提高,不能落后。我们不搞小圈圈和宗派主义。

就在这次政协、人大会议期间,周恩来当选为政协全国委员会主席,继续担任国务院总理。在他所作的《政府工作报告》中,不仅提出了今后发展国民经济的主要任务,即"总的说来,就是要在不太长的历史时期,把我国建设成为一个具有现代农业、现代工业、现代国防和现代科学技术的社会主义强国,赶上和超过世界先进水平",而且提出了国民经济发展分两步走的战略目标:"第一步,建立一个独立的比较完整的工业体系和国民经济体系;第二步,全面实现农业、工业、国防和科学技术的现代化,使我国经济走在世界的前列。"

在四个现代化的宏伟目标鼓舞下,文艺界自然也不应该甘于落后,《东方红》只能更上一个台阶。

"两会"闭幕的时候,年轮已经走向了1965年。按周恩来等中央领导人的设想,这是中国调整国民经济的最后一年,用周恩来的话来讲:"在1965年中,我们应当继续完成国民经济调整工作中某些尚未完成的任务。"《东方红》再创作为电影,就是文艺界在调整时期"尚未完成的"一项重大任务,也是周恩来的一个心愿。

1月8日,周恩来再次召集《东方红》导演团开会,进一步研究将《东方红》拍成电影的问题。在这次会上,周恩来的讲话都是具有针对性的,他说:

> 我们创作《东方红》,总的指导方针是学习和传播毛泽东思想;拍成电影要有一个更明朗的线索,要贯穿毛泽东思想。
>
> 在这个思想指导下,搬上银幕要进行再创作,把舞台上的缺点弥补起来。
>
> ……

为了不让江青那类的人抓住口实，周恩来在总的原则问题上着重强调的就是这两点：一是主线要更明朗——贯穿毛泽东思想，二是要再创作，弥补舞台上的缺点。

同时，周恩来也提出了一些具体的要求，如"史诗要用史诗的写法，不是写故事性的剧本""要用革命的现实主义和革命的浪漫主义相结合的方法把史诗搬上银幕""要标社会主义之新，立无产阶级之异""走群众路线"。

自1965年以后，电影《东方红》的拍摄工作便紧张地开展起来。这次再创作，周恩来明确地交代，除了主题要更明朗外，在艺术手法上也要更加细腻。这部电影摄制的每个环节，周恩来同样予以极大的关注。每隔一段时间，他就要同编创人员一起审看样片，听取汇报，并提出中肯的意见。

1965年3月5日，是周恩来67岁的生日。这天晚上，周恩来是与参加《东方红》再创作的人员一起度过的。他来到人民大会堂，审查《东方红》为拍摄成电影而进行的修改排练。看完排练，周恩来与大家进行了座谈。他再次重申：要反映出毛泽东思想有深厚的群众基础，毛泽东领导地位的确定正是群众意志的集中反映。

他还谈了自己的一些修改意见。

讲到"南昌起义"一场，周恩来发现了一个新问题：南昌起义部队的旗帜可以不要，改用中国工农红军的军旗。

讲到"情深谊长"一场，周恩来严肃地说："你们把彝族、藏族的头人改成老人，这样做不好。少数民族头人在当时也是受国民党压迫的，在长征途中不团结头人，你就过不去。"

……

经过各方面几个月的辛劳，到3月底4月初，电影《东方红》的拍摄工作进入后期，领导小组深知周恩来对《东方红》的关心，他们不约而同地想出了一个主意：请周总理题词。报告送上去的时候，周恩来正在国外，出访罗马尼亚、阿尔巴尼亚、阿尔及利亚、巴基斯坦、缅甸等国。4月4日晚，周恩来从缅甸首都仰光飞回昆明，第二天，有关方面就将请求周恩来为电影《东方红》题词的报告送到了昆明。

刚刚回国的周恩来看了报告后，欣然为电影《东方红》题了八个字："精益求精，后来居上。"

接到这一题词后，参加电影《东方红》工作的人们以"精益求精，后来居上"的精神很快就拍出了一部分样片。

5月25日，周恩来亲自审看了电影《东方红》试拍的一部分样片。看完后，他就其中的一些问题谈了自己的意见，他尤其强调的是，电影《东方红》的拍摄方针，仍以舞台表演为主，拍成舞台纪录片。周恩来之意，要充分利用舞台演出的成功。

在座谈中，电影厂方面提出了胶片的问题。国内的胶片，目前还不能满足《东方红》这样的精品影片的要求。为确保《东方红》的质量，周恩来果断地表示：胶片问题，请外贸部协助到伦敦去买质量好的。这一表态，令从事电影《东方红》工作的编导人员欣喜若狂。他们知道，国家经济情况虽然已经有所好转，但对于进口电影胶片来说，并不是件容易的事。国家总理做这样的表态，表示中央对《东方红》的拍摄工作非常之重视。

不久，在外贸部的大力帮助下，胶片问题得到解决。

经过近一年的筹备和摄制，到1965年9月中旬，电影《东方红》终于拍竣，并剪接、合成完毕。9月18日，百忙中的周恩来再次抽出时间，从头到尾将刚刚制作完成的电影《东方红》全部样片看了一遍。看完这份样片，周恩来心中有底了。对制作完成的电影《东方红》，周恩来基本上做了肯定，但他也指出了其中的一些不足。最后他提议："请大家再加一把劲，使它达到完美境界；争取提前完成，在国庆节上映。"

根据周恩来的要求，有关人员又对电影《东方红》进行了精雕细刻。

1965年国庆节，大型电影纪录片《东方红》轰轰烈烈地走进了人们的生活。《东方红》如期在全国范围内上演，是周恩来亲自批准同意的。《东方红》以电影的方式，使得这部划时代的音乐舞蹈史诗传播得更广，影响更大。随着电影《东方红》的上演，中国共产党领导中国人民前赴后继地进行革命斗争的历史以及毛泽东和毛泽东思想，更加深入人心。全国迅速掀起了一股新的爱党爱国热潮。

就在《东方红》以电影的方式制作和传播的时候，周恩来指示有关部门，舞台的表演也要进一步改进，要精益求精，不断地演下去。

1965年7月16日，周恩来在陪同乌干达总理奥博特到上海、广州期间，听说大型音乐舞蹈史诗《东方红》除了在上海、北京演出以外，又在汉口演出过,目前正在广州演出。周恩来很感兴趣,到广州的当天晚上,便去看了广州演出的《东方红》。演出结束后,周恩来在接见参加演出的人员时意味深长地说了几句话:

《东方红》要演下去,它是用我国人民的血汗写出来的。上海演、北京演、汉口演,现在广州又演,演出还要精益求精,后来居上。要一部一部地写下去。

这部"用我国人民的血汗写出来的"《东方红》,这部周恩来倾注了大量心血浇灌出来的划时代的艺术精品,得到了人民大众的认可,造就了新中国成立以来文艺界的辉煌。

那些亲自参与《东方红》的人们、那些真正的艺术家和艺术工作者们心里最清楚,《东方红》是经得起历史检验的,《东方红》的艺术魅力和政治内涵,必定是经久不衰的。参加这部大型音乐舞蹈史诗组织、创作和演出的文艺工作者们总是异口同声地重复这样一句话:"周总理是《东方红》的总导演。"

第十三章
统帅尖端科技，先抓原子弹

1964年10月16日，是一个极为特别的日子。

这天下午3时整，随着一声震天动地的巨响，在中国西部升起了一片巨大的蘑菇云……中国成功地爆炸了第一颗原子弹。

对这一声巨响，有人说，世界力量的对比顿时发生了重要的变化；超级大国的核垄断、核讹诈，被中国打破了。从这个时候开始，中国在世界舞台上说话的分量加重了。

中国共产党第一代领导人曾经说过这样一句名言："没有这一声响，就没有人理睬我们！"

大多数人只知道这一声巨响的重大意义，很少有人知道，在这声巨响后面的那些默默无闻的无数的科学家和国防战线上的功臣们，更让人惊奇的是，这些神秘的人们后面，有一个总的统帅部——中央专门委员会，它的首领就是共和国的总理——周恩来。

为了这一天的到来，周恩来亲自领导中国核工业战线和国防科技战线上的人们进行了长期的艰辛努力……

新生的中华人民共和国一开国就受到美国蘑菇云的笼罩。朝鲜战争爆发后，美国总统迫不及待地对新中国实施核威胁。美国的一个将军甚至露骨地说："在朝鲜没有合适的空投目标，然而我们可以在中国的东北和苏联的东南部合适的地方投几颗原子弹。"1955

年1月,中共中央正式决策:发展原子能事业。周恩来断然指示:"原子能不论用在和平或者用于战争,都必须懂得才行。我们必须掌握原子能。"

当新中国在隆隆的炮声中诞生的时候,世界已进入一个以核能的广泛开发利用为标志的科学技术革命的新时代——原子能时代。在这个时代来临的时候,除少数科学家以外,一般中国人基本上对原子能一无所知,只是对原子弹的威力有所耳闻。

就在美国对日本广岛投下第一颗原子弹后,中国共产党就对原子弹的威力有了自己的基本认识——毛泽东当时就对党内负责宣传工作的人说:"不要夸大原子弹的作用。"

一年以后,中国共产党领导人又表明了自己对核战争应持的态度。

那是1946年8月,一天,毛泽东接受美国记者安娜·路易斯·斯特朗的采访,他们谈到了原子战争的问题。

斯特朗问:"如果美国使用原子炸弹呢?如果美国从冰岛、冲绳岛以及中国的基地轰炸苏联呢?"

毛泽东回答说:"原子弹是美国反动派用来吓人的一只纸老虎,看样子可怕,实际上并不可怕。当然,原子弹是一种大规模屠杀的武器,但是决定战争胜败的是人民,而不是一两件新式武器。"

这就是毛泽东等中国共产党领导人对原子弹问题的基本态度。

三年后,正如毛泽东所说,中国共产党领导的军队,依靠"小米加步枪",依靠人民的力量,推翻了拥有原子弹的美国支持下的国民党反动派,建立了新中国。

毛泽东对原子弹、核战争问题所采取的在战略上要藐视、在战术上要重视的基本看法,成为新中国发展原子能事业的指导思想之一。

当夺取政权的炮声还在隆隆作响的时候,中国共产党领导人便对原子能问题有了初步的打算。1949年2月底,中共中央决定:派出以郭沫若为团长,马寅初、刘宁一为副团长的代表团,出席将于4月在法国巴黎召开的保卫世界和平大会。代表团的成员还有:秘书长钱俊瑞,中国科协会员丁瓒,世界科协会员钱三强等40人。这个代表团成员的名单,是周恩来亲自拟定的。他们中间有中国早期的著名核科学工作者。

钱三强,当时在北平研究院原子学研究所工作,并在清华大学任教,他当时雄心勃勃,正着手培训原子核科学干部和筹建实验室。苦于缺少必要的仪器和图书资料,他向中国共产党有关方面提出:想借到巴黎开会的机会,托在法国留学时的老师约里奥·居里教授帮助订购中型回旋加速器的电磁铁和其他一些仪器、图书、资料等。买回这些东西,所需的款额不是个小数目,预计需要外汇20万美元。

正处在战争环境中的中国共产党哪来这么多钱?钱三强心中对此非常清楚,他只是抱着试试看的心理提出要求的。令他惊讶的是,中共中央对发展新中国的尖端科技极其重视,同意了他的意见。周恩来派中央统战部部长李维汉在中南海约见了钱三强。

李维汉对钱三强说:"你的想法中央很支持。中央对发展原子核科学很重视,希望你们好好筹划。"

3月27日,刚刚随中共中央进入北平才两天的周恩来,又在北平饭店亲切会见了出席保卫世界和平大会的中国代表团全体成员,他明确地告诉他们:此行参加的是一个反对战争、争取和平的大会。因此,在会议期间要以我们的斗争经验告诉各国人民,帝国主义制造的战争是可以克服的;只有根除战争政策,才能真正实现彻底的和平。

刚刚踏入新社会的中国科学家们,立即感受到了中共中央领导人的关怀和支持,他们后来利用这次采购来的仪器、资料和自己制造的一批核科学技术实验设备,在二十多个学科领域开展了研究工作,培养了一批科研骨干,获得了一定的科研成果,为创建我国原子能事业打下了基础。

中国共产党领导人对原子能事业的支持和新中国科学家们的努力,是与他们所处的严峻形势分不开的。

新生的中华人民共和国,一开国就受到美国蘑菇云的笼罩。美国的战争狂人们连续不断地以核武器对新中国发出威胁。朝鲜战争爆发后,1950年7月底美国总统杜鲁门下令将装有核弹的十架B-29轰炸机部署到关岛;11月份,在侵朝美军受到重挫后,杜鲁门又发表声明,宣称正考虑在朝鲜使用原子弹,以对付中朝两国。1951年4月,美国继续对中国进行核讹诈。1953年,艾森豪威尔就任美国总统以后,继续传递要在朝鲜战场上使用核武器的信息。1954

年1月，美国战略空军司令部的一个将军甚至露骨地说："在朝鲜没有合适的空投目标，然而我们可以在中国的东北和苏联的东南部合适的地方投几颗原子弹。"

美国人的狂妄，到了极点！

中国需要发展原子能，世界反对美国核讹诈政策的和平人士，也希望中国掌握核武器。1951年10月，一位名叫杨承宗的留法中国放射化学家就要回国参加祖国建设，著名的国际和平战士、法国科学家约里奥·居里特地约见了杨承宗，对他说："你回国后，请转告毛泽东主席，你们要反对原子弹，但为了打破美国的核讹诈政策，你们必须要有原子弹。原子弹也不是那么可怕。原子弹的原理也不是美国人发明的。"

挑衅、挑战与机遇，接踵而至。新中国的原子能事业，在20世纪50年代初期艰难地创建起来。

新中国无论是原子核科学还是其他科学技术事业，几乎都是在薄弱的基础上白手起家的。

中国科学院成立以后，在原北平研究院原子学研究所和中央研究院物理研究所原子核物理研究机构的基础上，组建了近代物理研究所，由钱三强担任所长，专门从事原子核物理和放射化学的研究（1953年年底，近代物理所改名为物理研究所）。

与此同时，一大批受到新中国感召的物理学家和核科学家回到了祖国，组成了一支实力雄厚的科学家队伍。但是，对原子能本身，许多科学家也并没有真正掌握。

1953年春，周恩来批准中国科学院组织访苏代表团，考察苏联的科学研究工作，商谈中苏两国间的科研合作问题。代表团访苏期间，恰逢斯大林逝世，周恩来率中国党政代表团到莫斯科参加斯大林的葬礼。在繁忙中，周恩来听取了中科院代表团的情况汇报，并与同来莫斯科的李富春共同与苏方交涉，使得中科院代表团团长钱三强有机会参观了苏联保密性很强的一些核科学研究机构和培养这方面人才的专门院系。参观中，钱三强向苏方提出，能否提供有关核科学仪器和实验性反应堆。苏方回答，可以通过外交途径解决。

在周恩来的努力下，通过外交途径解决了钱三强提出的问题。

1954年，是中国原子能事业发展的一个关键年份。这年，我国地质部门首次发现了铀矿资源,原子能的基本材料找到了!这一发现,引起毛泽东和周恩来等人的高度重视。

1955年1月14日,周恩来专门找来国务院第三办公室主任兼国家建设委员会主任薄一波,著名科学家李四光、钱三强和地质部负责人刘杰,详细询问了我国核科学研究、核反应堆和原子弹的原理、发展核能技术所需要的条件以及我国的铀矿资源等情况。

周恩来明确地告知:中央要讨论发展原子能问题,你们做好汇报准备,届时带着铀矿石和简单探测仪器,做些操作表演。

谈完,周恩来给毛泽东写了一封信:

> 今日下午已约李四光、钱三强两位谈过,一波、刘杰两同志参加。时间谈得较长,李四光因治牙痛先走,故今晚不可能续谈。现将有关文件送上请先阅。最好能在明(15)日下午3时后约李四光、钱三强一谈,除书记处外,彭(真)、彭(德怀)、邓(小平)、富春、一波、刘杰均可参加。下午3时前,李四光午睡。晚间,李四光身体支持不了。请主席明日起床后通知我,我可先一小时来汇报下今日所谈,以便节省一些时间。

一个伟大的决策和对科学家极大的尊重,都包含在了这封信中!

1月15日,在周恩来的安排下,毛泽东在中南海主持召开了中共中央书记处扩大会议,专门讨论中国发展原子能事业的问题。出席会议的除毛泽东外,还有刘少奇、周恩来、朱德、陈云、彭真、邓小平、彭德怀、李富春、薄一波等。

会议听取了李四光、钱三强和刘杰关于核反应堆和原子弹的原理以及我国核科学研究情况的汇报。根据周恩来会前的嘱咐,他们向中央领导人做了用仪器探测铀矿石的操作表演。大多数中央领导人还是头一次接触到原子核反应原理,他们产生了极大的兴趣。

接着,毛泽东又询问了发展原子能事业的有关问题。在李四光等人汇报后,熟知内情的周恩来又补充了一些情况。他还提醒科学家:用最通俗易懂的语言,把这一问题讲清楚,以利中央作出决策。

听完汇报的毛泽东兴奋不已,随即发表了一番包含着重大决策的讲话:

我们国家现在已经找到铀矿，进一步勘探一定会找出更多的矿床。新中国成立以来，我们训练了一些人，科学研究有了一定基础，创造了一定的条件，过去几年你们也经常反映，但其他事情很多，来不及抓这件事。这件事总是要抓的。现在到时候了，该抓了。只要排上日程，认真抓一下，一定可以搞起来。

毛泽东还强调：

现在苏联对我们援助，我们一定要搞好！我们自己干，也一定能干好！我们只要有人，又有资源，什么奇迹都可以创造出来！

周恩来则在会上强调：对人才的培养需要大力加强。

这次会议，中共中央正式作出了发展原子能事业的战略决策，揭开了大力发展中国核科学技术研究和进行核工业建设的帷幕。

就在中共中央作出这一重大决策的时候，美苏两个拥有核武器的大国对中国采取了两种不同的态度：

美国继续用原子弹恐吓中国，苏联则同意在和平利用原子能方面提供给中国一座实验性反应堆和一个回旋加速器。

对美国的恐吓，国际上有些人很担心。

1955年1月28日的中南海，曾有这样一幕：芬兰驻华大使孙士敦向毛泽东主席递交国书。在座的有周恩来等人。

谈话中，这位外国大使过分地夸大原子弹的作用，他说："有几个氢弹投在中国，中国差不多就完了。"

周恩来当即表示："人是活的，不是死的，原子弹危害最厉害的是工业集中、人口集中的国家。"

毛泽东坦然且风趣地回答："即使美国的原子弹威力再大，投到中国来，把地球打穿了，把地球炸毁了，对于太阳系来说，还算是一件大事情，但对整个宇宙说来，也算不了什么。"

毛泽东和周恩来的话再一次明白无误地告诉国际社会：中国人民从此站立起来了，中华民族再也不是任人摆布和任人宰割的民族。

就当时而言,有苏联的帮助,中国更没有什么可怕的。

苏联许诺帮助中国,中国政府迅速做出了反应。

1955年1月18日,《人民日报》等报纸刊登了苏联部长会议关于苏联帮助中国和平利用原子能问题的声明。随后,在周恩来主持下,起草了中国政府有关和平利用原子能问题的决议。

1月31日,周恩来向国务院全体会议第四次会议作了《关于苏联在促进原子能和平用途的研究方面给予中国以科学、技术和工业上的帮助问题的报告》,首次在国务院系统通报了情况,并做了动员。

周恩来说:

> 对中国来说,这是个新问题。现在是原子时代,原子能不论用在和平或者用于战争,都必须懂得才行。我们必须要掌握原子能。

他还从两个方面阐述了掌握原子能的意义和作用:

> 从积极方面来说,我们要公开地进行教育,认真地进行工作,积极促进原子能的和平利用。从消极方面来说,要号召人民起来反对使用原子武器,反对进行原子战争。

对需要立即着手进行的几件事情,周恩来在国务院系统做出了周密的布置。他特意强调说:"这是一件大事情,又是一次生产革命。"

有苏联"老大哥"的帮助,中国方面心中有了底。但事情毕竟是自己做,帮助终归是外在因素。如何处理自力更生与苏联援助的关系?人们不得不认真思考这一问题。

中共中央指示我国的科技工作者:既不能无限期地依赖苏联专家,更不能放松对苏联和其他国家先进的科学技术进行最有效的学习。

根据这一指示,在中国创建原子能事业的初期,自力更生和最有效地学习,成为科技工作者的指导思想。

1959年6月,苏联政府单方面撕毁了关于援助中国和平利用原

> 子能的协定。随后，苏方撤走全部专家，并带走了重要的图纸资料，停止供应设备材料。有人断言："中国20年也搞不出原子弹来。"周恩来回答："不理他那一套，自己动手，从头摸起，准备用八年时间搞出原子弹。"风趣的陈毅一语惊人："即使当了裤子也要把原子弹搞出来！"为加强领导，成立最高决策机构，刘少奇提议："要请总理出面才行。"

正当我国科技工作者信心十足地创建中国的原子能事业的时候，1959年6月，在赫鲁晓夫访问美国前三个月，苏联政府单方面撕毁了关于援助中国和平利用原子能的协定；1960年8月，苏方撤走全部专家，并带走了重要的图纸资料，停止供应设备材料，给正在建设的中国核工业造成了巨大的损失和严重的困难。苏联方面的无情，与当时中国所处的天灾人祸一样，严厉地鞭打着中国人民。

一些外国人认为，这是一个"毁灭性的打击"。他们断言："中国20年也搞不出原子弹来。"

1959年7月，中国总理周恩来做了这样的回答：

> 不理他那一套，自己动手，从头摸起，准备用八年时间搞出原子弹。

风趣的陈毅元帅说得更为彻底：

> 即使当了裤子也要把原子弹搞出来！

1960年7月，毛泽东在北戴河听取李富春汇报时说得同样坚决：

> 要下决心搞尖端技术。赫鲁晓夫不给我们尖端技术，极好。如果给了，这个账是很难还的。

意志刚毅的毛泽东早在1958年就预言："搞一点原子弹、氢弹、洲际导弹，我看有十年工夫完全可能。"

紧要关头，中国的核工业迅速实行了全面自力更生的重大转变。

进入完全自力更生的核工业，是一个复杂的系统工程，其中强有力和高效运转的领导机制是至关重要的。

著名科学家钱学森曾说过这样的话：

> 中国过去没有搞过大规模的科学技术研究，"两弹"（指原子弹、导弹）才是大规模的科学技术研究，那要几千人、上万人的协作，中国过去没有。
>
> 组织是十分庞大的，形象地说，那时候我们每次搞试验，全国的通信线路将近一半要由我们占用，可见规模之大。
>
> 那时是周恩来总理挂帅，下面由聂荣臻元帅具体抓，这个经验从前中国是没有的。我想，他们是把组织人民军队、指挥革命战争的那套经验拿来用了，当然很灵，从而创造了一套组织领导"两弹"工作的方法。这在新时代下有很大意义。

钱学森讲的中国尖端科技事业的组织系统和工作方法，是周恩来领导创建的。

在1955年1月31日召开的国务院全体会议上，周恩来就强调过："要促进和平利用原子能，就要进行严肃认真的工作。"

为了加强对原子能事业的领导，1955年7月，中共中央决定由陈云、聂荣臻、薄一波组成三人领导小组。1956年7月28日，周恩来向中共中央提出报告，建议在国务院设立原子能工业部，并对我国原子能事业如何解决建设速度、投资、技术干部等问题提出了具体的意见。同年11月，原子能工业部——第三机械工业部（1958年以后改名为第二机械工业部，以下简称二机部）正式成立，由宋任穷任部长，刘杰、袁成隆、刘伟、钱三强、雷荣天任副部长，具体负责我国原子能事业的建设和发展工作。同时，在中国科学院系统，为加快发展核科学技术，还成立了分别以李四光和吴有训为主任的原子核科学委员会和原子核科学委员会同位素应用委员会。根据中央关于要"迅速地建立和加强必要的研究机构"的指示，到1958年夏，原中科院物理研究所改名为原子能研究所。

9月,原子能研究所建立了我国第一个比较完整的综合性核科学技术研究基地。随后,又相继建立了铀矿地质、铀矿选冶、核武器等专业性研究机构。从此,我国原子能事业进入蓬勃发展的阶段。

有了机构以后,必须进一步解决规划问题。

1956年1月14日,周恩来在代表中央作的《关于知识分子问题的报告》中提出了这样的思想:

> 科学技术新发展中的最高峰是原子能的利用。原子能给人类提供了无比强大的新的动力源泉,给科学的各个部门开辟了革新的远大前途。

他认为,科学技术的最新成就,使人类面临着一个新的科学技术革命和工业革命的前景,它远远超过蒸汽和电的出现而引起的工业革命。由此他提出了我国科学界的任务:

> 要在第三个五年计划期末,使我国最急需的科学部门接近世界先进水平,使外国的最新成就,经过我们自己的努力很快就可以达到。有了这个基础,我们就可以进一步解决赶上世界水平的问题。

会上,周恩来还宣布:

> 国务院现在已经委托国家计划委员会负责,会同各有关部门,在三个月内制订从1956年到1967年科学发展的远景计划。在制订这个远景计划的时候,必须按照可能和需要,把世界科学的最先进的成就尽可能迅速地介绍到我国的科学部门、国防部门、生产部门和教育部门中来,把我国科学界所最短缺而又是国家建设所最急需的门类尽可能迅速地补足起来,使12年后,我国这些门类的科学和技术水平可以接近苏联和其他世界大国。

原子能利用,就是我国科技事业最急需的门类之一。

知识分子问题会议以后，在周恩来亲自领导下，李富春、聂荣臻主持制定了我国第一个科学技术发展12年规划。5月，在全国科学规划会议期间，周恩来多次听取科学家们的意见，会议最后确定规划的方针是："重点发展，迎头赶上。"并选定了原子能、喷气技术、半导体、计算技术、电子学、自动化技术等57门重点学科。

原子能，被摆在科学技术规划最为突出的地位。

在规划的指导下，经过我国尖端科技界的工作，到1962年上半年，核工业建设和核武器的研制取得了很大的进展。

1962年，是中国国民经济调整的关键一年。对中国尖端科技事业来说，也是关键的一年。

8月，二机部党组向中央提出了争取1964年至迟1965年进行第一颗原子弹试验的规划。为保证这一规划的实施，10月30日，中国人民解放军总参谋长罗瑞卿专门向中共中央呈送了一份报告——《关于成立加强对原子能工业领导的中央十五人委员会的建议》。

建议说：

> 我们考虑，最好是总理抓总，贺龙、富春、王鹤寿、张爱萍、先念、一波、定一、荣臻、瑞卿、赵尔陆、刘杰、孙志远、段君毅、高扬等同志参加，组成这个委员会。

成立中共中央专门委员会，目的在于从更高的层次加强对中国尖端科技事业的领导。

11月2日，邓小平在报告上批示："拟同意，送主席、刘、周、朱、彭核阅。"

11月3日，毛泽东批示："很好，照办。要大力协同做好这件工作。"

在中国共产党和中华人民共和国的历史上，毛泽东的许多决策和指示，往往是简明扼要，一言九鼎。在发展原子能问题上也是如此。这份批示下达以后，"要大力协同做好这件工作"便成为尖端科技人员的一个座右铭。

如何协同？重任落在了周恩来身上。

在一次中央政治局会议上讨论这项工作时，刘少奇也主张："这件事要请总理出面才行。"这一意见，得到大家的一致赞同。

1963年4月,周恩来和发展中国原子能事业的中央专委会成员贺龙(左三)、聂荣臻(左一)、张爱萍(左四)在中南海

1962年11月17日,在中共中央直接领导下的中央专门委员会正式成立,由15人组成。主任周恩来,成员有贺龙、李富春、李先念、薄一波、陆定一、聂荣臻、罗瑞卿、赵尔陆、张爱萍、王鹤寿、刘杰、孙志远、段君毅、高扬。

中央专门委员会的任务,是加强对中国尖端科学技术事业的领导,第一步首先是加强对原子能工业建设和原子武器研究、试验工作的领导。

在这一特殊的高层决策机构中,容纳了中共中央、国务院、中央军委和各有关部门的负责人,有共和国的一位总理、七位副总理、七位部长级干部。它是中国原子能事业(包括核工业建设、核试验工作、核武器研制、核能的和平利用、核科学技术等)的领导核心。它的权威性和权力机制,是不言而喻的。

在以后中国尖端科技事业的发展中,这个机构,也一直是最高的决策和领导机构。中央专委会的成员后来虽然有所变化，但周恩来终身担任着主任一职。

在核工业系统编写的《当代中国的核工业》一书中，做了这样的描述：

> 毛泽东"要大力协同做好这件工作"的指示，是总动员令。
> 周恩来亲自主持的中央专门委员会，是组织执行这个总动员令的总指挥部。
> 从此，核工业建设和核武器研制进入了一个新阶段，各项工作步伐大大加快了。

到1964年9月，除气象、爆炸时间等问题外，中国核试验的技术问题已基本解决。前方的核科学家们等待着中央的决策。为做到绝对保密，周恩来告诫："除了同试验直接有关的人员外，其他人一律不能知道，包括你们的妻子、儿女。邓颖超是我的妻子、老党员、党中央委员，由于她的工作同核试验无关，所以我没有告诉她。"1964年10月16日，周恩来亲自坐镇北京指挥。这天，中国的尖端科技实现了历史性的突破。

从1962年11月中央专委会成立，到1964年10月16日我国第一颗原子弹爆炸试验，周恩来共主持召开了九次大的中央专委会会议和若干次专委会小会，及时地解决了原子能工业生产、科研和建设中的一百多个重大问题。

1962年11月17日，就在中央专委会成立的当天，周恩来主持召开了第一次专委会会议，详细听取了二机部部长刘杰的汇报。在这次专委会会议上，还决定从工业部门抽调干部，成立中央专委会办公室，主任罗瑞卿，副主任赵尔陆、张爱萍、郑汉涛。办公室附设在国务院国防工业办公室。

11月29日，周恩来主持第二次专委会，这次会议，主要解决中国核工业的主攻方向。周恩来明确提出："先抓原子弹。"

这一战略重点的提出，使从事这一工作的人们立即明确了主要目标。用专委会办公室专职副秘书长刘柏罗的话来说："大家的心情豁然开朗，一下子就把思想集中到原子弹这个重点上来了，中央其他领导同志也都很赞同。此后，中央专委会和国防尖端工业部门的工作,主要放在原子弹的研制上。"

在第二次专委会会议上,还讨论解决了组织制度、工作条例、队伍建设等问题。

周恩来一言概之:

> 专委会是政策领导、组织领导,负责决策和行政、组织、检查等工作;大家又是"首长"又是"脚长",要做无名英雄。

为解决人员结构这一薄弱环节,周恩来当即决定:加强二机部的科技力量以及党和行政的领导力量。限令各有关部门、部队和高等院校、科研单位于12月底前,为二机部选调各方面出类拔萃的人员500名,并调配1100多台仪器设备。有些技术设备要由外国引进。

12月4日,周恩来又主持召开了第三次专委会会议,主题是解决规划问题。会议原则同意二机部部长刘杰提出的《1963年、1964年原子武器工业建设、生产计划大纲》(简称"两年规划")。

对爆炸第一颗原子弹的准备工作,周恩来讲了四点,即十六字方针:

> 实事求是,循序而进,坚持不懈,戒骄戒躁。

随后,他又对二机部的工作提出了"三高"的要求:

> 高度的政治思想性,高度的科学计划性,高度的组织纪律性。

在中央专委会成立后的半年时间内,我国原子能工业各条战线迅速形成了一支能打硬仗的队伍,为原子弹的研制和生产提供了有力的保证。

中国人的步伐,是惊人的,连外国的同行都难以想象。

到1963年年底,我国第一颗原子弹的研制工作就已经接近过关。为此周恩来在12月5日主持召开了第七次专委会会议,主要讨论第一颗原子弹试验的工作安排。

周恩来提出:

> 关于试验工作的安排，地面试验放在第一位，并继续完成空投试验的准备工作，同时把地下试验作为科研设计项目立即着手安排。

会议据此作出了相应的决定。此后，我国核试验一直沿着这一方向前进。实验科研人员进行了上千次的爆轰试验。

1963年12月24日，在西北的核武器研制基地成功地进行了聚合爆轰出中子试验。

1964年1月14日，铀浓缩厂在攻克了一个又一个的技术难关后，也已拿到了可以作为原子弹装料的合格的高浓铀产品。

……

基础工作出色地完成了，接到报告的毛泽东和周恩来非常高兴。毛泽东充分肯定了科研、生产战线同志们的成绩。周恩来批示："请转告刘杰同志，庆贺他们提前完成关键性生产和解决了关键性的技术试验，仍望他们积极谨慎，坚持不懈地继续完成今后各项任务。"

到1964年9月，除气象、爆炸时间等问题外，爆炸试验的技术问题已基本解决。前方的核科学家们等待着中央的决策。

1964年9月16日、17日、23日，周恩来连续主持召开了第九次专委会会议。会上，他详细询问了试验前的准备工作。这次会议要解决的就是爆炸时间等问题。

一开始，对1964年10月还是1965年四五月间进行爆炸试验，有不同的意见。经过详细的讨论研究后，周恩来综合大家的意见提出：

> 争取1964年试验，由专委会起草有关报告，报请中共中央政治局常委会议决定；同时，二机部、国防工办等单位要积极、充分地做好准备。

他还提请大家注意：对核试验的利弊要充分地估计足，不能有丝毫的松懈，并要严格保密制度。

这期间，周恩来还对参加第一次核试验的工作者们提出了又一个十六字方针：

> 严肃认真，周到细致，稳妥可靠，万无一失。

这十六个字，后来被人们用精心挑选的彩色石块镶嵌在试验基地上，成为我国各尖端科学试验基地长期遵循的座右铭。

9月23日，征得中央政治局常委同意后，中央专委会决定：10月15日至20日期间进行首次核试验。

保密，是核试验的关键之一。

中国研制原子弹的情报，是许多国家和台湾当局刺探的重点，不得不防。自我国决定研制原子弹以来，美国中央情报局就与台湾当局合作，使用多架次被称为"蛟龙夫人""神秘女郎"的最先进的高空侦察机U-2，对中国大陆进行军事侦察，这些飞机多次飞入中国的军事基地上空。在1964年8月以前，英勇机智的中国军队就击落了三架号称"不可战胜"的U-2飞机。

临近首次核试验，周恩来高度警惕，他对所有参与此事的人提出："这次试验，要绝对保密，除了同试验直接有关的人员外，其他人一律不能知道，包括你们的妻子、儿女。邓颖超是我的妻子、老党员、党中央委员，由于她的工作同核试验无关，所以我没有告诉她。"

为保密起见，周恩来要求：在联络中一律用暗语和密码。早年周恩来在天津创办觉悟社时，曾用"五号"（谐音"伍豪"）作为代号从事革命活动。在领导高度绝密的原子弹试验中，周恩来取代号为"五十一"，罗瑞卿代号为"六十一"，张爱萍代号为"七十一"……原子弹的爆炸时间，则被取了一个形象而动听的暗语："瓜熟了。"

随后，周恩来派出解放军副总参谋长张爱萍作为试验场的总指挥，刘西尧为副总指挥，前往西北核试验场。

周恩来对保密工作要求之严，张爱萍深有体会，他后来回忆道：

> 搞这个原子弹，从一开始一直到最后的基地试验这个事情，总理就规定了一条，绝对保密。他规定，绝对保密，就是连自己的妻子都不能告诉。我记得清清楚楚，他说："你看邓大姐，我也不会告诉她。"所以我们这个事情所有人都不知道。
>
> 总理确实没有告诉邓大姐。最后我们爆炸完了，从基地回来到

西花厅去,我向总理报告具体情况,碰到邓大姐,邓大姐就说:"你们这样子好事都不告诉我?"我说:"大姐,你不能怪我,总理强调的,他都不告诉你,你不能怪我不告诉你。"

到达基地的张爱萍把周恩来以身作则严格保密的话原原本本地向全体参试人员做了传达。这对中国首次核试验保证无一泄密事件,起了重大的作用。

根据气象等情况,并经毛泽东同意,1964年10月14日,周恩来亲自下达了核装置就位的命令。随后把第一颗原子弹爆炸试验的时间定在10月16日15时。

试验场上的核装置,在静静地等待着起爆的命令……

原子弹试验,可不比一般的战争,此事非同小可。在北京的指挥中心,和基地一样都处于临战前的紧张气氛中。结果如何,谁也无法准确预料。周恩来也有他的担忧。他曾说过:"希望它响,万一不响,只好待明年。不响外边也不会知道,也要准备不响。原子弹的确是吓人的。主席有更大的战略想法,原子弹是吓人的,不一定用。既然是吓人的,就早响。"

试验的前夜,周恩来拿起了直通二机部部长刘杰的保密电话……

刘杰比周恩来更紧张。他后来回忆:

> 在15号的晚上,总理给我打电话,说究竟你现在考虑我们这次试验会有什么样的结果。在当时我也是很紧张的了,我说:"总理呀,目前根据我的认识有三种可能,第一是干脆利落,第二是拖泥带水,第三是完全失败。"我说根据目前的情况来看,第一种可能性是最大的。

听到这一回答,周恩来放心了。

1964年10月16日,周恩来、贺龙、聂荣臻等人坐镇北京,亲自守候在直接连接试验现场的电话机旁。下午3点以前,周恩来接通了现场总指挥张爱萍将军的电话,从电话中,他可以听着现场的指挥口令和倒计时的声音:9、8、7、6……毛泽东和刘少奇等人也各自在办公室密切关注着这次试验。

15时,中国西部一声巨响,火球光芒四射,随即向空中升腾翻滚,变成一片巨大的蘑菇云。第一颗原子弹爆炸成功了!

响声一过，张爱萍立即向周恩来做了汇报："总理，爆炸成功了……"

为慎重起见，周恩来在电话中进一步向张爱萍核实："是不是真的原子弹爆炸？"

身经百战的老将军这时也愣了一下。他后来回忆：

> 是不是真的原子弹，我也不懂啊，但我马上往旁边一看，旁边有一个科学家叫王淦昌，我说："总理问是不是原子弹爆炸。"他一看前面，正好这个时候黑烟柱起来了，火焰也起来，接着蘑菇云开始了。王淦昌说："现在蘑菇云开始形成，是原子弹爆炸。"总理听说后，很高兴。他在电话中说："我向你们所有的科学技术人员和工人表示祝贺，同时我也代表毛主席、党中央向你们表示祝贺。"

当时在周恩来身边的军事秘书周家鼎也说：

> 张爱萍根据当地的情况，说现在蘑菇状烟云已经升空了，而且还把好多现象也很详细地报告给总理。总理这时如释重负，就马上拿起电话向毛泽东报告：第一颗原子弹试验成功了！

爆炸成功后，国外的反应接踵而至。

最早得到中国原子弹爆炸消息的是美国，在16日当天，他们再次派出U–2飞机到中国上空搜集核尘样本。美国方面开始假装若无其事，约翰逊总统说："中国爆炸的是一个'小东西'，不超过万吨。"很快，他们根据侦察得到的情报，改称：中国这颗原子弹的当量比他们当年投向广岛的那颗还要大。

日本东京方面则广播：中国可能在它的西部地区爆炸了一颗原子弹。

法国总理蓬皮杜则表示：顷刻之间，中国在世界上的地位发生了变化。美国不得不承认中华人民共和国的那一天也为期不远了。

海峡那边的蒋介石也是较早得到中国大陆爆炸了第一颗原子弹的人，他当天声称：事先已从美国方面获此情报，并未感到震惊，但亦未忽视此事对亚洲政治及心理上的影响。

……

原子弹爆炸后升起的蘑菇云

恰在 10 月 16 日这天，苏联宣布苏共中央第一书记赫鲁晓夫于 15 日辞去职务。当周恩来把这一消息通过电话告诉基地的张爱萍等人时，张爱萍等人开了个玩笑："我们这个原子弹一下子把赫鲁晓夫砸下台了。"张爱萍说的是玩笑话，但没想到国际上还真有人这么认为。

赫鲁晓夫下台和中国的原子弹爆炸，成为国际舆论关注的两大焦点。国际舆论认为，中国是有意把原子弹的爆炸安排在赫鲁晓夫下台的时候。后来有人问起时，周恩来是这样回答的：

> 这完全是巧合。我们怎么能够那样准确地知道他要下台呢？即使知道他要下台，马上爆炸，除非我们手里掌握了大量的原子弹，像放焰火一样随便放。

当晚，周恩来随毛泽东到人民大会堂接见参加大型音乐舞蹈史诗《东方红》演出的演职人员，毛泽东让周恩来当场宣布了中国第一颗原子弹爆炸试验成功和苏联赫鲁晓夫下台的两大喜讯。随后，中央人民广播电台正式向国内外播出了我国首次核试验成功的新闻公报和中国政府对于核武器问题的立场。

中国政府的立场，在当天发表的经周恩来审定的政府声明中，表述得非常清楚：

> 在任何时候、任何情况下，中国都不会首先使用核武器。中国政府一贯主张全面禁止和彻底销毁核武器，中国进行核试验，发展核武器，是被迫而为的。
>
> 中国掌握核武器，完全是为了防御，为了保卫中国人民免受美国的核威胁。

中国政府还在声明中建议：

> 召开世界各国首脑会议，讨论全面禁止和彻底销毁核武器问题。作为第一步，各国首脑会议应当达成协议，即拥有核武器的国家和很快可能拥有核武器的国家承担义务，保证不使用核武器，不对无

核武器国家使用核武器,不对无核武器区使用核武器,彼此也不使用核武器。

次日,周恩来将上述立场和建议致电世界各国政府首脑,并真诚地希望这些建议将得到各国政府的考虑和积极响应。

几天以后,周恩来陆续收到了各国政府的回音。许多国家表示祝贺中国核试验成功,支持中国全面禁止和彻底销毁核武器的主张和召开首脑会议的建议;只有少数国家表示"遗憾"或对中国进行攻击。

这一回音,周恩来在10月19日向参加全国计划会议的人们做了公布:

我收到的抗议书只有十份,贺电上百份,表示高兴的就更多。

对少数西方国家别有用心的造谣中伤,周恩来则说:

中国现在才试了一次,就有人叫起来。真好笑!如果中国没有试验,也没有人来谈禁止核试验,但我们一试验,就有人要中国参加裁军会议,说中国参加了核俱乐部。

我们愿意促进国际合作,没有任何理由责备我们。

国际人士和大多数国家都清楚,在超级大国的核垄断下,中国发展核武器是不得已而为之的。而美、苏、英三国签署的部分禁止核试验的条约,是为了束缚无核国家,尤其是社会主义国家和民族独立国家。他们自己则可以通过条约继续进行核试验和核扩散。

中国政府研制核武器的目的,不是为了进行核战争,而是为了反对核垄断和核战争,最终禁止和销毁核武器,争取真正的世界和平。

中国的第一颗原子弹爆炸试验成功后,中共中央再次决策:加速发展氢弹。周恩来找来二机部部长刘杰,研究氢弹的研制工作。刘杰认为:现在还有许多问题吃不透,需要三五年时间。周恩来断然提出:不行,五年太慢了,要加快发展;下一步的重点是"两弹

结合试验",立即着手抓加强型原子弹和氢弹、导弹。正当中国的尖端科技快马加鞭继续前进之时,周恩来又提出:我国要搞核电站,和平利用原子能。

第一颗原子弹爆炸成功后怎么办?
在全国计划会议上,周恩来说过:

我们要特别谨慎,宁可让敌人估计得低一些,我们藏一手。不要让敌人过于重视,这反而会增加困难。人家瞧不起我们,我们会埋头工作。

后来,他在接见法国外交部部长代表时,还坦率地说过这样的话:

我们的原子弹现在还处于试验阶段,如果美国使用原子弹,我们还不能反击,要付出相当代价,这些我们都是有准备的。

第一颗原子弹爆炸成功后,中国便进入了周恩来所说的"准备"状态。为进一步打破核大国的核控制,中共中央决定,要加速研制氢弹。

为此,周恩来找来二机部部长刘杰,研究对研制氢弹工作的安排。

刘杰认为:现在还有许多问题吃不透,需要三五年时间。

周恩来果断提出:不行,五年太慢了,要加快发展;下一步的重点是"两弹结合试验",立即着手抓加强型原子弹和氢弹、导弹。

根据中央的要求和周恩来的指示,1965年年初,二机部向中央专委会呈报了《关于加速发展核武器问题的报告》。

2月3日、4日,周恩来主持中央专委会第十次会议,审议了这个报告。会议决定:"力争于1968年进行氢弹装置的爆炸试验。"

从尖端科技的发展来看,由原子弹到氢弹又是一个质的飞跃。实现这个飞跃,美国花了七年零四个月,苏联花了四年,英国花了四年零七个月,而当时法国已用了四年多时间研制,仍未成功。

中国对这件事的组织领导工作,则令世界震惊。

1965年6月,周恩来视察国防尖端科技某基地

1967年6月17日，我国成功地进行了一次300万吨级的空投氢弹试验。

从原子弹到氢弹，中国仅用了两年零八个月，其技术水平也超出了美苏的首次氢弹试验，提前实现了原来的预想。

然而，试验过程并不是一帆风顺的，也出现过许多险情甚至事故。

1971年12月30日，在我国西北某地进行第一颗实战氢弹的投掷试验，就没有成功。

当时，由飞行员杨国祥驾驶的飞机进入预定地点，机上载有一枚数万吨当量的实战用氢弹。塔台发出投掷命令后，杨国祥用力将手伸向推脱装置机关，投掷装置却无动作。他又采取应急措施，仍没有成功。

随着气候、温度、气流、速度的变化，可能使氢弹在空中突然爆炸，不仅会机毁人亡，基地也会成为一片废墟。

在北京一直守在电话机旁的周恩来虽然极为担心，但他镇定下令：除塔台指挥外，所有人员，无一例外，全部撤出。

杨国祥却另有考虑，他坚定地请示说："我要带弹返航。"

接到基地报告的周恩来，捏着话筒，沉吟半响，终于沉重地说："要相信我们的飞行员。"

在惊人的寂静中，杨国祥终于稳稳地驾驶着飞机，在某机场降落了。

周恩来这才松了口气，说："带氢弹着陆成功，是一大奇迹，要好好总结经验。"后来查明，事故原因是推脱装置变形造成的。

在取得国防方面的巨大成就的同时，我国原子能工业一直注意将原子能用于和平建设上。但"文化大革命"的冲击波影响了原子能工业的发展，其干扰破坏是显而易见的。

在"文化大革命"之初的1966年9月25日第十六次中央专委会上，周恩来不无遗憾地说："上次专委会后，就主要是'文化大革命'了，5、6、7、8月想开专委会均没有开成。"

他对专委们说："你们要说服二机部等科研、生产机关取消红卫兵，取消派别，使这些部门正常工作。"

然而，史无前例的"文化大革命"，仍然对尖端科技战线造成了一定的损失。

一次，周恩来正在举行欢迎外宾的酒会，突然，得到一个惊人的消息：某导弹研究院一位和钱学森一样在周恩来关怀下从海外归来的著名火箭材料科学家姚桐斌被造反派整死了。

闻讯的周恩来震惊了,手中的酒杯掉落在地上,砸得粉碎。他坚决地说:"对国防科技战线的专家和工程技术人员,要实行武力保护!"

1969年8月9日,周恩来主持召开有关国防尖端科研的会议。针对第七机械工业部一些专家和工程技术人员不能放手工作、无法全力突破工程技术难关的情况,他郑重地对分别负责技术和科研生产的钱学森、杨国宇说:

> 由钱学森挂帅,杨国宇为政委,你们两个负责;你(指杨)是政治保证,他(指钱)和其他专家要是被人抓走了,不能正常工作,我拿你是问!

与此同时,周恩来还批准同意了一份需重点保护的几百名工程技术人员名单,他郑重地指出:

> 这些同志都是搞国防科研的尖子,即使不是直接参加某工程的,也要保护,主要是从政治上保护他们,不许侵犯他们、抓走他们;如果有人要武斗、抓人,可以用武力保护。总之,要想尽一切办法,使他们不受干扰,不被冲击。

在周恩来和中央专委会强有力的领导下,对原子能工业和其他国防尖端领域迅速采取了一系列特殊的保护措施,使得这些领域在"文化大革命"的动乱中仍能继续有所发展。无论是原子弹、氢弹、导弹,还是"两弹结合试验",都取得了重大的成功。

原子能的和平利用,也是在排除干扰的情况下进行的。

1970年2月、7月、11月,周恩来先后三次指示原子能工业部门:我国要搞核电站,要靠发展核电解决上海的用电问题。

根据周恩来1970年2月8日提出搞核电站的时间,我国的核电站工程被命名为"728工程"。

如何搞?周恩来还提出:建设核电站,要遵循"安全、实用、经济、自力更生"的方针。

自周恩来提出搞核电站的目标后，我国原子能工业发展的重点转向建设核电站，和平利用核能。

与此同时，研制人造地球卫星的问题也提到了决策的日程上。

1966年12月11日，周恩来主持召开了第十七次中央专委会会议，他除了向尖端科技界提出了"1968年把东风三号搞出来，东风四号可以试，洲际导弹也可能搞出来，全部在这四年内解决"的四年目标外，还专门研究了人造卫星问题。

就在周恩来提出要搞核电站的1970年，中华民族实现了自古以来"上天"的梦想。

这年3月底，中国第一颗人造地球卫星"东方红一号"进入发射前的准备阶段。

4月2日，周恩来主持召开中央专委会会议，听取"东方红一号"卫星和"长征一号"火箭发射准备工作的汇报。

4月14日晚，周恩来再次主持召开中央专委会会议，听取从发射场回京的钱学森、李福泽、杨国宇、任新民、戚发轫等人的汇报。

参加会议的人都很惊讶，周恩来总理问的几乎都是一些技术性很强的问题——轨道参数、卫星重量、测量哪些空间物理参数、卫星能不能准确入轨、入轨后能不能播放《东方红》乐曲等。

他对首次发射卫星，也表露了自己的担忧："卫星可不可靠啊？"

专家们肯定地回答："可靠！"

周恩来说："听了你们的汇报，看来运载火箭、卫星及一切准备工作都做得比较好。我得向中央政治局常委汇报，才能决定发射。"

随后，周恩来批准"东方红一号"卫星和"长征一号"火箭进入发射工作位置。

4月20日，他又通过国防科工委副主任罗舜初发出指示：第一颗卫星的发射要做到"安全可靠，万无一失，准确入轨，及时预报"。

在卫星准备发射期间，周恩来还要求参加此项工作的工程技术人员：要认真地、仔细地、一丝不苟、一个螺丝钉都不放过地进行发射前的准备工作。……

1970年4月24日晚，中国成功发射第一颗人造地球卫星"东方红一号"。

进入晚年的周恩来，是以惊人的毅力忍着癌症的病痛领导中国的尖端科技事业的。

1974年3月31日和4月12日，周恩来再次主持召开中央专委会会议，主要讨论的，是有关和平利用原子能的核电站工程问题。这时，他即将进入医院接受手术治疗。

在3月31日的中央专委会会议上，听取了"728工程"秦山核电站工程技术情况的汇报。周恩来最为担心的，是核电站的安全问题。他提出：

> 必须注意核电站的安全问题。
>
> 核电站的设计建设，必须绝对安全可靠，特别对放射性废水、废气、废物的处理，必须从长远考虑。一定要以不污染国土、不危害人民为原则。对这项工程来说，掌握核电技术的目的大于发电。

他深思了一会儿，叮嘱与会人员：

> 在南方选址要注意防潮、防腐蚀、防风化，要想到21、22世纪，要为子孙后代着想。

他还指示有关部门："一定要选派优秀设计人员支援该项工程建设，以此锻炼一支又红又专的技术队伍。"

在4月12日的中央专委会会议上，周恩来留下了这样的愿望：

> 一定要牢记我国的尖端事业现还处在初级阶段，争取时间尽快搞上去！

这是自1962年中央专委会成立以来，周恩来最后一次主持会议。不久，他住进医院，再也没能回到中央专委会的会议桌上。

1983年6月，中国自行研究、设计的第一座核电站——秦山核电站在原有的基础上开始了前期工程施工，1991年12月15日实现了并网发电。

  1980年,采取中外合资形式的广东大亚湾核电站开始筹划,1984年4月动工兴建,1994年2月大亚湾核电站一号机组投入商业运行……

第十四章
最后一次访问苏联

就在中国西部地区升起第一片巨大的蘑菇云的这天——1964年10月16日,一件巧合的戏剧性事件发生了——

苏联塔斯社发表苏共中央全体委员会和苏联最高苏维埃主席团公报:鉴于赫鲁晓夫"年迈和健康状况恶化",解除他苏共中央第一书记、苏共中央主席团委员和苏联部长会议主席的职务,选举勃列日涅夫为苏共中央第一书记,任命柯西金为部长会议主席。

一个"上天"(原子弹),一个"下台"(赫鲁晓夫),同一天公之于众,它们成为震撼世界的两大爆炸性新闻。当时就有国际人士说:"两个令人欢迎的消息,在彼此相隔不到24小时的时间内在全世界传开了。"……

国际国内焦点关注:苏联领导人更迭,中国共产党采取何种态度?周恩来坦言:"我们的态度,第一,欢迎,拍贺电支持;第二,做工作,推动苏联的变化。"在苏联方面并不准备举行大庆典的十月革命47周年之际,中共中央决定:派出以周恩来为首的中国党政代表团赴莫斯科祝贺。此种考虑,自有意图:摸摸苏联新领导的真实意向,寻求团结对敌的新途径。中共中央还倡议:各社会主义国家也派党政代表团去。

赫鲁晓夫下台的消息,中共中央是在10月15日深夜(即16日凌晨)得知的。

这天夜里，苏联驻华大使契尔沃年科忙得不亦乐乎。为赶在塔斯社公布这个消息之前通知中共中央，他深夜紧急约见中共中央联络部副部长伍修权。

伍修权是这样回忆的：

> 苏联驻华大使契尔沃年科突然打电话到我党中央办公厅，说有重要事情要向我党中央通报。当时谁也没有想到是怎么回事，中办主任杨尚昆同志就交代中联部与他接谈，部里就由我出面会见了他。由于机关早已下了班，我就在家里的会客室接待了他。他当即向我告知了苏共中央在今天的最新决定：撤销赫鲁晓夫的领导职务，由勃列日涅夫接任其苏共中央第一书记职务，由柯西金接任其部长会议主席职务，米高扬留任最高苏维埃主席。在此之前，我们同这位大使打交道，总免不了发生争执以致争吵，这次却因为他带来了这个意外的消息，受到了我的格外欢迎。他走后，我立即将这一重要情况报告杨尚昆同志，再由他转报中央的其他领导同志。第二天一早，我又向部里的同志们宣布了，大家也都感到意外和十分高兴。同时，这条消息也迅速在全世界传播开了。

赫鲁晓夫突然下台、勃列日涅夫接任，苏联领导人更迭，中国共产党采取什么样的态度？这是国际社会和国内人民关心的一个焦点。周恩来以他那资深政治家和外交家的敏感对此迅速做出了反应："我们的态度，第一，欢迎，拍贺电支持；第二，做工作，推动苏联的变化。"这两种态度，决定了中共中央在赫鲁晓夫下台后对苏关系上的两大工作。

10月16日，就在原子弹爆炸试验成功的这天，中共中央决定由毛泽东、刘少奇、朱德、周恩来联名给苏联新领导发贺电。毛泽东还交代外交部，贺电要发给勃列日涅夫、柯西金、米高扬三个人，表示对他们寄予希望。随后，这封有中共中央四位主要领导人联名的贺电由外交部苏联东欧司副司长徐明交给了苏联驻华大使契尔沃年科，并于当天夜里广播，次日见报。贺电表示："我们衷心希望兄弟的苏联人民，在苏联共产党和苏联政府的领导下，在今后各方面的建设工作中和维护世界和平的斗争中，取得新的成就。祝中苏两党、两国在马克思列宁主义和无产阶级国际主义的基础上团结起来。"

贺电发出去后，中共中央进一步讨论下一步的行动。经反复考虑，毛泽东和中共中央决定：派出中国党政代表团赴莫斯科，祝贺十月革命47周年。对这种考虑，周恩来向中国外交部苏联东欧司司长余湛透了底：今年不是十月革命的大庆日，苏联也没有邀请，我们本可不派代表团去。但为了解苏联新领导的真实意向，寻求团结对敌的新途径，我们还是决定主动派代表团赴莫斯科祝贺，并倡议各社会主义国家也派党政代表团去祝贺，借此机会同苏联新领导直接接触，交换意见。

决定作出以后，10月28日，中共中央召开会议，决定先试探苏联方面的态度。会后，立即由周恩来接见苏联驻华大使契尔沃年科。一见面，周恩来主动而又感慨地说："今天是10月28日，两个礼拜来的变化很多……我们对变化不甚了了，所以想在两党两国之间进行一些接触。"

契尔沃年科急切地想知道是什么样的"接触"。作为驻华大使，他对两党两国之间的接触也很感兴趣，因为接触总比疏远甚至对抗好。

周恩来诚恳地说："现在我们有这样一种提议。第一个提议——十月革命节快到了，我们有意派一个党政代表团到你们那里去祝贺，顺便同你们的党政负责同志进行接触。"就在契尔沃年科惊喜之时，周恩来的话题更进一步："如果这样对你们有困难的话，那么我们的第二个提议是——我们欢迎苏联的负责同志到中国来，进行接触，不论是公开的，还是不公开的，我们都欢迎。"

在这样的时期，中共中央如此重视并非整日子的十月革命节，做出如此重大的提议，并为苏联领导人做了如此周密的考虑，契尔沃年科原先并没有预料到。这位驻华大使甚为感谢，并说将立即把周恩来的重要想法转告莫斯科。他顺便问了一句："中国将派谁去，是一个什么级别的代表团？"因为他知道，这个代表团的级别将决定苏联方面的重视程度和接待规模。周恩来对此留有余地，只告诉他："现在还未最后确定。"

从周恩来那里出来，契尔沃年科以最快的速度把中共中央的提议传回苏联。

在中共中央方面，派谁去最合适呢？毛泽东主持中共中央政治局会议经过多次讨论，认为周恩来是最佳人选。周恩来既是国务院总理，又是党的副主席，他一生多次赴苏联，对苏联的情况比较了解，且与苏共领导人比较熟悉；他既熟知中苏两党的历史发展，又深谙国与国之间的外交事务；他既能坚持原则，又会灵活地运用策略；他温文尔雅，刚柔相济，善于协调和处理各种复杂的关系及矛盾；他学识渊博，思维敏捷而缜密。在中苏两党关系恶化的趋势下，在国际关系复杂多变的关键时期，担负这一重大的历史使命，非周恩来莫属。

10月29日，周恩来再次约见契尔沃年科，告知："中共中央决定派以我为首的党政代表团去莫斯科，也就是说，是党中央副主席、政府总理一级的。"同时提出建议：苏方能够利用十月革命节，邀请除苏联外的12个社会主义国家（中国、朝鲜、越南、古巴、蒙古、罗马尼亚、阿尔巴尼亚、保加利亚、匈牙利、捷克斯洛伐克、波兰、德意志民主共和国）派代表去，以便进行接触。他坦率地告知："我们要把这个建议告诉兄弟国家，希望他们同意我们这样做。"

最后，周恩来又一次风趣地试探说："你们欢迎，我就去。"

为"做工作，推动苏联的变化"，当晚，周恩来在人民大会堂福建厅约见朝鲜、越南、罗马尼亚、阿尔巴尼亚、古巴五国驻华大使或代办，请他们向其党中央和政府转达中共中央和中国政府关于12个社会主义国家派党政代表团赴苏联庆贺十月革命47周年并进行接触的建议。他对这五国的外交官说："苏联的情况是起了变化，这个变化不仅限于苏联，而且影响到兄弟国家、兄弟党和国际共产主义运动，也影响到我们共同的敌人——帝国主义和它的代理人。"

周恩来对五国外交官表明了中国的态度："我们应该做些推动工作。这就是我们说的，它做的积极的事，我们应该支持。第二，我们推动他们向好的方向变化。第三，有些事情，需要等待看一看。"

周恩来还表示：对苏联发生的这一事件，我们知道一些情况，但还不甚了解；因此，各社会主义国家有必要派出党政代表团前去庆祝十月革命47周年，同时进行必要的接触。

他进一步建议：最好是派总理级的人率团前往。

30日，周恩来又接见了民主德国、保加利亚、匈牙利、捷克斯洛伐克、波兰、蒙古六国驻华大使，请他们转达同样的建议，并说明："这次苏联十月革命纪念，虽然不是逢五逢十，但它是一个重要时机。各社会主义国家的党政代表团前去庆贺，也可以彼此接触，是一个难得的机会。"

中共中央的这一提议，很快得到了上述国家的响应。中共中央的建议，也迅速传到了莫斯科。

10月的最后一天，苏共中央有了回音。10月31日，契尔沃年科紧急求见周恩来,转告苏共中央和苏联政府欢迎中国党政代表团前去苏联参加十月革命47周年庆典的意见,并把苏联方面的庆祝安排告诉了周恩来。在谈话中,契尔沃年科代表苏共中央也代表他自己说:"感谢中国这样重视十月革命节。"周恩来表示:"这是个国际节日。这首先是你们的节日,但不仅仅是你们的节日。十月革命给我们开辟了道路。毛泽东同志早在纪念中国共产党成立28周年的文章中谈到十月革命时说,'走俄国人的路——这就是结论'。"周恩来的这席话,表明了中国共产党的谦逊无私和无产阶级革命家的战略眼光。

行程定下来后,周恩来便着手出发前的准备工作。他需要做的事太多了。除了国内的正常工作外,还有围绕着"上天"和"下台"两个焦点事件所要做的事情,周恩来不知疲倦地日夜操劳。

10月31日与契尔沃年科谈过话后,当晚,周恩来在中南海西花厅家中接见并宴请前来采访的老朋友埃德加·斯诺。听斯诺谈完他这次来中国的采访计划后,周恩来坦诚地对这位老朋友说:"你的要求太广泛了,你要求见那么多人!但是谈问题还是找那些掌握第一手材料的人去谈好。"

周恩来提醒斯诺:"现在世界上有两件大事,赫鲁晓夫下去了,我们的原子弹上去了;在原子弹这个问题上,我是掌握第一手材料的人,我可以对你讲我能讲的,把那些我认为应当对你讲的告诉你。"周恩来曾多次说过,对朋友他是不会吝惜时间的。所以他与斯诺约定:"三两天内再找个机会和你谈,可是我得声明,是要在夜间12点以后。"

斯诺此次来华,原拟写一部有关长征的历史著作。他的这一打算已经有三十多年了,但一直未能实现。赶巧的是,他到中国来时,又碰上了震惊世界的两件大事,作为一个资深记者和作家,斯诺决定:再次推迟写长征,首先报道这两件大事。

周恩来为斯诺的采访做了周到的安排:"你要是想了解国际活动方面的情况,可以找唐明照,经济问题找勇龙桂,外交和新闻方面的问题找龚澎,文化方面的问题找陈忠经。剩下的问题我来谈,一个是谈政治问题,一个是谈技术问题,原子弹也可以说是个技术问题。"对此安排,斯诺非常感激,在中国,他就像回到家似的。当夜,周恩来把12幅中国原子弹爆炸的第一手照片交给斯诺,告诉斯诺可以立即回瑞士去发表。

斯诺回到住处后仍欣喜若狂,他对陪同的人表示:"我真做梦也没想到周恩来总理答应把特号消息告诉我，还有照片，这照片恐怕会惊动世界。我真想不通他怎么有时间看我的计划，我真有些难为情，真没想到周总理能在这么忙的时候挤出时间来见我。看来，这件事唯独对我一个人说了，这样也好，我的思想事先也有个准备。"在回忆一些几十年前的往事时，斯诺还说："像周总理这样的人真了不起，有用不尽的精力，有刚强的意志。"

11月1日上午，周恩来主持召开国务院第149次全体会议，做关于国际形势的讲话。他在讲到对赫鲁晓夫下台的态度时说："我们的态度，第一，欢迎，拍贺电支持。第二，做工作，推动苏联的变化。第三，要观察一个时期。第四，在一些国际会议上，必要时还要同苏联争一争，该反对、该弃权的我们还要反对、弃权。"他还说："目前国际形势大好，我们国内的工作更要做好。下去工作的人要蹲好点，总结好经验；留在家里的人一定要抓好生产、分配、收购、救灾等工作。"

1日中午，周恩来到机场迎接马里总统莫迪博·凯塔及其夫人。在机场休息室，周恩来又一次见到也来参加欢迎仪式的契尔沃年科。契尔沃年科传递了苏方安排方面的一个变化了的信息：在11月6日庆祝十月革命节大会上，苏方经过重新考虑，认为不安排外宾在庆祝大会上讲话。尽管周恩来对此安排有些遗憾之意，但他还是从良好的愿望出发说："事情的变化已有了一个开端，总应该希望会一步一步地好起来。"契尔沃年科也诚恳地说："祝周恩来同志莫斯科之行顺利成功。我们真诚地希望，您的访问将成为中苏关系中的转折阶段。"

的确，中共中央和中国党政代表团是抱着"希望会一步一步地好起来"的良好愿望来对待这次重大行动的。当天，周恩来还仔细地审阅修改了《中国党政代表团同苏共接触时的一些方针政策问题》等有关文件。

从11月1日至4日，在出发前的这段紧张而短暂的日子里，周恩来接见或陪同外宾的活动就达18次之多。在接待来访的马里总统莫迪博·凯塔时，周恩来又一次坚定地表明了中国在全面禁止和彻底销毁核武器方面的态度："核垄断的危险性很大，关系到全世界人民的生命。不要全世界各国参加会议，只由几个大国来决定，哪有这种道理？有核武器的国家是少数，没有的是多数，发生核战争是关系到所有国家的问题；少数人反对销毁，多数人主张销毁，少数服从多数，禁止和彻底销毁核武器才有可能。"

11月2日，周恩来召集中央专委会小型会议，次日，他再次约刘杰、张爱萍、徐子荣、刘西尧谈话，议题都是讨论进一步发展中国原子能事业的问题。中国进行核试验，发展核武器，是被迫而为的，是用于防御的。正如原子弹爆炸试验成功的当天中国政府发表的声明中所说："在任何时候、任何情况下，中国都不会首先使用核武器。"当然，正是由于中国原子能事业取得的突飞猛进的发展，使得中国的国际地位大大地提高了，也使得以周恩来为首的新中国外交家们在世界舞台上说话的分量陡然增大了。周恩来说过："没有这一声响，就不会有人理睬我们。"

11月3日，周恩来在接见英国贸易大臣道格拉斯·贾埃时，以一种良好的愿望谈道："我们对苏联新政府的看法是，赫鲁晓夫被苏联党和政府撤职是一件好事。这种撤职不能不影响到苏联的政策，因此，这是苏联国内国际关系变化的开始。"在谈到中英贸易时，他请大臣回国后告诉首相："中英贸易要克服障碍。我们很愿意进口设备、器材、仪器，但限额、禁运使贸易受到限制；我们愿意相应地供应你们需要的商品。"贾埃说，他已经向中方负责外贸工作的叶季壮等人谈过希望消除障碍、减少限制的问题。在这次谈话中，贾埃直率地谈了这样的看法："我看你比我更了解英国事务。"

11月4日，周恩来和罗瑞卿专程前往上海，欢迎访问朝鲜后回国途经上海的印尼总统苏加诺。上海之行，是他出访之前最后未办完的一件大事。他在上海的活动，安排得非常紧张，除当日与苏加诺会谈外，他还在晚间举行盛大宴会，欢送苏加诺总统。

在飞往莫斯科的途中，周恩来与范文同一路会谈，对到达苏联后的情况，他们的估计有喜有忧。周恩来心中没底地说："关于苏联的内部情况，我们也不大清楚。"到莫斯科后，周恩来有意与老朋友米高扬叙起了旧情："我已经有三年没有来了……"为表达中方的诚意并配合周恩来等人在莫斯科的访问，北京还举行了一系列纪念活动。

1964年的11月5日，北京已是深秋时节，天有了很大的凉意。这天清晨，当周恩来从上海飞回北京时，西郊机场的寒风扑面而来。他知道，北边的莫斯科此时已是大雪纷飞了。从机场出来，周恩来急匆匆地赶回中南海，因为离他出发前往苏联的时间，只剩下几个小时了。他根本来不及休息，收拾一下行装，安排好工作，便再次来到机场，和贺龙登上了北去的飞机，率中国党政代表团飞往莫斯科。

代表团成员除了团长周恩来和副团长贺龙外，还有各有关方面的负责人刘晓、伍修权、潘自力、乔冠华、姚臻、余湛以及其他随员共五六十人，这样强大阵容的代表团，显然不是去进行礼节性的访问，而是有着更高的目的和任务。随行的伍修权后来这样说：

> 我们代表团赴苏的使命，首先是想摸一下苏共新领导的态度，希望他们能改弦更张。同时还想解决一个具体问题，即赫鲁晓夫当权时曾通过一个决定，预定于1964年年底召开一次实际上是围攻中国党的国际会议；苏共新领导上台后，将这次会议改期到1965年3月召开。我们是反对召开这个会议的。现在赫鲁晓夫已经下了台，我们希望将他过去决定的这次会议取消。

为壮其行，中共中央派刘少奇、邓小平、彭真等人专门到机场为周恩来等代表团成员送行。同机前往的还有以范文同为首的越南党政代表团。

在飞行途中，周恩来与范文同一路会谈，在估计到达苏联后的情况时，有喜有忧。周恩来说道："关于苏联的内部情况，我们也不大清楚。从公开报纸看来，《真理报》同《红星报》的调子有些不同。《真理报》11月1日的社论还是坚持原来的路线不变，《红星报》则提到反帝、支持古巴等。从到新西伯利亚时苏方的接待和派顾大寿来接我们的情况看，苏方的态度是比较冷淡的。到莫斯科时，有可能柯西金来接，这是最好的估计，也可能派一个部长会议副主席来接；总不会超出这个范围。"

飞机上，周恩来还把早已准备好的一份讲话稿拿出来给范文同看，他仍抱着希望但又不无担心地说："我们准备在庆祝大会上讲话，不知道苏方是否让我们讲。"这份讲话稿，高度评价了十月革命的世界意义，认为这次革命"是国际性质的革命"，"是人类历史上由资本主义旧世界进到社会主义新世界的根本转变。从此，开始了无产阶级世界革命的新时代"，而"中国革命是伟大

1964年11月，周恩来率领中国党政代表团赴苏联参加十月革命47周年庆祝活动时，拜谒列宁墓并献花圈

的十月革命的继续"。周恩来在讲话稿中还着重强调了"大敌当前，我们两党两国没有理由不团结起来"之意。

下午6时15分，当周恩来和范文同率领的中越两国党政代表团抵达莫斯科时，苏联部长会议主席柯西金等人早已迎候在机场上。柯西金来接，应了周恩来的那句话："这是最好的估计。"

到达苏联的第二天，周恩来率中国党政代表团拜谒列宁墓并献花圈。花圈上的题词是："献给无产阶级革命的伟大领袖和导师弗·伊·列宁。"这一活动，是中方有意安排的，充分表明中国共产党坚定地维护在马列主义旗帜下的团结。

11月6日上午11时10分，周恩来和贺龙等人前往苏共中央大楼，拜会苏共中央第一书记勃列日涅夫，在半个小时的谈话中，周恩来首先提出了中国党政代表团团长希望在庆祝十月革命 47 周年大会上讲话的问题。没想到勃列日涅夫对此并不感兴趣，他托词婉拒，似乎也不在意周恩来在讲话稿中会呼吁中苏两党在马克思列宁主义和无产阶级国际主义的基础上团结起来。首次与勃列日涅夫接触，周恩来感到了一阵不祥之兆。这次谈话没有什么实质性的进展。

从勃列日涅夫办公室出来，周恩来于 12 时 25 分率中国党政代表团来到克里姆林宫苏联部长会议主席办公室，拜会柯西金，谈了 20 分钟。因为他们在党和政府中的地位相似，所以他们既谈经济又谈政治。在谈到领导问题时，柯西金说："有集体领导就可以正确解决经济和政治问题。"他还引用了苏联的一句谚语："两个人总比一个人聪明。"周恩来接过话说："一个人总没有三头六臂，群策群力总是好的。"他俩都深知：一个政党如果缺乏集体领导，必定是没有发展前途的。在谈话中，周恩来还强调了政治领导与经济工作的关系，他认为：必须纠正在经济工作中的不正确的政治领导，正确的领导要善于总结经验，掌握事物的规律，找出实现这些规律的有效办法。

离开柯西金五分钟以后，周恩来又到克里姆林宫的另一个办公室拜会了老朋友——苏联最高苏维埃主席团主席米高扬。他们的谈话是从叙旧开始的。周恩来回忆，1928 年到莫斯科出席中共六大时，很遗憾没有与当时的米高扬部长见面；1949 年年初，米高扬代表斯大林秘密来华，到西柏坡拜会中共中央五大书记，这是双方认识的开端……老朋友见面，既有朋友之谊，又有国家之别。这样便有了一段有趣而微妙的对话：

  米高扬："你休息得很少，但气色很好。"
  周恩来："马马虎虎。……"
  米高扬："我想，周恩来同志，你是有经验的人，是不是带来了恢复我们之间关系到 10 年、15 年前那样的计划。"
  周恩来："我们的愿望已经在我们的贺电中表达了。我们希望两党两国在马克思列宁主义、无产阶级国际主义的基础上团结起来，共同对敌，为我们的共同事业而斗争。正是根据这一目的，我们这次来除了参加庆祝活动外，还希望进行接触，交换意见。我们希望，这会为今后打下一个好的开端。（周恩来再次叙旧）我已经有三年没有来了。……"

在短暂的时间里，周恩来连续拜会三位苏联领导人，谈话时间由 30 分钟、20 分钟，最后到米高扬这里，只停留了 10 分钟。这既是时间所限，也是一种苦心的安排。这一天的主要活动安排在下午。

为庆祝十月革命 47 周年，11 月 6 日下午 5 时，苏共中央在克里姆林宫安排了一个大会。周恩来和中国党政代表团其他成员出席会议，听取勃列日涅夫代表苏共中央作报告。

为配合中国党政代表团在莫斯科的访问，以期改善中苏关系，中共中央决定在北京破格隆重庆祝十月革命节。为真心表达对十月革命的纪念和对苏联新领导的支持，11 月 5 日，毛泽东、刘少奇、朱德、周恩来联名给苏联新领导发了贺电；11 月 6 日，中国首都各界举行了十月革命 47 周年庆祝大会；11 月 7 日，刘少奇、邓小平、彭真等还出席了苏联驻华大使馆举行的国庆招待会。与此同时，中国各大报纸第一次不作为反面材料转载了苏共中央的有关文章，《人民日报》还发表了《在伟大的十月革命旗帜下团结起来》的社论，并把勃列日涅夫在莫斯科庆祝十月革命 47 周年大会上的报告全文安排在 11 月 8 日的《人民日报》上发表。这些，都是中苏关系恶化以来所没有的举措，充分表明了中国党和政府希望改善中苏关系的诚意。

11 月 7 日上午，周恩来等人来到莫斯科红场列宁陵墓前，与苏联领导人一起检阅苏联传统的阅兵式和群众游行。前来参加这一活动的外国客人除了兄弟党的代表团外，还有"阿联"副总统阿密尔元帅、阿尔及利亚国民议会议长本·阿拉等。在列宁墓前，周恩来见到了好几位苏联元帅，他们问起中国在帝国主义国家的核威慑下所进行的原子弹试验。其中，索科罗斯基元帅对周恩来说："你们中国的原子弹炸得好，可以多炸几个。"周恩来说："我们还要搞火箭。"索科罗斯基赞成道："应该多搞。"

阅兵式和群众游行结束后，周恩来率中国党政代表团与罗马尼亚党政代表团进行了半小时的会谈。提到许多国家领导人都在莫斯科，周恩来风趣地说："我们在这里不只是要谈兄弟国家的关系，也要办外交。"在谈话中，双方都感觉到了苏方在细小问题上与赫鲁晓夫的差别（如允许各代表团进行接触，在勃列日涅夫的办公室内可以自由地抽烟，等等），但到底有多大不同，还有待进一步观察。周恩来告诉罗方人员："勃列日涅夫要我们多留几天，说有商量的可能。明天是星期天，他们少数几个人（勃列日涅夫、柯西金、米高扬、安德罗波夫）到我们住的地方共同吃饭，进行接触。"

本来就笼罩在中国代表团头上的不祥之兆，终于在11月7日这天晚上发展成为苏联国防部部长马利诺夫斯基的挑衅事件，这位苏联元帅行为阴险，口出狂言："我们俄国人搞掉了赫鲁晓夫，你们也要搞掉毛泽东……"第二天，周恩来严肃地向苏联新领导提到了这个"比较严重的问题"。勃列日涅夫等人辩解：马利诺夫斯基不是苏共中央主席团委员，他是"酒后失言"。周恩来一语道破天机：他是"酒后吐真言"，这不是简单的偶然的个人行动，而是反映苏联领导层中仍有人继续赫鲁晓夫那一套。愤然永别莫斯科，周恩来感慨万千。

正当周恩来准备着"谈兄弟国家的关系，也要办外交"，且等待着与苏共领导人说的"有商量的可能"时，一件严重的不愉快事件发生了。

11月7日晚上，苏联政府在克里姆林宫举行庆祝十月革命47周年招待会。招待会上，周恩来先与一些苏联领导人交谈，然后向苏联元帅们聚集的地方走去，也打算与他们谈谈。此时，迎面走来苏联国防部部长马利诺夫斯基。看他的神情，来者不善。

马利诺夫斯基劈头盖脸便对周恩来冒出一句阴险的话来："中国人不要耍政治阴谋！"

此言一出，周恩来虽然十分惊讶，但立刻就明白了他的意图。由于当时在场的有一些西方国家的使节和美国等国的记者，周恩来有意用别的话把马利诺夫斯基的意思岔开了。可马利诺夫斯基却进一步口出狂言："不要让任何鬼来妨害我们的关系……俄国人民要幸福，中国人民也要幸福，我们不要任何毛（泽东），也不要任何赫鲁晓夫来妨害我们的关系。"

周恩来心中不悦，但在这种场面上不便与他理论，只是严肃地故意对他说："你的话我不懂。"说完就走到旁边去与别的元帅说话，却听到马利诺夫斯基还在继续冲着中国代表团高声嚷嚷:"我们俄国人搞掉了赫鲁晓夫,你们也要搞掉毛泽东……"

马利诺夫斯基见周恩来已经走开,又跑去找贺龙元帅胡言乱语。他鼓动贺龙说:"我们现在已经把赫鲁晓夫搞掉了,你们也应该仿效我们的榜样,把毛泽东也搞下台去。这样我们就能和好。"贺龙立即严肃地对他说:"这是根本不能相比的两回事,我们党和你们的情况是完全不一样的,你的想法是根本不会实现的,而且是错误的。"

由于发生了马利诺夫斯基的挑衅事件,中国代表团的成员气愤地离开了宴会大厅,回到中国驻苏联大使馆。当晚,周恩来在这里与代表团的同志一起仔细地分析了马利诺夫斯基挑衅的全部情况。考虑到苏联曾经有过颠覆兄弟党的历史记录,代表团成员认为此事绝非偶然事件,这不仅是对中国党和人民及其领袖毛泽东的严重侮辱,而且是公然煽动要推翻我们党和国家的领袖,必须严肃对待。

第二天上午,勃列日涅夫率柯西金、米高扬、安德罗波夫、葛罗米柯到中国党政代表团驻地回拜。在谈话中,周恩来首先问了头一天的书面贺词苏方如何处理的问题。勃列日涅夫显然没有顾上考虑这件事,他仓促回答,打算出版一个贺词专集,在集子上登载,但他没有说是否马上在报纸上发表的事。

接着,周恩来提到了第二个"比较严重的问题":"昨天,在公开的有帝国主义国家的使节和西方记者在场的时候,马利诺夫斯基提出一些侮辱的、挑衅的话……"他把马利诺夫斯基的丑行复述了一下后,提出了强烈的抗议,并要求苏方澄清:"苏共欢迎我们来的目的之一是不是你们要当众向我们挑衅,是不是期待中国党也撤换毛泽东的领导?"

勃列日涅夫等辩解说,马利诺夫斯基挑衅一事他们是事后得知的,感到不安和愤怒。但马利诺夫斯基不是苏共中央主席团委员,他是"酒后失言",不代表苏共中央,而且翻译上也有错,他已受到中央委员会的谴责。勃列日涅夫说:"我现向中国同志表示道歉。"

周恩来义正词严地指出:马利诺夫斯基并非"酒后失言",而是"酒后吐真言",这不是简单的偶然的个人行为,而是反映了苏联领导层中仍有人继续搞赫鲁晓夫那一套,即对中国党政代表团侮辱中国人民和中国党的领袖毛泽东同志,这是连赫鲁晓夫在位时也未曾采用过的恶劣手段。周恩来还表示,这件事情他回国后要报告中共中央。

8日这天，美英等国的通讯社根据头一天马利诺夫斯基的恶性事件从莫斯科发出报道，内称："这里的权威人士说，苏联共产党已和中国共产党达成协议，要毛泽东下台，由周恩来当中共中央主席。"

西方记者虽然善于捕风捉影，但此等拙劣的报道却事出有因。气愤的周恩来对苏共领导人说："这并不是什么偶然的巧合，如果不是苏联领导人中有这种思想，马利诺夫斯基敢于这样胡说八道？"苏方赖账说："马利诺夫斯基是胡说并已经道歉，这个问题已经结束。"周恩来说："问题没有结束，我们还要研究，要报告中央。"勃列日涅夫无话可说，只好回答："那当然，那当然！"

马利诺夫斯基事件，给本来就蒙上阴影的中苏关系设置了极其严重的障碍。即将正式开始的中苏会谈，显然困难重重。

11月9日、11日、12日，周恩来正式率中国党政代表团同勃列日涅夫、柯西金、米高扬、安德罗波夫会谈。

在9日的第一次会谈中，周恩来表明了中国党政代表团前来参加庆祝十月革命活动并与苏共领导人进行接触的良好愿望："我们的接触总是希望改善中苏关系，并使之一步一步地前进。"他着重提出："我们要求了解赫鲁晓夫被解职的政治原因。"

对赫鲁晓夫被解职的详细原因，勃列日涅夫讳莫如深，故意搪塞，说可以下次再谈。他反而提出了一个莫名其妙的问题——建议停止中苏两党之间、其他党之间以及整个共产主义运动中的公开论战。其实勃列日涅夫何尝不清楚，首先挑起公开论战的不是别人，恰恰是赫鲁晓夫。但勃列日涅夫对赫鲁晓夫首先挑起论战，对苏共中央对中国共产党的不可胜计的攻击、对中共中央关于停止公开论战的建议，却一概避不作答。因此周恩来对勃列日涅夫的这一议题未予回答。

为摸清苏联新领导与赫鲁晓夫究竟有多大差别，周恩来又提出了有关兄弟党国际会议的问题，他希望了解我方在与赫鲁晓夫存在严重分歧的这一关键性问题上，同苏联新领导有无商量的余地。

周恩来说："勃列日涅夫同志在十月革命节庆祝会上的讲话中说，召开兄弟党的会议成熟了。依我们看来条件并未成熟，还要创造。"

勃列日涅夫却说:"只有开会才能消除分歧,别无他途。"

中国党显然不是笼统地反对开会,关键在于开什么样的会,什么时机下开。所以周恩来又问:"你们是否不再提你们过去决定在今年12月15日召开的那个筹备委员会会议?"

这点勃列日涅夫倒是回答得很干脆:"不!我们讲的就是这个筹备会议。"

周恩来说:"不能把召开兄弟党国际会议与12月份将要召开的筹备会议连在一起。采用兄弟党协商的办法,找出一个途径,达到最后的目的,即召开兄弟党的会议,这是一回事;坚持苏共中央1964年7月30日信中通知召开的12月15日的筹备委员会,起草一个兄弟党会议的文件,这实际上是赫鲁晓夫下的命令,这是另一回事。如果把兄弟党会议同赫鲁晓夫下令召开的那个筹备委员会连在一起,就没有谈判余地了。所以这个问题还是回到赫鲁晓夫问题上来了。"

勃列日涅夫诡辩说:"开会是苏联党的决议,是建议,不是命令。"

周恩来再次说明:"8月30日我党给你们的信中已经答复,你们召开的那个会议是分裂会议,我们主张开团结的会,反对开分裂的会。如果你们一定要开,我们坚决反对,决不参加。这是我们党的决议。"

勃列日涅夫反过来说:"中国党对我们的复信是命令。"

周恩来理论道:"我们的信是我们两党来往的信,是建议;而你们则是由一个党决定,通知其他25个党来开会,不来不行嘛!即使有一部分党不参加也要开,这不符合兄弟党协商的愿望,也不符合1960年声明中兄弟党关系的准则。我们从多方获悉,早在1964年2月12日,苏共中央就背着中国党向各兄弟党发出了一封反对中国党的信,号召对我们党进行'反击',并且要对我们采取'集体措施'。到了7月30日,赫鲁晓夫就下达了开会的通知。显然,这是个有预谋的反对中国党的分裂会议,怎么能指望我们党参加呢?迄今为止,已有七个党决定不参加12月15日那个会,如果你们要开,那就是分裂。"

善于求同存异的周恩来从苏共新领导的态度上明显地感觉到,要劝阻他们改变召开分裂会议的决定是不可能的。倒是米高扬比较坦率地说,在同中国共产党的分歧问题上,他们同赫鲁晓夫是完全一致的,甚至没有细微的差别。米高扬的话最后证实了苏联新领导还是要坚持搞赫鲁晓夫那一套。

在11日的谈话中,周恩来敏锐地指出:"我们认为,在你们还是继续执行赫鲁晓夫的路线不变，中苏两党、各兄弟党的原则性分歧基本上解决以前，谈不到停止公开争论。"周恩来还点明，苏联新领导中赫鲁晓夫的"以老子党自居的那种倾向还在发展"。

尽管双方在谈话中争论激烈，分歧较大，但周恩来还是诚恳地说："应该说，我们来这里庆贺和接触的任务是完成了。虽然这时双方谈话的气氛不好，但是我们绝不后悔，因为我们这次到这里来的倡议得到苏联人民和苏联党、兄弟党和国家以及世界人民的支持和赞许。在这一点上，我们在中苏关系上做了一件好事。"

在12日的最后一次正式谈话中，勃列日涅夫不得不简单地回答中国党政代表团心中的疑团，"通知关于赫鲁晓夫下台的有关问题"。他说："赫鲁晓夫下台，是由于赫鲁晓夫工作作风、领导方法引起的，而苏共的路线、纲领是不可破坏，毫不动摇的。"

勃列日涅夫关于赫鲁晓夫下台的解释，显然是敷衍，周恩来表示"不满意"。

事已至此，周恩来只好说："这次我们没有能够更广泛地讨论问题，但是，我们两党协商的门是开着的。"

谈话就要结束的时候，周恩来留下了这样一句话："为了使我们两党协商的门开着，为了能够创造良好的气氛，寻求新的途径，建立共同团结对敌的愿望，我希望不要在创造新的气氛中又来一个障碍。"

从几次谈话来看，中苏双方会谈的气氛已经被破坏，但苏联新领导却为自己破坏这次高级会谈辩解，企图把责任推到中方。周恩来坚决驳斥道："第一，米高扬说你们和赫鲁晓夫在中苏分歧上完全一致，那就没有什么好谈的了；第二，你们坚持召开7月30日通知要开的会，就是坚持老子党的态度不变；第三，马利诺夫斯基的挑衅，把谈判气氛也破坏了。"

在与苏共领导进行接触的同时，周恩来还与各兄弟党和国家的领导人对共同关心的问题交换了看法。从这些谈话中，我们也看到了中国党政代表团访苏的良好愿望以及对苏联新领导的看法的变化过程。

11月7日、8日、12日，周恩来连续三次率中国党政代表团与罗马尼亚党政代表团谈话。在谈话中，周恩来表明了中国代表团的最初愿望：赫鲁晓夫下台是好事，对政策的影响会引起国内和国际关系的变化；我们想做一点推动工作，推动他们向好的方面变化。但是，结论并不令人满意。在8日的会谈中，周恩来向罗方谈了自己的印象：苏联新领导是动荡的。从代表团来庆贺的一些问题上，就看出他们摇摆不定。周恩来通报了马利诺夫斯基事件，并分析说："我们中国有句老话，'酒后吐真言'。我们是辩证唯物主义者，存在决定意识，思想里总有个根苗才说出这个话来。我就在克里姆林宫被赫鲁晓夫灌醉过一次，我怎么没有说这样性质的话呀？……这不仅是品质问题，而且包含很多本质上的问题。"在12日的谈话中，周恩来透露说："苏方用20分钟介绍赫鲁晓夫为什么下台。不出我们所料，他们的理由就是赫鲁晓夫的思想方法、工作方法和作风。因此我们对他们所做的解释不满意。我们也不要求他们再做解释了，但是我们还保持我们对赫鲁晓夫下台的看法，就是说，我们有权利、有自由评论赫鲁晓夫下台的政治原因。"

11月7日、9日，周恩来又连续两次率中国党政代表团与波兰党政代表团谈话。在谈话中，针对哥穆尔卡所提希望中苏两党停止公开争论的建议，周恩来说："争论是赫鲁晓夫提倡的。"周恩来想让波兰领导人明白，争与不争，并不取决于中国方面。他讲："首先要问，争论如何解决？能否马上解决？不可能。苏联同志也这样讲。他们甚至说，在争论的问题上，他们的意见一丝一毫也不能改变。这就是说，一下子谈不拢。"周恩来一方面指出，"我们现在看不出目前有停止争论的可能"；另一方面又从积极的方面说，"当然还要想办法。我们同意创造一种好气氛，寻求新的途径和办法，实现大家要团结的愿望。这就需要时间，需要接触"。

8日，周恩来在会见英国共产党代表团后，还会见了正在苏联访问的"阿联"副总统阿密尔元帅，他在谈话中诚恳地说："关于苏联内部，这是他们自己的事，但是我们总希望他们更强大，而不是更削弱，希望工农业发展，而不是像去年那样，但这些可能性不是一下就能实现的。我们也不是期待甚急。"

9日和12日，以周恩来为首的中国代表团又与以格瓦拉为首的古巴党政代表团进行了两次谈话。周恩来在谈话中表示愿意增加对古巴的粮食援助，还介绍了中苏会谈的情况和中方立场。

10日这天，周恩来在率中国党政代表团与德意志民主共和国党政代表团谈话时，再次表明了自己对苏联新领导的看法：苏联新领导是要在没有赫鲁晓夫的领导下，继续执行赫鲁晓夫的政策。当天，他还会见了正在苏联访问的阿尔及利亚国民议会议长本·阿拉。

11月10日、12日，周恩来又率中国党政代表团与越南党政代表团举行了两次谈话。他在介绍中苏会谈的情况后遗憾地说："通过这几天的接触，我们发现情况比原来预计的更坏。现在的苏共领导软弱，内部存在矛盾、混乱和动荡的状况，各方面面临的压力大，这是原来没想到的。"

在与各党代表团进行了广泛接触和会晤了一些国家领导后，周恩来在莫斯科的任务基本完成。直到11月13日，他才得以在中国驻苏联大使馆接见使馆的全体人员、中国在莫斯科的留学生和杜布纳联合原子核研究所的中国工作人员。面对周恩来总理亲切的笑容，这些在莫斯科的中国人看不出周恩来在苏联期间遇到的波折；然而，在周恩来内心中，却掀起了极不平静的波澜。

接见完工作人员和留学生后，当天，周恩来和贺龙率领中国党政代表团乘专机回国。行前，柯西金提早来到了中国代表团所住的宾馆，他要从这里把周恩来等人送到机场。在赴机场途中的汽车上，柯西金很想了解周恩来此次访苏的感受。

柯西金问："你对这次访问印象如何？"

周恩来回答："我认为会见总是有益处的，如同我们对勃列日涅夫同志所说的，了解情况。但是，我们并不满意，因为我们原来希望情况会好一些。米高扬同志清楚地表示，我们坚持站在过去的立场上，原地不动。这就很难寻找途径团结对敌了。"

对周恩来来说，他并没有放弃寻找双方的共同点。

为了缓和气氛，修正米高扬所说的苏联新领导与赫鲁晓夫在思想上毫无差别的话，柯西金说："我们和赫鲁晓夫还是有所不同，不然为什么要解除他的职务？"

周恩来问他："区别何在？"

柯西金闪烁其词，避而不言。他却提议，希望举行中苏两党和两国的最高级会谈。周恩来表示要将这一意见转告中共中央。

告别柯西金，告别莫斯科，告别苏联，周恩来意识到，以后将很难再来了，他不禁感慨万千。飞机是夜间飞行，周恩来却难以入睡……

随同访问的外交部苏联东欧司司长余湛后来撰文这样概括周总理访苏的重大意义：

周总理这次对苏联的访问，坚决而机智地执行了中央的出访方针，虽然并非由于我方的原因未能找到中苏团结对敌的新途径，但这次访问的重大意义不可磨灭。第一，了解到苏联新领导的政治动向，阐明了我们党和政府维护中苏团结的严正立场，和各兄弟国家领导人对共同关心的问题交换了看法；第二，为维护1957年宣言和1960年声明中兄弟党兄弟国家关系准则和中苏两党两国和兄弟党兄弟国家的团结，同苏联新领导进行了面对面的坚决斗争；第三，捍卫了我党我国的尊严和独立自主的权利，捍卫了以毛泽东为首的党中央。

11月14日下午，中国党政代表团乘坐的专机飞抵北京东郊机场。从莫斯科遗憾地回来的周恩来，走出机舱时仍然面带笑容。见毛泽东、刘少奇、朱德、董必武、邓小平等党和国家领导人率首都各界群众数千人早已迎候在机场上，周恩来赶紧上前，与毛泽东等人紧紧地握手……随后，周恩来直接从机场去毛泽东处开会，向中共中央直接汇报此次访苏的情况。中苏关系，显然急需重新审视。

在苏联期间，周恩来曾对米高扬说过，他这是在中华人民共和国成立后第十次访问苏联。应该说，这次访苏，也是最令他难忘的一次。由于中苏关系的变化，这次莫斯科之行，成了周恩来最后一次访问苏联。苏联老大哥与中国兄弟之间的关系，也由此进入了新的风雨历程中……

第十五章
率中国民航专机飞出国门

1965年6月1日，对中国民用航空界来说是一个极为特殊的日子，这个日子是与新中国的总理周恩来的名字紧密地联系在一起的。这天，在周恩来带领下，中国民航自己的专机首次开始了国际远航，成为飞出国门远程翱翔的雄鹰。一些不怀好意的国外航空界人士对中国民航的讥笑，将一去不复返了。

> 面临政治、外交不断发展的新局面，周恩来多次感叹："什么时候我坐我们自己民航的飞机出国？"他早就盼望着中国民航飞机成为"飞出去的雄鹰"。

6月1日上午，天气晴朗。一架维修一新的伊尔–18型专机停在北京西郊机场停机坪上，正等待着一个重要人物的到来。

上午8点，中华人民共和国总理周恩来，穿着笔挺的中山装，面带微笑，以中国领导人特有的风度走进了机场，跟在他身后的有外交部副部长章汉夫、国务院副秘书长罗青长、外交部非洲司司长柯华等人。前来送行的党和国家领导人有朱德、邓小平、贺龙、陈毅、李先念、罗瑞卿、郭沫若等，邓颖超也怀着特殊的感情来到机场。

人们清楚，周恩来总理的这次出访是非同寻常的。

这时，几个身着白衬衫、红裙子的少先队员，向即将登机的周恩来等领导同志献上鲜花。欢乐、祥和的气氛，被摄入了镜头中。执行本次专机飞行任

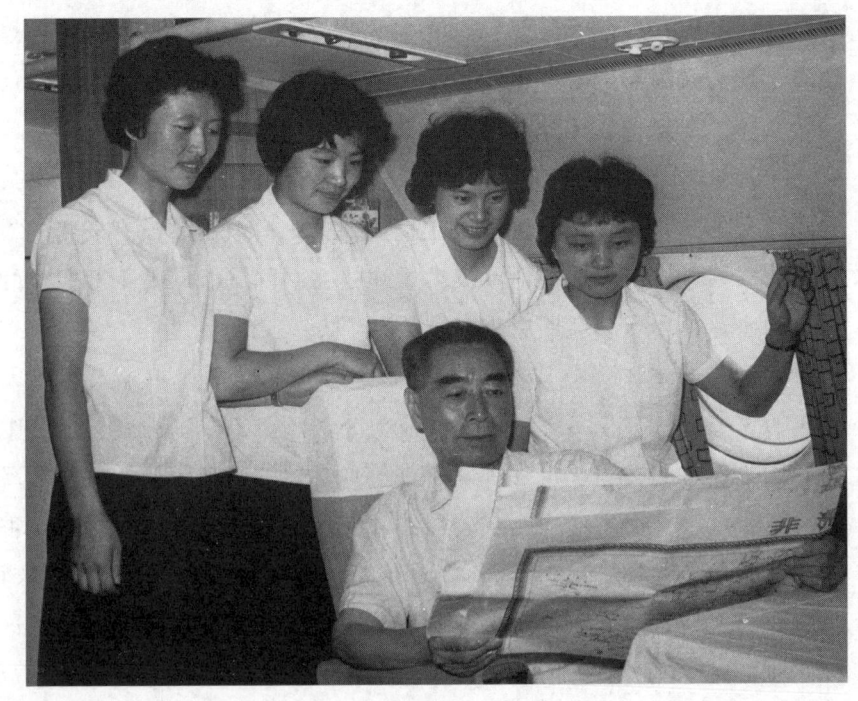

1965年，周恩来在飞机上与乘务员合影

务的是原北京管理局第一飞行总队208号专机机组。此时的他们，尽管表面上显得很镇静，但内心却是非常激动的。

9点，这架中国民航专机稳健地昂起机头，升上蓝天。它的目标是巴基斯坦和坦桑尼亚，沿途将经过12个国家和地区，在数个国家的机场起降。看着它升空的人们心里非常清楚，这是中国民航专机的首次国际远航。机场上送行的人们都为机上的周恩来捏着一把汗，毕竟，中国民航自己的专机在这之前从来没有飞过国际远程航线。

这架专机的机组人员早已立下了这样一个信念：我们一定要为新中国争气，为周恩来总理争光！就在飞机腾空而起的时刻，机组人员耳边又响起了周恩来多次鼓励他们的话："中国民航不飞出去就打不开局面，我们一定要飞出去！……"

周恩来是新中国领导人中乘坐飞机最多的人，他的这些话，由来已久。作为一国总理，他为此事也历来感叹颇深……

中华人民共和国成立以后，中国民航从无到有，从小到大，逐渐发展起来，很快开通了从东到西、从北到南的多条国内航线。虽然西方国家在对中国实行经济、政治封锁的同时，也实行空中封锁，但是，中国仍然早在20世纪50年代就开通了南到越南河内、缅甸仰光，东到朝鲜平壤，北到苏联一些城市的国际航线。在当时有限的条件下，这是极为不易的。

尽管如此，一些西方国家人士仍讥讽中国民航是"没有翅膀的雄鹰"，不能飞远程国际航线。这些话不仅重重地打在中国民航广大干部职工的心里，而且也刺痛着共和国总理周恩来。

的确，新中国成立以来，人们眼睁睁地看着中国领导人周恩来、陈毅、宋庆龄、郭沫若等人多次租用外国航空公司的飞机出国访问。最令中国民航人痛心的是，1955年4月，周恩来总理率中国代表团赴印度尼西亚万隆出席第一次亚非会议，租用印度航空公司的"克什米尔公主号"飞机，在香港被台湾的特务放了定时炸弹，起飞后不久便在南海上空爆炸，造成机毁人亡的后果。幸好周恩来临时去缅甸出席小型首脑会议，没有乘坐这架包机。但这一教训，深深地刻在中国民航工作人员的脑海中。

在新中国打破西方国家政治、外交、经济等方面封锁的努力中，中共中央决定，要尽快培养我国自己的飞行队伍，发展中国民航，飞出国门。

进入20世纪60年代后，随着非洲国家的相继独立，并纷纷表示愿意与中国发展友好关系，新中国也进入了第二个建交高潮期。可民航的落后状况，制约着外交局面的打开。1963年年底至1964年年初，周恩来和陈毅出访亚非欧14国，前后72天，行程十万八千里，他们戏称："正好是孙悟空一个筋斗！"然而，这个"筋斗"仍然是租用荷兰航空公司的"波罗的海号"飞机去"翻"的。尽管周总理与这些外国机组人员进行了最好的合作，可那毕竟是别国的飞机。周恩来和陈毅都有同感：老坐着别国的飞机出访，心里不是个滋味。这次出访回国后，周恩来感叹地问中国民航总局的负责人："什么时候我坐我们自己民航的飞机出国？"为尽早迎来这一天，他还鼓励他们说："要有雄心壮志，和我国建交的国家越来越多，人员来往也增多，需要我们想方设法多开辟国际航线。政治上要动员，提高大家的认识；人员要训练，提高职工的素质，要掌握国际通航知识。"他还提出了改革民航体制的要求。

周恩来总理的感叹和期望，早已重重地捶打着中国民航的同志们。中央对民航的发展提出要求，他们牢记在心中，并暗下决心，加紧了"飞出去"的准备工作。

1964年年底至1965年年初，在中国民航机组人员为首次国际远航进行大量的、充分的、细致的准备的同时，周恩来总理多次乘专机离京，远距离来往于国内国际航线：1964年11月4日，飞往上海，欢迎印尼总统苏加诺；11月5日，率中国党政代表团飞往莫斯科，参加十月革命47周年庆典。1965年2月1日，率中国共产党代表团飞往河内，与越南劳动党中央代表团会谈；3月7日，陪同巴基斯坦总统阿尤布·汗元帅飞往杭州、上海等地访问；3月22日，率中国党政代表团飞往布加勒斯特，参加罗马尼亚工人党中央第一书记乔治乌-德治的葬礼，后又飞往阿尔巴尼亚、阿尔及利亚、"阿联"、巴基斯坦、缅甸等国访问；4月16日，又和陈毅飞往雅加达，出席纪念万隆会议10周年庆典，后又飞往缅甸访问……直到中国民航首次远航的前几天，还专程飞往广州欢迎印尼第一副总理兼外交部部长苏班德里约博士。

……

如今，中国的"雄鹰"终于在广阔的天空展开了它那健壮的翅膀。

跨越天险，冲出国门，自到达此次出访的第一站巴基斯坦临时首都拉瓦尔品第后，周恩来的学识、修养及其外交风度，深深地留在了途经各国的领导人和人民心中。

从位于亚洲东部的北京出发，到南亚次大陆西北部的巴基斯坦，几乎跨越了从东到西的整个中国。巴基斯坦北部为喜马拉雅高山带，与中国新疆相邻。飞往巴基斯坦，必须通过被誉为飞行天险的帕米尔高原、喀喇昆仑山，这一带平均海拔4000米至6000米，气候严寒，山峰终年积雪，冰川广布。如此险要的地势和恶劣的气候，对中国民航专机机组人员来说，是一个严峻的考验。

按事先安排，当天（6月1日）下午，专机飞抵新疆和田机场。在这里，飞机需要保养，出访代表团需要休息；而周恩来本人，却有安排不完的工作。

到达和田以后，周恩来出席了和田专区干部大会。他风趣地对辛勤工作在祖国西北边陲的干部们说："我今天过路从和田到国外去，新疆我是第一次来。既来了就要'上税'，同大家见面，讲几句话……"他称赞"新疆是个好地方"，"这几年工作有很大成绩"，还要求新疆的干部群众进一步做巩固的工作，保证祖国边疆的安全。

再往西，就要飞出国门了，代表团成员和机组的同志们在和田安安稳稳地枕着国土睡了一觉。

6月2日一大早，天公好像知道中国总理要从帕米尔高原经过似的，特意放晴。专机迎着朝阳飞向蓝天，飞向南亚。当飞机升到最高点时，俯首望去，脚下就是天险喀喇昆仑山，皑皑白雪，千仞冰峰，万里碧空。正在这时，从帕米尔高原的崇山峻岭中，发来清晰的导航信号。周恩来得知，这是中国人民解放军空军驻帕米尔高原红其拉甫山口导航站的官兵们发来的。他脸上露出了满意的微笑，立即嘱咐机长张瑞霭，给导航站的全体指战员发去了一封嘉勉电："你们在高山辛勤工作，不畏艰险，克服了重重困难，望你们继续努力。"

这封电报，虽然只有27个字，但却是从此路过的国家总理发来的，对长年驻守在祖国最西端、海拔最高处的导航站的18位指战员来说，无疑是巨大的安慰和鼓励。随着飞机设备越来越先进，自身导航技术越来越发达，后来像红其拉甫这样的地面导航站再也没有了，但在当时，对中国民航专机首次国际远航来说，红其拉甫导航站发挥了极为重要的作用。周恩来深深地感谢他们并理解他们的艰辛。

专机顺利地飞越喀喇昆仑山，在朝阳的照耀下冲出了国门。

为了活跃气氛，减轻机组人员的心理压力，周恩来起了个头，领着全机人员引吭高歌《红梅赞》："红岩上红梅开，千里冰霜脚下踩。三九严寒何所惧，一片丹心向阳开。……"

一时间，穹宇中回荡着中国代表团和机组人员的歌声。歌中的意境，也正好表达了周恩来此时的心情。

再往西南飞，不久便可抵达巴基斯坦临时首都拉瓦尔品第。上午8时，专机准时飞抵拉瓦尔品第机场。机组人员长长地舒了一口气，总算完成了南亚第一站的飞行任务。

当周恩来走出机舱时，数以万计的拉瓦尔品第市民在巴基斯坦总统阿尤布·汗的率领下，聚集在机场迎接中国贵宾。随同阿尤布·汗总统前来欢迎的还有巴基斯坦国民议会议长、西巴基斯坦省督和东巴基斯坦省督、外交部部长、中央内阁各部部长和省政府各部部长，以及国民议会议员和当地的知名人士。这样的欢迎阵势，对经常出访的周恩来和中国代表团的成员来说，已是司空见惯；但对于年轻的中国民航专机机组来说，却是第一次。在停机坪上，五星红旗和"中国民航"几个字，显得格外耀眼，一种荣耀感在机组人员心中油然而生。

在机场上，周恩来发表了书面谈话，感谢阿尤布·汗总统、巴基斯坦政府及人民的热情接待。他说："近年来，我们两国人民的友谊有了显著的发展，我们两国的合作是富有成果的。加强我们两国的友谊和合作，是符合我们两国人民的愿望的，是当前国际局势中的一个积极因素……"

的确，中巴友谊日益加深。仅周恩来与阿尤布·汗两人的会面，在本年上半年这已是第三次。第一次是阿尤布·汗总统3月份到中国访问，周恩来专程陪他游览长城，访问杭州、上海等地。第二次是4月2日周恩来访问卡拉奇，托阿尤布·汗在访问美国时给霸道的美国政府转告四句话：（一）中国不主动挑起对美国的战争。（二）中国人说话是算数的。（三）中国已经做了准备。（四）如果美国狂人滥施轰炸，中国绝不会坐以待毙，他们从天上来，我们就要从地上行动，轰炸就是战争，战争就不可能有界限。

6月3日上午，周恩来等人在巴基斯坦外交部部长布托和首都建设局局长法鲁基的随同下，参观了正在兴建中的巴基斯坦新首都伊斯兰堡。这里距拉瓦尔品第11公里，1964年2月21日周恩来在访问巴基斯坦期间曾来参观过，那次也是布托陪同。周恩来在乘车观光时发现，这座新首都的建设，比上次来时已有较大的进展。他兴致勃勃地在这里种下了一棵象征中巴友谊的树，还在一个留言簿上写下了这样几个字："中巴友谊万岁。"一旁的布托很受感动，因为这种友谊既建立在两国人民之间，也建立在两国领导人的心中。

当日下午，周恩来在布托陪同下，再次登上中国民航专机，飞往巴基斯坦最大的城市卡拉奇。中国客人将从这里出境，前往坦桑尼亚访问。

中国民航的专机是在拉瓦尔品第机场上乐队奏响的乐曲声和群众的欢呼声中离开的。机上的服务员注意到，周总理在飞机飞离机场跑道后，还从机舱的窗口向下招手致意，但机场上数千名群众和阿尤布·汗总统的身影，已经模糊不清了。机上的人感佩周恩来总理谦逊的作风和周到的礼仪。专机服务员准时为周总理端上茶水，可周恩来却把手一摆，微笑着示意服务员先给布托等人和机上的女同志上茶。机组人员早就听年长的服务员讲过，在周总理专机上服务，遵循的是先宾后主、先女后男的原则，总理从来没有领导人和大男子主义的架子,更没有大国沙文主义的架子。每次只要有外宾同机,周恩来都是让服务员先照顾外宾。他还经常把机组服务员介绍给同机的外国领导人,让大家感受到平等、和睦。只要有空隙,他便与服务员们拉家常。对机上人员的工作、生活、家庭情况,他都很了解。

不久,专机安全地在卡拉奇机场着陆。卡拉奇南濒阿拉伯海,1947年至1959年十几年间,曾为巴基斯坦首都,它不仅是巴基斯坦第一大城市,而且是最大的港口城市。同时,卡拉奇机场也是国际上最大的航空港之一。在这样的机场起降,无论是飞行规程还是技术要求,都能反映出一个国家飞行水平的高低。中国民航专机人员以精益求精的态度和必胜的信心,稳稳当当地把周恩来总理的专机安全降落在跑道上。陪同前来的布托露出赞赏的笑容。

在卡拉奇机场,周恩来只做了短暂停留。他把布托送下飞机,感谢他专程陪同前来。在机场,周恩来还与前来迎接的卡拉奇区专员以及军、政、议会等各界知名人士见了面,接受他们所献的花环。

由卡拉奇去坦桑尼亚,应沿西南方向在印度洋上空飞行,但考虑到伊尔–18型飞机必须在中途加油以及航线等原因,专机先向西北方向飞去。晚7点多钟,天色黄昏,专机到达伊拉克首都巴格达上空。巴格达机场打开了灯光,专机也打开灯光准备降落。在机场上等待的,有伊拉克总理塔赫尔·叶海亚和外交部部长纳吉·塔列布等人。就在飞机对准跑道放下起落架时,巴格达机场不知何故突然灯光熄灭,顿时一片昏暗,地面的景物变得模糊不清。领队机长张瑞霭和另外两位机长刘崇福、徐柏龄感到事情有些不妙,情急之下显得有些紧张。张瑞霭马上向周总理汇报了情况。是降下去,还是拉起来?降下去万一出问题怎么办?拉起来以后又该怎么办?周恩来在瞬间进行了最快的思考,然后镇静地安慰张瑞霭等人说:"我相信你们有处置能力,会找到办法的。"机组以最快的速度进行商量后,果断地决定降落。周恩来立即表示同意。好在专机在执行这次任务前事先试航到过这里,机长们对该机场的地标记得比较清楚。在张瑞霭的指挥下,机长刘崇福和徐柏龄凝神注视着昏暗中的机场跑道,抓住地标,靠平时的经验和过硬的技术,将飞机稳稳地降落在跑道上。

当五星红旗随着专机安全降落在伊拉克总理叶海亚等人眼前时,伊方人员对中国民航的精彩着陆报以热烈的掌声。飞机停稳,周恩来抬腕看了一下手表,正好是晚上7点40分。他走下专机,与叶海亚总理等伊拉克官员热情地握手。

专机马上开始加油，等待再次起飞。周恩来则坐上了叶海亚的专车，前往总统府拜会伊拉克总统阿卜杜勒·阿里夫。

在车上，周恩来兴致勃勃地与叶海亚等人谈起了他们脚下的这块土地，这块曾经也是世界文化摇篮之一的美索不达米亚平原，底格里斯河与幼发拉底河一起孕育了这里灿烂的文化和勤劳的人民。周恩来告诉叶海亚："我在小时候念世界历史时，就念到过两河流域的文化。"见到阿里夫总统后，他除了谈一些国际问题外，又提起了自己对两河流域的文化的深刻印象："我从小就在教科书上读到过两河流域的文化和尼罗河流域的文化。"半个世纪前，周恩来在中国东北的沈阳东关模范小学读小学和在天津南开学校读中学时，就对历史有浓厚的兴趣。他在读中国历史和世界历史时，不仅知道了中国的悠久历史和古老、灿烂的文化，而且深深地记住了在遥远的西亚还有一种古老的两河流域文化，东北部非洲还有一种古老的尼罗河流域文化。半个世纪后，周恩来终于踏上了这块土地。他向伊拉克领导人表示："我很荣幸，第一次来到西亚古老文化的首都。"伊拉克领导人被来自古老而文明中国的周恩来总理的谦逊深深地打动了。

从巴格达向西，专机飞往尼罗河流域的"阿联"首都开罗。在开罗机场，周恩来受到了"阿联"总理阿里·萨布里的迎送。从开罗一直往南，便是茫茫的非洲沙漠，气候更是复杂多变。专机在沙漠上空飞行，需要极高的技术和丰富的经验，稍不留神就容易出危险，更何况是夜间飞行。周恩来沉着冷静地对机组人员说："一定要飞过去，要有信心。不管遇到什么情况，我都不怕。我很信任你们，你们都是很有经验的。"总理沉着冷静、泰然自若的神情，给了机组人员无穷的力量，增强了大家战胜困难的信心。

沿途，专机还在苏丹首都喀土穆做短暂停留，受到苏丹总理哈利法的迎送。专机每飞经一个国家的上空，周恩来都要致电这些国家的领导人，表示诚挚的问候，并向这些国家的人民致以最美好的祝愿。对专机停留过的国家，周恩来还致电该国领导人表示衷心的感谢。这些国家，虽然周恩来这次没有正式的访问，但是，通过专机的过境，仍把中国和它们之间的友好关系进一步连接起来。周恩来的学识、修养及其外交风度，也深深地留在了这些国家的领导人和人民心中。

1965年6月，周恩来访问坦桑尼亚时，接受非洲民族联盟元老赠送民族服装。右一为尼雷尔总统

> 远航抵达坦桑尼亚，友好的坦桑尼亚人说："尊敬的兄弟周恩来，这里是你的家。"当结束访问时，周恩来自豪地说："路是人走出来的，这次不是走得很好吗？"

专机经过一昼夜的飞行，终于在6月4日抵达此次远航最远的目的地——坦桑尼亚首都达累斯萨拉姆。在斯瓦希里语中，"达累斯萨拉姆"意为"平安之港"。它是坦桑尼亚最大的城市和港口。当周恩来、章汉夫、罗青长等人赶走旅途的疲倦，精神抖擞地走下舷梯时，坦桑尼亚总统尼雷尔，第一副总统卡鲁姆，第二副总统拉希迪·姆福来·卡瓦瓦以及外交部部长坎博纳等人，早已等候在机场上，宾主双方热烈拥抱，好像久别的亲朋。早在1963年年底、

1964年年初周恩来和陈毅出访非洲时,就曾打算找机会到东非国家访问,但未能如愿。这次,是中国领导人第一次进入东非国家,许多感受都是新鲜的。

坦桑尼亚人民对中国领导人的来访,表示了极大的热情。机场披上了节日的盛装,雷鸣般的欢呼声、鼓声和掌声响彻云霄。尼雷尔除了带来他的各部部长、元老及其夫人以外,还安排了许多民间舞蹈家、歌唱家、演奏家,在机场上尽情地歌舞、欢乐。他以国家元首的礼仪,为周恩来鸣礼炮21响。

周恩来在机场发表了书面讲话,说:"在我们两国相继取得独立以后,两国的友好合作关系又获得了令人鼓舞的发展。"他称赞:"英勇的坦桑尼亚人民,在反对殖民主义、争取民族独立的斗争中,创造过光辉的业绩。勤劳的坦桑尼亚人民,在赢得独立以后,又在建设国家的事业中,取得了显著的成就。"

周恩来的这番话,表明了他这次远道而来的目的:中国和坦桑尼亚有着共同的遭遇,在双方取得独立后,国家和人民之间的友好合作关系将迈向一个新的台阶,尤其在国际事务和经济建设等问题上,有着广泛的合作前景。

讲完话,周恩来在尼雷尔总统的陪同下,乘敞篷车从机场沿着长达十英里的大道驶向国家大厦。在通往市内的道路上,到处悬挂着两国的国旗和横幅,横幅上用斯瓦希里文和中文写着这样一些亲切的欢迎词:"欢迎我们尊敬的兄弟周恩来,这里是你的家。""你来坦桑尼亚访问将加强我们的友谊。""中国和坦桑尼亚人民互相帮助"等。热情友好的坦桑尼亚人民在宽阔的马路上做了一些彩色牌楼,把周恩来的画像挂到了牌楼的顶上以及商店、住宅楼的墙上和树干上。达累斯萨拉姆城的十多万居民倾城出来欢迎。更感人的是,有许多人是前一天从遥远的城镇和乡村乘火车、公共汽车或骑自行车特地赶来欢迎中国贵宾的。有些人还专门跑到机场去看中国民航的208号专机。中国人的友情和周恩来的魅力,已深深地打动了坦桑尼亚人民。

到了晚上,虽然专机安静地停在机场上,可代表团的活动却更加繁忙起来。许多建筑和牌楼被五彩电灯装饰着,闪烁出耀眼的光芒。周恩来将在这里访问五天,机组人员可以比较从容地欣赏非洲的夜景。

尼雷尔总统为周恩来举行了盛大的国宴,专机机组人员也应邀出席。进入宴会厅的大门,只见贵宾席上方悬挂着周恩来总理的巨幅画像,到处都体现出坦桑尼亚人民对中国客人的尊重。

"我们走在大路上,意气风发斗志昂扬……"当中国客人走进宴会大厅时,这首名为《我们走在大路上》的中国名曲使大家感到格外的亲切。的确，我们走在大路上，道路是宽广的；我们飞在蓝天上，天空是广阔的。机组人员还记得，在他们没有飞出国门时，有人曾预言中国民航的远航专机"飞不出来或飞不回去"。周恩来当时用了这样一句话来鼓励中国的蓝天勇士们："让他们笑话去吧，我们一定要飞出去，并且还要顺利地飞回来。"《我们走在大路上》这首歌，正好表达了专机机组人员翱翔蓝天的自信、自豪的精神。这首歌，是周恩来特别欣赏的歌曲之一。

从6月4日至7日，周恩来与尼雷尔总统举行了五次正式会谈，内容涉及各个方面，其中，对空中、海上和陆地的交通问题，两国领导人都表示了极大的兴趣。两国的空中航线，已经建立起来了，尼雷尔由达累斯萨拉姆乘专机去过北京；这次周恩来首次率中国民航专机远航，选择了东非的坦桑尼亚。空中通道已不成问题，这是个良好的开端。为此，周恩来提出，要进一步发展这种往来，以增进双方的了解，他表示："我希望大多数还没有去过中国的坦桑尼亚部长都能去访问。"他还风趣地说："中国有句俗话说：'百闻不如一见。'"空中航行解决后，周恩来又关心起海上航行的问题，他希望中国和坦桑尼亚的海上航运渠道很快建立起来，并充满信心地说："大海航行必须先试行。我们都是独立国家，有权在公海上航行，我们的国旗必须受到承认和尊重。"

尼雷尔钦佩周恩来高瞻远瞩的政治家眼光，同意他的意见。谈完海运，他们又谈起了铁路问题，周恩来再次表明了中国援建坦赞铁路的决心和实施方案。他说："我们将在八九月间先派综合考察组来，做初步勘察，除考察铁路干线外，还要勘察沿线的煤矿、铁矿、水文，即使修成了为了储水也要改造。"中国的援助是无私的，中国领导人早就明确过："坦赞铁路建成后，主权是属于坦桑尼亚和赞比亚的；我们还教会你们技术。"这些承诺，尼雷尔甚为感动。后来，坦赞铁路在中国的援助下终于建成了，它成为连接中国人民和坦桑尼亚、赞比亚人民的伟大桥梁。

坦桑尼亚共和国，是1964年4月由坦噶尼喀和桑给巴尔联合组成的。组建一年来，一直与中国保持着友好的关系。中国客人在这里，到处都有家的感觉。6月6日，周恩来一行乘专机从达累斯萨拉姆再次起飞，越过桑给巴尔海峡，到桑给巴尔访问。飞机停稳后，坦桑尼亚第一副总统卡鲁姆早已迎候在专机旁。周恩来在美丽的桑给巴尔岛进行了为期一天的访问。下午，他又乘专机返回达累斯萨拉姆。

6月7日，尼雷尔总统亲自陪同周恩来访问了坦噶尼喀非洲民族联盟总部。在这里，热情好客的非洲联盟元老特地为周恩来挑选了一件红蓝相间、配有和平鸽图案的民族服装，在尼雷尔总统的协助下，穿在周恩来身上。这件服装，左边披在肩上，右边让手臂露出，下部一直垂到膝盖以下，色彩艳丽，与周恩来庄重的中山装相配，相得益彰。周围的人拍手叫好，笑得合不拢嘴。人们从周恩来的装束中，再次看到了他与非洲人民亲密无间的友谊。

从非洲民族联盟总部出来，周恩来一行又到达累斯萨拉姆大学和国家博物馆等地参观，他与学校师生们一起挽起袖子，参加劳动，愉快地交谈，主人和客人、黑皮肤和黄皮肤，融为了一体。周恩来虽然是第一次来东非国家，但坦桑尼亚人民感到，周恩来仿佛早就是非洲人民的老朋友了。

对坦桑尼亚几天的访问，取得了完满成功，6月8日上午，中坦联合公报在坦桑尼亚国家大厦签署，周恩来和尼雷尔分别代表两国政府在公报上签了字。他对尼雷尔说了这样几句话：

> 我每次访问友好国家，深厚的友情，给我留下了深刻的印象，我更感到我们的担子加重了。但我决不后悔，而是高兴地带回了这些担子。今后我们要负担更重的国际义务，这是不容推卸的。负担加重对我们是一种鼓舞和推动。

这些话，表达了周恩来的真诚，深深地打动了尼雷尔。当周恩来和其他中国客人将要登机回国时，尼雷尔又一次率第一、第二副总统，国民议会议长以及各方面的负责人到机场送行。更令人感动的是，尼雷尔把他的老母亲和夫人也带到机场来欢送中国客人，直到专机飞远了，他们才离开机场。

208号专机沿正北方向又一次开始了远距离飞行。按原计划，专机回程时将在坦桑尼亚的北部邻国肯尼亚的首都内罗毕机场加油。肯尼亚共和国自1963年12月12日宣布独立后，第三天便与中国建立了外交关系。周恩来原以为专机在内罗毕机场降落、加油不成问题，没想到在坦桑尼亚期间中国方面多次与肯尼亚有关方面交涉此事，却遭拒绝。周恩来只好决定改在更北一点的国家埃塞俄比亚的首都亚的斯亚贝巴机场加油。虽然埃塞俄比亚迫于美国的压力尚未与中国建交，但1964年年初周恩来访问非洲时，埃方曾邀请他访问过，中埃两国领导人之间有一定的了解。

6月8日下午，周恩来乘坐的专机飞抵亚的斯亚贝巴机场，这是中国民航专机首次降落埃塞俄比亚首都。上次周恩来访埃时，是乘坐租来的荷兰航空公司的专机进入埃领空的，且由于特殊的原因，当时只在埃北部城市阿斯马拉降落和起飞。这次来到埃塞俄比亚首都，与上次相比，任务不同，有着不同的意义和特殊的感情。尽管埃塞俄比亚仍然受美国的影响，但中埃两国之间的接触和领导人之间的往来，却顺应了历史发展的潮流。遗憾的是，周恩来此次是过境加油，专机只能做短暂停留。回国的路，还很遥远。

在亚的斯亚贝巴机场，中国客人受到埃塞俄比亚外交国务大臣伊弗鲁的迎送。专机加油的时候，周恩来与伊弗鲁在机场进行了亲切的谈话，一方面感谢埃方给予的方便，另一方面共叙旧谊。

专机加满油，继续北飞，很快进入苏丹领空。正飞着，飞机突然剧烈颠簸起来，机舱内一下子失去平衡，大家不知道是怎么回事，心情既紧张又沉重，不约而同地向周恩来望去，为总理的安全担忧。

只见周恩来泰然自若，微笑着对大家说："没关系，这类事情我遇得多了。我相信你们。大家都系好安全带。"机组人员镇静下来，判断这是赤道负荷线上的气流急剧变化所致。幸而专机飞行员们有这样的飞行知识和娴熟的驾驶技术，终于闯过了强气流，脱离了险境。人们轻轻地舒了一口气，更加钦佩周恩来的胆识。

周恩来在中国领导人中是坐飞机最多的一位，屡次遇险，但他都以超人的胆量、丰富的智慧、充分的信心鼓励同机的人员一道克服困难，最终化险为夷。他曾跟机长张瑞霭半开玩笑地说："抗战期间，我经常坐老式的美国飞机奔走于重庆、西安、延安之间，有时半个身子都露在外面呢。"张瑞霭也曾与周恩来开过这样的玩笑："总理，你是不是崇拜飞机——怎么那么爱坐飞机呀？"周恩来笑着回答："飞机好啊！它快嘛。坐飞机能节省时间，办事效率高嘛。"在专机人员的印象中，为了提高工作效率，多为人民办事，周恩来早已把危险置之度外了。

专机战胜险情后，于当晚10点飞抵开罗机场，又一次来到尼罗河畔做短暂停留。周恩来在候机室同前来迎送的"阿联"副总理里法特进行了友好的谈话……

顾不得欣赏尼罗河畔的夜景，不久专机又出发了。几个小时后，专机于凌晨飞抵叙利亚首都大马士革，在这里将做三个小时停留。1点14分，周恩来前往总统府拜会叙利亚总统会议主席哈菲兹，受到了热情的接待。哈菲兹感到很高兴，虽然中国总理只是过境停留，但周恩来很尊重他。中国总理平等、友好以及待人的热情，再次感染了叙利亚领导人。

在回国途中，专机再一次降落卡拉奇机场。这是208号专机此次远行的最后一站，也是在国外机场的第12次降落。到此为止，专机从达累斯萨拉姆回程飞行已连续二十几个小时，人机都非常疲劳。在卡拉奇休息期间，周恩来看望了中国驻巴大使馆的工作人员，并接见了前来拜访的巴基斯坦外交部秘书阿齐兹·艾哈迈德等人。几个小时后，周恩来又登上了208号专机。

从卡拉奇机场北飞，下一站就是祖国的领土了。随行人员轮番去劝周总理在回国前还是先睡一会儿。在大家的劝说下，周恩来终于同意了。飞行员特意把下滑率调得最小，设法让总理多睡一会儿。可是过了不到两个小时，周恩来又起来投入了紧张的工作。飞机就要进入祖国领空，他睡不着。当天下午，专机终于飞抵西北第14号军用机场。在返回北京前，周恩来和随行人员在这里休整了一个晚上，这一觉，可以说是出国以来睡得最美的一觉。

6月10日早晨，208号专机载着周恩来、章汉夫、罗青长、柯华等人，划破西北某地上空的宁静，飞向北京。这时，一轮红日从东方升起，把整个机舱映得辉煌灿烂，下面的雪山也在万丈光芒下展示出壮丽的景色。周恩来激动地提议合唱《东方红》，大家簇拥在他身边，借着初升的太阳纵情放歌：

东方红，太阳升，中国出了个毛泽东。……

云霄里，九天外，回荡着这愉快的歌声，溢满了成功的喜悦。

中午，中国民航208号专机圆满地完成了运送周恩来总理远航出访的光荣任务，飞临北京机场上空。从机舱里往下看，已经可以看到北京那熟悉的景物了，还有朱德、邓小平、彭真、贺龙、陈毅、李先念等党和国家领导人正等候在机场上。

这次航行，共44361公里、时间80多个小时，完成了政治、外交和民航专机远程飞行等任务，大家心里有说不出来的高兴。仅专机飞行而言，由于这次成功，在中国民航史上写下了光辉的一页，它结束了我国领导人出访时租用外国专机的历史。

周恩来对处在兴奋状态中的专机机组人员说："你们这次组织得很好，准备得很充分，任务完成得很好。民航第一次飞非洲，路是人走出来的，这次不是走得很好吗？你们回去好好休息几天，过几天我们还要出去。"他还交代："回去以后要与那些没有参加这次飞行的同志们交流经验，介绍情况，提高水平。"

这些话，带着赞誉、鼓励、感谢、体谅和关心，深深地打动了中国民航机组人员。他们暗下决心，尽快做好准备，八天以后再次送周恩来、陈毅等人去开罗。

6月18日，周恩来还未消除远程飞行的疲乏，又偕陈毅等人登上中国民航专机，踏上了正式出访"阿联"的航程，按原定计划，还将前往阿尔及利亚出席第二次亚非会议。这又是一次国际远航，在一个月内连续两次远程飞行，周恩来亲率中国民航专机组，实现了历史性的突破！中国的"雄鹰"，从此翱翔在世界的每一片蓝天上……

第十六章
安排李宗仁叶落归根

1965年7月17日,周恩来异常繁忙。处理完一天的诸多政务以后,还有一件重大的事情在等待着他。他通宵未眠,一直在静候一架由巴基斯坦首都卡拉奇机场起飞的飞机的消息。乘坐这架飞机归国的,是原中华民国国民政府代总统李宗仁先生。18日晨,周恩来接到有关部门报告:李宗仁乘坐的飞机已经进入我国境内,将先抵广州白云机场,然后继续飞上海。周恩来这才放下心来,上床稍稍合一会儿眼。几个小时后,他还要亲自到上海虹桥国际机场去迎接李宗仁。

李宗仁归国,是中国共产党和国民党关系史上的一个重大事件,也是周恩来精心安排的一次绝密行动。李宗仁流落他乡16年后,终于回到了祖国的怀抱。

  1965年7月的一天,通宵未眠的中华人民共和国总理周恩来一直担心的,却是一位原中华民国转瞬即逝的代总统。在位还不到一年零两个月的原代总统李宗仁流落异乡,寄人篱下。中国共产党领导人始终没有忘记他。深谋远虑的周恩来授意:电召程思远秘密来京,给李宗仁传递来去自由的信息。

李宗仁为什么在1965的夏天结束了他的流落史,回到他朝思暮想的祖国?这是周恩来多年来精心安排的结果。

李宗仁的流落史,要从1948年讲起。当时,全国解放战争进入第三个年头。

人民解放军不仅转入了战略进攻,而且收复和解放了大量的重要城市,包括石家庄、鞍山、运城、临汾、洛阳,以及一度解放的宝鸡、开封。国民党军队的"坚固设防"逐渐被攻破。随着刘邓等三路大军挺进中原,拥有3000万人口的中原解放区建立起来。晋察冀和晋冀鲁豫两大解放区连成了一片,其他解放区的面积也都在扩大。新中国诞生的前景,已经越来越清楚地摆在国际和国内的人们面前。这一不可逆转的形势,加速了国民党内部的动摇、分化。一直支持蒋介石打内战的美国政府也开始改弦易辙,策划"换马"。

1948年3月,在美国方面授意下,李宗仁宣布竞选中华民国政府副总统。在这之前,1947年9月8日,美国驻华大使司徒雷登在回答国务卿马歇尔的征询时曾说:一切迹象表明,"作为国民党统治象征的蒋介石,已经大大地丧失了他的地位……李宗仁上台将日益获得公众的信赖。似乎没有理由相信说他不忠于国民政府的谣言"。美国正是基于这一考虑,决定扶持李宗仁当副总统,以便在必要的时候作为蒋介石的继承者。蒋系和桂系原本就存在激烈的矛盾,美国的干预使李宗仁当选副总统的可能性极大,这使蒋介石极为恼火。蒋介石原已在党内暗定孙科出任副总统,他密召李宗仁,让其退出竞选。不想李宗仁愤然拒绝,执意参加竞选。蒋介石无奈,为标榜民主政治,不得不同意李宗仁、孙科、于右任、程潜等六人参加竞选。尽管蒋介石从中作梗,但李宗仁经过四轮投票后,最终以1438票获胜(孙科为1295票),当选为副总统,于1948年5月20日宣誓就职,成为第一任中华民国副总统。然而,这以后蒋介石与李宗仁的矛盾日益激化,蒋介石甚至密令毛人凤布置暗杀李宗仁,只是阴谋未遂。

1948年10月至1949年1月,人民解放军发起辽沈、淮海、平津三大战役。国民党精锐部队丧失殆尽,蒋介石在强大的攻势和各方压力下,不得不表面同意与中国共产党和谈。但和谈是假,继续抵抗是真。国民党内一些人和各省头头纷纷促蒋下野。在强大的压力下,蒋介石不得不考虑"引退"之事。1949年1月20日晚,蒋介石约见李宗仁,告以次日"引退"之意。21日上午,蒋介石在南京召集国民党军政高级官员百余人,举行紧急会议,表示他已非"引退"不可,让李宗仁依法执行总统职权,与中国共产党进行和谈。

1月22日,蒋介石"引退"文告发表,称:为"解人民倒悬于万一","于本月31日起,由李副总统代行职权"。同一天,李宗仁正式发表就任代总统文告,表示："中共方面所提八条，政府愿即开始商谈。"27日，李宗仁又致电毛泽东，表示"政府业已承认，以贵方所提八项条件作为和谈的基础"。

4月1日，南京政府和谈代表团一行二十余人乘机离开南京赴北平，李宗仁亲率国民党军政要员到机场送行。当晚，中共中央副主席、中国共产党和谈代表团首席代表周恩来设宴招待以张治中为首的南京代表团。

蒋介石下野，是为了稳住以李宗仁为首的桂系及其军队，使其不退出武汉地区，保住长江防线，以赢得时间扩充军队，挽救残局；而李宗仁及其桂系主和，则是想在美国的支持下，逼蒋下台，争取各方舆论，阻止人民解放军过江，达到"隔江而治"的目的。因此，和谈是虚假的，并没有多少诚意。十多年后，李宗仁在他的回忆录中说："我当总统之初，有三种任务紧迫眉睫。其一，为着结束内战，我不得不诚心同共产党人举行谈判，以求和解；其二，我不得不阻止共产党人渡过长江，以求得体面的和平。……"

然而，代总统却是有名无实的，蒋介石下野后，仍以总裁身份幕后操纵，对国民党军、政、党、特各方首领发布命令，以致南京和谈代表团在出发前，还要派张治中去溪口向蒋介石汇报"和谈腹案"，请求首肯。

李宗仁上台后，如若看清形势，以人民利益为重，是完全可以在中国历史上写下较好的一笔的。遗憾的是他没有这样做。1949年4月15日，中国共产党代表团将双方共商并最后改定的《国内和平协定》交付南京代表团。周恩来郑重宣布：谈判以4月20日为期限，南京政府是否愿意签字，须在20日以前表态，希望回南京的代表转告李宗仁政府。次日，南京代表团派黄绍竑、屈武飞回南京劝告李宗仁在协议上签字。李宗仁开始犹豫不决，最后抵不住蒋介石的压力，于4月20日深夜复电代表团，拒绝接受和平协定。在历史的关键时刻他做出了错误的抉择。

4月21日，人民解放军强渡长江，23日占领南京，当日，李宗仁等国民党军政要员逃离南京。李宗仁则飞往桂林，在蒋家王朝的崩溃中，他开始了逃亡的生涯。5月8日，李宗仁飞往广州，表示了"戡乱"到底的决心；21日，李宗仁发表告全国同胞书，承认国民党的形势"相当恶劣"，但仍声称要坚持到底。10月1日，中华人民共和国成立，标志着国民党统治中国的时代已经结束。10月11日，李宗仁又逃离广州，先到桂林，后到重庆。11月1日，他又由重庆飞昆明，之后抵南宁；30日，李宗仁由南宁飞香港，托病不理政务。12月5日，李宗仁以治病为由，从香港飞往美国。

1950年2月3日，李宗仁以"代总统"名义致电台湾"监察院"，以接洽美援为名，决定在美国遥控台湾政局。2月12日，台湾"监察院"指责李宗仁滞留美国遥控台湾政局之"谬误"，决议提请"国民大会"审议"弹劾李宗仁代总统案"。13日，国民党中央非常委员会委员联名电催李宗仁，促其返台。李宗仁以"医嘱不能远行"为由，拒绝返台。3月1日，蒋介石于台北复"总统"职。从此，代职不到一年零两个月的李宗仁，退出了国民党的政治前台，在美国过着长期流落异乡的生活。

失去了国民党内的政治权力、客留美国的李宗仁，无论从政治上、经济上，还是日常生活上说，过得都很艰难。远离了中国这一深厚的"根"，寄人篱下的日子是不好过的。而台湾当局也把失败归咎于李宗仁，1952年1月12日，台湾"监察院"通过《弹劾李宗仁违法失职案》。1954年3月10日，由国民党控制的第一届"国民大会"第二次会议投票罢免了李宗仁"副总统"职务，使李宗仁这顶副帅的帽子也被摘掉了。

就在李宗仁失去他原有政治地位的时候，美国政府对台湾地区的干涉也加强了，这回美国人插手中国内政所要依靠的，又变成了台湾的国民党蒋介石集团。

中国共产党的领导人对国民党方面的动向、对台湾局势，以至对流落海外的国民党人员，都极其关注。作为中华人民共和国总理，周恩来更是心系祖国的宝岛台湾。

1954年9月23日，周恩来在第一届全国人民代表大会上用铿锵有力的声音指出："一切想把台湾交联合国托管，或者交中立国代管，以及'中立化'台湾和制造所谓'台湾独立国'的主张，都是企图割裂中国领土，奴役台湾的中国人民，使美国侵占台湾的行为合法化。这都是中国人民绝对不允许的。"12月8日，在美国与台湾当局签订《共同防御条约》后的第五天，周恩来发表声明，这一条约是"非法的无效的"，"美国政府必须从台湾、澎湖和台湾海峡撤走它的一切武装力量，美国没有任何理由远涉重洋来侵占中国的领土台湾"。

采取什么方法解决台湾问题，这是海内外中国人共同关心的事。李宗仁作为一个中国人，他也反对美国干涉中国内政，反对制造"两个中国"的阴谋。他主张用和平方式解决台湾问题，并总想在美国与台湾之间做点事情。

1955年4月23日，在印度尼西亚的万隆，周恩来利用亚非会议的讲台，向与会的各国代表团声明："中国人民同美国人民是友好的，中国人民不要同美国打仗。中国政府愿意同美国政府坐下来谈判"，讨论"和缓台湾地区的紧张局势问题"。他公开表达了中国政府和人民在可能的条件下争取用和平方式"解放台湾"的愿望。这一信号，被李宗仁获悉了，对他很有启发。虽然他在代理总统期间没有最终选择和平之路，但是，"和平"在他心目中的比重，却比"战争"要大。在他离开香港赴美国之际，为给日后留一条回归之路，特意把与自己比较贴近的智囊人物、曾任国民党中常会委员的程思远留在了香港。程思远后来回忆说："我替李宗仁办完一切手续后，他决定把我留在香港。我估计他此次赴美治病是一时权宜之计，最后一定要回到祖国来，可能让我在香港起桥梁作用。"

在获悉周恩来的万隆会议讲话之前，李宗仁还受到过另外两件事的触动：

1951年1月，原国民政府行政院院长翁文灏从法国巴黎回到祖国大陆，成为第一个由海外归来的国民党高级人士。此人在李宗仁任代总统期间，应李宗仁面请担任过总统府秘书长，在新华社提出的战犯名单上列为第12号头等战犯。

1955年3月，原国民党中央军"五虎将"之一的陆军上将卫立煌，也不顾自己是被通缉的战犯，毅然从香港回到大陆，并发表了《告台湾袍泽朋友书》，深望数十年共患难的诸位袍泽朋友"及早醒悟"，"各自乘机量力而为"。李宗仁在任代总统时，曾下令撤除蒋介石对卫宅的幽禁令，卫立煌得以逃离蒋介石的查办，也算是受惠于李宗仁。

上述二人回归祖国，都是在周恩来的亲自过问、安排下完成的，他们回来受到了中国共产党领导人的热情接待和高度赞扬。周恩来在赴万隆参加亚非会议之前，还设家宴款待卫立煌夫妇。对这两人回归祖国，李宗仁是耳有所闻，心有所动的。

周恩来在万隆讲话以后，李宗仁倍感兴奋，他积极拥护采取和平方式解决台湾问题。随即，他于当年秋天发表了《对台湾问题的建议》，提出解决台湾问题有两条路：一是"恢复国共和谈，中国人解决中国事，可能得一和平折中方案"；一是"美国承认台湾为中国的一部分"，"撤退第七舰队，使之成为纯粹的中国内政问题，如此则战争危机可免"。他表示："个人恩怨早已置之度外，唯愿中国日臻富强，世界永保和平，也就别无所求了。"李宗仁尽量采取了比较客观的政治态度，表达了拥护祖国和平统一、反对外来干涉的主张。但是，在建议中，李宗仁也天真地提出了台湾非军事化的主张。

对李宗仁在态度、立场上的变化，周恩来已经注意到了。一个争取李宗仁归国的谋略也在周恩来心中形成。

1956年4月下旬，周恩来授意李济深："想法以你的名义告诉程思远，让他到北京来一趟，就李宗仁的问题谈谈。"李济深是著名的民主革命家、军事家和政治家，曾任黄埔军校副校长，深得孙中山先生器重；他是国民党一级上将，曾与何香凝、蔡廷锴等发起成立中国国民党革命委员会，并担任第一届主席；他在1948年中国处在历史转折的关头，毅然从香港北上，参与新中国的建立；中华人民共和国成立后，担任国家副主席、人大常委会副委员长等职。李济深还曾是李宗仁加入国民党的入党介绍人。他自然成为争取李宗仁回国理想的中间人。

李济深对周恩来的意思心领神会，当即给香港方面的朋友打长途电话："请转告程思远，希望他到北京一谈；来去自由，注意保密。"这一消息立刻转达到程思远。程思远虽觉突然，但事关重大，经过再三深思，他决定以港澳观光团成员的名义如约北上。

程思远到达北京后，周恩来于5月13日在中南海紫光阁宴请他，作陪的有李济深、张治中、蔡廷锴、邵力子、黄绍竑、屈武等故交。席间，周恩来提到了李宗仁的《对台湾问题的建议》，说："李德邻的意见很好，只有一条我不同意，他主张台湾非军事化，这怎么可能呢？就是台湾回归祖国以后，还是需要军队保卫嘛！"周恩来站在历史的高度提出："我们一贯主张全民族团结，一致对外。为了祖国和人民的利益，我们共产党和国民党自北伐战争以来曾经两度合作，并肩作战，反对帝国主义。今天，虽然两党彼此处境不同，但只要大家以民族和祖国的利益为重，国共两党仍然可以重新携手团结起来，争取第三次合作，实现祖国的完全统一。"周恩来特意请程思远向李宗仁和所有在海外的国民党军政负责人员转告这样的信息："爱国一家，爱国不分先后，相见以诚，我们赞成中国的一句古话，'和为贵'；欢迎李宗仁在方便的时候回来看看；也欢迎国民党军政负责人来大陆探亲、访友、观光，我们将给以各种方便和协助，并保证他们来去自由。"

这次谈话,长达三个小时,周恩来对程思远坦诚相见,言语感人肺腑。之后,程思远回到香港,迅速把这次谈话和北京之行函告李宗仁。

> 在异域,李宗仁引用古语:"树高千丈,叶落归根。"为从长计议,周恩来先接收了几片归根"落叶"——李宗仁捐来的字画。周恩来告诫试图介入中美关系的李宗仁:"归国万事足,无累一身轻。"并交代程思远向李宗仁转达三点意见。

对中华人民共和国总理周恩来传来的信息,李宗仁既感到兴奋,又觉得意外。兴奋的是,自己身在异国,政治立场、态度的变化以及平常的言行等,还能得到祖国的关注,中国共产党对自己还宽宏大量。意外的是,自己在中华民族面临光明与黑暗的历史关头,犯下了不可饶恕的错误,作为战犯,却听到了祖国的召唤,感受到了母亲的脉搏。周恩来的话语,加速了李宗仁那颗回归之心的跳动。

但是,表面上李宗仁却又受面子的影响,对程思远"私自"进京表示不快,他告诫程思远:"此行关系重大,事前何不相商?"同时,李宗仁申明,虽然他提出了对台建议,但自己的中间立场迄今未有任何变化。

1956年6月28日,即在会见程思远后刚过一个半月,周恩来便又在第一届全国人民代表大会第三次会议上作报告时明确表示:"中国人民愿意在可能的条件下,争取用和平的方式解放台湾。""希望一切身在海外其他地方的国民党军政人员,为促进和平解放台湾而努力。只有这样,他们才能使自己免于流落异乡、受人轻视的命运。"周恩来用他那独具魅力的声音说:"祖国的大门对于所有的爱国分子都永远是敞开着的。"这些话,说到了李宗仁的心坎上,充分体谅了他在海外的艰难处境。之后,李宗仁开始寻觅自己重回故土之路。

1958年秋天,李宗仁的心情就像秋风中的树叶,恋土依根。他耐不住这种强烈的依恋,给自己的老朋友李济深写了一封长信,表达了自己落难异国的种种心境,最后,他把这种心境归为一句话:"中国有句古语曰:'树高千丈,叶落归根。'"李济深接到信后,也很激动,为李宗仁的转变感到高兴。很快,李济深将李宗仁传来的信息报告了周恩来。

周恩来很理解李宗仁的心情,他清楚,过去的代总统和现在的李宗仁都在充当着为难角色,环境虽然变了,但寄人篱下的处境依旧。1959年4月29日,周恩来在召集年满60岁的政协委员开茶话会时,还专门提到了李宗仁,会上有很多人都曾与李宗仁共过事。他号召大家既要研究现实,也要研究历史,"这样就不会割断历史"。他鼓励大家研究蒋介石集团,并说:"谁要写蒋介石的历史,我还可以供给一些资料","1949年和平谈判时退居幕后要李宗仁代总统。他常以退为进。"可见,周恩来还是比较体谅李宗仁当时的处境的,并没有完全把1949年国共两党和谈失败的责任归咎于李宗仁。但是,周恩来认为,要了却李宗仁"叶落归根"的愿望,则要从长计议。

1959年,在新中国成立十周年到来之前,李宗仁又通过程思远转给周恩来一封信,表示自愿将他收藏的历史名画献给国家。对李宗仁的言行,周恩来很重视。9月24日,借程思远来京参加国庆十周年活动之机,周恩来第二次在中南海紫光阁接见他,主要谈了李宗仁前后两封信的事。对李宗仁给李济深信中所说回国定居一事,周恩来说:"我以为他回国的时机还不成熟,将来我请你到欧洲去同他谈谈再说。"周恩来所说的"回国时机",有多层意思:从主观上说,李宗仁还试图寻找中间立场,还不能摆脱各种复杂关系,甚至对美国政府改变对华政策存在幻想;从客观上说,作为一个前国民党政府的代总统,李宗仁的一言一行都引起美国联邦调查局和台湾当局的密切注视,回国之事操之过急,反而对李宗仁及其家属的安全不利。周恩来建议:李宗仁在适当的时候可以先到欧洲走一走。对李宗仁表示要捐赠字画一事,周恩来则欣然表示:这是李德邻爱国主义精神的表现,政府考虑接受。

程思远回到香港以后,便着手把李宗仁存在纽约的字画运到香港,后又通过有关渠道正式捐赠给北京。周恩来指示有关部门:要进行鉴别并妥为收藏。随后周恩来通知程思远:李宗仁所捐的字画,有些是真的,有些是赝品;但政府体念李先生的爱国热忱,将助他一笔赴欧的旅费,以壮行色。周恩来还指示,这笔费用由香港的中国银行支付。对此,李宗仁很受感动。1960年春,他派夫人郭德洁到香港,收受了这笔外汇。这一事件,有着重要的含义。李宗仁明白,无论自己的字画是真品还是赝品,周恩来既已指示中华人民共和国政府接收,就表示大陆对李宗仁的爱国热忱是接受的,对他的归国之心是接受的。如果说"叶落归根"的话,字画归国便表示李宗仁这棵流落他乡的"古树"已有几片"叶子"落回了他原有的土壤中。

李宗仁客居美国，既远离国民党统治的台湾，又远离共产党领导的大陆，自然对各方的外交决策不甚了了。但李宗仁想在中国和美国之间做点事情的心总是不死。

1961年1月，年轻的美国民主党人约翰·肯尼迪入主白宫。李宗仁与普通的美国人一样对这位哈佛大学毕业又当过参议员的年轻总统寄予期望。他立即给肯尼迪写了一封信，祝贺其当选总统，并希望美国政府调整对华政策，同新中国建立外交关系。李宗仁的一厢情愿，被肯尼迪不冷不热的回函堵了回去。肯尼迪回答：对外关系事关重大，将予慎重研究，但目前美国还不能调整对中国的政策。李宗仁对此愤懑不平，觉得肯尼迪这是在做不着边际的官样文章。他把与肯尼迪交往的信函寄给在香港的程思远，嘱程呈送周总理核阅。

周恩来接到程思远转来的信后，对美国政府的态度早已料知，对李宗仁的做法很是担忧。他认为，此事有关中美两国政府的外交政策，李宗仁私自斡旋只会造成麻烦。为此，他再次通知程思远来北京，商谈此事。在接见程思远时，周恩来分析道：虽然肯尼迪年轻气盛，想干出一番事业来，但摆在他面前的问题太多，再加上美国政府内长期敌视中国的势力，因此肯尼迪政府一时还不会改变对华政策。他着意强调：李宗仁不要对美国抱有过高的幻想，更不要介入中美关系。

李宗仁不知，进入20世纪60年代以来，台湾当局仍然念念不忘其"反攻大陆"之心，而以美国为首的一些国家却更热衷于制造"两个中国""一个半中国""台湾独立""国际托管"等分裂中国的舆论。

就在周恩来接到李宗仁与肯尼迪交往的信件后不久，他于6月7日约中共中央统战部负责人徐冰以及傅作义等人谈话，商讨台湾的前途和祖国的统一问题。

周恩来说：

> 必须警惕帝国主义染指或颠覆台湾，台湾当局应当"预为之计，防微杜渐"。
>
> 我们的态度是一定要解放台湾，但时间上可以等待，只要台湾当局一天能守住台湾，不使它从中国分裂出去，那么我们就不改变目前对待他们的关系，希望他们不要过这条界；我们可以耐心等待

国民党在有利时机下把台湾归还祖国，实现国共第三次合作。但当务之急要坚持反对"两个中国""一个半中国""台湾独立"和"国际托管"等谬论。

周恩来断然表示，上述分裂中国的谬论，"绝无商量的余地"。他还表明了这样的态度：

> 如果台湾当局觉悟了，下了决心，只要发表一份声明："台湾是中国的，中国的事中国人自己解决。"我们一定立即维护和支持他们。

对建立两岸交流的秘密渠道问题，周恩来也与他们进行了研究。

两个月以后的8月13日深夜，周恩来再次约程思远到中南海西花厅，就李宗仁回国等问题晤谈。谈话中，周恩来分析了美国政府在内政、外交上的困境。他认为，李宗仁回国的时机尚未成熟。他要程告诉李：我们不期望他马上回来，如果他愿意先派人回来看看，我们同意。希望李宗仁先生超脱一点，坚持民族气节，不必急于近利，要注意晚节，将来会得到人民的谅解的。周恩来还关切地询问了在香港的国民党军政人员及香港的经济等情况。

为了让程思远等人将眼光放远一点，周恩来提醒他注意国际局势的变化："日本军国主义复活是个隐患。日本的动向值得注意。"

程思远传去周恩来的话后，李宗仁有些听进去了，而有些并没有听进去。在后来的两年中，李宗仁并没有放弃对美国的幻想，相反却总想私自在中美关系上"有所作为"。他并不完全理解中国政府的原则立场：中美关系的正常化必须以美国军队撤出台湾地区为前提。

当然，李宗仁眷恋祖国、向往新中国的心是不变且越来越热的。

1963年4月，李宗仁按照周恩来的嘱咐，偕夫人郭德洁到欧洲小住。夏天，李宗仁接受意大利《欧洲周报》女记者古斯托·玛赛丽的采访，他表示：

> 一个中国人，即使是他的国家的前总统，一个流亡美国的人，偏偏又是一个资本家，但还是可以说他的敌人的好话，还是可以称

赞那些赶走他的人，称赞同他过去的世界相反的社会和政治制度。我不是共产党，我甚至不喜欢共产党，但是我不否认今天共产党为中国所做的事情；我宁愿继续做一个诚实的人和可怜的政治家，但我不能不说实话，中国从来没有像现在组织得这样好。

最后他说："我由于自己的失败而高兴，因为从我的错误中一个新中国正在诞生，什么时候我们曾经有过像今天这样一个强大的中国呢？"

玛赛丽把李宗仁的谈话以《李宗仁先生访问记》为题，发表在7月14日出版的《欧洲周报》上。

尽管李宗仁自称"不喜欢共产党"，但是他对共产党的事业和共产党的政绩是由衷称赞的。一个曾经是共产党政敌的国民党前代总统说出这番话，也是不容易的。通篇谈话表露了他向往新中国的强烈愿望。

在欧洲期间，根据周恩来的意图，李宗仁约程思远于当年12月在苏黎世会晤。行前，程思远于11月中旬到达北京，先向周恩来请示。百忙之中，周恩来于11月15日夜约程思远到西花厅家中谈话。

程思远汇报了李宗仁的最新情况，说："李宗仁回国的心情甚为急迫，他怀念祖国，不愿老死异域；他想叶落归根，向历史做个最后的交代。"

周恩来听完汇报，嘱咐程思远：到欧洲后，要客观地向李宗仁介绍国内的情况，多征求他的意见。同时，周恩来交代程思远，向李宗仁转达三点意见：

（一）我们欣赏李德邻"怀念故国、叶落归根"的想法，并把他看作是"有影响的爱国人士"。但是，"不把他看成代表哪个方面"，李德邻不要怀念过去代总统的头衔，"那是反动年代的头衔，已成过去"。

在第一点意见中，周恩来着重告诫李宗仁，要他摆脱美台关系、国共关系、与第三势力的关系、中美关系。周恩来认为，前三种关系，李宗仁有的已经断绝，有的可以防止，但"第四方面可能还未完全摆脱"，"德邻总想在中美之间做点事情，这不符合我们的国策，今天也不需要"。"不管是艾森豪威尔、肯尼迪，还是洛克菲勒，他不改变敌视新中国的政策，我们就是若即若离。"他再次劝告："归国万事足，无累一身轻。""1961年我就向你谈过，德邻以不介入中美关系为好。今天更应该断绝这种念头。这种事对他个人也不会有好结果，甚至可能给他的晚年增添些麻烦。"

（二）关于李宗仁到欧洲后的去处，由他自己决定较好，"一切不强加于人"。周恩来一再强调由李宗仁自己决定去处后，也替他设想了四种可能性：第一，重回美国，料理些事情；第二，回国看看，住一个时期，然后再出去；第三，留在欧洲；第四，如果他决心回国定居，我们表示欢迎，"回来当然不那么简单，还须从长计议，做些安排"。

讲完这四种可能性，周恩来再次强调："总之，我们欣赏德邻先生向往祖国之心，但一切不强加于人，由他自己决定。"

（三）"如果德邻先生决心回来，我们就要从各方面替他设想周到。"对新中国成立14年来的巨大变化，李宗仁要"有所准备"。

周恩来所说的"有所准备"，主要是"过五关"：过思想关、政治关、家族关、社会关、生活关。他认为："青年一代要过五关，老年人、封建时代的朋友，也要过五关。"

周恩来再三嘱咐程思远："见到德邻先生时，要把谈话内容如实地转达给他，客观介绍国内情况，并多听他的意见。"最后他向程思远表示："对他回国的有关问题，我们尽量周密考虑。如果他决心已定，你可以通过瑞士大使馆和我们联络，商定具体安排。"

带着周恩来的嘱托，程思远于12月19日飞抵苏黎世，把周恩来的三点意见如实地转达李宗仁。李宗仁被周恩来那入微的体贴、周到的考虑和细密的作风深深感动，虽然他"回国心情甚为急迫"，但是回国定居事关重大，正如周恩来所说，"还须从长计议，做些安排"。所以，李宗仁选择了周恩来的第一种设想，于当年圣诞节前赶回了美国，给联邦调查局和移民局吃了颗"定心丸"，为日后第二次离美回国做了行动上的准备。

经过周恩来的周密策划、安排，李宗仁回国万事俱备。1965年7月，周恩来接连两次在北京和上海的机场迎接同一个人。李宗仁终于叶落归根，回到祖国的怀抱。

周恩来提出"从长计议"的谋略，为的是替李宗仁找准回国的时机。

1965年春，得知李宗仁执意要回国后，周恩来分析了国际国内的有利形势，果断地提出：李宗仁回国的时机已经成熟。他请程思远转告李宗仁：李宗仁的夙愿，可以如愿以偿。这一信息，通过秘密渠道迅速传往美国新泽西州李宗仁的住处。李宗仁心领神会，以最快的速度于4月22日到美国移民局办妥去欧洲的护照。此次，美国移民局仍以为李宗仁夫妇是去欧洲旅行，故未向联邦调查局报告。

经过一番准备，6月13日，李宗仁离美飞往瑞士苏黎世。北京的周恩来和香港的程思远几乎同时获悉了这一行踪。第二天，周恩来通知在香港的程思远：迅速来京，商议接李宗仁回国的有关事宜。

此时的周恩来，正在做出国的准备，他将出访"阿联"，然后到阿尔及利亚出席原定的第二次亚非国家首脑会议。6月15日，周恩来前往杭州，向在那里的毛泽东汇报有关第二次亚非会议的问题。次日，刘少奇任命周恩来为中国出席第二次亚非会议政府代表团团长，陈毅为副团长。

6月18日，周恩来和陈毅应邀离京赴"阿联"访问。不巧的是这天正好是程思远从香港飞抵北京的日子。周恩来只好委托国务院秘书长周荣鑫、中央统战部部长徐冰、总理办公室主任童小鹏等人接待程思远，并请他们向程思远转告下列安排：

（一）政府发给李宗仁先生一笔回国旅费，由程思远带往瑞士面交。

（二）同时发给程思远一笔旅费，请他把李先生接回来。

（三）程思远到苏黎世时，将有负责同志同他联系，帮助他解决有关问题。

尽管美国方面并没有在意李宗仁此次赴欧的行踪，但台湾国民党方面却对此有所警觉，他们派遣许多特务在苏黎世、日内瓦、卡拉奇等地频繁活动。

7月7日，周恩来出访归来后，亲自周密安排李宗仁的行动。7月9日，中共中央调查部写了一份《关于李宗仁回国有关问题的意见》的报告，周恩来阅后立即批示："拟同意，即送主席、刘、朱、邓、彭、陈等核阅。"报告送到毛泽东手中，毛亦批示："拟以第二方案（按：指程思远建议，李一进国门就在机场发表书面声明并接见记者，说明回国原因和反帝爱国立场）为较好。"

方案定下来后，周恩来要求各有关方面立即付诸实施。

7月12日，周恩来得到消息：台湾国民党方面可能已经知道了李宗仁的行动。他立即通知我在苏黎世的有关人员：李宗仁一行务必在13日下午2时离开苏黎世，前往卡拉奇。李宗仁按周恩来的安排准时起飞。果然两小时后，台湾人马就带着白崇禧的亲笔信找上门来。李宗仁一行飞抵巴基斯坦卡拉奇机场后，中国驻巴大使丁国钰立即按周恩来的指示，通过自己的私人关系，将汽车直接开到了飞机的舷梯下，绕过安检等手续，把李宗仁等人迅速接到大使馆内。

在北京的周恩来，有一个想法：准备提请中共中央批准，由自己亲自到机场迎接李宗仁。还在国外的李宗仁哪里知道，在当时的情况下，他在全国人民心目中仍是"战争罪犯"，属"反革命分子"之列。周总理要亲自出面迎接，是需要做许多人的思想工作的。

也是在7月13日这天，周恩来就一些人在李宗仁回国问题上还有些思想不通一事，约见原国民党1949年参加国共和谈的代表团人员及桂系有关人士张治中、邵力子、章士钊、黄绍竑、傅作义、黄琪翔等18人。谈话中，周恩来就李宗仁即将回国的问题单刀直入，他说：

我们是历史唯物主义者，我们看人，关键是看本人的表现和转变。李宗仁先生这次回来是自觉的。这次回来，还要对他讲四种出路。

我们说话是算数的。李宗仁回来，我们欢迎。大家看形势应当高瞻远瞩，要看大的方面，不要净看鸡毛蒜皮，心情就舒畅了。

希望大家去迎接李宗仁，多同他谈谈。我工作虽多，也要抽时间见李宗仁。

对李宗仁的接待问题，周恩来试探性地说：

我是否去接，还要报中央。张文白（张治中）回来时，我没有去接，因为他先去奉化才来北平，这次我如去接李，文白可能会有意见。

在场的张治中等人表示："我们无意见。"

1965年7月18日，周恩来等人到机场迎接李宗仁回国

周恩来接着解释说："这不是个人问题，也不是愿不愿意的问题，这是政治问题。"他说服大家："请你们也去迎接，并且今后可同李宗仁多谈谈。"

经报中央，周恩来的想法得到同意。7月15日，周恩来与毛泽东商定，由周恩来借陪乌干达总理奥博特去上海之机多留几天，以便在那里亲自迎接李宗仁，并与李一同回北京。

7月16日，周恩来再次拟定李宗仁行动计划，嘱有关部门立即电告中国驻巴大使馆，并交代大使丁国钰亲自陪同李宗仁同乘巴航班机回国。

7月17日，就李宗仁转道巴基斯坦回国的行动计划，周恩来指示中共中央调查部转告丁国钰："仍按原计划不变，你同李宗仁等同乘巴航班机回国，到达上海后将有负责人等他。"接到指示后的丁国钰当天便安排李宗仁上了巴航的班机。

在上海，周恩来得知李宗仁乘坐的巴航班机已经起飞，但同时又得知台湾国民党方面已经做了拦截的准备。就是这一天，担心李宗仁安全的周恩来通宵未眠……

7月18日上午，周恩来早早就来到上海虹桥机场，等候李宗仁乘坐的班机到来。利用空隙时间，他在机场内的休息室对前来迎接李宗仁的人士再次做工作：

> 李宗仁能回来，我们欢迎。人重晚节，这是符合历史唯物主义的。一个人的阶级出身并不能影响自己的觉悟，一个出身反动阶级的人，如果能觉悟的话，还是可以为新的阶级服务的。希望大家不要有"老革命不如晚革命，晚革命不如不革命，不革命不如反革命"的想法，要看到李宗仁回国可以在另一方面发生影响。

周恩来还交代："你们回去还要为三军做些解释。"

中午，李宗仁夫妇和程思远等人乘坐的飞机徐徐降落在上海虹桥机场。他们万万没有想到，周恩来总理偕陈毅、叶剑英等党和国家领导人以及上海党政军有关负责人早已等候在机场了。

当晚，周恩来在上海文化俱乐部设宴招待李宗仁夫妇一行。

7月19日，又在上海文化俱乐部，周恩来与李宗仁进行了正式会谈。周恩来风趣地说："李先生万里归来，我们很为你的安全担心。台湾方面到处打听李先生的消息，但所得到的消息都是不准确的，他们的情报落后了。"

接着，周恩来讲到了中美关系、台湾问题、第三势力和李宗仁的出路等问题。他强调："第三势力活动肯定没有前途。但总还有一部分人要搞，同时必然依附于一种外力。不论靠美国或是靠日本，都必定要失败。"他再次向李宗仁讲了"四可""四不可"的原则，重申了来去自由的政策，并要求李宗仁正确对待"过五关"的问题。

能顺利地回到祖国，李宗仁感慨万千。他对周恩来的周密安排表示深深的感谢，对中国共产党人不计前嫌的宽广胸怀表示十分佩服。

7月20日上午，周恩来乘坐的专机比李宗仁所乘的飞机早20分钟离开上海，飞抵北京。上午11时，当李宗仁到达首都机场时，周恩来再次在机场热烈欢迎他。这一次的欢迎，周恩来率领的人更多，阵容更大。除了彭真、贺龙等党和国家领导人外，还有首都各界人士。共和国总理接连两次在北京和上海两大机场迎接同一个人——一个过去的政敌、历史的"罪人"，这是极少见的！

1965年7月，周恩来会见从美国回到祖国的原国民党政府代总统李宗仁和夫人郭德洁。右一为彭真，左一为张洁清

在机场，周恩来向李宗仁介绍了前来迎接的各方要员，其中一位，便是清朝的末代皇帝溥仪。溥仪是前几年被政府释放的战争罪犯，他现在在北京过着平民般的生活。溥仪与李宗仁相见，是周恩来有意安排的。周恩来之意，清朝的末代皇帝经过改造，已经以一个普通公民身份被中华人民共和国接纳了；原中华民国的代总统，必定会从末代皇帝身上得到一些启示，早日融入社会主义中国的公民队伍中。

李宗仁在机场大厅宣读了早已拟好的声明，表示自己毅然从海外回到祖国，期望追随全国人民之后参加社会主义建设等意，并说："深冀我留台国民党军政同志，凛于民族大义，也与我采取同一步伐，毅然回到祖国怀抱"，"为完成国家最后统一做出有用的贡献。"

自从踏上祖国土地后，李宗仁无论在政治生活还是在个人生活上，都受到了周恩来无微不至的关怀。李宗仁归国，受到中共中央、毛泽东主席的热烈欢迎，所到之处，他都得到了党和国家各方面诚挚而周到的接待。中共摒除前嫌，对他待以上宾之礼；祖国和人民也原谅了他的过去，以宽广的胸怀接纳了他。李宗仁最终实现了"叶落归根"的夙愿。

　　李宗仁"归根"一年后,"文化大革命"便开始了,他被周恩来列入受重点保护的范围。不久,李宗仁的身体健康状况急剧恶化,临终之时,他仍深感回到祖国是"无比的光荣"。他给毛泽东和周恩来留下了几瓶洋酒和一份"历史文件"。

　　自回国以后,李宗仁感慨万千,从他与毛泽东、周恩来等中国共产党领导人的再次接触中,他比当年两军对垒时更了解他们了。毛泽东、周恩来等人宽广的胸怀、深邃的目光、渊博的学识和治理国家的能力,给李宗仁留下了极为深刻的印象。

　　但要让寓居国外多年的李宗仁尽快适应国内的生活,并不是一件容易的事情。为帮助李宗仁做到这一点,周恩来交代有关方面,对李宗仁的思想、生活要多加照顾。

　　在周恩来的安排下,自8月份起,各有关方面和个人对李宗仁的宴请、招待便接二连三不断。

　　8月6日,周恩来亲自主持中国人民政治协商会议全国委员会举行的茶会,欢迎李宗仁和他的夫人郭德洁回国。

　　十天以后的8月16日,傅作义夫妇以老友身份为李宗仁夫妇和程思远举行了家宴,周恩来欣然前往出席。

　　8月17日,贺龙和罗瑞卿又出面举办了招待李宗仁的宴会,周恩来再次出席。不久,张治中、程潜等前国民党的重要人物都出面宴请李宗仁,周恩来都应邀出席作陪。

　　为表示对各方面的统一答谢,12月2日,李宗仁也举办了一个大型宴会,答谢的对象,包括中国共产党和国家领导人以及各民主党派负责人。

　　没想到,李宗仁回到国内后,还没过上几天的好日子,夫人就一病不起。1966年3月21日,郭德洁在北京医院病逝。周恩来得知后,当天便到北京医院向郭德洁的遗体告别,并对李宗仁表示安慰。

　　第二天,一场天灾又降临华北,河北邢台地区再次发生强烈地震。这时北京也出现了许多谣传,为此周恩来指示有关部门:

（一）对地震的发生，要做到提高警惕和保持镇静相结合。对自然界作斗争，首先要保持镇静，要有冷静的头脑，才能掌握情况，掌握动向，研究对策，采取措施。

（二）加强震中现场观测。立即派飞机把地震仪送至尧山和耿庄桥，迅速沟通尧山、耿庄桥经石家庄至北京的有线和无线专向通信，保障地震情况及时上报。

（三）地震区要提高警惕，预做准备，减少损失。

（四）对谣言要追究。要区分两种情况，对以讹传讹，传错了的，要给予批评教育，及时解释，以镇静的精神使谣言自释；对别有用心的、坏分子乘机造谣的，追查清楚后，要彻查严办。

地震的威胁，很快就过去了；而李宗仁丧妻的痛苦，不久也得以治愈——在有关人士的关心下，他与北京医院的护士胡友松结了婚。

不幸的是，另一场人为的政治灾难，却降临到中国大地。

就在李宗仁回国前后，中国历史进入了一个特殊的时期，顺境与逆流交织发展。新中国成立16年来，祖国发生了巨大的变化，国家政治上独立，经济上有了较大的发展，人民生活有了明显的改善，我国的国际地位逐渐提高，在国际事务中发挥着重要的作用。尤其在李宗仁回国的时候，在祖国建设方面，党和国家吸取了"大跃进"以来的经验教训，逐步探索国民经济稳步发展的规律，在"调整、巩固、充实、提高"的方针下，国民经济的发展和综合国力的提高已经令世人瞩目。

1965年，我国出现了一派欣欣向荣的景象。然而，光明后面也潜伏着暗流。"左"的指导思想时常干扰国家建设，尤其是1962年以后，根据两个阶级、两条路线斗争的理论，阶级斗争这根弦在人们头脑中越绷越紧。由于中苏论战的扩大，中国共产党内部担心出现现代修正主义的疑虑越来越强，社会主义教育运动也扩展开来。

李宗仁回国不久，"文化大革命"这场政治动乱，便悄然登上中国的历史舞台。"文化大革命"初期，由于李宗仁的特殊地位和毛泽东、周恩来的关照，他未受到冲击。但是1966年8月18日以后，红卫兵迅猛发展，在林彪、江青一伙的煽动下，一些幼稚无知的红卫兵对党的统战工作对象发起了粗暴的冲击。

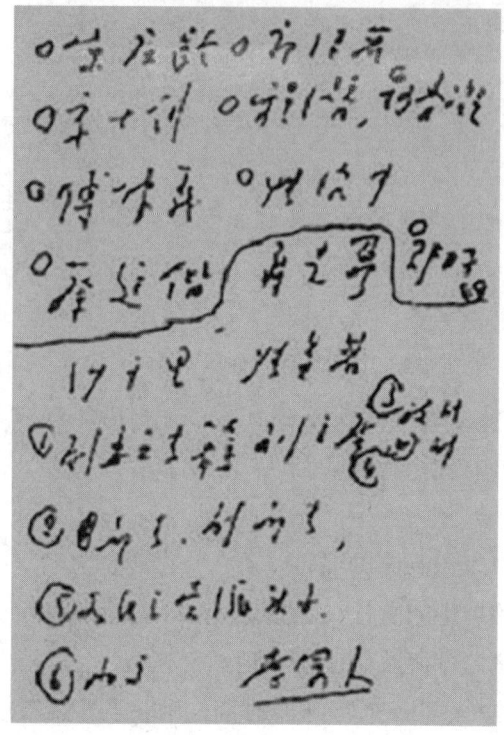

周恩来开列的应保护人员名单及范围

大批民主党派负责人、无党派爱国人士、工商业者上层代表人物以及少数民族、宗教、华侨界的头面人物等被红卫兵抄家、揪斗。周恩来担心的事一件一件地发生了。为了阻止这种无知甚至别有用心的行为进一步蔓延，1966年8月底，征得毛泽东同意，周恩来亲笔手书了应予保护的党外高级干部的名单、范围、原则和具体办法。其中，他开列了宋庆龄、章士钊、程潜、何香凝、傅作义、张治中、邵力子、蒋光鼐、蔡廷锴等原国民党方面高层人士。在名单的末尾，周恩来还特意添上了"李宗人"（应为李宗仁）这三个字，他担心李宗仁刚回国，还没有适应大陆的政治环境，更容易被冲击。

中央统战部按照总理指定的范围，又开列了一份详细的党外人士名单，上报周恩来。不久，周恩来批准了这份名单，并责令部队和公安部门把一大批民主党派、无党派领导人和高级干部保护起来。同样，给李宗仁家里派去了两名解放军卫兵。

李宗仁的新夫人胡友松，却没有躲过政治斗争的风浪。9月，红卫兵欲将胡抓去批斗，到李宗仁家里来要人。周恩来得知后立即在一份报告上批示："胡友松有错误可以批，但不能到李宗仁家里去，不能在李宗仁家搞斗争。"

1966年10月1日，天安门广场上举行了庆祝中华人民共和国成立17周年的盛大集会。然而，这一年的国庆日却与往年明显不同。广场上人手一本红塑料封面《毛主席语录》，形成了"红宝书"的红海洋；那些手拿"红宝书"的人，个个像红卫兵一样身穿草绿色军装，又形成了一片绿色的海洋。这一年高呼"毛主席万岁！万万岁！"口号声比往常更为震天撼地。连红卫兵小将的代表也像外国元首一样被邀请到天安门城楼上，站在最高统帅毛泽东主席的身旁。

李宗仁也被邀请参加国庆17周年的庆祝活动，登上天安门城楼。大会开始前，即将上主席台的人们几乎都在后面的休息厅里休息。李宗仁坐在沙发上，他的两侧，左边坐的是程潜，右边是傅作义。他们正在吃茶谈话的时候，突然间门口走进一位身穿黑色服装，披着黑披风，头上戴一顶帽子，遮上一块黑纱的妇女，看上去好像教堂来的修女。她进屋揭开面纱，很多人都霍地站了起来。她走到程潜面前和程握手之后，因为李宗仁没有站起来，她就越过李宗仁和傅作义握手招呼了。她走过之后，李宗仁悄声问傅作义："她是谁？"傅作义说："她是毛主席的夫人，你怎么不认识呢？"李宗仁神色不安地说："我只是在毛主席去年请吃饭时见过一面。她现在改了服装，我都认不出来了！"李颇觉得失礼，后悔不及。

过了一会儿，周恩来走了过来，李宗仁不安的心情才算稍稍平静了些。周恩来亲切地向他伸出右手，关切地说："德邻先生，我看你还是到解放军301医院去住几天吧，红卫兵是些年轻人，有革命热情，但不大懂党的政策，你可能也会受到他们的干扰。"

李宗仁备受感动，但他觉得自己仍未受到冲击，不应给周总理添麻烦，因此回答："我不去，我住在家里很好。"

周恩来问："你那里有没有红卫兵去闹呢？"

李宗仁说："没有。他们要来我也不怕。"

听到这一自信的回答，周恩来哈哈一笑，赞赏地说："好！你倒想得开，我也放心了。"

这以后,"文化大革命"运动以人们预想不到的速度,向人们预想不到的方向发展。不久,李宗仁的处境也越来越不好。周恩来得知后,极为关心,在他的一再关照下,终于把李宗仁接到解放军301医院将军楼,以治病为由保护起来。与忧虑的心情相随,李宗仁的身体状况也一天天恶化。

1968年8月,李宗仁因大便出血甚多,赴北京医院检查被确诊患了直肠癌。后由有名的肿瘤大夫组成一个医疗小组,拟出治疗方案,并经周恩来核定。切除手术做得很好,9月下旬,李宗仁出院,迁居至北总布胡同新公馆休养。虽然手术是成功的,癌毒也未扩散,但是因他多年久患肺气肿,心脏已呈衰竭迹象,身体已经差多了。9月30日,他应邀出席了庆祝国庆19周年的人民大会堂国宴,在宴会厅待了两个小时,回家以后,体力不支,次日又病倒住院。李宗仁的身体状况和病情变化,周恩来倍加关心,他后来对程思远说:"当时发给李先生两张请柬,一是出席宴会,一是上天安门。我的意思是要他不参加国宴而上天安门城楼亮一下相,即回家休息。但这一决定没有能够贯彻下去,以致出事。"

李宗仁再次入院后,曾请中医国手诊治,但他虚不受补,成效甚微。1969年1月25日,他又得了一场肺炎,由于青霉素发生抗药性作用,抢救未能成功。1月26日,在病危中,他气喘吁吁地说:"我的日子不会再有多久了。我能够回来死在自己的国家里,这是了我一件最大的心愿。"停了一会儿又说:"回来以后,本想在台湾问题上,做点工作——我的那些想法,曾对你(尹冰彦)讲过,还没来得及向周总理提出,现在什么都来不及了。台湾总是要统一的,可惜我是看不见了。这是我没有了却的一桩心事。那些书(指李宗仁带回的很多线装书,如《二十四史》《四部备要》等),送给广西图书馆。书画送给政府。那几瓶酒送给毛主席、周总理吧!"

李宗仁临终之时不忘的几瓶酒,是颇有来头的。其中大部分是法国白兰地和英国威士忌,都有两个多世纪的历史了。仅在他手中就保存有几十年之久,一直舍不得喝。酒瓶上都有历代专家鉴定的签字和贴有收藏家的签名封条。有两瓶是抗战初期李坐镇徐州时,那位与英国人关系很深的华东大企业家杨树诚送的。其余的是中国金融界以收藏名酒闻名的金城银行董事长周作民送的。这些酒,由外国进入中国,又由李宗仁带到美国,然后又带回中国,始终没有开封品尝。他说,这种酒可以入药,非常名贵。

在病榻弥留之际,李宗仁口授了一封信给毛泽东和周恩来,表示感谢之意。

他在这封简短的信中说：

> 我在1965年毅然从海外回到祖国所走的这一条路是走对了的。
>
> 在这个伟大的时代，我深深地感到能成为中国人民的一分子是一个无比的光荣。
>
> 在我快要离开人世的最后一刻，我还深以留在台湾和海外的国民党人和一切爱国的知识分子的前途为念。他们目前只有一条路，就是同我一样回到祖国怀抱……

1969年1月30日午夜12时，李宗仁在他78岁的这年，与世长辞。所幸的是，他最终在祖国的土地上了却了"叶落归根"的愿望。

第二天一早，周恩来审阅了送来的关于李宗仁的治丧报告，他亲自将报告中遗体告别仪式"拟由全国政协副主席傅作义主持"改为"由全国政协主席周恩来主持"，并安排由香港《大公报》《文汇报》发表李宗仁病逝的消息，同时刊登李的照片；此外，还在参加遗体告别仪式的名单中加上了国务院副总理谢富治和全国人民代表大会常务委员会副委员长郭沫若的名字。毛泽东批准了周恩来修改的治丧报告。

2月1日，周恩来亲自主持了李宗仁遗体告别仪式。在仪式上，他称李宗仁在弥留之际口授的那封信为"历史文件"，说它充分体现了李宗仁深深的爱国之心和远大的历史眼光。

李宗仁虽然回国不久就去世了，但他的回归在海峡两岸和国际社会引起的震动，他叶落归根的举动对中华民族和平统一事业的重要影响，都在历史的篇章中写下了重重的一笔。而周恩来，就是主笔的人。

第十七章
主持制订第三个五年计划

　　从1961年开始，经过几年的国民经济调整，到1964年，人们无论对国家的感受还是对小家庭的感受，也无论是生活状况还是精神面貌，都与前些年有了明显的不一样的变化。

　　几年前，在国民经济极度困难时期，许多人还吃着树皮、草根之类的东西；为让中国人吃饱饭，中央还批准过加紧生产人造肉精和一系列代用食品……到国民经济调整的后期，人们终于再次扬眉吐气起来！生产发展了，衣食富足了……困难时期一去不复返了；原子弹爆炸了，划时代的音乐舞蹈史诗《东方红》成功上演了……中国人的物质生活和精神生活都发生了巨大的变化，中国的综合国力也强大起来了！

　　这个时候，一个无可辩驳的事实摆在世界面前：中国的国民经济和社会发展，已经从最困难的时期转向全面性的恢复，并一步步走向辉煌。

　　这时的周恩来，心情却并不轻松。

　　　　中国这几年调整的目的，不仅在于发展数量，还在于增加品种、提高质量，使工业产品的数量同品种、质量，以及各种工业产品之间，都均衡地发展起来。

　　　　现在，调整的任务已经基本完成。经济形势已经好转并将要有新的发展。……

这段话,是 1964 年年末的 12 月 16 日,周恩来在会见 38 年前在陕北安塞结识的美国作家埃德加·斯诺时所说的。

人总是在老朋友面前袒露自己的心声。在这次谈话中,头脑冷静的周恩来,也向这位老朋友讲了自己的真心话:

> 中国人口多,从需要量讲,经济还很落后,要变成现代化的国家,还需要相当长的时间。中国的情况复杂得很,搞了 15 年经济建设,老实说,我作为总理还没有学会呢!我们都在学习。

言下之意,周恩来并不满足于调整工作所取得的那些显著成效。他考虑的问题,更深、更远。

> 在开始讨论"三五"计划的时候,为了防备外敌入侵,毛泽东提出了下一步发展的战略构想:没有后方不行,要搞一、二、三线的战略布局,加强三线建设。当国内经济形势已经好转的时候,毛泽东仍然担心,党内会不会出现修正主义。根据备战的思路,由周恩来主持制订新的国民经济计划的工作从 1964 年夏天起便紧锣密鼓地开展起来。在周恩来的思路中,不得不考虑国防和战争问题的重要性。

进入国民经济调整的后期,从 1964 年 5 月份起,中共中央就开始着手考虑如何把一个生机盎然的中国带入下一个国民经济计划时期——第三个五年计划时期的问题。

新中国的国民经济和社会发展计划,历来是在政府总理周恩来的主持下制订的。

1964 年 5 月 15 日至 6 月 17 日,中共中央在北京举行工作会议,讨论了农业规划、农村工作、政治工作、反修防修、两种劳动制度、两种教育制度等问题。值得注意的是,会议还有另外两项重要议程:一是讨论 1966 年至 1970 年的中国第三个五年计划,另一是讨论培养接班人的问题。

会前,毛泽东曾指出:农业、国防是拳头,基础工业是屁股,要使拳头有劲,屁股就要坐稳。

会议期间，毛泽东从存在着新的世界战争的严重危险的估计出发，找刘少奇、周恩来、邓小平等人谈了他的想法：在原子弹时期，没有后方不行。为此毛泽东提出了中国下一步发展的战略布局："三五"计划要解决全国工业布局不平衡的问题，要搞一、二、三线的战略布局，加强三线建设。

毛泽东的这一想法，主要是为了防备敌人入侵。他所说的一线，是指我国的东部沿海地区；二线是指中部地区；三线是指西部地区，包括西南的云南、贵州、四川三省以及湘西、鄂西，西北的陕、甘、宁、青四省区以及豫西、晋西地区。同时，真正打起仗来，各省又互为二、三线。

按毛泽东的认识，危险不仅来自战争，而且来自我们自己内部。会上根据毛泽东、刘少奇等关于全国基层有三分之一的领导权不在我们手里的分析，提出要放手发动群众彻底革命，追查"四不清"干部在上面的根子。

经济已经好转，社会发展出现少有的生机，但毛泽东仍然担心，在有战争爆发危险的同时，党内会不会出现修正主义。他考虑，必须加强培养革命事业接班人的工作。

会后，农业、国防、基础工业三项，成为考虑下一步国民经济计划的主要内容；新的世界战争的危险性和一、二、三线布局的战略性，成为考虑国民经济计划的出发点。

进入国民经济调整的后期，在我国的经济生活中，周恩来所侧重去做的，不仅是要进一步主持国民经济的调整工作，使经济形势向更好的方向发展，而且还要主持制订国家的发展计划，尤其是第三个五年计划的工作。千头万绪的重担，更集中地压在周恩来的肩上。

战争的危险性，同时存在于周恩来的脑海中。在五六月份召开的中央工作会议期间，为体现战备问题的重要性，周恩来曾于6月1日指示国家计委：

> 有关备战方案中的各项工程，必须分期列入有关各部年度计划内，不能落空。

然而，仅有现实的考虑是不够的，要制订下一步的国民经济计划，必须对以往计划实施中的经验进行认真的总结。周恩来陷入深思中……

1964年6月10日至19日，周恩来在接待来访的坦桑尼亚第二副总统卡

瓦瓦及其率领的政府友好经济代表团时,这样谈到中国的建设经验:

> 十多年来,我们在建设中有两个方面的经验。当然主要是好的一方面。有一个时期,错的方面多一些,但是已经改过来了。我们是个大国,很容易把国家计划的框框搞大了。这也很自然,因为落后,所以就更加想搞得大些、多些、快些。

6月26日,周恩来在接见马里共和国发展部部长库亚特时,进一步说到建设经验:

> 首先要考虑和解决国内的需要,做到大部分可以自给,只是少数必要的东西从国外进口,比如精密器材。这样就可以减少外国的经济压力。要满足人民生活需要,首先要自立地把吃的、穿的、用的生活必需品搞起来,这是第一步,在这同时还要搞水力、火力发电,第二步是搞重工业,这也是必要的。

7月1日,他在接见以国家计委副主任阮昆为团长的越南劳动党中央干部团时,则从战备的眼光来谈建设经验:

> 工业布局问题,从战争观点看,要设想一、二、三线,不但要摆在平原,也要摆在丘陵地区、山区和后方;工业太集中了,发生战争就不利,分散就比较好;在安排次序时要首先注意农业,解决吃、穿、用的问题,先搞有助于农业发展的生产资料,要全面衡量考虑,既要建立自主的经济,但也要有步骤,要有轻重缓急。

7月11日,在缅甸访问期间,周恩来应缅甸联邦主席吴奈温的请求,从总结我国建设经验的角度,对缅甸的经济建设谈了自己的看法:

> 我们经济的目标是发展工业、农业、贸易、财政金融。这是很复杂的工程。在农业生产方面,缅甸有富饶的资源,如果农民生产

力解放，多搞一些水利建设，政府充分供应农民所需要的生产资料，农业生产就会有很大的增加，可以增加出口，国家收入就可以增加，这是最迫切的经济任务；在工业方面，政府需要发展工业来领导经济，可以利用外援，首先建立为吃、穿、用服务的轻工业和生产农业生产资料的工业和农产品加工工业，以积累资金，然后再逐步发展重工业、机械工业；商业方面，国家应该控制对外贸易和批发商业，商业不像工厂可以计划，管起来很复杂，如果过急就会阻碍经济的流通，造成黑市，因此，政府应该先掌握大的批发商业，打击投机倒把者，至于本国的私营中小商业，总有对人民有利、服务于经济流通的一面，应该加以利用，在商业上必须稳步前进，市场才能流通；财政方面，主要是节约问题，使每年预算能有盈余，最重要的是反贪污。总之，必须发展工业、农业、贸易、财政金融，国家才能富强起来。

10月5日，他在北京接见缅甸政府代表团时，又一次谈到革命和建设的经验问题：

我们革命的经验，是从群众中来，到群众中去，是从实践到理论，再提高思想。把马列主义同中国革命实践相结合，这便是毛泽东思想。在党内，在工作中，在战争中，我们必须吸取右倾和"左"倾两方面的经验。中国革命是经过这样的经验教训才取得胜利的，现在我们正进行社会主义建设，也是如此，目前正在总结经验，但还不够。

到了这年的年底，周恩来在12月19日接见"阿联"副总理阿齐兹·西德基时，对中国的建设经验又做了这样的谈话：

我们的经验，国民经济的安排，农轻重的顺序不是偏废的一面，要同时搞。但重点是农业，其次是轻工业，有原料也要搞重工业。社会主义国家建设搞得不错，经济上也有一定的力量，但有一个弱点，农业没有搞好。

……

凡此种种,周恩来所谈,既是中国实践经验的总结,也是他个人在领导政府经济工作中的切身体会。无论总结还是体会,毫无疑问会对"三五"计划的制订起到重要的借鉴作用。

在周恩来所总结的经验中,最核心的问题是"首先要考虑和解决国内的需要","在安排次序时要首先注意农业,解决吃、穿、用的问题"。当然,战争的形势和毛泽东对战争问题的考虑,也在他的思考当中。

根据毛泽东从备战角度出发的思路,由周恩来主持,制订新的国民经济计划的工作从1964年夏天起便紧锣密鼓地开展起来。

在整个20世纪60年代,由于特殊的国际国内环境,战争的阴影和阶级斗争的阴影时刻笼罩在党和国家领导人的头上。经过毛泽东提醒,在中央领导人中,考虑长远建设规划时,战备问题所占的分量越来越重。

7月2日,毛泽东就军事工作、战备问题对周恩来、彭真、贺龙、伍修权、杨成武、吴冷西等人说:"要普及尖子部队表演。所有部队都要学会游泳,要练习夜战、近战。天津、北京地区要搞三道防线。不能只注意东边,不注意北边,一切都要准备好,准备好了,敌人要来也好哟。"

毛泽东的这些考虑,出发点只有一条:战争的危险随时存在,敌人随时都可能打进来,它迫使我们早做准备,做好准备。

不仅北京、天津地区要搞三道防线——小三线,而且全国的国民经济计划布局也要以三道防线——大三线作为前提。

为此,1964年7月9日,周恩来找中共中央西南局领导干部谈话,明确指出:"这次中央工作会议的重点,主席讲得很清楚,三线建设的部署,搞军事、抓军队、培养接班人,都是整个战略性的部署。"周恩来还提出了在目前的国际任务方面,西南需要注意的几个问题。同时,他代表中共中央部署了西南三线军事建设的原则性任务。

围绕战争考虑问题,成为国民经济调整后期党和国家领导人考虑问题的主要出发点。尽管周恩来在领导经济工作过程中考虑问题的侧重点是生产力水平和人民生活质量的提高,但在战争问题的重要性这一点上,他与其他领导人的认识是一致的。

7月13日,周恩来在上海与中共中央华东局、中共上海市委负责人谈话时,针对台湾当局袭扰沿海地区、搞颠覆活动和东南亚形势等问题,他是这样讲的：

> 要加强沿海军队的训练，沿海的党委要抓军事。到处都是前线，可以锻炼我们，培养干部，培养军队。

两个星期后的7月25日，他又在北京召开的民主人士座谈会上表明了这样的态度：

> 我们反对战争叫嚣，但我们不怕，所谓一反对，二不怕，就是说我们要有准备，不仅军事上有一、二、三线，经济上也有一、二、三线，我们思想上也有一、二、三线。

在计划工作需要革命的当口，作为毛泽东的秘书兼中央政策研究室主任的陈伯达，就计划工作的方法问题谈了一番话。看了陈伯达的谈话记录稿，毛泽东借此表达了自己一段时间以来对国家计委的工作和计划工作方法的不满。他在记录稿上批了几句重话："计划工作方法，必须在今明两年内实行改变。如果不变，就只好取消现有计委，另立机构。"**毛泽东对计划工作的要求给周恩来等人也造成了很大的压力。**

以国防为出发点的国民经济计划，其考虑问题的思路同原来以工农业为出发点的计划是大不相同的。

1964年7月29日，就即将召开的全国计划会议，周恩来召集有关人员开会，提出了六点意见，核心思想是传达毛泽东和中共中央的意思："要有革命思想。"其中谈道：

> 这次北戴河开计划会议，一定要有革命思想。尤其在工业建设方面，对过去大而全的方向问题，要否定一下，开始苏联帮助我国建设，它只有这方面的经验，只好这样搞；现在我们应当加以总结，要来个革命。我国钢铁工业技术落后的重要原因是忽视质量和不重

视采用新技术。

我们现行的工业管理体制，不利于新技术的发展。管理体制越来越庞大，官僚主义就越来越发展。

根据毛主席提出"三年过渡"的思想，明年的计划，必须要革命。今年就该革命，但是没有搞，迟了一年。

要贯彻毛主席和战结合的思想，对大而全的工厂要采取一分为二，或者一分为几的办法。

......

8月4日、5日两天，周恩来连续听取了国务院国防工业办公室汇报1965年生产和基本建设计划安排的情况，他从共和国总理的角度提出了自己的一系列看法：

（一）关于一、二、三线的划分问题，除了攀枝花以外，我国周围各省都是第一线；各省相互来说又都是二、三线；真正的三线是青海、陕南、甘南、攀枝花等地。

（二）关于国防工厂设计工作革命问题，不论是从和战结合看，还是从多、快、好、省看，设计思想问题是大问题。从明年起，要调整布局，搞专业化协作。一个大，一个综合，这两个思想要批判。设计人员要下现场，转变设计思想，进行一次设计工作大革命，不能天天在房子里照老模子套。

（三）关于设备更新和折旧费问题，不仅要维护简单再生产，还要改善和提高简单再生产，要拿折旧费改善和提高再生产。这是技术改革和设备更新结合的大问题，这个问题解决了，就可以不再维护简单再生产了。

（四）关于改进基本建设程序问题，要分别以不同的情况制定基建程序，用行政的办法把不合规定的建设项目停下来是不利的。经济工作不能靠行政命令办事，需用经济的办法解决。

（五）关于专业化协作和研究所的建设问题，专业化协作要在厂内外、部内外组织进行，工厂规模要缩小，一分为二、一分为三。

（六）关于明年国防口需增5万劳动力问题，建议从劳动制度上研究一下，多用点临时工、义务工，并经过设备更新提高劳动生产率。要按少奇同志的指示搞试点，搞两种劳动制度。

对周恩来的这些意见，出席会议的李富春、薄一波表示，将在中央召开的计划工作座谈会上仔细地研究。

就在周恩来谈出这些看法的当月20日，担任毛泽东的秘书兼中央政策研究室主任的陈伯达，就计划工作的方法问题与国家计委研究室副主任杨波做了一次长谈。谈话中，陈伯达就计划工作提出了四条意见：

（一）在工业中采用新技术，要有一个全盘的计划，要从实现社会主义的新工业革命、实现党的社会主义建设总路线来看待这个问题，要从全局着想，抓住要点。

（二）发展我国的建设事业，需要研究改进某些财政制度，拿出一部分建设新企业的资金用于老企业的技术改造，作用可能更大。

（三）第三线的建设，必须按照毛主席的指示去做，赶快抓。在搞好第三线建设的同时，还必须注意搞好第一线和第二线，以便让第一线和第二线能够对第三线投进更大更多的力量。

（四）改变拖拖沓沓的作风。

由于陈伯达是中共中央政治局候补委员，他在中共八届十中全会以后曾被任命为国家计委副主任，可以直接介入计委的工作，再加上他的特殊身份，因此他与杨波的谈话很快被整理成记录稿，并送到毛泽东的手中。

看到陈伯达的谈话记录稿，毛泽东一方面很赞赏，另一方面也想借此表达自己一段时间以来对国家计委的工作和计划工作方法的不满。8月27日，正当各大区书记在北京开会的时候，毛泽东在记录稿上批给当时的中共中央总书记邓小平这样几句令做计划工作的人听起来心情极为沉重的话：

小平同志：

此件可印发到会同志及各省、市、区委及中等城市市委同志阅看和研究。并准备在10月工作会议上予以讨论。看来伯达同志的建议是可行的，此外，计划工作方法，必须在今明两年内实行改变。如果不变，就只好取消现有计委，另立机构。

毛泽东
8月27日

第三个五年计划即将开始，正是用人之际，对这点毛泽东是最清楚的。但他之所以提出要另立机构，一是要督促搞计划工作的同志赶紧改变作风，二是要尽快找到符合新思路的人。

9月21日至10月19日，全国计划会议召开。按照毛泽东的意见，会议集中讨论了计划工作如何革命化的问题。会议承认，计划工作的主要错误是教条主义、分散主义和官僚主义。会议提出了彻底改革我国计划工作及其方法的十几条意见，还讨论通过了1965年计划纲要草案。

全国计划会议召开之际，正赶上我国的原子弹爆炸试验成功和苏联赫鲁晓夫下台，用周恩来的话来说，"双喜临门"。所以会议闭幕这天，周恩来到会给参加全国计划会议的各方面负责人作了一次形势报告，目的是使大家在制订计划的时候要有国际眼光，从战略上考虑问题。

周恩来的讲话，夹带着对形势的乐观和兴奋，也表达了他在新的形势下对计划工作的一种期待：

> 15、16日是双喜临门：赫鲁晓夫垮台，我们自制的原子弹爆炸。主席同演出《东方红》的文工团、少先队照相时，要我讲，我就说这两句。……
>
> 你们要了解国际政治，就要善于识别风向和把住风向，注意世界关键性事件的转折，要学习毛主席科学的预见性，早抓大事。计划工作不要骄傲，要谨慎，把工作做好。
>
> 经济战线上有两个革命，一个是工业革命，是发展生产力的问题；一个是计划革命，解决上层建筑问题。我们的工作有过反复。我们生产关系方面还有不少问题，有待解决。生产力还需要很好地发展。原子弹的爆炸，会引起我们思索一些问题，会推动生产力的发展。

我们要迎头赶上，要搞新技术，不要走老路。计划工作要帮助生产力发展，而不能阻碍生产力发展。

这次计划会议的讨论，是大的改革。计划工作要深入实际，过去我们做得不够，各级计委也做得不够。不了解实际情况，怎么能编出好的计划来？要认真学习主席的思想，还要注意执行民主集中制。

由于毛泽东的批评和周恩来的讲话，这次全国性的计划工作会议在计划工作改革的问题上有了一定的改变，并体现在了1965年的年度计划中。但要彻底改变长期以来形成的计划工作体制，却不是容易的事。在编制长期计划中，这种改变就更加不易。

10月29日，李先念副总理将《1965年计划纲要（草案）》送请周恩来审阅。周恩来看完后，对纲要草案又做了一些修改，如在"做好各项准备工作"一段中增写"各省、市、自治区要抓紧一线、二线省、区的后方建设和三线省、区的战略后方建设的部署和规划"等方针性的内容。他还在李先念报送该草案的附信上做了这样的批示：

> 有些关键性问题，如三线建设，一分为二的搬厂工作，一、二线省、区的三线部署和规划，托拉斯的试点工作，机械工业调整问题等，待在进行具体布置时再分别送批。

计划会议闭幕的前一天，中共广东省委给中南局和中央写了一个关于国防工业和三线备战工作的请示报告。报告说：美帝国主义目前正在积极准备扩大对越南北方发动的侵略战争，广东省加紧进行战备工作是十分必要的，并提出了加强三线备战工作的具体意见。

广东的报告，毛泽东非常重视。10月22日，毛泽东批给周恩来和刘少奇、邓小平、彭真、罗瑞卿：

> 广东省是动起来了，请总理约瑞卿谈一下，或者周、罗和邓、彭一起谈一下，是否可以将此报告转发第一线和第二线各省，叫他

们也讨论一下自己的第三线问题,并向中央提出一个合乎他们具体情况的报告。无非是增加一批建设费,全国大约需15亿,分两三年支付,可以解决一个长远的战略性的问题。现在不为,后悔无及。

根据毛泽东的建议,周恩来于10月25日与罗瑞卿约有关部门进行商谈之后,提出了关于一、二线省、区自己的三线部署和工作布置。

10月29日,周恩来又和罗瑞卿联名给毛泽东和中央写了报告,说:讨论中大家同意把广东省委的报告和毛主席的指示转发一、二线的各省、市、自治区党委,请他们根据具体情况,尽快于12月提出明年和今后三年加强后方建设和备战工作的具体规划。

这份报告还提出了几个要求各省、市、自治区在规划时需要注意的问题:

(一)一、二两线省、市、自治区的规划可以同时进行,但在步骤上,明年先着重搞一线地区的后方建设,二线地区明年安排的项目可少一些。

(二)不论是一线或二线地区的建设,都要精心研究,统一规划,分别轻重缓急,根据资金设备、材料的可能,认真排队,逐步实施,保证搞一个,成一个。

(三)搬迁的厂,要认真做好准备工作,缩短停产时间,尽可能少影响明年的生产。

(四)凡是不属于国防工业和三线战备建设的项目,应分别列入中央或地方的建设计划之内。

(五)所有的建设项目都要贯彻执行勤俭建国、因陋就简的方针,主要的军工企业和仓库,都必须贯彻执行小型、分散、靠山、隐蔽的方针。

当天,周恩来代中共中央拟写了向各地转发广东省委的报告和毛泽东批示的批语稿。

编制第三个五年计划,几乎是与1965年的年度计划同时着手进行的。12月4日,中共中央办公厅印发了国家计委起草的《关于编制长期计划的程序问题》的文件。

文件说：

> 编制长期计划包括第三个五年计划和十五年设想。前者要具体些，但仍是纲领式的；后者主要是战略布局和总的奋斗目标（包括工农业生产的主要指标和四个现代化可能达到什么程度）。我们准备在今冬明春广泛征求地方和中央各有关部门的意见。明年1、2月份先搞一些反映专题研究的长期计划简报，向中央报告，以能及时得到指示。明年3、4月份拟定计划纲要，5、6月份提交中央讨论。

文件主要列举了17个题目，包括基本建设、三线战略后方的建设、发展农业、国防工业建设、试行和推广两种劳动制度和两种教育制度等。

文件还说：

> 这些问题的研究，必须体现毛主席的思想，体现战略布局、农轻重的方针、积累和消费的关系、自力更生和勤俭建国的方针等。

这份文件所要力图达到的目的是："可以看出四个现代化的奋斗目标和进度。"

周恩来审阅后没有做大的修改，只在几个问题上做了一些改动。他在修改中提出：在研究"吃、穿、用问题"的时候，不仅要研究商品粮的平衡问题，而且还要侧重研究"农业发展问题"；国家对农业的支援，不仅主要是搞化肥、农药、农业机械，而且还要搞大型水利工程。这些修改，反映了周恩来指导长期计划编制的战略眼光。

对计划工作，毛泽东要求计委很严，抓得很紧。这也给总理周恩来造成了很大的压力。

12月7日，国务院副总理兼国家计委主任李富春专门给毛泽东报送了《关于编制长期计划的程序问题》。

12月12日，毛泽东在李富春的信上写了几句批语：

> 此件已阅，写得可以，是好的。但有骨头，无血肉。感到枯燥乏味，则是缺点。望你们在今后几个月内，搞出一个有骨有血有皮有毛的东西出来。要有逻辑有论证。否则仍然是形而上学的东西。十几年，形而上学盛行，唯物辩证法很少有人理，现在是改变的时候了。
>
> 又，十五年计划，此文内未见提及。

毛泽东的意见，几乎是颠覆性的。他显然对计划工作不满意，他虽然希望李富春等人"在今后几个月内，搞出一个有骨有血有皮有毛的东西出来"，但是他深知，在计划工作中盛行了十几年的形而上学，不是几个月就能改变的。

这使得毛泽东改组国家计委，甚至另立机构的想法越来越强烈。

> 周恩来意识到，毛泽东要改组或另立计委，但问题绝不仅仅存在于计委。国务院的各部门，都面临着如何革命化的问题。周恩来心里很清楚，主席对总理办公室这个机构也有一些看法。1964年年底，周恩来下了最后的决定，终于宣布将总理办公室从国务院的建制中完全撤销。进入1965年，战争形势，更为严峻地摆在中国领导人面前，他们不得不加紧考虑战备问题。

毛泽东在思考如何进入第三个五年计划期的问题上对机构进行改革的意图，周恩来非常清醒地感觉到了。周恩来意识到，毛泽东要改组或另立计委，但问题绝不仅仅存在于计委。国务院的各部门，都面临着如何革命化的问题。

在这个节骨眼上，国务院的总理办公室，成为另一个被考虑的机构。当然，对总理办公室，毛泽东并没有像对国家计委那样直言说要取消，但他有一次暗示周恩来："你搞那么多秘书干什么，让秘书牵着鼻子走！"

就这么一句话，周恩来心里很清楚，主席对总理办公室这个机构是有看法的。

周恩来的秘书马列有这么一段回忆：

> 20世纪50年代，我们的机构叫总理办公室，是政务院的直属机构。我们都叫总理办公室的秘书，有几位秘书兼任政务院参事室参事。

我们的机构并不叫周总理办公室,我们也不叫周总理秘书,因为当时还有三位副总理陈云、陈毅和习仲勋,也在院内办公,总理说:"你们要为我们四个人服务,不能光为我一个人服务。"不过,当时那三位副总理都还有自己的秘书,一般并不找我们。

总理办公室秘书最多的时候,好像达到过17个人,但时间很短,大概是在1956年或1957年。总理办公室人员有过两次精简:第一次是1957年年底到1958年年初,由十几人精简到七八个人。这次精简不是因为反右,而是总理认为应该支援文教战线。陈浩去儿童医院任党委书记,刘昂到机械部当司长,李琦到山西任省委宣传部部长,韦明到北京市委文化部任副部长……这次把中央统战部秘书长童小鹏调来任总理办公室主任,许明同志任副主任,带着我们留下来的几个人一直干到"文化大革命"。许明负责文教卫生,周家鼎负责国防、政法、科技,外事是浦寿昌和我。在西厢房办公的是我们这四个人。南院三个人——顾明、戚建南、李岩负责财经方面;孙岳负责机要。从1958年到1965年一共就是我们这8个秘书。……

总理作为这么一个大国的总管家,要管外交国防、工交财贸等几十个部门。我们每个秘书联系几个部委,重要的情况随时向总理汇报,以便于总理分别轻重缓急处理各项政务。

至于说总理让秘书牵着鼻子走,根本没有的事。总理尊重秘书,常常就一些问题征询他们的意见和看法,但从来不允许秘书擅自做主。……

毛泽东的批评性暗示,也给周恩来的秘书们很大的压力,也有一些情绪的波动。但这无济于事,周恩来心中非常清楚,总理办公室必须进行第二次精简。

为使大家心理上有所准备,周恩来早在1964年6月18日就召集办公室工作人员开会,商议工作安排的问题。他首先鼓励大家深入基层,去参加社会主义教育运动。他提出了几条要求:参加劳动,访贫问苦,摸清情况,提高认识,坚持原则,解决问题,锻炼党性,增强体质,不急不忿,有始有终。

到了年底,在筹备召开三届人大一次会议的过程中,国务院机构改革的方案逐渐明朗,对总理办公室这一机构的去留问题,周恩来也下定了最后决心。

12月15日，周恩来出席中共中央政治局会议。会上，讨论了周恩来将向第三届全国人大一次会议作的《政府工作报告》稿。周恩来先对报告稿做了详细的说明，并介绍了毛泽东在修改《政府工作报告》时加写的那几段著名的话：

> 人类的历史，就是一个不断地从必然王国向自由王国发展的历史。这个历史永远不会完结。在有阶级存在的社会内，阶级斗争不会完结。在无阶级存在的社会内，新与旧、正确与错误之间的斗争永远不会完结。在生产斗争和科学实验范围内，人类总是不断发展的，自然界也总是不断发展的，永远不会停止在一个水平上。因此，人类总得不断地总结经验，有所发现，有所发明，有所创造，有所前进。停止的论点，悲观的论点，无所作为和骄傲自满的论点，都是错误的。……
>
> 我们不能走世界各国技术发展的老路，跟在别人后面一步一步地爬行。我们必须打破常规，尽量采用先进技术，在一个不太长的历史时期内把我国建设成为一个社会主义的现代化的强国。……
>
> 简单地说，我们必须用几十年的时间，赶上和超过西方资产阶级用几百年时间才能达到的水平。
>
> ……

毛泽东的这些话，实际上是考虑下一步国家发展战略的指导思想。

周恩来在会上还介绍了《政府工作报告》的第五部分，这部分的题目叫《机关革命化》。单列这样一个题目，是《政府工作报告》中少有的。他借这个题目，多说了几句题外的话，也透露出了他内心的某种矛盾心情：

> 人少是好事，人多是坏事。主席经常跟我讲，你那个办公室搞那么多秘书干什么？我现在想通了要跟周荣鑫（注：周荣鑫当时任国务院秘书长）合并。合并不是假的，原来的那些秘书有的退回外交部，有的退回总参。我现在有12个人，六七个人下乡，还剩一半，还不行，要做个彻底革命派，把那个办公室不要了。

1964年12月，周恩来在全国人大三届一次会议上作《政府工作报告》

经周恩来这一宣布，总理办公室便从此在国务院的建制中完全撤销了。在周恩来办公和居住的中南海西花厅内，只设了一个总理值班室，留下来的，是仅有的一两个秘书。

1964年12月20日至1965年1月5日，周恩来出席了政协第四届全国委员会第一次会议，在这次会上，他第三次当选为政协全国委员会主席。

同时，周恩来又出席了于1964年12月21日至1965年1月4日召开的第三届全国人民代表大会第一次会议。这次会议，决定周恩来继任国务院总理。

21日和22日，周恩来连续两天向三届人大一次会议作《政府工作报告》。他提醒人们：

现在，调整国民经济的任务已经基本完成，工农业生产已经全面高涨，整个国民经济已经全面好转，并且将要进入一个新的发展时期。

在1965年中，我们应当继续完成国民经济调整工作中某些尚未完成的任务，同时做好必要的准备，以便从1966年开始进行第三个五年计划的建设。

今后发展国民经济的主要任务，总的说来，就是要在不太长的历史时期，把我国建设成为一个具有现代农业、现代工业、现代国防和现代科学技术的社会主义强国，赶上和超过世界先进水平。

同时，政府工作遇到了一个难题，周恩来说：

社会主义社会仍然存在阶级和阶级斗争，目前正在农村和城市进行的社会主义教育运动，是我国当前社会主义革命的最重要内容；思想文化战线上的革命，是整个社会主义革命的一个重要方面。

这就是说，在我们将要进入新的发展时期的时候，阶级斗争是不能忘记的。当周恩来告别1964年，跨进1965年的时候，他感觉身上的担子越来越重。正如1965年1月5日，他在全国政协四届一次会议闭幕会上所说的：

政治报告、政府文件，要根据时局的发展不断地前进，不可能永远停在一个水准上。时代发展了，需要我们拿新的东西来代替过去过时的东西。当时是正确的，现在需要前进，需要进一步提出任务，提出解释。不是每时每刻说的话或文件都是刻板不变的、死守不进的。

1965年，是我国国民经济调整的最后一年，就像周恩来自己所说的："我们的经济正在进行彻底的改组。今年是这种改组的最后的一年。"

在新的一年中，周恩来以他所积极倡导的"革命的精神、民主的精神、团结的精神"，抓紧领导制订"三五"计划，并布置三线建设。

1月7日，周恩来同意罗瑞卿、余秋里、薄一波关于把攀枝花铁矿的开发

放在首位的意见。他在国家计委《关于鄂西地区铁矿资源情况的简报》上批示:

> 开发攀枝花的战略方针早定,错在推迟了战役部署。现在西南三线第一个战役已经开始,不应再有动摇,至于鄂西铁矿应与豫西和湘西以及武汉的工业连在一起,另组成一个战略单位,几方面进行勘察和部署,不要拿它与开发攀枝花做比较。

还提议:

> 这一战略方面由王任重挂帅,计、经委抽一人为副。

作为西南三线建设的第一个战役,攀枝花钢铁基地的建设是在周恩来的直接领导下进行的。1月19日,周恩来在送阅的《攀枝花工业基地工作进展与问题》报告上批示:"攀枝花成立特区政府仿大庆例,政企合一,成立党委,由冶金部党委为主,四川省委为辅实行双重领导。"为加强对整个西南三线建设的领导,到2月份,中共中央、国务院又作出了《关于西南三线建设体制问题的决定》,决定成立西南三线建设委员会。

根据三线建设的要求,国务院不久便绘出了国防工业一、二、三线分布图。周恩来征得毛泽东和中央常委的同意后,国防工业的分布和战略部署很快便定了下来。各有关部门和地方的工业、科研机构、勘察设计单位、高等学校等,分期、分批地,有条不紊地搬迁到三线地区,同时,有一部分也搬迁到二线地区。

战备需要,是无情的,也是无条件可讲的!

1965年的战争形势,更为严峻地摆在中国领导人面前,他们不得不加紧考虑战备问题。

面对美国进一步炫耀武力,进行战争威胁的做法,中国领导人毫不示弱,并不断表达反感。周恩来曾对加纳外交部部长科佐·博齐约说过:"美国的武装力量现在遍布全世界,到处有美国的海空军基地,美国军舰在公海上航行,飞机飞来飞去。美国越是这样做,就越惹翻了各国人民。"

这年春天,周恩来曾同巴基斯坦总统阿尤布·汗谈到过美国对越南和中

国等国的战争威胁,他说:

(一)在美国加强其侵略和压力的情况下,不存在越南屈服的可能性。

(二)至于是否会扩大为世界大战,战争的规律是不以人的意志为转移的,战争扩大时,是无法划一条界限的,就像火势会蔓延一样。美国要玩火,要冒险;中国要扑灭这场火。

(三)中国并不根本反对谈判。任何问题最后总是要通过谈判才能解决的,但是,就南越问题进行谈判的条件和时机都不成熟。

为此,周恩来请阿尤布·汗在访问美国时,给美国的战争狂人们捎去几句话:

第一,中国不会主动挑起对美国的战争。
第二,中国人说话是算数的。
第三,中国已经做了准备。
如果美国把战争扩大到中国,那就够它受得了,它在空中轰炸,我们在地面上可以用别的办法到处活动。如果美国对中国进行全面轰炸,那就是战争,而战争是没有界限的。

后来,由于阿尤布·汗访美之行推迟,周恩来又委托坦桑尼亚总统尼雷尔向美国转达上述几句话。

为做好充分的准备,1965年4月12日,中共中央发出了《关于加强备战工作的指示》,其中指出:美帝国主义正在越南采取扩大战争的步骤,直接侵犯越南民主共和国,严重地威胁了我国的安全。因此在目前形势下,应当加强备战工作。

周恩来在同一天的中共中央政治局扩大会议上讨论这一文件时讲过这样几句话:

要后发制人,留有余地。备战要与长期计划相结合,如有矛盾,要服从备战。

所有部门，特别是政府部门和军事部门，每天都要有值班制度。

1965年的年初，毛泽东交给周恩来一项早已酝酿过的任务：撤开国家计委，重新组建一个计划参谋部（即"小计委"）。毛泽东有言在先："小计委"由周恩来直接领导，国务院各副总理不要干预他们的工作。第一个被物色上的计划参谋部人员，是当时的石油工业部部长余秋里。不同的是，周恩来并不希望完全撇开国家计委另起炉灶。尽管战争形势严峻，但在编制"三五"计划和长期规划的过程中，周恩来丝毫没有放松抓农业工作。

在战备问题如此重要的情形下，国家计委的工作再也不能适应毛泽东的要求。为此，进入1965年后，毛泽东交给了周恩来一项早已酝酿过的任务：撤开国家计委，重新组建一个计划参谋部（即"小计委"）。其主要任务是摆脱计委机关的日常工作，集中到国务院，专心拟定第三个五年计划的方针和任务，研究战略问题。

毛泽东有言在先："小计委"由周恩来直接领导，国务院各副总理不要干预他们的工作。

接到这一任务后，周恩来日夜找人谈话，物色计划参谋部的人员。第一个被毛泽东和周恩来看上的人，是石油工业部部长余秋里。余秋里曾经为我国抛掉"贫油国"的帽子，为大庆油田的建设，立下过汗马功劳。他工作有气魄、有开拓性，做事雷厉风行。

叫来余秋里，周恩来让他立即把工作重点转到搞计划上来，尽快起草一份有关计划工作革命的文件。余秋里日夜兼程，马不停蹄，很快拿出了文件的草稿，送到周恩来手中。周恩来立即约贺龙、陈毅、李富春、李先念、谭震林、薄一波、罗瑞卿、余秋里等人对文件进行了三次讨论，边讨论边修改。

1月19日，周恩来就余秋里起草的《关于讨论计划工作革命问题的一些初步设想（草案）》送请毛泽东、中央政治局常委和书记处各同志审阅。

草案指出：

> 这些年来，在计划工作中没有体现出毛泽东思想。我们的病根就是思想方法陷在形而上学的泥坑中不能自拔，计划工作不讲辩证法，工作做得不活，没有生气，老在那里搞烦琐哲学，气魄不大，甩得不开，没有战略观点，不能高瞻远瞩。
>
> 我们经济建设的着眼点，就是要本着毛泽东思想，把我国建设成一个社会主义的现代化强国，在科学技术方面赶上和超过世界先进水平，为战胜世界上强大的帝国主义和一切反动派准备条件。
> ……

很明显，这次计划工作改革面临着几大难题：一是要改变形而上学的思想方法，体现毛泽东思想；一是要改变科学技术落后状态，赶上和超过世界先进水平；一是要改变被动的战略布局，加强战略建设，迎接一切挑战。

为此，草案中又说：

> 商定由余秋里同志负责组织20人左右的计划参谋部，摆脱计委机关的日常工作，集中到国务院，搞长期计划。

草案的最后，附了一份计划参谋部人员名单：

> 余秋里——国家计委第一副主任兼秘书长
> 李人俊——建筑工程部部长
> 林乎加——中共浙江省委书记
> 朱理治——华北区计委主任
> 刘有光——国防部五院政委
> 张有萱——国家科委副主任
> 杨　煜——国务院农办副主任
> 贾步彬——中央办公厅工业组组长（注：据有关资料，这份名单中列有贾步彬。但另一说为北京市委工业书记贾庭三）
> 安志文——国家计委副主任
> 王耕今——国家计委委员

马　仪——国家计委机械工业局局长

白　杨——国家计委国防工业局局长

"小计委"这个组织，显然是按照军事机构来组建的，其成员中明确主管国防工业的就有两位。

为使毛泽东对计划工作放心，周恩来两次给毛泽东写信，建议他一定要听取余秋里口头汇报。他提醒毛泽东：

> 许多设想在这个文件中都没写上，要听他口头讲，就会听出他是决心实行计划革命的。

对以余秋里为首的"小计委"人员的组成，周恩来在给毛泽东的信中是这样介绍的：

> 要他组织计划参谋部，我几次要他提新人，他提了李人俊和其他几个人，但他仍主张从计委抽出几个人帮他工作。

周恩来同意了余秋里的选人原则，实际上，周恩来也并不希望像毛泽东所说的那样完全撇开国家计委另起炉灶。

"小计委"成员基本定下来以后，毛泽东才于1月21日批准印发李富春关于计划工作的一份报告。

李富春的报告是1月6日写给毛泽东并中共中央政治局常委的，主题也是关于计划工作如何革命和编制长期计划。报告是根据1964年12月26日、27日李富春和薄一波、李先念、余秋里等人邀集各中央局的十几位负责人一起座谈计划工作如何革命和编制长期计划问题的情况而写。

在受到毛泽东批评后，李富春不得不把主要的注意力放在计划工作如何革命的问题上。

李富春的报告说：

> 我传达了主席、少奇同志最近对计划工作的批评，同时对计委

过去工作的主要错误和思想作风进行了检查,并对计划如何革命的问题讲了一些意见。各中央局的同志着重谈了以下问题:

(一)计划工作革命,除各级计委要轮换一些人外,最主要的是要总结经验,改进思想作风。发挥人的积极因素,挖掘工农业生产的潜力。

(二)必须改革规章制度和管理体制。经过讨论,共同商定:

1. 第三个五年计划和十五年远景规划的重点,是准备战争,依靠第一、二线,努力建设第三线,建设国防工业,建设各省后方。农业,第一是靠大寨精神,抓见效快的,第二是抓三线的农业。

2. 计划工作的革命要走群众路线,鼓励大家创造经验。各地方、各部门在各项管理制度方面所创造的经验,只要是合乎客观经济规律的,都要认真总结,大胆提倡和推广。

3. 初步商定了中央和地方在经济、计划工作上的分工意见。

……

应该讲,李富春的这份报告,是按照毛泽东的思路起草的,但是,已经对计委工作不满意的毛泽东,在批发李富春的报告时,仍带有明显的情绪:

印发政治局(请彭真定名单,除反党分子外,都可发)、书记处各同志,各中央局、省市区党委各同志以及余秋里"小计委"(由秋里自选五、六、七人,不发"老计委"那些人)各同志。

在计划工作的节骨眼上,被毛泽东称为"老计委"——国家计委的人们受到了毛泽东的冷落。这时的计委,已是徒有虚名!

作为"老计委"的领头人,李富春所受到的压力之大,是可想而知的。不久,李富春由于患神经功能失调症,开始离开计划工作岗位,进行休息和疗养……

根据周恩来的建议,1月23日,中共中央政治局召开了常委扩大会议,听取余秋里口头汇报,并着重讨论计划工作革命问题。会后,"小计委"的工作仍在周恩来的领导下继续进行。

根据周恩来的指示,余秋里于1月30日召集中央指定参加编制长期计划工作的谷牧、李人俊、贾庭三等人开会讨论"小计委"如何工作的问题。经初步议定，采取三个步骤工作：第一，与中央有关部门议论；第二，与六个大区有关省市讨论、修改；第三，拟定初步方案。

第二天，余秋里就讨论内容给周恩来写了报告，内称："要集思广益，多谋善断，把主要问题弄得比较清楚，要做到计划既要有雄心壮志，又要有科学根据。"

这种"雄心壮志"与"科学根据"相结合的态度，周恩来非常赞赏。他当即批示：

> 拟同意，送请主席批示可否，再复余秋里，并报常委、书记处。

毛泽东接到报告后，也马上痛快地批道：

> 同意，照此办理。

毛泽东当天将报告退给周恩来，周恩来又一次火速批了几句话：

> 余秋里同志关于编制长期计划工作的初步议定的报告，此件主席已阅，并批同意照此办理。请中机（注：中央办公厅机要室）印送常委、书记处各同志，谢富治、陈伯达、余秋里、谷牧、李人俊、贾庭三、林乎加七同志。

很显然，毛泽东、周恩来和中共中央对余秋里等"小计委"成员编制长期计划和"三五"计划的思路是满意的。

从2月份起，周恩来多次到毛泽东、刘少奇那里，共同商议三线建设和编制长期计划等方面的工作。

有一次，周恩来、薄一波、谷牧、余秋里等人在毛泽东处开会，谈到工交部门的政治工作体制改革问题时，周恩来指出："建立政治工作机构中存在的主要矛盾，是条块关系问题，条块关系的问题目前没有解决，解决得不好，就会有纠纷。"会上由此议论到工交各级部门成立政治部的问题。毛泽东赞赏地说:"第一个做政治工作的是周总理。你是蒋介石黄埔军校的政治部主任……做政治工作你资格最老。"周恩来则谦虚地回答:"我做得不好。"

计划体制和管理体制的变革,一直是中央决策层的共同话题,以至于他们在接见外宾时,也把中国正在进行体制改革的信息透露给了一些友人。

2月8日,周恩来在同以格瓦拉为首的古巴社会主义革命统一党代表团会谈时说:

> 1956年毛泽东同志就提出适合中国情况的社会主义建设的思想,而政府的计划在1958年才开始转过来。
>
> 我们搞计划过去也有些毛病,就是中央搞计划容易忽视全国广大地区的生产积极性的发挥,生产潜力和生产设备的更好利用。现在根据几个阶段的建设经验,进行1965年计划,同时准备第三个五年计划,还联系今后十五年的规划。
>
> 用政府名义管工厂,行政命令太多,层次太多,不利于经营管理。我们想采取资本主义托拉斯的组织形式,但是是社会主义方式的公司,按行业从上而下领导,这样完全按照经济的方法来管理,实行经济核算,不要行政命令。

周恩来还明确表示:"社会主义国家不能关起门来搞建设,各种经验都要学,这会使我们少走弯路。"

对计划工作的改组,也引起了其他部门的连带反应。在国务院系统,各部门的工作都面对如何适应新的国际国内形势,树立长远眼光和战略眼光的考验。周恩来要求国务院各部门都要拿出改进工作的意见。

2月25日,周恩来对参加全国工交工作会议和工交政治工作会议的代表提出:"国际斗争比过去更复杂了。因此,尽管埋头做经济工作,但是你们要接触国际的问题,要有全局观念和战略眼光。"

经济工作和计划工作,是在严峻的国防形势尤其是战争形势下展开的。大环境的影响,加重了人们内心的紧张感。但在编制"三五"计划和长期规划的过程中,周恩来并没有忽视基础行业,他丝毫没有放松抓农业工作和人民的吃、穿、用问题。在他看来,没有粮食,没有农业,没有人民的基本生活保障,其他一切都无从谈起。

2月28日,周恩来对出席全国棉花工作会议、九省一市农业生产工作会议、农业科学实验工作会议、安置工作会议的代表强调:

> 现在农业方面我们开了这几个会,目的就不仅是抓今年的这些农业工作,还要为今后十五年的规划,为第三个五年计划打下基础。计划要抓重点,就是要发展农业,解决我们人民的吃、穿、用问题。

1965年3月5日,是周恩来67岁生日。这天,他在中南海接见了出席九省一市农业生产工作座谈会的各省负责人,再次强调了农业的战略地位:

> 抓九省的农业,要抓重点。华东搞好了,可以供应上海;中南主要是河南问题,把河南搞好,中南就可以做到粮食自足,还可以外调一些;西南一直是外调的,现在搞三线,要搞储备;西北分两步走,第一步实现自给,第二步达到有余粮;东北有余粮,如搞好机耕、肥料等,能大面积地高产就更好;华北问题较大,又旱又涝,涝必带碱,这个地区是重点,根据人口、耕地相适应的要求,要抓好这个地区。
>
> 从战略上讲,一旦有事,各省都要有余粮。我们要争取较长的和平时间,能争取十年到十五年更好,但必须要五年一打算,粮食是首要问题。

尽管从中央到地方,人们已经非常清醒战争的危险性和紧迫性,但周恩来仍然从心底里希望:"我们要争取较长的和平时间,能争取十年到十五年更好。"有了这些时间来,就能安安心心地抓正常状态下的建设。

在"三五"计划和长远规划中,到底如何排序,尤其是农业和国防谁放在第一位,成了计划工作的一大难题,引起人们的争论。毛泽东主张:"必须立足于战争,从准备打仗出发,把加强国防放在第一位。"对此担忧的周恩来坦言:"第一是农业,第二是国防。""我原来的提纲是国防第一,一看省市的同志都来了,就倒过来讲,我的意思是,请大家千万不要忽视了农业。""三五"计划未正式确定,一个冠以"文化革命"之名的全面内乱时期即将来临。

无论是制订1965年的年度计划,还是制订"三五"计划和长远规划,周恩来都多次强调要按次序办事;分别轻重缓急,按条件排队;有多少钱办多少事;要保证重点;处理好"和战结合、需要与可能、数量与质量、积极性与科学态度、今年建设与长期建设"等关系。

但是,指导原则落实在计划中时,到底如何排序,尤其是农业和国防谁放在第一位,成了做计划工作的人面临的一大难题,引起人们的争论。

在毛泽东心目中,国防、备战,显然是第一位的。这年五六月间,中共中央政治局常委们听取了余秋里汇报关于长期规划和第三个五年计划的初步设想。根据毛泽东的思路,在这些设想中,国防被放在非常重要的位置。

6月16日,周恩来又领着余秋里到杭州专门向毛泽东汇报。

毛泽东明确提出自己的主张:

必须立足于战争,从准备打仗出发,把加强国防放在第一位;加快三线建设,改变工业布局,发展农业,大体解决吃、穿、用,加强基础工业和交通运输,把屁股坐稳,发挥一、二线生产潜力,有目标有重点地积极发展新技术。

在讨论中,有人提出这样做是不是违反了以农业为基础、以工业为主导的发展国民经济总方针和农轻重的次序。

毛泽东果断地回答:"要违反一下,不违反一下怎么行呢?是倒过来了。搞农业要靠大寨(精神),农业投资不要那么多。"

毛泽东还明确提出:

编制计划要考虑三个因素——第一是老百姓,不要丧失民心;第二是打仗;第三是灾荒。

1965年7月,周恩来和陈毅在王恩茂(左一)、赛福鼎(左二)、陶峙岳(左三)的陪同下,视察新疆石河子农垦区

毛泽东从战争的角度出发,非常强调不要丧失民心,他说:"对老百姓不能搞得太紧,否则他们不同你在一起打仗了。""把老百姓搞翻了不行,这是个原则问题。""脱离老百姓,毫无出路。"

不久,毛泽东把他的提法变成:"注意战争,注意灾荒,注意一切为人民。""注意战争",变成第一位的重点。

在国务院讨论长期规划问题时,周恩来把毛泽东提出的"注意战争,注意灾荒,注意一切为人民"三句话概括为"备战、备荒、为人民"。但他在阐述三者的内容和相互关系时强调了"为人民"的重要性,说:

> 备战、备荒、落实到为人民,要依靠人民,首先要为人民,为人民是最基本观念,任何事情要想到为人民,人民是力量的源泉。
>
> 备战、备荒、为人民是一个整体。备战是阶级斗争,包括国内国外的;备荒是同自然作斗争,使工农业真正过关。一切靠人民、为人民、和人民打成一片,这是最可靠的。

这年 7 月，周恩来出国访问路过新疆时，谈到了"三五"计划期间新疆建设的重点。在乌鲁木齐，他给新疆维吾尔自治区党政军负责干部会议作了一次报告，其中心思想是，不仅要求边疆的党政军领导要加强国防建设，同时还提醒大家要努力搞好农业生产。

值得注意的是，他在对新疆干部讲"要抓重点建设"时，是这样讲的：

> 不能够百废俱兴，各方面不能够都要国家投资。首先还是农业，第二是国防工业、小三线建设。

显然，周恩来在新疆的讲话中是把农业摆在了第一重点的位置。他心里清楚，这种摆法，从当前看，是不符合毛泽东的战备思路的；但从长远看也是符合的。农业第一位、国防第二位的顺序，未必能够体现在当前的计划工作中。

回到北京以后，7 月 22 日至 26 日，周恩来连续五个上午听取余秋里等"小计委"成员汇报第三个五年计划和 1966 年度计划的初步设想方案。鉴于一些人在制订计划时头脑又有些发热，他一再强调："如果能够多留些余地更好。"

周恩来还在插话中说：

> 在安排项目时要从几个方面考虑：首先是要不要列这个项目？应不应该摆在这个地区？规模定得是否合适？速度如何？协作关系有无问题？要把这些问题摸清楚。
>
> 无论是长期计划还是年度计划，都要分析项目，要注意布局、规模、进展和协作关系等几个方面的问题。同时要考虑计划的执行有两种可能，一种是打起（仗）来，完不成计划；另一种是打不起（仗）来，就可能完成。

根据周恩来对国际形势的分析、判断，他还是希望仗打不起来，那样就可以把更多的精力放在建设上。

计划方案仍然存在许多不足和难以解决的矛盾。周恩来要求余秋里、谷牧到西南、西北摸一下究竟大三线上哪些项目，于 8 月 20 日拿出修改方案，讨论十天后再报中央。

细心的周恩来让人给正在病休的李富春送去一份余秋里的汇报提纲。已病休两个月的国务院副总理兼国家计委主任李富春，在北戴河住地看了余秋里给周恩来的汇报提纲后，于8月1日给周恩来写了一封长信。信的开头便说：

> 总理：
> 您和中央的同志都很忙，我在此休息，甚为不安！来北戴河体力有进步，体重增了一公斤；但脑子还是差……

在计划工作的紧要关头不能工作的李富春，内心是非常痛苦和矛盾的。但他仍凭着对党和国家的高度责任心，"断断续续地想了一些问题"，并在信中详细地谈了自己对计划工作的一些看法，涉及计划工作如何更好地体现毛泽东"备战、备荒和逐步改善人民生活"的战略指示，如何留有余地、争取主动，如何处理好二、三线建设的关系等内容。

为妥当起见，李富春还将给周恩来的信抄了一份送给中央书记处的邓小平和彭真，一来说明情况，二来供他们参考。邓小平很快批示打印李富春的这封信，在中央领导人中传阅。

周恩来接到李富春的信后，非常重视，他对李富春信中所说的意见逐一做了批注。他还在传阅件上醒目地批下了这样几句话：

> 先送主席阅。这里边有好意见，我收到的一份早转秋里，在起草计划时注意研究和采用。

李富春原先是周恩来在计划工作方面的得力助手，他的许多意见是多年来从事计划工作的经验总结，因此在许多看法上与周恩来相似。

在起草"三五"计划的过程中，周恩来甚为担心人们忘记过去建设中的经验教训，担心人们重蹈头脑发热和盲目建设的覆辙。8月8日，他在与来访的柬埔寨王国内阁副首相、国家元首私人顾问宋双会谈时，表明了自己的这种担心：

> 现在我们要开始进入第三个五年计划，即第三个阶段。因为工

农业都有发展，所以有人头脑又发热了，又想多搞，例如今年大项目就搞了一千二百多个，我们又要压缩。我们必须在第三个阶段的开始，总结前两个阶段的经验教训，应该比前两个阶段少犯错误。

不久他在接见几内亚客人时同样强调了中国在准备实行第三个五年计划时必须进一步总结过去建设的历史经验问题。

8月13日至15日，周恩来应余秋里等"小计委"成员的请求，前往上海，协助李人俊与华东各省、市委书记研究1965年基建项目的调整问题，并与华东局的领导人讨论计划工作。

8月底至9月初，周恩来在北京又连续七次听取谷牧和"小计委"成员汇报就第三个五年计划和1966年度计划赴各地调查研究的情况，重新讨论了计划的修改方案。

9月2日，"小计委"根据毛泽东杭州谈话的精神和各大区的意见，拿出了第三个五年计划安排情况的汇报提纲，内中提出：

> 第三个五年计划必须积极备战，把国防建设放在第一位，加快内地建设，逐步改变工业布局。
> 发展农业生产，相应地发展轻工业，逐步改变人民生活。
> ……

一目了然，国防第一位，农业第二位。

9月18日至10月12日，中共中央在北京召开工作会议。会议主要讨论1966年度国民经济计划和长远规划。

对1966年度国民经济计划纲要，会议同意了"省、地、县、社四级党委要把农业放在首要地位"的提法。

而对于"三五"计划的方针，会议则通过了"以国防建设第一，加速三线建设，逐步改变工业布局"的提法。

"三五"计划，实质上是一个以国防建设为中心的备战计划，立足于战争，把国防放在第一位，从准备大打、早打出发的。

在准备应付来自外部的战争背景下，毛泽东最担心的是来自内部的危险——中央出现修正主义。会议期间,他在同各大区第一书记谈话时,又一次提出"如果中央出了修正主义,你们怎么办"的问题,并说,如果中央出了修正主义,你们就造反,各省有了小三线,就可以造反嘛。

会议期间,毛泽东还让周恩来、刘少奇、邓小平等人召集中央军委座谈会,研究国内外形势的发展及其可能出现的前景等与战争有关的问题。

会后,毛泽东先后到山东、安徽、江苏、上海等地视察,不断强调要做好备战工作,他对地方领导人说:

> 打起仗来,不要靠中央,要靠地方自力更生。

对战争形势的严峻性和国防工作的重要性,周恩来是有充分认识的。这一点,他在多年主管外事和国防的工作中,应该说比谁都看得清楚。然而,在国家计划中,农业和战争究竟谁该摆在第一位,将直接影响国家建设的总体布局和资金的投向。

中央确定,在"三五"计划中把国防放在第一位,周恩来不是没有担心的。

11月13日,借国务院组织召开计划、基建、财政等专业会议之机,周恩来作了一次报告,着重阐述了计划问题。他首先肯定地说:

> 在中央工作会议上提出了第三个五年计划的方针和1966年度计划。那是根据去年和今年主席和中央屡次的指示和会议的一些决定起草的。所以这个计划,比较来说,搞得更落实一些,更实际一点。同时,也把过去这十多年的建设初步总结了一下。所以,这个计划可以说是一个比较好的计划。

接着他强调,计划是否行得通,还要拿到实践中去检验,实施起来也不是一成不变的。他说:

> 计划文件经中央批准以后,就要付诸实施,最后更重要的环节还在实施。实施中要靠两头,一方面要拿毛泽东思想挂帅,另一方面要依靠群众、走群众路线,向群众学习;智慧是从群众中来的,

1965年5月,周恩来和李先念(右三)、罗瑞卿(右一)在大寨团支部书记郭凤莲(左前)家,右二为大寨党支部书记陈永贵

你只要留心学,在劳动人民中遍地是人才,遍地是我们的老师。

这个计划不是机械的和一成不变的,在执行中还会有些小变化,经常地变是不许可的,但是计划总要调整。

同时,周恩来根据自己的思路,在讲到落实这一计划进行建设要有重点时,提出了五大重点:

第一是农业,第二是国防,第三是援外,第四是大小三线,第五是基础工业。

这一提法,显然是与中央工作会议通过的提法不同的。

同日晚,周恩来在听取余秋里汇报全国计划会议讨论的情况时,解释了自己为什么要这样提,表明了他的担忧:

> 我原来的提纲是国防第一,一看省市的同志都来了,就倒过来讲,我的意思是,请大家千万不要忽视了农业。农业摆在前面主要是提醒大家注意。现在国防、备战和大小三线的建设项目定了,我担心忽视农业。国防、三线从7亿人口来说,还是少数人来做的。农业就是备战,备战、农业、备荒分不开。

对如何办农业,他又说:

> 我国的农业大有潜力,大有可为,要靠大寨精神,自力更生;要以地方为主,中央为辅;小型为主,大型为辅;集体为主,全民为辅;自办为主,中央帮助;因地制宜,因势利导;要抓紧、抓快、抓狠;要全民办农业,县、公社都要抓农业。每一个季节都不能耽误。

言下之意,国防和农业究竟谁放在第一位,搞计划工作的人和做实际工作的人都要认真深思。

当"三五"计划正紧锣密鼓地制订,党和国家准备迎来新的国民经济建设时期的时候,毛泽东早在八届十中全会前后就为党和国家的工作铺设的阶级斗争的副线,逐渐向主线方向发展。战争的观点、阶级的观点、无产阶级和资产阶级矛盾的观点……这些,在党的主要领导人脑海里不断强化,并且逐渐演化成一股政治上的特殊势力。

一场政治上的全面内乱,逐步地酝酿开来!

1965年11月30日,《人民日报》转载了姚文元10日发表在上海《文汇报》上的文章《评新编历史剧〈海瑞罢官〉》。虽然加了经周恩来和彭真修改审定的按语——"我们的方针是:既容许批评的自由,也容许反批评的自由;对于错误的意见,我们也采取说理的方法,实事求是,以理服人。"试图引导人们作为学术问题展开讨论。但是,在江青、张春桥、姚文元的操纵下,对吴晗《海瑞罢官》的批判,很快就发展成为文学艺术领域里的批判运动。

史无前例的"文化大革命",拉开了一个序幕,准备了一根导火线!

12月8日至15日,毛泽东在上海主持中共中央政治局常委扩大会议。会上,林彪、叶群、吴法宪、李作鹏等发起突然袭击,罗列罪名,诬陷总参谋长罗瑞卿"反对突出政治""篡军反党"。随后,罗瑞卿被调离军事领导岗位。

真正想篡军篡党夺权的人,加紧了他们行动的步伐……

12月30日,全军政治工作会议在北京开幕,历时20天,着重研究如何贯彻执行林彪关于继续突出政治的五项原则。会议及其政治报告大量引用林彪关于"毛泽东思想是当代马克思列宁主义的顶峰","毛主席的书,是我们全军各项工作的最高指示",毛主席的话"句句是真理""一句顶一万句"等言论,认为突出政治就是突出毛泽东思想,就是用毛泽东思想统率一切。

12月,《红旗》杂志发表戚本禹的文章《为革命而研究历史》,攻击翦伯赞关于历史研究既要重视阶级观点,又要注意历史主义等意见是"超阶级""纯客观"的资产阶级观点,对翦伯赞的历史观点进行批判。

……

"三五"计划的建设步伐尚未迈开,政治上的乱局却是"山雨欲来风满楼"!

不久,酝酿于特殊环境和现实矛盾中的中国第三个五年计划,并没有正式确定,更难付诸实施。为迎来一个生机盎然的国民经济计划时期,周恩来付出了巨大的心血。然而,这个时期并没有按预期的那样到来。即将迎来的,却是一个冠以"文化革命"之名的全面内乱时期。

后　记

这是一本修订再版书,写于20年前周恩来诞辰100周年前后,初版于2000年1月,当时我还在中共中央文献研究室周恩来研究组工作。得益于长期研究和参与撰写《周恩来年谱》等重大项目的积累,这本书的初版后记是这样写的:

自1988年6月我到中共中央文献研究室周恩来研究组专门从事周恩来生平和思想的研究工作,至现在已经近12年。10多年来,除了参加室里和组里交给的业务工作以外,在我的脑海里围绕研究工作始终闪现着两大"私欲":

其一,承传"旧业"。记得我上研究生时,导师曾说过,我们搞哲学的人应该对人和事有一种独特的视角。我总忘不了以一个哲学门生特有的兴趣和视角,研究周恩来的哲学思想及其思想方法。应该说,在文献研究室周恩来研究组做这件事,我有着不可多得的天时、地利,也得到了组内同行以及许多老同志、老领导的支持。1997年,在参与大型文献纪录片《周恩来》撰稿期间,我去著名科学家钱学森家中做电视采访,钱老听说我是学哲学的,曾笑眯着眼对我开玩笑说:"你还是个哲学家啊!从哲学角度研究周总理,确实是一件很有意义的事。"在钱老这样的世界顶尖级科学家面前,我涨红着脸赶紧辩称:"我不是哲学家,只是对周恩来的哲学思想感兴趣而已。"但钱老的鼓励,却进一步坚定了我从哲学视角探索周恩来世界的信心。可实事求是地说,就主客观条件尤其是我的理论水平而言,做这件事着实有些绠短汲深之感。为此，我始终采取了一种"围城打援"的办法，先从一些侧面慢慢啃起，不敢贸然去做。

其二，借助在参加《周恩来年谱（1949—1976）》写作过程中所掌握的大量档案材料和周边资料，从生平研究的角度全面反映一个活生生的周恩来。对周恩来生平，我最熟悉的莫过于1961年至1965年这一段了。这一段在中华人民共和国的历史上，被称为国民经济调整时期，这几年的周恩来，处在一个特殊的历史背景下：共和国走过"凯歌行进"的时期后，又经历了"大跃进"岁月的"风卷残云"，刚刚进入20世纪60年代，天灾和人祸一齐向周恩来和他的同事们涌来——内有"大跃进"的恶果，外有国际风云变幻和苏联政府背信弃义地撕毁合同带来的危机；再加上严重的自然灾害……一个共和国极为严重的困难时期在等待着他。为走出困境，周恩来排除内忧外患的干扰，他的工作惊心动魄而充满曲折，疲于奔忙而千辛万苦！他全面主持国民经济调整工作，一方面贯彻纠"左"的方针，以调整国民经济为中心；另一方面又要尽力防止"左"的错误再度膨胀。在一个复杂多变的历史舞台上，他与刘少奇、陈云、邓小平等人一起，取得了毛泽东的支持，依靠中华民族的智慧和力量，最终使中国走出了困境，国民经济得以恢复，并走上了比较顺利的发展轨道，从而也造就了共和国历史的又一个辉煌。然而，正是这样一个特殊的历史时期，由于在调整国民经济的主线下，又有一条阶级斗争的副线，在政治和经济工作中指导思想上的"左"倾错误不可能得到彻底纠正，当共和国刚刚走出困境的时候，却又开始滑向"文化大革命"的内乱年代。在我承担撰写《周恩来年谱（1949—1976）》中的这一段时，总感觉有许多的遗憾，其中最大的一个遗憾是由于体例的局限不可能把丰富多彩的历史事件和人物活动展现给读者。

我的两大"私欲"，后者相对前者容易实现一些。为付诸实施，我早就将它们变成课题报了组内的个人研究项目。从难易程度考虑，立即拿起来展开做的，便是后者。作为生平研究，1961年（往前追溯到1960年甚至更远一些时间）至1965年的周恩来是一个值得深入探究且可以做到的题目。但真正做起来后，却进展不快，原因有多种，最直接的原因是时间不允许。这些年来，周恩来研究组的同事们大都是一个任务接着另一个任务，许多人满负荷甚至超负荷工作。直到1998年春天以后，才稍稍轻松了一些。也正是这个时候，我所做的个人题目，才在同志们的大力支持下，得以逐渐完成。

应该说，《走出困境：周恩来在1960—1965》一书是多年来"学习周恩来、研究周恩来"的一个结晶。这个只能称作粗浅结晶的著述，如果没有周恩来研究组各位同事的支持和帮助，没有《周恩来年谱（1949—1976）》编写组各位同志的关心和鼓励，是不可能付梓的。这里首先要感谢他们。

在这本书的写作过程中，力平、廖心文、熊华源、陈扬勇同志提出了许多很好的构思和修改意见；在出版过程中，始终得到了张宁、纪晓华、郑刚等同志的支持和帮助，在此一并致谢。

由于水平和时间等原因，书中错漏之处在所难免，恳请读者和专家、同行们批评指正。

作者
1999年9月于北京毛家湾

初版以来，近20年过去了。2018年3月1日，习近平同志在中共中央举行的"纪念周恩来同志诞辰120周年座谈会"讲话中，深情地说了这样的话："周恩来，这是一个光荣的名字、不朽的名字。每当我们提起这个名字就感到很温暖、很自豪。"习总书记的话说出了亿万中国人民的心声。尽管这本书仅仅从一些片段反映了周恩来的光荣和不朽，甚至仍然存在一些论断上的粗浅和文字上的错漏，但却是我心中和笔下留存的温暖和自豪，因此同意出版界的朋友在周恩来诞辰120周年之际将它再版。

作者
2018年3月5日于北京毛家湾